„Gavri-El"

Jutta Gavri-El Schmidt, geb. Brinkmann, 1969 in Seligenstadt geboren, ist als spirituelle Heilerin, Reiki-Großmeisterin (mit dem Schwerpunkt Karma-Auflösung), Sterbebegleiterin, Medium (sie überbringt Botschaften aus der Geistigen Welt und von Verstorbenen) und Besprecherin von Krankheiten bekannt.

2012 entschloss sie sich, ihren spirituellen Lebensweg zu gehen. Nach einem Nahtoderlebnis nahm sie bewusst wahr, dass das menschliche Dasein in Sekunden ein Ende haben kann und dass es ein Leben nach dem Tod gibt. Sie ging den Weg der Selbstheilung und den Weg der Mutter, um ihr Kind in der mütterlichen Liebe und Spiritualität zu begleiten und zu fördern. Im neuen Bewusstsein begann sie, in Licht und Liebe auf allen drei Ebenen Heilung zu geben. Zu ihrem Leben gehört es, die Eltern und Kinder in ihrem Bewusstwerde-, Heilungs- und Wandlungsprozess in die neue energetische Zeit zu unterstützen. Ihre freie Zeit verbringt sie am liebsten am Wasser und in der freien Natur. Dort liebt sie es, mit den Bäumen zu kuscheln. Versuch es mal!

„Gavri-El"

Ein Leben, das ich nicht erwartet habe

(nach einer wahren Begebenheit)

Ein Buch von

Jutta Gavri-El Schmidt

Bibliografische Information der Deutschen Nationalbibliothek:
Die Deutsche Nationalbibliothek verzeichnet diese Publikation in der Deutschen
Nationalbibliografie; detaillierte bibliografische Daten sind im Internet über
dnb.dnb.de abrufbar.

© 2020 **Jutta Gavri-El Schmidt**
Satz, Umschlaggestaltung, Herstellung und Verlag: BoD – Books on Demand, Norderstedt
ISBN 978-3-7526-3389-4

Inhalt

Vorwort

Alles, über das ich hier berichte, über den Weg, meine Person, über die Selbstheilung und den Wandlungsprozess, den ich erfahren habe, ist wahr. Ich werde jeweils unter die Geschichten meine Erkenntnisse schreiben, sofern vorhanden. Glauben heißt nicht Wissen, und Wissen kann nur entstehen, wenn man die Erkenntnisse selbst durchlebt hat. Dabei geholfen hat mir die Hoffnung, dass alles einen Sinn hat, der Glaube an die Geistige Welt, mein Mantra und dass mein inneres Kind niemals verlernt hat, „Wieso", „Weshalb", „Warum" zu fragen. Wenn Passagen von der Geistigen Welt mit in dieses Buch einfließen, werde ich darauf hinweisen, bitte überprüfe mit deiner Intuition den Wahrheitsgehalt selbst. Die Erkenntnisse, die ich erlangen durfte, berufen sich auf meine Wahrheit, deine Erkenntnisse und Erfahrungen sind deine Wahrheit.

Im August 2018 folgte ich dem Ruf von Avalon und flog nach Glastonbury. Am 18. August 2018 war es mir dort möglich, das Tor zur energetischen Ebene zu öffnen. Himmel und Erde wurden vereint. Ein riesiger Energieschub durchflutete meinen Körper, in diesem Moment geschah Erdheilung. Licht und Liebe flossen in die Lichtgitter, die sogenannten Ley-Linien. In den Jahren zuvor war ich dem Ruf meiner Seele und dem der Geistigen Welt als Lichtbringerin und Hüterin gefolgt. Ich durfte Erdheilung auf allen drei Ebenen vollziehen, diese sind die „menschliche" Ebene im Hier und Jetzt, die „himmlische" für die Verstorbenen, der aufgestiegenen Meister, Geistwesen, Planeten sowie das Allumfassende, und die dritte Ebene für „Mutter Erde/Lady Gaia". Im August 2018 begannen ein neuer Bewusstwerdeprozess und ein Paradigmenwechsel für die gesamte Menschheit. Ungefähr zwei Wochen nach der Avalonreise wurde mir durch die Geistige Welt mitgeteilt, dass es Zeit sei, dieses Buch zu schreiben. In den darauffolgenden Tagen wurde diese Aussage durch Lichtarbeiter*innen hier auf Erden bestätigt. So setzte ich mich hin und fragte: „Was? Wann? Wo?" Als Antwort kam: „Dänemark, in der Zeit vom 27. Oktober bis Anfang Januar, und das Haus soll von Wasser umgeben sein." Patrick, mein Sohn, fügte einen Tag später hinzu, dass es ein blaues Haus sein solle. So öffnete ich die Landkarte, fing mit der Maus an, über den Bildschirm zu gleiten und klickte einen Button an. Das Haus war blau und es war für den genannten Zeitraum frei, also buchte ich es. In diesem Bewusstsein begann die Reise für das Buch am 26. Oktober 2018 um 20:20 Uhr. Ankunft in Ebeltoft (Dänemark) war am 27. Oktober 2018 um 03:30 Uhr am frühen Morgen.

2012

Beginn der spirituellen Reise

Seit 2012 befinden wir uns im globalen Wandlungsprozess. Einige begannen, diesen Weg bereits 2009 zu gehen. Sie wurden als Vorreiter ausgewählt, um die nachfolgenden Erwachenden besser begleiten zu können.

Bei mir persönlich fing der Wandlungsprozess im Januar 2012 an. Da entschied ich, den spirituellen Weg zu gehen. Seit meiner Kindheit sehnte ich mich danach, zu wissen, wer oder was ich bin und meine Seele ist. Ich besuchte Anfang Januar einen Englischkurs in der VHS. Der Lehrer dort hatte eine für mich besondere Energie und Aura. In der letzten Stunde kam von den anderen Teilnehmern keiner mehr. Das war, glaube ich, im Nachhinein so gewollt. Denn Holger, so heißt er, und ich hatten Zeit und konnten uns über Gott und die Welt unterhalten. In diesem Gespräch fiel das Wort „Mantra"; nur schon das Wort zog mich energetisch an. So kam ich durch Zufall zu den Mantras. Zufall oder Schicksal? Vielleicht fragen sich einige, was ein Mantra ist. Es sind die göttlichen und hoch schwingenden Worte, die bereits lange vor unserer Zeit bestanden. Mantra ist ein Begriff aus dem Sanskrit. Es bedeutet übersetzt „Spruch" oder „Lied". Mantras wirken auf den Körper und die Psyche gleichermaßen und können durch die gesprochenen Buchstaben eine Schwingung auslösen, die wiederum Blockaden in unserem Energiekörper lösen.

Im Februar galt es für mich, einen Lebensabschnitt für immer zu schließen. Im November 2011 hatte ich mich von meinem damaligen Lebenspartner nach sieben Jahren Partnerschaft getrennt. Er war sicher, ich würde meine Meinung ändern. Doch dem war nicht so, da er wissentlich gelogen und betrogen hatte und das Vertrauen komplett weg war. So konnte und kann ich keine Partnerschaft leben. Das Gute war, wir hatten eine Fernbeziehung gehabt, so fiel es mir leichter, wieder allein zu sein. Das Schlechte: Seine Möbel und persönlichen Sachen standen noch in meiner Wohnung. Er lebte unter der Woche bei seiner Mutter, da er dort sein eigenes Unternehmen hatte, und ab donnerstags bei mir. Ich stellte ihm ein Ultimatum: Entweder holt er seine Sachen bis Anfang Februar ab oder ich stelle sie komplett mit allem Drum und Dran auf den Sperrmüll. Der Termin für den Sperrmüll wurde mir von der städtischen Müllentsorgung vorgegeben, sonst wäre es schon viel früher passiert. Er entschied sich, die Sachen zu holen. Als er fuhr, war der 7,5-Tonner voll und meine Wohnung leer. Es blieb nichts mehr außer meiner Küche, die fast leeren Schränke, ein Doppelbett mit einer Matratze, das heißt, neben mir waren ein Loch und ein Sofa, das ich nie haben wollte.

In den Jahren zuvor hatte es sich ergeben, dass er alle meine Sachen gegen gemeinsame tauschte, dafür zahlte ich die Miete. Das war ein schlechter Tausch, wurde mir da bewusst, da er alles, wirklich alles mitgenommen hatte, was er in dieser Zeit gekauft hatte. Ich heulte mir die Augen aus dem Kopf, wie blöd ich doch war. Andersherum war ich froh, es beendet zu haben. Am nächsten Tag kam meine Nachbarin, sie war 98 Jahre alt, und fragte, ob ich überhaupt noch etwas in der Wohnung habe. Ich ließ sie schauen, sie ging mit den Worten, dass alles gut werden würde. Keine Stühle, kein Geschirr, keine Handtücher, Bettwäsche; ja selbst die Weihnachtstassen (seine und meine) und die Sonnencreme vom Urlaub nahm er mit. (Es war nicht alles nur von ihm gekauft, es ging ihm darum, dass wir es zusammen benutzt hatten). Er war eben er, mit seinen Stärken und Schwächen.

Die erste Erkenntnis, die ich bekam, war, dass jeder mit seinen Problemen durchs Leben geht. Er konnte seine nicht in den Griff bekommen und wusste, dass er auf Dauer keine positive Beziehung führen und sich selbst so nicht gerecht werden konnte. Mir fiel ein Buch in die Hand. Darin stand, dass die meisten Männer fremdgingen, weil sie aufgrund ihrer Schwäche nicht in der Lage seien, eine Beziehung zu beenden. In den meisten Fällen trennten sich die Frauen dann von den Männern, wenn es herauskommt, wie in meinem Fall. Nach Abstand und Zeit war ich darüber froh und dankbar, denn so konnte ich meinen Weg gehen.

Ich widmete mich wieder dem, was mir Spaß machte. Reiten gehen, Golfen lernen, Yoga, Sprachkurse besuchen und Tanzen gehen etc. Neu hinzu kamen die Mantras. Da sie im Vordergrund standen, widmete ich mich diesen zuerst. Zu Beginn, weil ich ein Gefühlsmensch bin, suchte ich nach einem, hörte es, fühlte es und entschied so, ob ich es rezitiere oder nicht. Nach dem Sinn des Mantras habe ich erst später geschaut. Alles, was sich gut anfühlte in meinem Bauch, das tat ich. Nach gut einem Jahr fing ich an zu fragen, wie ich zu meinem Inneren komme. Ich wusste seit meiner Kindheit, dass da etwas war, ich wusste nur nicht, wie man da hinkam. Ich hörte für mein Leben gerne hoch schwingende Musik. So fiel mir ein Lied auf, das zu 99 Prozent aus hoch schwingenden Tönen und nur zu einem Prozent aus Sprache bestand. Dieses eine Prozent war: „Give me an Angel." Unbewusst hörte und sang ich dieses Lied über ein Jahr, ohne zu wissen, dass ich mir einen Engel damit zu Hilfe holte.

Im Verlauf des Jahres, ich glaube, es war Ende Mai, bekam meine Mutter zwei Herzinfarkte. Hier wurde ich das erste Mal mit dem Tod konfrontiert und dass meine Eltern irgendwann von dieser Erde gehen werden. In der Zeit, als meine Mutter im Krankenhaus lag, war ich zu Hause auch für meinen Vater da. Er stand das erste Mal ohne meine Mutter da. Das war für ihn nicht einfach, weil sie Hausfrau und Mutter war, seit sie meinen Vater mit 21 geheiratet hatte, und immer an seiner Seite auch in der Selbstständigkeit war. Im Verlauf der Tage führte ich Gespräche mit beiden darüber, wie sie beerdigt werden möchten. Mein Vater wusste nach 48 Jahren Ehe nicht, wie meine Mutter beerdigt werden möchte, andersherum genauso. Das fand ich schlimm, sie weigerten sich bis zu meinen Fragen, sich mit dem Tod zu beschäftigen, obwohl sie beide schon um die siebzig waren. Es waren für mich bewegende Tage, in denen viel in Bewegung gebracht wurde. Meine Mutter kam anschließend zur Reha und es ging langsam bergauf.

Nachdem es meiner Mutter wieder besser gegangen war, beschlossen meine Eltern, ausführlich alles zu regeln. Die Beerdigung, wer welche Wünsche hatte, Testament, Versorgungsvollmacht und Betreuungsvollmacht. Was damals wichtig war, wie man im Laufe der Geschichte erfahren wird.

Ich arbeitete viel und ging meinen Hobbys und dem spirituellen Weg nach. Im Laufe des Jahres hatte ich immer wieder Probleme mit dem Unterleib. In immer schnelleren Abständen bekam ich meine Regel mit starken Blutungen. Erst ignorierte ich es, was zum Schluss nach Monaten nicht mehr möglich war. Die Blutungen kamen im knapp 14-tägigen Rhythmus und wurden so stark, dass es mir wie Wasser runterlief. Und als mein Körper sehr geschwächt war, fand Anfang November ein größerer Eingriff statt, nach dem ich für acht Wochen zu Hause bleiben musste. Das gab mir Zeit, über alles nachzudenken.

Was ich nicht wusste: Da ich die Mantras gehört und rezitiert hatte, war bereits ein innerer Reinigungsprozess angestoßen worden, den ich nicht wahrnahm. Heute weiß ich, dass meine Seele hier die ersten Alarmzeichen gegeben hatte, um einen Gang zurückzuschalten. Die Trennung von der Beziehung war nicht das Einzige, das ich in meinem Leben verarbeiten musste. Sie war nur zur Seite geschoben worden.

2013

Der erste wissentliche Engelkontakt

Obwohl ich immer noch geschwächt war, ging ich Anfang Januar wieder arbeiten. Im Laufe der nächsten Wochen musste ein erneuter kleiner zweiter Eingriff erfolgen, den ich ohne Narkose durchführen ließ, was für mich und den Arzt eine Herausforderung war, da ich vorher bereits acht Wochen krankgeschrieben war. Ich wollte keine weiteren Tage auf der Arbeit fehlen. Warum hatte ich den kleinen zweiten Eingriff?

Meine Seele wollte mir sagen, dass ich mehr Zeit brauche. Ich habe nicht auf sie gehört. Reiten und Golfen waren für die nächsten drei Monate passé, plus die zwei Monate, die ich vorher schon nicht hatte gehen können. So blieb Zeit, ein Buch zu lesen, mich schlauzumachen, was ich gerne alles lernen wollte, und über das Problem mit meinem Sohn nachzudenken.

Mein Sohn sollte eine meiner größten Herausforderung im Leben sein, die ich angenommen hatte. Ich spürte in ihm immer eine unwahrscheinlich große Kraft, ein verstecktes Potenzial an Energie. Seine strahlend blauen Augen und seine Liebe ließen mich ihn niemals aufgeben. Patrick wohnte zu dieser Zeit in einer kleinen Zweizimmerwohnung, die etwa 15 Minuten Fußweg von mir entfernt lag. Ich hatte sie im September 2010 gekauft, da zur Debatte gestanden hatte, wo er wohnen könnte. Er war kurz vor seinem 18. Lebensjahr ausgezogen und wollte wieder zurück. Ich hatte die Welt nicht mehr verstanden, da er einige Monate vor seinem 18. Geburtstag die Entscheidung getroffen hatte, zu einem Expartner von mir zu ziehen, der uns über drei Jahre lang nach der Trennung gestalkt hatte. Ich sagte nur zu Patrick, als er ging: „Wenn du da hingehst, werden wir uns nicht mehr sehen", da ich wusste, dass dieser Mensch ihn als Brücke sah, zu mir erneut Kontakt aufnehmen zu können. Genau das hatte der Expartner später versucht. Ich war einige Wochen wie in einem Schock, konnte die Entscheidung gar nicht begreifen und heulte tagelang. Patrick wusste um den Stress, den dieser Mensch verursacht hatte, denn ich stand fünfmal vor Gericht, bis die Richterin beim fünften Mal sagte, dass er ins Gefängnis gehe, wenn sie ihn noch einmal dort sehe. Patrick merkte selbst schnell, dass seine damalige Entscheidung nicht gut war, und bat mich nach ca. vier Monaten, ihm zu helfen. Er schrieb mir einen langen Brief, da ich jeglichen Kontakt per Telefon verweigerte. In diesem teilte er mir mit, dass es ein Fehler gewesen war und er jetzt wieder wusste, warum wir damals von dort weggegangen waren. Ihm würde es da nicht gut gehen und ob ich helfen könnte. So bot ich ihm Hilfe an, da er Erkenntnisse gesammelt hatte. Ich wusste, dass Patrick der Mensch war, der auf nichts hörte, sondern nur durch seine eigenen Erfahrungen sein Leben leben konnte. Zusammen entschieden wir, für ihn eine Wohnung zu suchen. Da ich nicht wollte, dass die Miete zum Fenster hinausflog, was ja schon bei meiner der Fall war, kaufte ich kurzerhand die Wohnung. Er zog unter der Voraussetzung ein, dass er ein Berufskolleg besuchen und danach eine Lehre anfangen würde. Und wenn er diese beginnen würde, sollte er einen kleinen Betrag dazusteuern.

Zu Beginn besuchte ich ihn einmal die Woche, um mit ihm einzukaufen und um nach dem Rechten zu schauen. Es schien alles gut zu laufen. Er ging zur Schule, hatte eine Freundin und fing an, sich wohlzufühlen. So entschied ich, nur noch alle 14 Tage mit ihm einkaufen zu gehen und nach dem Rechten zu sehen. Er bekam das Kindergeld, die Lebensmittel bezahlte ich. Als Schluss mit seiner Freundin war, ging es mit ihm bergab. Zu Beginn hatte ich es nicht gemerkt, da er es überspielt hatte. Er fing an, Musik zu machen, schrieb Lieder und rappte sie. Ich kaufte ihm eine kleine gebrauchte Tonkabine, weil ich die Texte gut fand und auch, dass er seine Freizeit so verbringt. Ich bemerkte erst Ende 2011, dass er anders drauf war. In seinem Prozess, der bergab ging, waren einige Suchtmittel im Spiel. Als ich nach den Zeugnissen fragte, gab es keine. Er war von der Schule geflogen und erzählte es nicht, da er schon zu tief im Sumpf war. Ich war rat- und somit tatenlos und schaute mir das Ganze noch ungefähr ein Jahr an.

Es lag an mir, etwas zu ändern, er konnte es nicht. Deshalb sollte ich Anfang 2013 Zeit bekommen, um darüber nachzudenken. Ich hatte entschieden, zu einem Rechtsanwalt zu gehen, um mich über die rechtliche Situation und meine Möglichkeiten als Mutter beraten zu lassen. Nach dem Gespräch hatte festgestanden, dass ich Patrick mit dreimonatiger Frist die Kündigung der Wohnung schreiben würde. Er fiel aus allen Wolken und glaubte nicht, dass ich es wahr werden lassen würde. Ich blieb eisern, Ende April musste er die Wohnung räumen. Die Möbel, die nicht mehr gut waren, flogen auf den Sperrmüll, und den Rest stellten wir in eine Garage. Von seinen Freunden blieben bis auf einer keiner mehr übrig. Das war eine Erkenntnis, die er machen durfte. Zum Trinken und Rauchen kamen sie zu ihm, und jetzt, da er keine Wohnung mehr hatte, waren alle weg. Er fand Unterschlupf bei einem Kumpel. Da ging es nur zwei Monate gut. Er kam wieder an und fragte nach Rat. Ich konnte ihm ein altes Holzhaus anbieten, das in meinem Garten stand. Es gab nur ein Plumpsklo und eine Gardenadusche mit kaltem Brunnenwasser, die draußen stand. Er nahm das Angebot an.

Ich wusste, wenn ich ihm wieder Unterschlupf in meiner Wohnung gewährt hätte, dass er nichts gelernt hätte. Er verbrachte den Sommer im Garten, allein, ohne Freunde und Suchtmittel. Irgendwann im August meinte ich zu ihm, dass es im Winter sehr kalt werde und duschen draußen nicht möglich sei. Des Weiteren war das Häuschen schon über 25 Jahre alt, hatte keine Heizung und einige Lücken zwischen dem Holz. Er musste sich beim Arbeitsamt melden, da ich ihm keine Lebensmittel kaufte. So bekam er Essensgutscheine und sie traten ihm auf die Füße, Bewerbungen für eine Ausbildung zu schreiben. Er fing an, alles zu manifestieren, nachdem ich ihm gesagt hatte, „wie" und dass er so seine Zukunft erbauen könne. Ich weiß bis heute nicht, welche Kraft in ihm wohnt. Ich durfte sie 2018 einmal in einem Matrix-Workshop erleben, sie ist gigantisch. Es war ihm möglich gewesen, innerhalb von vier Wochen eine kleine Einzimmerwohnung zu finden, mit dem Preis, den er manifestiert hatte, und eine Lehrstelle, die keine 500 Meter von der Wohnung entfernt war. Ich war erstaunt und stolz auf ihn.

Meine Erkenntnis war, dass jeder mit seinen Gedanken, Gefühlen und Emotionen und durch seine eigenen Erkenntnisse sein Leben durchleben muss, um es zu verstehen und um es danach auch korrigieren zu können. Jeder ist für sich selbst verantwortlich und nicht für andere. Mir wurde bewusst, dass die Schwelle, die mütterliche Verantwortung nun abzugeben, gekommen war und ich Patrick nur noch mit meiner Mutterliebe immer zur Seite stehen durfte.

Im Mai renovierte ich die Wohnung und zog selbst ein. Mitte des Jahres wurde meine Frage danach, wie ich meine Seele erreiche, nach jedem Rezitieren der Mantras stärker. Ich hörte eine CD, die 60 Minuten lief und auf der die verschiedensten Mantras waren. Einige Beispiele: „Om Mani Padme Hum" (ist für Barmherzigkeit), das „Om Benza Satto Hung" (ist für die Reinigung) und das „Om Tare Tuttare Ture Soha" (ist für Güte und Mitgefühl und wird gerufen, wenn es um Heilung und Weisheit, die Lösung von Problemen und die Erfüllung von Wünschen geht).

Im September feierte meine Mutter ihren 70. Geburtstag. Mein Bruder Michael kam mit seiner Partnerin Carina aus Schweden, Verwandte aus den Niederlanden waren da und unsere Familie. Den Tag zuvor hatte mein Bruder mit seiner Partnerin und mir ein Wohnmobil gekauft. Er fuhr am Tag nach der Feier mit Carina und dem Wohnmobil nach Schweden zurück. Ich hatte für zwei Wochen Urlaub und überließ es diesmal dem Zufall, wohin meine Wege gehen sollten.
    Bei der Feier und dem Essen war die Stimmung heiter. Da schaute mich auf einmal mein Bruder an und fragte, ob ich mitkommen wolle. Die spontane Antwort war: „Ja, warum nicht? Wer weiß, wann ich sonst mal dazu komme!" Nachdem ich es ausgesprochen hatte, kam mein Ego hinterher. *Viel zu lange Fahrt, wie kommst du zurück, du hast keinen Rückflug …*
Mein Bruder merkte es und meinte zu mir: „Wenn wir in Schweden angekommen sind, schauen wir nach einem Rückflug für dich." Der Gedanke gefiel mir. Ich blieb bei dem „Ja", denn es war immer ein Traum von mir, mit dem Wohnmobil durchs Land zu fahren. Hier brauchte ich mich nur hinzusetzen und zu genießen.

Wir waren drei Tage unterwegs. Von Rodgau über Herne, da ich das Auto erst nach Hause gebracht und Wintersachen eingepackt hatte, über Hamburg nach Dänemark. Dort machten wir auf einem Parkplatz mitten in der Nacht Rast, weil mein Bruder nicht mehr konnte, da er die Strecke allein fuhr. Platz zum Schlafen war genug im Wohnmobil. Als wir die Vorhänge am nächsten Morgen aufzogen, sahen wir, dass wir vor einer Arztpraxis auf dem Parkplatz standen. Die Leute gingen da schon rein, das war lustig. Wir konnten in der Nacht nichts Geeigneteres finden, weil das Wohnmobil so lang und groß war. Die Fahrt ging weiter nach Göteborg, da besuchten wir einen Sohn von Carina. Hier nahmen wir eine heiße Dusche, gingen gemütlich alle zusammen essen und fuhren weiter nach Schweden. Mein Bruder wohnte ca. 800 Kilometer von Stockholm entfernt, so übernachteten wir irgendwo zwischen Stockholm und Skellefteå auf einem Campingplatz. Am nächsten Vormittag kamen wir bei ihm zu Hause an. Ich war schon öfter bei ihm zu Besuch, da wir uns sehr gut verstanden. Wir buchten einen Rückflug für die Woche darauf. Es war ein tolles Erlebnis und ich war froh, „ja" gesagt zu haben, denn so wurde wieder ein weiterer Traum wahr.

Mitte November fuhr ich zum Zeitungsladen, um mir eine bestimmte Zeitschrift zu holen. Im ersten Moment war sie nicht auffindbar, beim Rundgang auf der Suche fiel mir eine Zeitung ins Auge, auf der ein großer Engel abgebildet war. Diese wollte ich nicht kaufen und suchte weiter. Beim zweiten Rundgang war sie auch nicht auffindbar, da fiel mir der Engel wieder auf. Na, dachte ich und warf einen Blick in die Zeitschrift. Obwohl sie mir gefiel, legte ich sie zurück, da es nicht diese sein sollte. Ich drehte eine letzte Runde im Laden und konnte auch da meine gewünschte Zeitschrift nicht sehen. Und zum dritten Mal stach mir die Zeitung mit dem Engel ins Auge und schien zu sagen: „Nimm mich mit." Als ich sie erneut durchblätterte, entschied ich kurzerhand, sie mitzunehmen. Kaum hatte ich mich entschieden, drehte ich mich auch schon um, und ob Sie es glauben oder nicht, die Zeitschrift, die ich gesucht hatte, lag auf einmal oben auf einem Stapel direkt vor meiner Nase. *Komisch*, dachte ich, und nahm sie beide mit. Da es Samstagnachmittag war, hatte ich genügend

Zeit, die Zeitschriften in Ruhe zu lesen. Mich zog diese mit dem großen Engel zuerst an. Gegen Abend, als ich sie fast durchhatte, kam auf einer der letzten Seiten ein Bericht über Amma und ihren Ashram in Indien. Bei mir gingen sofort alle Signale im Kopf an. Ashram, Indien, zu sich selbst finden. Ja, da wollte ich schon immer hin. Amma war mir kein Begriff, ihr Foto war mir in diesem Moment sympathisch und deshalb zögerte ich keine Sekunde, um nachzuschauen, wie viel ein Flug dorthin kostete. Die ersten Preise waren alle zu hoch, über eintausend Euro. Ich überschlug kurz mein Budget und sagte laut, ohne groß nachzudenken, dass ich gerne einen Flug zwischen sechshundert und siebenhundert Euro haben möchte und bitte in der Zeit vom 22. Dezember bis ca. Mitte Januar. Mir war nicht bewusst, dass ich in diesem Moment eine Bitte an die Engel oder/und an das Göttliche gesendet hatte. Am Sonntag suchte ich erneut nach Flügen und wurde nach langer Suche fündig. Einer war vom 24. Dezember 2013 bis 20. Januar 2014, zu dem Preis, den ich mir gewünscht hatte. Ein Wunder???

Am nächsten Morgen, als ich zur Arbeit fuhr, war ich nervös, da ich zuerst einen Urlaubsantrag stellen musste, bevor ich buchen konnte. Meine beiden Kolleginnen stimmten zu, dass ich in dieser Zeit Urlaub machen konnte, da der Betrieb über Weihnachten geschlossen sein würde. Es kamen hier schon die ersten Bemerkungen, z. B.: „Du kannst doch nicht allein nach Indien, da werden Frauen vergewaltigt, und überhaupt, was willst du da allein?" Ich gab zur Antwort, dass ich in den Ashram wolle. Ob ich jetzt in Indien oder in Deutschland von einem Auto überfahren werde, Unglücke passieren auf der ganzen Welt. Erste Zweifel sollten mir in den Weg gelegt werden. Am Abend zuvor hatte ich Holger um Rat gebeten, da mir bekannt war, dass es in Indien nicht immer liebsam zuging. Bekannt war es mir nur durch die Medien, die leider oft nur negativ ausgerichtet waren. Das hieß, ich konnte nicht wissen, wie es dort war. Er fragte nur, wohin ich wolle, und ich gab zur Antwort: „Zu Amma in den Ashram nach Kerala, Indien." Er daraufhin: „Kein Problem, wenn du in den Ashram zu Amma willst, wirst du auf deiner Reise beschützt."

Mit diesen Worten in meinem Kopf ging ich den Urlaub beantragen. Es geschah alles innerhalb von einer halben Stunde. Mit dem genehmigten Antrag in der Tasche wollte ich bis zu Hause warten, um den Flug zu buchen. Doch ich hielt es nicht mehr aus und buchte ihn in der Mittagspause. Beim Enter-Drücken überkam mich große Freude, da ein weiterer Lebenstraum in Erfüllung gehen würde. Es dauerte keine elf Sekunden, da kam ein Veto vom Ego. Ich nenne mein Gehirn liebevoll Ego.

Was willst du da, wie willst du da leben, wie kommst du vom Flughafen zum Ashram, ist es da sicher? Dann die wichtigste Frage: *Ist mein Reisepass gültig???* Oh man, mir standen Schweißperlen auf der Stirn, denn ich hatte nur vier Wochen bis Weihnachten. Das sollten nicht die einzigen Hindernisse bis zum Flug bleiben. Jeder, dem ich erzählte, dass ich nach Indien fliegen werde, versuchte, mir den Urlaub auszureden. Es gab nur diesen einen Freund, Holger, und Patrick, meinen Sohn, die es so akzeptierten, und eine Arbeitskollegin, die mir gut zusprach, da sie selbst gerne dorthin geflogen wäre. Alle anderen hatten etwas zu meckern oder versuchten, mir Angst einzureden. Es war für mich keine Frage, ich werde fliegen. In meinem Bauch kam immer mehr ein sicheres Gefühl hoch, wenn ich die Worte Amma, Ashram, Indien ausgesprochen hatte.

Am Abend zu Hause warf ich direkt einen Blick in den Reisepass. Alles gut, er war gültig. Danach fing ich an zu recherchieren, wo ich im Ashram schlafen und wie ich vom Flughafen dort hinkommen könnte. Von da an wurde ich geführt, mir flog in den darauffolgenden Tagen alles zu. In meinen Träumen tauchte auf einmal Amma auf. Sie begleitete mich von der Buchung bis zum Ashram. Ich brauchte nur den Computer anmachen, da wurde ich schon geführt. Die Reservierung für den Ashram, ein Taxi-Service, der mich am Flughafen abholte. Ich wollte noch für ein paar Tage in ein Tigerreservat, auch dafür wurde mir eines gezeigt. So konnte ich alles von zu Hause aus buchen, bis auf das Tigerreservat. Erst, als ich mir die Einreisebedienungen durchlas, bemerkte ich, dass mir ein entscheidendes Dokument fehlte, das Visum. Da ich bis zu diesem Tag nie eines beantragen musste, kannte ich nicht den schnellsten Weg. So nahm ich unwissentlich den umständlichsten Weg, ich schickte den Reisepass mit allen Dokumenten nach Frankfurt zur Visazentrale. Das Warten auf die Antwort dauerte mehrere Wochen. Es war eine Woche vor Abreise und mein Visum war nicht da. Mir war komisch. *Würde es rechtzeitig kommen? Kann ich fliegen?*

So schickte ich eine Bitte an die Engel, damit sie mir helfen, dass es rechtzeitig ankommen würde. Ich dachte, wenn es einmal mit dem Bitten geklappt hatte, wird es bestimmt auch ein zweites Mal klappen. Gesagt, getan, es kam drei Tage vor Abreise bei mir an. Freude, Erleichterung und Nervosität machten sich bei mir breit. Eine Freundin namens Martina fuhr mich mit ihrem Freund am Morgen des Heiligen Abend, den 24. Dezember 2013, zum Flughafen, wofür ich dankbar war, denn der Koffer wog 25 Kilo.

Als ich am 25. Dezember morgens gegen 04:00 Uhr auf dem Flughafen in Indien landete, wartete der Taxifahrer auf mich. Meine Hoffnung lag darauf, mit mehreren Personen im Taxi zu fahren. Dem war nicht so und mir war mulmig zumute. Warum? Weil ich mir im Vorfeld durch das Gerede der Menschen Sorgen um die Fahrt gemacht hatte, dass etwas passieren könnte, wenn ich allein im Auto sitze. Das hieß, ich hatte negative Gedanken unwissentlich in die Zukunft geschickt. Wenn man dieses macht, bekommt man genau das, worüber man sich Sorgen gemacht hatte oder Angst davor hatte, weil so die Möglichkeit bestand, die Emotion aufzulösen. Deshalb saß ich allein im Auto. Es dauerte keine 15 Minuten, da schlief ich ein, was nicht geplant war, da ich mitbekommen wollte, wohin der Taxifahrer mich fährt. In einer Kurve, als er scharf bremsen musste, wurde ich wach. Mein Blick ging nach links, da stand ein Haus, dort hing Fleisch an einem Haken vor der Tür. *Oh mein Gott, wo bin ich?* Panik! Mein letztes Stündlein hat geschlagen. Beim näheren Hinsehen, ich rieb mir die Augen, erkannte ich, dass es ein Tier war und kein Mensch, es sah aus wie eine Kuh, die geschlachtet worden war.

Warum kam mir nur so ein Gedanke in den Sinn? Meine Erkenntnis hierzu war, dass einige Menschen mir in Deutschland eingeredet hatten, dass ich vorsichtig sein musste, um nicht verschleppt oder vergewaltigt zu werden. Heute wusste ich, dass ich solche Aussagen sofort unterbinde, denn jedes Wort und jeder Gedanke war eine Energieform, die lebte und immer jemanden erreichte. Meistens den, dem man es entgegen gesprochen hatte. Wissentlich oder unwissentlich, was vielen Menschen hier auf Erden nicht bewusst ist. Wenn Personen jahrelang über sich selbst negativ denken, empfingen sie ihre eigene negative Energie, die im Bewusstsein und im Körper abgespeichert wurde. Hier konnten die Energiezentren nicht mehr richtig arbeiten, da sich diese Energien festsetzen konnten. Gelenke wie Knie, Hüfte, Rücken oder Nacken und die Organe waren oft betroffen, was zu schweren Krankheiten wie Krebs führen konnte. Fast jede Krankheit hat eine Ursache, die lange Jahre im Vorfeld (meist aus der Vergangenheit) mit negativen Gedanken, durch Karma aus diesem Leben oder vorherigen Inkarnationen, Emotionen, Bildern und Worten ausgesendet wurden. Das hatte wiederum zur Folge, dass der Körper krank wurde. Zunächst unbewusst, bis die Alarmzeichen immer lauter wurden und der Körper nicht mehr konnte. Die Seele wusste schon früher, dass etwas nicht stimmte, und versuchte, Hinweise zu geben. Da die Personen ihre Gedanken und Worte im unbewussten Zustand nicht kontrollierten, weil ihnen nicht bewusst war, was sie sagten oder denken, konnten sie oftmals dem ganzen Prozess aus eigener Kraft keinen Anstoß geben, um ihre Gedanken umzulenken. Das erforderte Training und Achtsamkeit. Dies benötigte Zeit, die man sich in den meisten Fällen nicht gab. Infolgedessen waren die Arztpraxen überfüllt, da man in der Hoffnung dort hinging, schnelle und zuverlässige Hilfe zu bekommen. Oftmals konnten die Ärzte nicht helfen; Medikamente linderten zwar die Symptome, das Problem wurde dadurch jedoch nicht beseitigt.

Meine Seele führte mich nach Indien, denn auch ich ging den Weg der Selbstheilung. Die Mantras waren nur der Einstieg, um diesen Weg überhaupt beschreiten zu können. Zum Wandlungsprozess gehörte, in jeder Hinsicht Körper, Geist und Seele in Liebe, Harmonie und Einklang zu bringen. Das wusste ich jetzt, einige Jahre nach meinem Indienurlaub.

Zurück zur Fahrt zum Ashram. Der Fahrer bemerkte, dass ich wieder wach war, und fragte auf Englisch, ob er kurz Rast machen dürfe, um einen Tee zu trinken. Ich stimmte dem zu, denn ich war seit dem Vortag von 08:00 Uhr morgens unterwegs und freute mich auf einen heißen Tee. Hier kam erst elf Sekunden später wieder das Ego. *Du sollst kein Wasser von der Straße trinken, es könnte dreckig sein und du könntest krank werden.* Zu spät, Ego, der Fahrer hielt bereits am Seitenstreifen der Straße und holte für uns je einen Teebecher heraus. Ich dachte, wenn er den Tee trank, konnte ich es auch. Der Tee war eine Wohltat und ich bekam keinen Durchfall.

Hier möchte ich kurz erwähnen, dass die Antwort, die innerhalb der ersten sieben Sekunden kommt, immer die richtige ist. Sie kommt von der Seele, auch Bauchgefühl genannt, Intuition, Bewusstsein, und das kennt den wahren Weg. Alles, was danach kommt, ist dein Ego, andere Wörter dafür sind Geist, Gehirn oder niederes Selbst. Es versucht, alles zu zerreden. Dein Ego spricht keine Wahrheit, im Gegenteil, es hält dich davon ab, auf dem wahren Weg zu gehen und deine Berufung zu leben, sodass sich deine Seele nicht frei entfalten kann.

Die Fahrt dauerte, glaube ich, ca. vier bis viereinhalb Stunden, genau kann ich es heute nicht mehr sagen, auf jeden Fall war ich morgens im Ashram. Mir wurde ein Zimmer im elften Stock zugeteilt. Eine nette Zimmerpartnerin namens Svaha war schon dort. Sie lebte seit ca. fünf Jahren im Ashram und war mit allem vertraut. Meine erste große Herausforderung wartete auf mich, denn das Zimmer hatte knapp 12 m² und wir schliefen auf dem Fußboden. Am Ende des Tages waren wir zu dritt in diesem Zimmer. Glücklicherweise sprachen wir alle Deutsch. Ich lebte seit Ende 2011 allein, so konnte ich schnell lernen, wieder Nähe zuzulassen. Das Nächste war, dass es keine Schränke gab, ich musste aus dem Koffer leben. Dazu kam, dass es eine sehr dünne Matte war, auf der ich schlief, und meine Kleidung, die ich eingepackte hatte (kurze Hosen, Spaghetti-Shirts), nicht der des Ashrams und von Indien entsprach. Hier erwähne ich noch mal, der Koffer wog 25 Kilo. Total übermüdet und völlig fertig von der Arbeit und der Reise sackte ich zusammen und fing an, zu weinen. Keine Schränke, kein Bett, keine richtige Dusche. Es gab eine, die hing direkt über der Toilette, und zum guten Schluss, es sollte kein Toilettenpapier in die Toilette geschmissen werden. Ich heulte über eine Stunde, bis Svaha auf einmal trocken zu mir sagte: „Du hast die Wahl, entweder du schaffst die ersten 24 Stunden, dann bleibst du den ganzen Urlaub, oder du wirst gehen." Sie fügte hinzu, dass die, die es keine 24 Stunden aushalten würden, meist nicht mehr wiederkommen würden. Mir wurde mit einem Schlag bewusst, dass ich diese Reise nicht gemacht hatte, um gleich wieder abzureisen.

Ich war hier, weil ..., das wusste ich zu diesem Zeitpunkt selbst nicht so genau. Ich folgte nur meinem Impuls. So fing ich an zu denken, dass ich fast nichts brauchte, um zu überleben. Außer Nahrung, die gab es im Ashram, und Wasser, das stellte Amma durch ihre selbst entwickelte Wasserfilteranlage kostenlos zur Verfügung. Ich war auf einmal dankbar. *Wasser kostenlos, unten im Ashram auf dem Hof aus dem Hahn, wozu brauchte ich ein Bett oder einen Schrank, um meine Wäsche aufzuhängen?* Nein, nichts von dem benötigte ich wirklich. Innerhalb von weniger als einer Stunde durfte ich lernen, alles Häusliche und Materialistische loszulassen. So entschied ich mich, zu bleiben, und heulte eine weitere Stunde. Der ganze Stress der letzten Monate zuvor durfte von mir gehen.

Heute weiß ich, dass jede Träne reinigt und Balsam für die Seele ist. Svaha bot an, mit mir ein paar geeignete Sachen im Ashram zu kaufen, sodass ich mich auch mit der Kleidung wohlfühlte. An diesem Abend ging ich das erste Mal zu Amma, es war Weihnachten, der 25. Dezember 2013.

Die Halle war voll. Viele Menschen aus der ganzen Welt waren da. Eine Energie schwang in ihr, die ich nie zuvor gespürt hatte. Ich kam erst spät am Abend in den Genuss von Darshan. Darshan bedeutete dort, eine Umarmung von Amma zu bekommen. So setzte ich mich in die Reihe und rutschte immer einen Stuhl vor. Mir wurde heiß, ich musste dringend zur Toilette, was nun, warten oder gehen? Ich entschied mich, schnell zu gehen. Ich war ein weiteres Mal dankbar, denn zuerst lief ich in die indische Toilette und dachte nur, nicht das auch noch, drehte mich um und sah glücklicherweise auf der anderen Seite die westliche Toilette. Selbst in den Toiletten ist für Menschen aus aller Welt gesorgt. Die eine Seite indischer Standard, ein Loch im Boden und ein Schlauch, um den Hintern mit der Hand abzuwaschen, und auf der anderen westlicher Standard. Die einfachsten Dinge, die wir für selbstverständlich halten, riefen in solch einem Moment Dankbarkeit in mir hervor. Als ich zurück war, ging es schon fast auf die Bühne zu Amma. Ich wurde mit jeder Minute nervöser. Warum? Ich wusste es nicht, denn ich kannte sie nicht. Ich rezitierte mein Lieblingsmantra, „Chidananda Roopah Shivoham Shivoham", übersetzt heißt es: „Meine wahre Natur ist Sein, Wissen und Glückseligkeit." Es ging auf die Bühne, dort rückte ich Stuhl für Stuhl voran. In der dritten Reihe angekommen, hatte ich einen freien Blick auf Amma. *Eine Frau wie du und ich*, dachte ich und rezitierte weiter das Mantra. In diesem Moment schaute sie zu mir rüber, unsere Blicke trafen sich. Ich hörte einen Gedanken in meinem Kopf: „Schön, dass du endlich da bist." Hatte sie sich telepathisch mit mir verbunden? Ja, hatte sie.

Ich wurde nervöser, als ich nur noch drei Stühle von ihr entfernt saß. Eine unwahrscheinliche Hitze durchflutete mich. Als es so weit war, kniete ich vor ihr nieder. Sie fühlte sich sehr warmherzig an, schenkte mir Liebe, Geborgenheit und Energie, die mich auftankte. Es war so, als ob ich zu Hause angekommen wäre und eine Mutter mich liebevoll in den Arm nehmen würde. Sie sprach immer wieder in mein Ohr: „Meine Liebe, meine Liebe, meine Liebe." Ich schaute ihr kurz in die Augen. Ihre Seele, ihr Bewusstsein, spiegelte das Universum, eine Unendlichkeit und einen Glanz, der mich bis heute beeindruckte. Man sagt ja immer, die Augen sind das Tor zur Seele, ihre Seele war das Universum. Mir war es nicht möglich, allein wieder hochzukommen. So zogen mich die Helfer rund um Amma nach oben. Mir liefen die Tränen herunter, denn nie zuvor hatte ich so etwas vergleichbar Schönes in diesem Leben fühlen dürfen. Ich saß danach einige Zeit in der Halle, um das Geschehen zu verfolgen und das Geschehene zu verarbeiten. Als mich die Müdigkeit überkam, es war spät in der Nacht, ging ich zu Bett. Die dritte Person war angereist, Monika aus Berlin. Sie war schon einige Male im Ashram und bei Amma in Deutschland gewesen. Sie kannte sich aus und war kaum zu sehen.

In dieser ersten Nacht wurde ich wach. Es war ein nie zuvor da gewesenes Gefühl. Mein Bewusstsein schwebte einige Zentimeter über meinem Körper. Als ich zu mir kam, machte es nur Plopp, und ich war wieder in ihm. Ich dachte, alles geträumt zu haben, dem war nicht so. Am nächsten Morgen berichtete ich Svaha von dem, was mit mir in der Nacht geschehen war. Sie meinte daraufhin nur, dass ich schon weit sei. Die nächsten Tage waren immer noch überwältigend. Mein erster Gang war morgens immer zum Meer, da Wasser mein Element ist, fühlte ich mich dort am wohlsten. Nach der ersten Woche und einem besseren Verständnis von

Amma und dem Ashram ging ich meine eigenen Wege. Viele Menschen redeten den lieben langen Tag. Ich spürte die Energie von ihnen, die mit sich und ihrem Inneren im Kampf stand. Das mochte ich nicht und wusste zum damaligen Zeitpunkt keinen Rat, wie ich es nicht hätte aufnehmen oder fühlen können. Bei dem zweiten Darshan schenkte ich Amma meine Liebe, weil ich ihr einfach Dankbarkeit und Liebe entgegenbringen wollte.

Dankbarkeit dafür, dass sie mich so annahm, wie ich war, mit all den Fehlern, Schwächen, Stärken und meiner Liebe. Dankbarkeit für ihr Wasser und der indischen Mahlzeit am Mittag, die im Preis inbegriffen war. Ich verstand nicht, warum alle zu Amma gingen, um Liebe zu bekommen. Ich ging hin, um ihr meine Liebe zu geben, für all das, was sie in dieser Welt Gutes tat. Als ich das zu jemandem sagte, brachten sie mich sofort zur Prasad-Gabe (Opferspeisen). Dort wollte ich erst gar nicht hin, doch ich ging mit, da es eine große Ehre war. Amma übergab jedem Einzelnen, der zu ihr kam, das Prasad nach ihrer Umarmung in die Hände. Da es alles sehr schnell gehen musste, damit sie möglichst viele Menschen umarmen konnte, überreichten ihr die Prasad-Geber immer im Wechsel das Prasad erst in ihre Hand. Prasad war eine Gabe von ihr, die gesegnet war. Es waren ein Bonbon und ein Rosenblatt (in Indien auch heilige Asche, die heilt), die Amma nach dem Darshan mit auf dem Weg gab. So sollte sich jeder an die Süße des Lebens (dafür das Bonbon) und an die Liebe (dafür das Rosenblatt) erinnern. Viele Menschen hatten vergessen, dies zu leben und zu genießen. Mit Liebe und Hingabe überreichte ich das Prasad an Amma weiter, ich war jetzt auch eine Prasad-Geberin. Dort durfte ich Zeugin davon werden, wie sie einem Mann das tiefste Mitgefühl entgegenbrachte, weil er von einem Unglück erzählt hatte, das sich zuvor am Tag im Meer ereignet hatte. Er hatte gesehen, wie im Meer, etwas weiter vom Ashram entfernt, ein Kind durch die starken Wellen und der Strömung ertrunken war, und er hatte es nicht retten können. Des Weiteren durfte ich fühlen, wie sie einem Baby die Glückseligkeit entgegenbrachte, wie sie den Menschen die Liebe entgegenbrachte, egal, wie groß die Sorge war, wie tief der Kummer saß oder all die Übertretungen, die der eine oder andere mit sich trug. Das hatte mich alles sehr beeindruckt.

Nach der ersten Woche kam doch zum ersten Mal die Frage in meinem Inneren auf, warum ich im Ashram sei. Diese wurde mir zwei Tage später indirekt beantwortet, als ich auf einem Zettel gelesen hatte, dass die IAM-40-Meditation angeboten wurde. Sie ging über zwei volle Tage, um sie zu verinnerlichen. Das war es! Ich wusste sofort, dass es das war! Meditation. Wohin brachte einen die Meditation? Zu seinem Bewusstsein, zu Erleuchtung. Die zweite Antwort auf diese Frage war, wieder zur Dankbarkeit zurückzufinden. Dankbarkeit für die einfachsten Dinge im Leben.

2014

Das bewegendste Jahr meines ganzen Lebens

Das neue Jahr, 2014, brach an. Um das neue Jahr zu beginnen, wird dort immer eine Neujahrs-Puja abgehalten. An dieser wollte ich auf jeden Fall teilnehmen. So ging ich am 1. Januar 2014 morgens um 05:00 Uhr zur Puja, ohne zu wissen, was das war oder bewirkte. Puja ist Sanskrit und bedeutet Verehrung oder Anbetung. Die Rituale dienen der Konzentration des Geistes, der Öffnung des Herzens und der Einheit mit der göttlichen Kraft, indem der Geist zunächst auf einen äußeren Gegenstand fixiert und dann in die Ruhe nach innen gewendet wird. Sie haben auch eine reinigende Kraft und können heilende Energien anziehen. Am Neujahrstag war es eine Puja, die alles Alte reinigen sollte. Ich fragte anschließend nach, da ich während der Puja so etwas wie ein Feuer in meinem Solarplexus gespürt hatte. Sie hatte mich gereinigt. Ich war erstaunt, es so fühlen zu können.

Einen Tag später war die Vorbesprechung für die Meditation. Diese fand auf Englisch statt, so wie alles auf Englisch oder Indisch im Ashram. Es wurde uns gesagt, dass es möglich sei, einen Dolmetscher zu bestellen. Das Angebot nahm ich dankend an. Es waren vier weitere Deutsche, die auch einen brauchten. Am Ende der Vorbesprechung kam die Information, dass keiner der Dolmetscher Zeit habe. So überlegte ich, ob ich die Meditation mitmachen könnte, da mein Englisch zu diesem Zeitpunkt trotz Auffrischung nicht die Wucht war. Am nächsten Morgen, immer noch hadernd, ging ich wie gewohnt zum Meer und bat die Engel, mir/uns doch bitte einen Dolmetscher zu schicken. Es war, als ob ich getestet würde, wie viel Vertrauen ich in mich setzte. Dies waren nicht die einzigen Tests, was ich zum damaligen Zeitpunkt nicht wusste. Der Bauch sagte „ja", das Ego kam und meinte: *„Nein, da verstehst du sowieso nichts."* Kurz bevor die Meditation startete, hatte ich auf meinen Bauch gehört und nahm teil. Als wir alle Platz genommen hatten und der Swami (Lehrer) schon anfing, die ersten Übungen vorzustellen, kam jemand eilig in den

Raum und fragte, wer die deutsche Übersetzung brauche. Mein Arm ging so schnell in die Höhe, dass die Dame direkt zu mir kam. Sie fragte, wo die andern sitzen würden, das konnte ich nicht beantworten, denn sie meldeten sich in diesem Moment nicht. Die erste Hälfte des Tages saß die Dolmetscherin bei mir. Sie teilte mir mit, dass ab dem Nachmittag eine andere kommen werde. In der Meditation nahm ich zum ersten Mal das Chakrensystem bewusst wahr. Das Ungewöhnliche für mich war, dass sie sich drehten. Und in meinem Hals-Chakra und dritten Auge kam eine große Hitze auf. Auf Nachfrage bei der Dolmetscherin, warum sie sich drehen würden, schaute sie mich sprachlos an und meinte, sie sollten sich noch gar nicht drehen. Daraufhin fragte ich sie, wieso wir das hier alles machen würden. Da hatte ich die falsche Frage gestellt. Ihr Gesicht sprach Bände. Sie versuchte, eine Antwort zu geben, die keine war, bemerkte es und brach ab. Sie sprach mit dem Swami und der gab am Nachmittag eine allgemeine Antwort darauf.

Chakren sind feinstoffliche Energieströme im Körper. Die Energiebahnen, auch Nadis genannt, kreuzen sich an bestimmten Knotenpunkten und bilden energetische Zentren, die Chakren. Die sieben Haupt-Chakren sind von besonderer Bedeutung und stehen für das Spektrum unserer Lebensthemen. Chakra ist Sanskrit und bedeutet Kreis, Rad. Die Chakren befinden sich in ständiger kreisender Bewegung, insofern sie geöffnet sind. Jedes Chakra hat einen körperlichen Bezug. Die unteren Chakren sind den Grundbedürfnissen und Emotionen zugeordnet, die oberen der Spiritualität. Wenn sich alle Chakren im Einklang drehen, ist es möglich, sie zu verbinden und sein Bewusstsein zu einem großen Ganzen werden zu lassen. Also war es für mich gut, dass sich meine Chakren drehten. Durch das Rezitieren der Mantras waren sie in Schwingung gekommen. Einige nicht, denn die Hitze im Chakra bedeutete, dass da eine Blockade saß, die es galt, zu lösen. Blockaden der Chakren, zum Beispiel Trauer, Wut, nicht verarbeitete Themen, bewirken, dass die Energie im Chakra nicht fließen kann. Diese Blockaden verstärken in der Regel das Thema, z. B. die Trauer und das Gefühl der Getrenntheit, weiter. Solange in einem Chakra der Energiefluss nicht gegeben ist, kann es sich nicht zu einem großen Ganzen zusammenfügen. Durch das Lösen der Blockaden ist es möglich, die verloren gegangene Energie zurückzugewinnen. Das Ziel einer Meditation sollte sein, zu seinem Bewusstsein zu gelangen, sodass der Mensch in Harmonie, Frieden, Licht und Liebe leben kann. An dieser Stelle lege ich mich nicht mehr auf die sieben Haupt-Chakren fest, da wissentlich bei mir über 16 Chakren geöffnet sind. Meine Erkenntnis über die Chakren: Je höher wir im Wandlungsprozess oder Erwachen der bewussten Ebene voranschreiten, umso mehr Chakren präsentieren und öffnen sich. Das Leben hier auf Erden ist ein Lern-, Entwicklungs- und Heilungsprozess.

Zurück zur Geschichte. Am Nachmittag saßen alle Deutschen um die neue Dolmetscherin. Mir machte es großen Spaß, meine innere Energie zu entdecken. Ich verstand mich auf Anhieb mit der Dolmetscherin, denn sie sah in mir etwas, das sie selbst in sich trug. Sie lebte damals schon seit acht Jahren im Ashram und reiste immer mit Amma durch die Welt. Ich sah sie seitdem jedes Jahr einmal in Deutschland. Wenn sie in Indien war, arbeitete sie als Englischdolmetscherin oder als Lehrerin an der Universität, die direkt gegenüber auf der anderen Flussseite (Backwaters genannt) vom Ashram liegt. Der zweite Meditationstag diente dazu, das Gelernte vom Vortag in jedem Schritt zu verinnerlichen.

In der zweiten Woche wollte ich zum Delfinstrand. Dieser sollte gar nicht so weit weg sein. Da ich wusste, dass Svaha den Weg dorthin kannte, fragte ich sie, ob sie mitkommen möchte. Erst wollte sie nicht, weil sie meinte, dass da keine Delfine zu sehen seien. Ich ließ nicht locker, bis sie endlich „ja" sagte. Sie gab mir Instruktionen für die Busfahrt und dafür, was ich am Strand anziehen sollte. Im Bus saßen alle auf getrennten Seiten, die Frauen links und die Männer rechts. Am Strand sollten Frauen nicht zu freizügig sein. Ich hatte einen Badeanzug, das reichte mir, es war sonst niemand da. Als wir dort ankamen, lief ich zu einem langen steinernen Steg, der über mehrere Meter lang war. Fest im Glauben und in der Hoffnung, Delfine zu sehen, kamen auf einmal acht in unsere Nähe geschwommen. Svaha war sprachlos und meinte daraufhin, dass sie die letzten beiden Male (hier sei erwähnt, es lag schon über ein Jahr zurück) keine mehr gesehen hatte. Es war wunderschön, die springenden Delfine zu beobachten, sie brachten Spaß und ein Lachen auf unser Gesicht. Kurz entschlossen ging ich ins Meer. Svaha wollte nicht, da sie meinte, dass die Strömung zu stark sein könne und uns umreißen würde. Mir war das egal, ich wollte das Wasser spüren. Hier trafen das Arabische Meer und der Indische Ozean aufeinander, deshalb konnte die Strömung stärker sein als gewöhnlich. Das Wasser fühlte sich warm, sanft und weich an. Ich genoss es, darin zu schwimmen, und bat Svaha, auch reinzukommen. Sie wollte erst nicht, kam nach langem Überlegen doch hinein. Dann geschah etwas, was ich heute noch ein Wunder nenne. Als sie ins Wasser kam, waren die Wellen so stark wie zuvor bei mir. Sie verpasste jedoch den richtigen Einstieg und wurde von der ersten Welle komplett mitgerissen. Warum wurde sie mitgerissen und ich nicht? Ganz einfach, ich hatte keine Angst, sie ja. Ihre Ängste waren Gedanken, die sie im Vorfeld ausgesendet hatte, am Morgen und am Strand. Sie waren manifestiert. Das hatte zur Folge, dass sie direkt damit konfrontiert wurde. Warum so schnell? Sie lebte seit fünf Jahren im Ashram, das hieß, ihre spirituelle Entwicklung war fortgeschritten. Je spiritueller sie wurde, umso freier vom Karma wurde sie, da sie im Laufe der Zeit das Karma, das sie angesammelt hatte, wieder auflösen durfte. Wer etwas dachte, sagte oder tat, was nicht dem Licht, der Liebe und seiner Seele diente, dem geschah innerhalb kürzester Zeit das, was aufgelöst werden durfte. Karma bedeutet, dass jede Handlung physisch wie geistig eine Folge hat. Diese muss nicht im gegenwärtigen Leben wirksam werden, sondern sie kann sich erst in einem zukünftigen Leben manifestieren oder, so wie es bei mir war und bei anderen Menschen noch ist, aus vielen alten vergangenen Inkarnationen entstanden sein.

Als sie endlich wieder an der Wasseroberfläche zu sehen war, schnappte sie nach Luft und stellte in diesem Moment, als sie ihre Augen rieb, fest, dass ihre Brille im Meer lag. Instinktiv sagte ich zu ihr, dass sie stehen bleiben solle, weil wir sie wiederfinden werden. Sie blieb stehen, meinte im selben Atemzug, dass das gar nicht möglich sein könne, da die Strömung so stark sei. Ich gab die Hoffnung nicht auf und glaubte fest daran, dass ich sie wiederfinden werde. Ich bat sie, stehen zu bleiben, lief zu ihr hin und behielt währenddessen die Wellen im Auge. Dabei konzentrierte ich mich immer auf vor und zurück, vor und zurück. Als ich in einem gewissen Abstand vor ihr stand, sagte ich zu ihr: „Sie müsste mit der nächsten Welle zurückkommen."

Die Welle kam, ich tauchte unter und mit der Brille wieder auf. Sie guckte so perplex, dass sie nur sagte, dass das Amma gewesen sei. Ich schaute sie an und sagte: „Nee, das war ich", und grinste sie dabei an.

Die Erkenntnis war, dass das Göttliche mir geholfen hatte, um ihr zu zeigen, welchen Unterschied die Denkweise ausmachen konnte, wenn sie einen positiven oder negativen Gedanken hatte. Hätten wir beide negativ gedacht, wäre die Brille weg gewesen. So schwammen wir eine Weile gemeinsam, genossen das Wasser, die Sonne und das Leben.

Im Laufe der nächsten Tage plante ich außerhalb des Ashrams, in der Nähe war ein Internetshop, meine weitere Reise. Ich wollte unbedingt einen Elefanten waschen und einen Tiger in Indien sehen. Diesen Gedanken hatte ich schon zu Hause gehabt. So beschloss ich, in das Periyar-Schutzgebiet zu fahren. Es war ein Tierschutzgebiet, Nationalpark und Tigerreservat in den Bergen. Über das Internet buchte ich ein Zimmer in der Nähe des Parks und suchte Fahrgelegenheiten, um Thekkady zu erreichen. Svaha riet mir davon ab, bei der Hitze (34 Grad) mit meinem schweren Koffer mit dem Zug zu fahren, wofür ich ihr wirklich dankbar war. Die Preise der Taxifahrer waren fast alle gleich, so entschied ich, einen aus dem Ashram zu nehmen. Die letzten Tage brachen an und ich wollte noch einmal zu Amma. Svaha kam auf die Idee, dass ich mir mein Mantra von Amma geben lassen könne. Ich war erstaunt, denn im Vorfeld wusste ich nur, dass man lange ein Schüler eines Gurus sein musste, um überhaupt ein Anrecht auf ein Mantra zu bekommen. Was natürlich hier im Westen keinen Sinn für uns ergeben würde, da wir nicht alle jahrelang ins Kloster gehen könnten. Deshalb fand ich die Einstellung von Amma gut, ein Mantra zu vergeben, um so in seiner spirituellen Entwicklung voranzukommen. Ich machte mich schlau, welche Voraussetzungen ich dafür erfüllen sollte. Hm, das Büchlein hatte die eine oder andere Herausforderung zu diesem Zeitpunkt aufgelistet, sodass ich erst mal zwei Nächte darüber schlafen musste. Als ich wusste, dass die Entwicklung meiner Seele Priorität haben sollte, entschied ich, mir mein Mantra geben zu lassen. Ich fand an diesem Tag niemanden, der mir genau sagen konnte, wie, wann und wo ich es bekommen könnte. Ich gab nicht auf und suchte weiter. Durch Zufall traf ich einen Tag später die Dolmetscherin wieder, sie gab mir die Antworten, die ich brauchte. Ich schaffte es, in dieser Nacht das Mantra zu bekommen. Als Amma mich im Arm hielt, um zu channeln, das dauerte lange, länger als eine normale Umarmung, passierte etwas für mich Bewegendes. Als sie mich beim dritten Mal noch fester umarmte, schoss ein Licht aus einer ungeahnten Tiefe in mir hoch, mein Seelenlicht. Da wusste ich, dass es wert war, nach Indien zu reisen, um die Antwort auf die Frage zu bekommen, was in meinem Inneren war. Das Mantra fühlte sich in meinem Inneren wohlig und stimmig an. Seit ich es rezitierte, bekam ich währenddessen immer wieder Erkenntnisse, die mich zu Tränen rührten. Bei dem letzten Darshan ließ ich für meinen Sohn ein Bild von Amma segnen, ein Porträt, auf dem sie ein verschmitztes Lächeln zeigte. Es war das Einzige, das ich ihm mitbringen wollte.

Nach drei Wochen Ashram, vielen Erfahrungen, Emotionen wie Dankbarkeit, Hingabe, Liebe, Achtsamkeit, Mitgefühl sowie Erkenntnisse über mein Inneres und Äußeres (dass materielle Dinge losgelassen werden dürfen), um einige Freunde reicher, die Meditation und das Mantra im Gepäck, fuhr ich mit einem weinenden und einem lachenden Auge und meiner aufgegangenen Sonne im Herzen weiter.

Die Fahrt nach Tekkady war ein Höllentrip. Da die Straßen so schmal waren, dass kaum zwei Autos aneinander vorbeikommen, und wir auf ca. 1.700 Meter Höhe eine Serpentine hochfuhren, überkamen mich zwei Sachen gleichzeitig. Zum einen war mir übel, da der Höhenausgleich für meinen Körper nicht so schnell voranging wie gewünscht, und zum anderen waren die Straßen keine Straßen, sondern Schlagloch durchzogene Schotterpisten. Das Auto bewegte sich wie eine Schiffschaukel und das über Stunden. Dort angekommen war ich froh, vom Lärm des Straßenverkehrs erlöst zu sein. Was ich nicht bedachte, war, dass es einen großen

Temperaturunterschied gab. Von 34 Grad am Meer ging es in eine kältere Region mit ca. 22 Grad am Tag und 15 Grad bei Nacht. Es sei in diesem Jahr ausgesprochen kühl, berichteten die Angestellten. Die ersten Tage fror ich ständig, besonders in der Nacht. Es war mir möglich, einen Elefanten zu waschen und mich von ihm auf seinem Rücken abduschen zu lassen. Das war immer ein Wunsch gewesen, ich war froh, dass ich es getan hatte. Der Elefant war so feinfühlig, dass er die Energie der Liebe spürte. Um ihm die Wange zu kraulen, trat ich ganz nah an ihn heran. Während ich dieses tat und mit ihm sanft sprach, kullerten ihm Tränen aus dem Auge. Er schaute mich mit seinem kleinen Auge intensiv an, so als ob er in meine Seele schauen würde. Berührt, dass ein Riese so viel Gefühl hatte, wusch und schrubbte ich ihn mit Hingabe. Er war anschließend so relaxt, dass er selig vor sich hin schlummerte und sanft durch seinen Rüssel schnaubte.

In dem Tiger Reserve gab es viele Sachen zu sehen. Schwarzer Pfeffer, Zitronen, Wasserfälle, wir sahen eine Elefantenplazenta, die noch von einer Geburt dort lag. Die Elefanten konnten wir leider nicht sehen, da sie im Reservat unterwegs waren. Es gab die verschiedensten Arten von Affen, und bei unserem Fußmarsch durch den Dschungel stießen wir auf die Fährte eines Tigers. Wir sahen im Matsch frische Pfotenabdrücke. Die Guides waren in hellem Aufruhr und trieben uns an, schneller voranzugehen. Ich ließ mir die Gelegenheit nicht entgehen, erst mal ein Foto zu machen. Ehrlich gesagt war ich so fasziniert, dass mir die Gefahr nicht bewusst war. Als wir vom Fußmarsch zurück waren, taten mir die Füße weh. Nachdem ich die Winterschuhe ausgezogen hatte, mir wurde im Vorfeld gesagt, ich solle hoch geschnürte Schuhe anziehen, sah ich zu meinem Entsetzen viele Blutflecken auf den Socken. Als ich sie auszog, klebten mehrere Blutegel an den Füßen und Knöcheln. Es war ein ekliges Gefühl, die Egel abzuziehen. Nach dem Periyar Reserve und einer guten Zeit in Thekkady, hier durfte ich einen netten Freund aus England, John, kennenlernen, trat ich meine Heimreise an. Wir schreiben uns in jährlichen Abständen, um uns über unsere spirituelle Entwicklung und unsere Reisen auszutauschen.

Wenn du Träume hast und sie verwirklichen könntest, warte nicht, denn das Leben findet im Hier und Jetzt statt, und du weißt nie, was morgen sein wird. Das Leben ist planbar, aber nicht kontrollierbar. Warum ich das hier an dieser Stelle schreibe, hat einen Grund, der im Verlauf der Geschichte einen Sinn ergibt.

Zurück aus Indien im normalen Leben brauchte ich einige Wochen, um mich wieder in den Alltag einzufinden. Patrick schenkte ich das gesegnete Bild von Amma. Als er es in die Hand nahm, schaute er mich an und sagte zu mir: „Mama, die kenne ich. Das ist ja komisch, das Bild kribbelt in meinen Fingern." Ich fragte ihn, woher er sie kenne, das konnte er nicht sagen und zuckte mit den Schultern. Ich guckte ihn an und sagte: „Die passt auf dich auf, wenn ich es mal nicht kann!" In dem Moment, als ich es ausgesprochen hatte, wunderte ich mich über die gesagten Worte. Sie ergaben keinen Sinn, den ich hätte erkennen können, der sollte uns beiden erst später bewusst werden.

Mir fiel es nach diesem Bewusstseinserlebnis schwer, in den Bürojob zurückzukehren. Die Menschen dort bemerkten größere Veränderung an mir. Meine Sonne schien im Inneren, das spürten sie und sagten es mir. Ich rezitierte jeden Tag mein Mantra und übte mich in der IAM-Meditation. Diese machte ich vorzugsweise zu Beginn nur am Wochenende, da die Zeit vor der Arbeit knapp war und ich im Winter morgens nicht gut aus dem Bett kam. Abends war ich oft zu kaputt, sodass ich erst mal eine Stunde in der Natur spazieren war, um von dem Bürostress runterzukommen. Dazu ging ich einmal die Woche zum Reiten in einer Reitschule, ich hatte erst vor einigen Jahren damit angefangen. Es war immer ein Kindheitstraum und es war gut, dass ich mich getraut hatte, es zu lernen, es war mein Lieblingshobby. Meistens buchte ich für sonntagmorgens in einem freien Reitstall eine geführte Tour in der Gruppe durch den Wald. Da hatte ich immer das Gefühl, frei wie eine Amazone durch die Wälder zu streifen, am liebsten im Galopp. Das war ein Hobby, das ich mit Leib und Seele lebte. Dazu hatte ich das Jahr zuvor golfen gelernt. Mich zog es aber durch die Pferde mehr zum Reiten.

Bei der IAM-Meditation durfte ich mit Erstaunen feststellen, dass die Energie vom Ashram da war, sobald ich mit ihr anfing. Wenn ich sie ausführte und einen Fehler dabei machte, wurde ich im Nachhinein dezent mit meinen Augen zum Zettel geführt, um zu erkennen, was nicht richtig war. Zum Mantra wurde mir gesagt, dass je öfter ich es sprechen werde, umso kräftiger die Energie sein werde. Je seltener ich es sprechen werde, desto weniger Energie werde fließen. Es ist wie Feuer machen, zum Entzünden brauchst du ein Streichholz, das war in diesem Fall Amma mit ihrer Energie, sie hatte das Feuer entzündet. Dann achtest du darauf, dass immer Holz nachgelegt wird, sodass das Feuer nicht ausgeht. Je mehr Holz auf das Feuer/Mantra kommt, umso kräftiger kann es brennen. Das ergab einen Sinn, und da ich schnell vorankommen wollte, hielt ich mich daran, es auf jeden Fall 3, 9, 27 oder 108 Mal am Tag zu sprechen. Ich rezitierte es immer 108 Mal. Beim Spazieren gehen, Duschen, Abwaschen oder zu anderen Zeiten, sprach ich es, ohne zu zählen. So lernte ich, meine Gedanken zu kontrollieren. Wenn ein Gedanke währenddessen aufkam, schaute ich ihn an und ließ ihn los. Das Gleiche tat ich in der Meditation, wobei ich sagen muss, dass diese mehr Achtsamkeit auf das Chakren-System legte und ich die Aufmerksamkeit darauf richtete. Erst zum Schluss ging es in die Stille. So hatte ich zwei Techniken zur Auswahl, um meine Achtsamkeit und Gedanken zu trainieren. Es galt, zu lernen, mich nicht mehr über alles und jeden aufzuregen, sondern in mir zu ruhen. Das Mantra war eine gute Hilfe.

Anfang Februar, gar nicht so lange nach der Indienreise, bekam ich einen Anruf von meiner Mutter von zu Hause, das lag in der Nähe von Frankfurt. Sie erzählte, dass mein Vater schwere Herzprobleme habe und eine schnelle Bypass-OP durchgeführt werden musste. Da in Frankfurt nichts für eine OP frei war, wurde er nach Gießen verlegt. Was für mich wiederum gut war, denn Gießen liegt genau zwischen meinem Zuhause und dem meiner Eltern. Da die OP direkt auf einen Freitag fiel, konnte ich schon gegen Mittag Feierabend machen, um zu meinem Vater zu fahren. Auf dem Weg dorthin passierte etwas Außergewöhnliches. Ungefähr auf halber Strecke sah ich meinen Vater vor meinem dritten Auge auf dem

OP-Tisch liegen, und sah, wie seine Seele nach oben schwebte. Amma begleitete seine Seele nach oben. Sie holte mich zeitgleich dazu, um das zu sehen. Ich fuhr rechts ran, mir kamen die Tränen. Mir wurde gezeigt, wie die Seele gut behütet in der Zwischenwelt verweilte. Als ich wieder zu mir kam, beschäftigte mich das die ganze Fahrt über, bis ich in Gießen in der Uniklinik ankam, und viele Wochen danach. Dort ging ich sofort zur Intensivstation. Mir wurde eine Auskunft verweigert, man könne mir nichts sagen. Nach einer Stunde klingelte ich erneut und bekam keine Antwort, ich solle nach Hause fahren. Das kam für mich nicht infrage, ich wollte so lange bleiben, bis ich wusste, dass er aus der OP raus ist. Ich war nervös. Das war der beste Test, mein Mantra zu sprechen. „Bleibe ruhig, alles wird gut, und warte auf Antwort", sagte ich zu mir, rezitierte das Mantra, es beruhigte mich. Nach einer weiteren Stunde klingelte ich erneut, da hieß es, er werde noch operiert. Es waren schon über fünf Stunden. Nach einer weiteren Stunde klingelte ich erneut, da war er gerade auf die Überwachungsstation gekommen. Zum Zustand könnten sie erst morgen etwas sagen, da er drei Bypässe bekommen hatte. Ich sollte Montag kommen, da die Menschen nach solchen Operationen zwei Tage zum Regenerieren brauchten. Da ich Sonntagabend wieder bei mir zu Hause sein musste, fragte ich nach einer Sondergenehmigung, ihn schon am Sonntag sehen zu dürfen. Das hatten sie genehmigt. Ich fuhr danach zu meiner Mutter. Wir erhielten Samstagvormittag einen Anruf, dass er die OP überstanden hatte, das Herz schlug wieder von allein. Sonntags fuhr ich auf dem Weg nach Hause in die Uniklinik, um ihn zu besuchen. Er stand unter Einwirkung starker Medikamente, was verständlich war. Er saß in einem Stuhl und musste abhusten. Bei der OP hatte er sich eine Lungenentzündung eingefangen, was da noch nicht bekannt war. Mir war zu diesem Zeitpunkt bewusst, dass das, was er da abhustete, eine Entzündung war. Ich durfte eine Stunde bleiben. Die Schwester war froh, dass ich genau zu der Zeit da war, als er im Stuhl saß, weil ich so auf ihn aufpassen konnte.

Nach drei Wochen auf der Intensivstation, durch die schwere OP und Lungenentzündung, konnte er bis zur Reha übergangsweise auf die normale Station verlegt werden. Dort besuchte ich ihn noch mal und stellte eine große Veränderung an seinem Wesen fest. Er hatte eine Erfahrung gemacht, die er erst mal verarbeiten durfte. Viele Monate später erfuhr ich durch einen Bekannten, der auch so eine OP gehabt hatte, dass die Personen eine Nahtoderfahrung erleben, wenn das Herz an die Maschine geklemmt wird. In diesem Moment ergab es einen Sinn für mich, warum ich die Seele/das Licht meines Vaters nach oben schweben sehen konnte. Der Bekannte war erstaunt, dass ich mit ihm darüber geredet hatte, denn er hatte es immer für sich behalten und brauchte Monate, bis er es verdrängen konnte. Er war froh, es mal jemanden, mir, erzählen zu können. Mein Vater sprach nie darüber. Er schwieg es in sich hinein. Er war nach der OP nicht mehr der Mensch, den wir alle kannten.

Es war wichtig für mich, mit meinem Vater zu sprechen, um ihm sagen zu können, wie lieb ich ihn hatte. Ich war dafür einfach dankbar. In den Jahren zuvor hatte ich ein gutes Verhältnis zu ihm gehabt, was viele Jahre davor nicht so gewesen war. Ich kann sagen, dass er sich so ab dem 67. Lebensjahr veränderte. Ab da durfte ich seine väterliche Liebe das erste Mal spüren. Vorher hatte er sie immer verborgen, bis ich ihn mal fragte, warum er als Vater so ein A ... sei (ich schreibe das Wort hier nicht aus) und jetzt zu den Enkelkindern so liebenswürdig und nachsichtig sei. Ich hatte es, zu meinem Erstaunen, damals wirklich so zu ihm gesagt. Seine Antwort darauf: „Euch musste ich erziehen (wir waren vier Kinder und ich das dritte davon) und schauen, dass etwas Gescheites aus euch wird. Bei den Enkelkindern ist das etwas anderes, da müssen das die eigenen Eltern machen." Ab da veränderte sich das Verhältnis zwischen uns und er konnte die Liebe fließen lassen.

Was ich mit dieser Geschichte sagen möchte: Wenn dir etwas auf dem Herzen liegt, sprich mit der Person darüber, die es betrifft, oder mit jemandem über das, was dir Sorgen macht, denn nur sprechenden Menschen kann geholfen werden. Du weißt im Vorfeld nie, wie die andere Person das sieht. Viele Menschen schweigen sich jahrelang über etwas aus, weil sie Angst haben und sich ausmalen, was der andere sagen oder denken könnte. Das ist vertane Zeit und lässt dich, da du ja immer wieder dieselben Gedanken über eine Situation durchspielst, wertvolle Zeit und Energie verschwenden.

Das macht müde, schlapp, lust- und antriebslos. Die Energie könnte besser für die Freizeit, Hobbys oder für die eigene Weiterentwicklung genutzt werden, um das Leben und die Lebensfreude zu genießen. Ich tat dies sehr viele Jahre nicht, da ich in einem Hamsterrad steckte. Ich funktionierte wie eine Maschine: arbeiten, Mutter sein, Hausfrau sein, Haushalt, Essen kochen, Spazieren gehen, schlafen. Ab und zu ins Kino, ausgehen, selten mal einen Bummel unternehmen, da ich immer die Gefühle der anderen Menschen fühlte und ich mich in großen Menschenmassen nicht wohlfühlte. Da ich den spirituellen Weg eingeschlagen hatte, wurden mir viele Sachen bewusst. Es war bis hierhin nur die Eisspitze, an der ich gekratzt hatte, es galt, in die Tiefe zu gehen.

Der 6. März 2014, ein Donnerstag, veränderte mein Leben und das meines Sohnes. Am späten Nachmittag machte ich um 16:00 Uhr Feierabend, eine Stunde vor dem regulären Schluss, da ich Patrick zum Kieferchirurgen fahren sollte. Er hatte zwei Wochen zuvor operativ die Weisheitszähne entfernt bekommen und die Fäden mussten gezogen werden. Als ich ihn von der Arbeit abholte, meinte er zu mir, dass wir es verschieben sollten und er keine Lust habe. Da wir den Termin schon einmal verschoben hatten, beharrte ich darauf, ihn einzuhalten. Wir fuhren los auf die Autobahn Richtung Recklinghausen. Es war ein schöner erster Frühlingstag, die Sonne schien nach langer Zeit wieder. Als wir auf die Autobahn fuhren, war schon Feierabendverkehr, wir fädelten ein und konnten auf die linke Spur wechseln, der Verkehr floss. Als auf einmal das Auto vor mir eine starke Vollbremsung ausführte, musste ich ebenfalls bremsen, wir kamen zum Stillstand. Der Verkehr vor uns kam wohl für einen kurzen Moment zum Erliegen, was die Bremsreaktionen der Autos ausgelöst hatte. Als wir zum Stillstand kamen, in einem gewissen Abstand hinter dem vorderen Auto, schaute ich kurz zu Patrick und sagte zu ihm: „Gott sei Dank." Weiter kam ich nicht mehr, denn in der Sekunde passierte es, ein riesiger Knall. Ein Auto fuhr mit ca. 120 km/h (laut Aussage der Polizei, da die Sitze weggebrochen waren) auf uns auf. Ich hörte es nur knallen, das Metall krachte, Patricks Kopf schlug wie eine Wassermelone auf das Armaturenbrett. Dann sah ich mich von oben selbst fliegen. Ich dachte nur, *wie kann es sein, dass ich mich selbst fliegen sehe???*

In diesem Moment hörte ich eine Stimme von oben sprechen: „Deine Zeit ist noch nicht gekommen." Wir wurden trotz der Gurte durch das Auto geschleudert. Zurück, die Sitze krachten nach hinten weg, nach vorne, die Airbags lösten nicht aus. Wir schlugen auf das Lenkrad und Armaturenbrett (laut Aussage der Polizei lösen die Airbags nicht aus, wenn man aufgeschoben wird), dann wieder zurück. Ich weiß nur noch, dass ich in eine Leere geflogen bin. Die Polizei konnte den Verlauf rekonstruieren. Wir kamen erst nach vielen Metern zum Stillstand. Stille machte sich breit ...

Patrick fing an zu schreien, er schaute mich an und fragte: „Mama, lebst du noch?" Meine Augen waren aufgerissen und mein Mund stand offen. Dann sagte er, dass Amma im Auto gewesen sei, sie habe ihm das Leben gerettet. Ich hatte das Gefühl, dass es mein Schutzengel gewesen war, denn die Stimme, die mir sagte, dass meine Zeit noch nicht gekommen sei, war männlich. Es war das Göttliche, das uns beschützt hatte. Mein Kopf und mein Körper funktionierten nicht. Patrick stellte die Zündung aus, zog den Zündschlüssel, machte die Warnblinker an, rief Polizei und Krankenwagen und eine Freundin von der Arbeit an. Er kannte sie ganz gut, das erzählte er mir alles hinterher. Hier merke ich an, dass Patrick zu der Zeit keinen Führerschein hatte. Dann sprang er aus dem Auto und schrie um sich, dass das Auto ein Totalschaden sei, es sehe aus wie eine Ziehharmonika, der Kofferraum sei weg, die hinteren Türen total in sich gedrückt, vorne die Motorhaube eingedrückt und dass es in der Mitte einen Knick habe. Ich saß bewegungslos im Auto, die Beine konnte ich nicht mehr bewegen. Der ganze Körper schmerzte fürchterlich. Die Sprache wollte keine Worte finden, die Zunge war taub und kribbelte arg. Patrick rannte zu dem Fahrer hinter uns und fragte, warum das passiert sei, dieser sagte nur, dass er es nicht gesehen habe. Der Fahrer schrie immer: „Allah, mein Auto, Allah, mein Auto", bis Patrick zu ihm sagte, dass es mir nicht gut gehe. Er kam zum Auto und fragte mich, ob alles in Ordnung sei. Ich konnte nur „nein" stammeln. Patrick sackte neben mir auf der Autobahn zusammen, es standen alle unter Schock. Die Fahrerin vor uns war bei Patrick und mir am Auto. Ich weiß bis heute nicht, wer sie war oder wie sie aussah. Patrick hatte sich im Nachhinein bei ihr dafür bedankt, dass sie sich um uns gekümmert hatte, bis die Polizei und der Rettungsdienst kamen. Es standen wohl auch andere Helfer am Auto, davon hatte ich nichts mitbekommen. Auch den Fahrer, der auf uns auffuhr, konnte ich nicht erkennen. Als die Polizei kam, um alles aufzunehmen, wurde uns mitgeteilt, dass auf das Auto dieses Fahrers noch ein Auto aufgefahren sei.

Ein Rettungssanitäter betreute mich, bis die Feuerwehr an mich herankam. Patrick sagte mir später, dass ich fast eine Stunde wie versteinert das Lenkrad festgehalten habe, weil keine Lehne mehr da gewesen sei und der Fuß die ganze Zeit auf der Bremse gestanden habe. Die Feuerwehr schnitt die hinteren Türen auf, um mich aus dem Auto zu holen. Sie betteten mich auf eine Bahre und legten mir schon im Auto eine Halskrause an. Die Kollegin stand die ganze Zeit neben dem Auto. Sie schaffte es, bis zum Unfall durchzudringen, das hatte ich nicht wahrgenommen. Sie erzählte uns alles hinterher. Patrick und ich wurden in verschiedene Krankenhäuser gebracht. Was für ihn gar nicht gut war, denn er hatte so einen Schock, Adrenalinkick und Ängste, mich zu verlieren, dass er nach der Traumabehandlung aus dem Krankenhaus abgehauen war, um mich zu suchen. Die Kollegin von der Arbeit war bei mir und rief Patrick an, sodass er wusste, wo ich war.

Nach dem Unfall ergab der Satz einen Sinn, den ich zu meinem Sohn gesagt hatte, als ich ihm das Bild von Amma geschenkt hatte. „Sie wird auf dich aufpassen, wenn ich es mal nicht kann." Das war der Moment im Auto, ich hatte Worte gesprochen, die wahr wurden.

Es begann eine Odyssee, die ich versuchen werde, in kurzen Sätzen zu beschreiben, da ich es in der Zeitfolge nicht mehr genau zusammenbekomme. Als die Sanitäter mich von der Bahre auf den CT-Tisch legten, knackte es im Rücken. Ein weiteres Mal, als sie mir die Hose auszogen. Nach der Traumabehandlung stand fest, dass ich ein schweres Schädeltrauma, eine Gehirnerschütterung, ein Schleudertrauma, etliche Prellungen und Stauchungen hatte. Die Ärzte versuchten drei Tage lang, das rechte Bein immer wieder in die richtige Position zu bringen, sie drückten es in die Hüfte rein. Meine Knie schmerzten, das rechte war geschwollen. Das stellten sie erst nach zwei Tagen fest, weil ich gejammert hatte, dass es so schmerzte. Mein rechter Arm schmerzte ebenso. Meine Sprache war sehr verlangsamt und schleppend und mir fielen die passenden Worte nicht ein. Ich konnte nur liegen. Ich wusste nicht, in welchem Stock oder in welchem Zimmer ich lag. Das Gute in dieser Zeit war, dass meine Freundin Martina dort auf der Intensivstation arbeitete. Sie und eine Kollegin von der Arbeit brachten mir Wäsche zum Wechseln von sich zu Hause mit, wofür ich sehr dankbar war. Ich wurde von einer Ärztin mit einem anderen Namen angesprochen, ich schaute sie nur an und überlegte, wer ich war und wie ich hieß. Das war alles im Zeitlupentempo. Ich kann mich nicht erinnern, was sie mir zur Wirbelsäule sagten. Im Krankenhaus machte ich an einem Morgen eine Bewegung, das ein großes Krachen im Nacken auslöste. Mir wurde total übel danach. Sie wollten mich über Kopf lagern. Das ging gar nicht, ich hatte das Gefühl, dass er platzte, so als ob das Gehirn quetschen würde. Ich weiß noch, dass ich an dem nächsten Morgen im Bett saß und wie in eine Lichtglocke gehüllt war. Als ich in den Spiegel schaute, um zu gucken, wie ich aussah, sagte ich etwas, was mich selbst verwunderte: „Ich sehe aus, als hätte mich ein Engel ausgeschissen." Entschuldigt bitte die Wortwahl, das waren damals die Worte. So lag ich im Krankenhaus und nichts funktionierte richtig in meinem Körper. Jede Nacht, wenn ich kurz eingeschlafen war, stand ich auf der Bremse, denn wenn ich die Augen schloss, knallte es und ich hatte Angst, noch mal von hinten überrollt zu werden. Ein schweres Trauma war entstanden, das ich leider erst viel, viel später vernehmen konnte.

Patrick rannte in der Zeit, als ich im Krankenhaus lag, ziellos durch die Gegend. Das, was ich an Apathie hatte, hatte er an einer Überdosis Adrenalin. Zwei Personen hatten hier durch dieselbe Ursache völlig verschiedene Auswirkungen. Dazu kam, dass mein Autositz ein ganzes Stück weiter nach vorne stand als der Beifahrersitz, um Gas und Bremse zu betätigen. Patrick hatte so einen Schock und Adrenalinkick, dass er es sogar fertig gebracht hatte, mich mit dem Fahrrad zu besuchen, weil er unbedingt wissen und sehen wollte, wie es mir ging. Es waren, glaube ich, ca. 15 Kilometer von ihm bis zum Krankenhaus. Sein Gehirn funktionierte auch nicht richtig.

Als er wieder zu Hause ankam, brach er zusammen und hatte wahnsinnigen Kopfdruck und starke Schmerzen, sein ganzer Körper schmerzte. Er war diesen Weg mit einer schweren Gehirnerschütterung und einem Schädeltrauma gefahren. Ich sagte ihm am Telefon, dass er zum Krankenhaus müsse. Ich weiß heute nicht mehr, ob er dort war, ich glaube, ja. Als ich dort bereits ein paar Tage lag, klingelte das Handy, mein Papa war dran. Er fragte, ob es mir gut gehe. Ich antwortete mit einem Nein und warum er genau jetzt anrufe. Er sagte, dass er spüre, dass es mir nicht gut gehe, deshalb rufe er an. Zwischen meinem Vater und mir bestand eine intensive Verbindung über die Ferne, die ich bis heute nicht erklären kann. Jedes Mal, wenn es ihm nicht gut ging, rief ich zu Hause an, und umgekehrt ebenso. Sonst fuhr ich nur einmal im Jahr zum Geburtstag zu meinen Eltern.

In der zweiten Woche fragte ich, wo das Auto sei. Der Abschleppdienst hatte es in Recklinghausen auf einen Schrottplatz geschleppt. Ich weiß nicht, wer mir das erzählte, auf jeden Fall sagte mir die Person, dass ich ab dem elften Tag die Kosten für den Platz zahlen müsse. Vorher würde das die Versicherung übernehmen. Im Krankenhaus wollten sie mich nach neun Tagen von der Unfallstation, da sie nichts mehr mit mir machen konnten, auf die Neurophysiologie legen, weil ich nicht richtig ansprechbar war. Ein Arzt von der Neurophysiologie fragte mich dann blöderweise, ob ich mich umbringen wolle. Was sollte diese Frage? Ich hatte keine Schuld und es war niemand gestorben bei dem Unfall. Ich verstand die Welt nicht. Dieser Satz hatte dazu geführt, dass ich mich aus dem Krankenhaus entlassen habe. Was ich heute im Nachhinein als die größte Fehlentscheidung vernehmen konnte. Ich war zu diesem Zeitpunkt nicht in der Lage, überhaupt etwas richtig zu denken, zu tun oder zu entscheiden. Das sollte mir erst viele Monate später bewusst werden.

Ich ließ mich abholen, der Gang zum Auto war allein nicht möglich. Im Aufzug sackte ich zusammen, eine Frau stützte mich bis zum Ausgang. Dort setzte ich mich auf einen Stein und wartete, bis ich abgeholt wurde. Die erste Fahrt auf dem Beifahrersitz war eine Katastrophe. Ich krallte mich in den Sitz und an der Tür fest und zuckte bei jeder roten Ampel zusammen, bei der wir stehen bleiben mussten, aus Angst, dass es noch mal passieren könnte, dass von hinten einer drauffährt. Zu Hause angekommen legte ich mich für die nächsten Tage und Wochen ins Bett.

Montags musste ich zum Arzt wegen der Krankmeldung. Beim Arzt ließ ich einen Satz los, der mich lange Zeit zum Nachdenken brachte. Ich sagte zu ihm: „Mein Gehapparat funktioniert nicht mehr richtig." Es war mein Hausarzt, der mich seit 20 Jahren kannte. Er fragte, was überhaupt los sei, so kenne er mich gar nicht. Ich konnte keine klaren Worte finden und erzählte von dem Unfall. Ich musste weiter zum Orthopäden. Der behandelte meine Knie, meinen Rücken und den Nacken nicht zusammen, sondern alles getrennt voneinander. Bevor er dies tun konnte, ordnete er jeweils ein MRT an. Das für die Knie ergab, dass bei beiden der Knorpel geplatzt und rechts der Meniskus zerfleddert war. Das war im Rahmen dessen so zu lassen, da es Stufe drei war, operiert wird ab Stufe vier. Der Rücken-Lendenwirbel-Bereich kam erst sechs Wochen nach den Knien dran. Hier waren mehrere Bandscheibenvorfälle und Vorwölbungen zu verzeichnen. Des Weiteren wurden eine Spinalkanalverengung und einiges anderes an der Wirbelsäule festgestellt, worauf ich hier nicht im Detail eingehe. Da meinte der Arzt nur, dass ja doch einiges bei mir kaputt sei. Mein erster Gedanke war, ob er dachte, dass ich eine Simulantin sei. Das konnte nicht sein Ernst sein! Das war für mich kein Arzt des Vertrauens. Es war noch der Halswirbelbereich dran, da der Kopf sich kaum bewegen ließ und bei jeder Bewegung schmerzte. Den ließ ich dort nicht mehr behandeln.

Ich beauftragte einen Rechtsanwalt, da ich mit der ganzen Situation überfordert war. Ihm teilte ich mit, dass an meinem rechten Knie schon mal eine OP stattgefunden hatte, weil der Hinterhornmeniskus gerissen war, und der Knorpel bei dieser OP sauber gemacht wurde. Zudem hatte ich bei L5/S1 schon mal eine Vorwölbung, mit der ich vor dem Unfall keinerlei Probleme hatte.

Desweiteren rief ich den Lebenspartner meiner Freundin Martina an. Er fuhr mit mir zum Schrottplatz. Ich holte die persönlichen Sachen aus dem Auto und unterschrieb etwas, womit es in den Besitz des Schrotthändlers überging. Mir liefen die Tränen. *Wie konnte das sein? Alles Schrott!* Die Bilder vom Auto begleiteten mich sehr lange. Sie wurden vom Gutachter gemacht, und diese kamen in die Akte mit dem Kostenvoranschlag zu mir nach Hause. Jede Woche standen zwei Termine für Physiotherapie an. Dort konnte immer nur ein Körperteil bearbeitet werden. Da wählte ich den Nacken, um die Schmerzen zu lindern und Bewegung hineinzubekommen. Jedes Drehen des Kopfes schmerzte so schlimm, dass ich ihn am liebsten nur still hingelegt hätte.

In dieser Zeit stellte ich fest, dass meine Sehkraft nachgelassen hatte. So ging ich zum Augenarzt. Dieser diagnostizierte eine Prellung. Patrick ging nach 14 Tagen wieder arbeiten, weil sein Arbeitgeber ihm Druck gemacht hatte. Er war Azubi im ersten Lehrjahr und hatte Angst, die Stelle zu verlieren. Er rief mich jeden Tag an und heulte, dass sein Kopf nicht funktioniere. Er kannte nichts mehr von all dem, was er für den Computer an Zahlencodes und Nummern brauchte, er meinte, dass alles weg sei. Er stand den ganzen Tag im Betrieb, was beschwerlich für ihn war. Sein Kopf und sein Nacken schmerzten ebenso. Er konnte nichts tragen und fiel nach der Arbeit nur ins Bett. Ich sagte zu ihm, dass ich ihm ausnahmsweise nicht helfen könne und er zum Arzt gehen solle, um sich krankschreiben zu lassen. Das tat er nicht, denn er war froh, eine Lehrstelle gefunden zu haben. In der Zeit, als ich zu Hause lag, war nichts möglich, weder lesen, TV schauen oder Hausarbeit. Es ging nur sanfte Musik. Es flatterten Rechnungen herein, vom Krankenwagen, ADAC, Krankenhaus, von der Feuerwehr, dem Gutachter etc., das musste ich im Vorfeld alles bezahlen, sammelte es und übergab die Ausgaben dem Rechtsanwalt.

In mir machte sich Unmut breit. Ich musste alles zu Fuß und per Bus erledigen. Jede Einkaufstüte, die ich schleppen musste, brachte mich zum Heulen, da viele kleine Muskeln/Faszien im Nackenbereich bei dem Aufprall gerissen waren. Dies verursachte zusätzliche Schmerzen. Aufgrund der vielen Risse sind sie nicht mehr zusammengewachsen, sondern verklebt. So wog ich ab, was ich wirklich brauchte, und fing an, immer zwei Taschen minimal zu befüllen, um ein Gleichgewicht zu haben. Es war kein Spaziergang ohne Stolpern und quälenden Schmerzen möglich, da mein Gehapparat nicht richtig funktionierte.

Jedes Mal, wenn Patrick mich anrief, merkte ich, dass ich ihn nicht abfangen konnte. Ich versuchte, es mir nicht anmerken zu lassen. *Eine Mutter ist immer für ihr Kind da*, dachte ich. Dieses Mal konnte ich es nicht. In meiner Verzweiflung über die ganzen Schmerzen und Hilflosigkeit schrieb ich Holger an und fragte ihn, ob er einen Rat habe, und bat ihn um Hilfe. Um Hilfe für Patrick, sodass er von dem Schock herunterkommen und sich konzentrieren konnte, und für mich, für meine unerträglichen Rückenschmerzen, Kopf- und Nackenschmerzen. Er meinte, dass es kein Problem sei, er könne uns Reiki schicken.

„Reiki, was ist das?", fragte ich ihn, „das kenne ich nicht." Er meinte nur, dass das guttun werde, da es die universelle Lebensenergie sei und helfe. Erst war Patrick dran. Ich konnte danach feststellen, dass er ruhiger wurde, das sagte er selbst. Einige Tage später fragte ich ihn, wie es ihm gehe. Er meinte, er könne eine Besserung seines Befindens feststellen. Holger schickte mir in der Nacht Reiki. Da ich immer noch nicht schlafen konnte, war mir das egal. Ich spürte, wie Energie in den Rücken floss. Es tat anschließend mehr weh, doch am nächsten Tag ging es besser. Ich war auch ruhiger und gelassener. Da ich ja nur sanfte Musik hören konnte, schaute ich im Internet nach Reiki-Musik. Diese hörte ich jeden Tag und sie tat mir gut.

Heute weiß ich, dass jede Musik Schwingung ist und sich auf einer Frequenz bewegt. Unser Energiesystem schwingt auch und kann die Wellen der Musik empfangen. Da ich aufgrund der Reiki-Heilmusik und Solfeggio-Frequenzen verschiedene Energiesysteme angesprochen hatte, konnten sich einige Schmerzen, Emotionen und Blockaden im Körper lösen.

Mein Bruder Michael rief aus Schweden an und erkundigte sich nach meinem Befinden. Er machte sich Sorgen und versuchte, mir aus der Ferne gut zuzureden. Er hatte auch mal einen Motorradunfall gehabt, bei dem ihm die Vorfahrt genommen worden war. Daher konnte er sich als Einziger in mich/uns hineinversetzen. In der dritten oder vierten Woche, die ich zu Hause war, fing er damit an, dass ich mich in ein Auto setzen müsse, sonst könne es passieren, dass ich gar nicht mehr fahre. „Keine Chance", sagte ich ihm, „allerhöchstens ein Wohnmobil, denn wenn da einer auffährt, ist genug Puffer vom Heck bis nach vorne." Er rief alle 3 bis 4 Tage an und erzählte mir, dass er nach sicheren Autos geschaut und einen schönen Volvo in Hamburg gefunden habe. Ich dachte nur, *der hat sie nicht mehr alle*. Das Thema kam nicht an mich ran. Die Woche drauf fragte er wieder, ob ich schon Auto gefahren sei. „Nein, natürlich nicht." Er ließ nicht locker, wofür ich ihm im Nachhinein dankbar war. Er suchte einen ähnlichen Volvo in meiner Nähe aus. Diesen sollte ich Probe fahren. Ich ließ mich dazu überreden und fuhr mit der Bahn zu dem Autohaus. Dort angekommen schaute ich mir den Volvo an und bekam Nervenflattern, als der Verkäufer mich nach einer gemeinsamen Probefahrt fragte. Es kostete mich enorme Überwindung, in das Auto einzusteigen. Ich konnte es nicht ausparken, da hier rückwärtsgefahren werden musste.

Ich konnte den Kopf gar nicht richtig nach rechts und links drehen und das rechte Bein hatte keine Kraft. Das überließ ich dem Herrn vom Autohaus. Als ich drinnen saß, war ich klatschnass geschwitzt, meine Hände zitterten. Es war ein Automatikgetriebe wie das alte Auto. Ich weiß nicht, welche Kräfte mich da unterstützt haben. Die Engel waren auf jeden Fall mit mir und bei mir. Ich fuhr das Auto eine gerade Strecke, nur in der Stadt und auf der Landstraße. An der ersten roten Ampel, als ich zum Stillstand kam, kam Panik hoch, es könnte ja einer von hinten auffahren. Nach ca. zehn Minuten Fahrt, die nur geradeaus ging, musste ich zurück. Mir war es zu viel und alles schmerzte extrem, trotz Medikamente. Mein Kopf dröhnte. Anschließend lehnte ich den Kauf ab, da das Auto zu klein war. Es musste mehr Puffer nach vorne und hinten haben. Ich war froh, zu Hause angekommen zu sein, nach Anstrengungen brauchte ich große Pausen zum Regenerieren. Die Woche drauf rief mein Bruder wieder an, er ließ einfach nicht locker. Der Volvo in Hamburg sei gut und hätte alles, was ich bräuchte, sogar einen Tempomat, und er sei eine Nummer größer. Er sagte, ich solle mit dem Zug dort hinfahren und wenn das Auto was sei, fahre es mich schon von allein nach Hause, da es einen Tempomat habe. Ich überlegte einige Tage. *Die lange Fahrt von Hamburg nach Hause, wie soll ich das schaffen?* Ich wog ab. Ein Leben zu Fuß, mit Bus und Bahn, jeden Einkauf schleppen, jeder Gang mit dem kaputten Rücken, zur Arbeit die dreifache Zeit aufwenden, abhängig sein von Busfahrplänen? Nein, ich wollte Freiheit. Die Hoffnung, dass ich es schaffen könnte, ließ mich nach Hamburg fahren. Er sagte ja, dass das Auto allein fahren würde. Darauf vertraute ich. Wenn sich einer mit Autos auskannte, dann er. Ich rezitierte während der ganzen Zugfahrt mein Mantra. Das gab mir immer Kraft und Energie. Ich bat die Engel um Unterstützung bei der Hinfahrt im Zug, beim Kauf und bei der Rückfahrt, egal, wie die ausfallen würde. Beim Autohaus angekommen machte das Auto einen guten Eindruck. Als ich drinnen saß, überkam mich ein wohliges Gefühl. Es war so etwas Vertrautes. Es gab mir Sicherheit. Mein Gefühl sagte mir: „Ja." Welch ein Zufall: Ich fuhr nach Hamburg, um ein Auto aus Marl anzuschauen, das lag ca. 30 Kilometer von mir entfernt. Der Gesamteindruck war, dass es sehr gepflegt war, und es hatte 16 Airbags, Automatik und Tempomat, zudem war es eine Limousine. Genug Puffer nach vorne und hinten, um sich etwas sicherer zu fühlen. Der Verkäufer bat mir die Probefahrt an. Gleiches Spiel wie beim ersten Mal. Ich bat ihn, das Auto so zu stellen, dass ich nur vorwärts rausfahren musste. Auch hier war es wieder nur eine gerade lange Strecke durch den Wald. Nach zehn Minuten wusste ich, dass ich ihn mitnehmen konnte. Ich unterschrieb den Vertrag, setzte mich in das Auto, bat die Engel um Hilfe und fuhr auf die Autobahn. Zitternd und klatschnass geschwitzt fuhr ich die ganze Strecke rechts, 100 km/h mit Tempomat, bis Herne. Ich hielt nur das Lenkrad. Das Navi sagte, wohin. Während der Fahrt rezitierte ich mein Mantra und hatte das Gefühl, von Amma und den Engeln begleitet worden zu sein. Es war wirklich so, dass das Auto allein gefahren ist. Zu Hause angekommen war ich fix und fertig und stolz auf mich, es geschafft zu haben. Ich fuhr zu Patrick, um ihn für eine Fahrt abzuholen, denn auch er musste wieder in ein Auto steigen. Er wollte ja mal einen Führerschein machen. Ihm erging es während der ersten und auch noch vielen weiteren Fahrten wie mir. Ohne meinen Bruder hätte ich es nicht geschafft, da bin ich mir sicher. Er begleitete mich aus Schweden mit seiner unermesslichen dynamischen Kraft und seinem Mut am Telefon, auf der Hinfahrt, beim Prüfen des Autos (hier sagte er mir genau, auf was ich achten sollte) und auf der Rückfahrt (mental), das wusste ich. Dafür bin ich ihm heute sehr dankbar. Wie sich damals in naher Zukunft herausstellen sollte, war es gut gewesen, dass ich so entschieden hatte, denn die Odyssee im Jahre 2014 ging weiter.

Nach ca. sechs Wochen Bettruhe ging ich wieder zur Arbeit. Nicht, weil es mir gut ging, sondern des Geldes wegen. Ich musste Geld verdienen, so dachte ich damals. Was ein Irrsinn, kann ich heute sagen. Es musste ein Auto bezahlt werden. Denn für das Schrottauto bekam ich nur den Zeitwert. Obwohl es all die Jahre von mir sehr gepflegt wurde, das spielte da keine Rolle. Die Mieten für Patrick und mich, und eben alles, was ich für den Unterhalt brauchte, musste bezahlt werden. Ich war sauer und fand es ungerecht. Erst wurde ich aus dem Leben geknockt, dann hatte ich die Lauferei zur Versicherung und zu den Ärzten, den Papierkram, die Rechnungen und dazu die gesundheitlichen Schäden und Probleme. Nichts war mehr, wie es mal gewesen war.

Die ersten Tage auf der Arbeit waren schlimm. Alle wollten alles über den Unfall wissen, so erzählte ich immer wieder die Geschichte. Heute weiß ich, dass es ein Nachteil für mich war, denn durch das ständige Wiederholen verfiel ich unwissentlich in die Vergangenheit und hielt so das Trauma aufrecht. Die Sprache war noch im Schneckentempo, die Worte gingen mir schwer über die Lippen. Die Kunden bemerkten die Schwierigkeiten und hatten Nachsicht. Einige sagten zu mir: „Du bist aber noch nicht wieder die Alte!" Nein, die war ich nicht und wurde ich auch nicht mehr. Der erste Anruf, ich wusste nichts mehr. Oh mein Gott, wo war das Gedächtnis????? Ich war so erschrocken, dass mir der Atem stockte. Ich weinte auf der Arbeit. Alle redeten mir gut zu, dass es wieder werden würde. Das Sitzen ging schlecht, der Rücken schmerzte. Das war noch nicht das Hauptproblem. Die Arme, ich musste sie den ganzen Tag an der Tastatur halten, das ging gar nicht. Was sollte ich jetzt machen? Ich musste Geld verdienen! Das Ego war so stark. „Ich muss Geld verdienen, das wird schon wieder." Es wurde ein Standardspruch. Mir erging es nicht anders als Patrick. Jedes Mal, wenn ich überfordert war, sprach ich mein Mantra. So hatte ich die Möglichkeit, ruhig zu bleiben und mich nicht weiter auf das Versagen zu konzentrieren. Versagen, das war ein Fremdwort für mich. Bei meinem

Vater gab es kein Versagen. Wenn man bei ihm versagte, wurden schon mal härtere Sitten angewendet. Es kamen die ersten Anfragen. Ich konnte gar nicht rechnen, und ich wusste nicht mehr, welche Maße ich brauchte, alles weg. Wie sollte das gehen? Ich saß im technischen Vertriebsinnendienst, da durfte ich keine Schwäche zeigen. Das Motto meines Vaters: „Schwäche? Nee, die gibt es bei mir nicht." Das sollte mir in dem nächsten Jahr noch eine gehörige Lektion erteilen, dass ich das Anerzogene von zu Hause auf mein Leben ausgerichtet hatte.

Ich weinte in den nächsten Wochen und Monaten jeden Abend, wenn ich zu Hause war. Das wusste bis 2017 niemand. Die Schmerzen ließen nicht nach. Nach knapp drei Stunden Arbeit war ich erschöpft, der Körper schmerzte und mein Kopf wollte einfach nicht arbeiten. Das Problem war, was ich erst eine ganze Weile später feststellte, dass ich vor dem Unfall ein ausgeprägtes fotografisches Gedächtnis hatte. Da alle Fotos weg waren, funktionierte es nicht mehr, und ich fing an, zu improvisieren. Wenn die Kunden anriefen und ich in der Preisliste suchen musste, sagte ich einfach: „Einen Moment bitte, ich muss gerade noch etwas fertig machen." Das gab mir Zeit, und so konnte ich schnell im Inhaltsverzeichnis nachschauen, wo es stand, und las es ab. Das war Stress pur, was mir zu diesem Zeitpunkt überhaupt nicht bewusst war. Des Weiteren lag der Fokus nicht mehr auf der Arbeit in unserem gesamten Büro, auf allen drei Personen, sondern nur auf mir. Früher konnten sie mich alles fragen, ich wusste über alles Bescheid. Nach dem Unfall ging das nicht mehr. Ich fing an, wie meine Kollegin zu antworten, indem ich sagte, dass ich es nicht mehr wisse. Erst viele Monate später bemerkte ich, dass es sich damit einfacher leben ließ. Jetzt verstand ich ihr Tun. Früher regte ich mich auf, weil sie immer sagte: „Ich weiß es nicht mehr." Es war ein Schutz, um nicht mehr mit allen Informationen überflutet zu werden. Sie war eben viele Jahre älter und schon erfahrener als ich, da auch sie den Gesundheitsprozess durchlaufen durfte.

Zu meinem Unglück machte die ältere Kollegin wieder krank für viele Wochen. Das hieß doppelter Stress für mich. So war es schon seit Jahren. Vor oder nach der Arbeit musste ich immer zur Physiotherapie und Krankengymnastik, das war anstrengend und es blieb keine Zeit für mich. Ich war abends so erschöpft, dass ich um neun meistens ins Bett fiel. Vom Reiten und Golfen war keine Rede mehr, das war nicht mehr möglich. Ich war froh, abends spazieren gehen zu können.

Es war mittlerweile Anfang Juni und keine wirkliche Besserung in Sicht. Ich versuchte, in dieser Zeit einen Termin beim Psychotherapeuten zu bekommen, um das Trauma aufzuarbeiten, ohne Erfolg, Wartezeiten mindestens sechs Monate. Was mich nicht mehr losließ: das Reiki. Es hatte Patrick und mir geholfen. Da dachte ich, *wenn ich es fühlen und empfangen kann, kann ich es auch geben.* Da von dem Arzt außer Tabletten und dem Rezept zur Krankengymnastik sowie Physiotherapie keine weitere Versorgung im Raum stand, beschloss ich, nach einem Reiki-Seminar zu schauen. Ich brauchte lange, bis ich den für mich gefühlsmäßig geeigneten Reiki-Lehrer für die Einweihung in den ersten Grad gefunden hatte. Zu meinem Glück war ein Termin für Ende Juni frei und ohne zu zögern, buchte ich ihn.

Am Tag der Reiki-Einweihung war ich total aufgeregt, denn zwei Tage vor dem Termin schrieb mir der Reiki-Lehrer, dass ich allein sei und ob es okay sei, das Seminar an einem Tag zu machen. Mir war das recht, so hatte ich den Sonntag, um auszuruhen. Dort angekommen, aufgeregt und gespannt, was alles kommen würde, verging der Tag wie im Flug. Der Lehrer musste mir eine Behandlung geben, da immer noch der Schock des Unfalls deutlich für ihn zu spüren war. Mir ging es danach besser und ich war ausgeglichener. Für mich war es ein Wunder, innerhalb einer halben Stunde so eine Wirkung spüren zu können. Nach der Einweihung fühlte ich mich wohl und sagte dem Lehrer, dass ich das Gefühl habe, es zu kennen und dass es meins ist. Damit meinte ich, dass ich es schon mal gelebt hatte, es fühlte sich stimmig an. Es war keine Frage, sofort den zweiten Grad hinterher zu machen. Dieser musste bis zum 27. Dezember warten, da dann erst der nächste mögliche Termin war, an dem ich konnte. Sonntagmorgens setzte ich mich sofort hin, um die Selbstbehandlung zu üben. Es schoss eine Energie durch meine Hände. Das erstaunte mich, denn im ersten Reiki-Grad werden „nur" die Kanäle für die universelle Energie wieder geöffnet, die schon im Kindesalter bei jedem offen waren.

Das war toll, denn mir ging es nach der Selbstbehandlung besser, und ich konnte mich besser bewegen. Was nicht gut ging, war, meine Arme hochzuhalten, um meine Hände auf den Kopf zu legen. So begann ich zu Anfang, immer meine Hände erst auf die Schultern zu legen, dass diese weniger schmerzten und danach auf den Kopf. Ich übte mich jeden Abend nach der Arbeit in Reiki und ging erst danach spazieren, weil es leichter war. Es machte mir Spaß und ich konnte mich spirituell weiterentwickeln. Mir war es seit dem Unfall nicht möglich, bis dahin die IAM-Meditation durchzuführen. Es war mein Mantra, das mir gerade nachts immer half, wenn ich schweißgebadet aufwachte, weil ich wieder versucht hatte, zu bremsen.

Etwa Mitte Juli, es war ein schöner Sommertag, war ich mit Patrick unterwegs. Auf der Rückfahrt nach Hause begann es zu stürmen, es brach ein riesiges Unwetter herein. Die Straßen wurden sintflutartig überschwemmt. Mir wurde ganz anders auf der Straße, denn ich musste nach Hause fahren. Als ich dort ankam, traute ich meinen Augen nicht. Der ganze Platz hinterm Haus war von Wasser überflutet. Ich zog meine Schuhe aus und lief durch das Wasser am Haus vorbei, in dem ich lebte, und sah, wie das Wasser am Hintereingang gegen die Tür drückte. Es stand ca. 1,20 Meter hoch. Als ich zur Vorderseite hereinging, sah ich es bereits im Keller stehen. Ich dachte nur, dass das nicht wahr sein konnte. Ich rief den Hausverwalter an, der meinte, ich solle die Feuerwehr rufen. Bei der Feuerwehr ging keiner dran, da es überall Überflutungen und umgestürzte Bäume gab. Ich rief die Polizei, die war unfreundlich zu mir, da sie im Dauerstress war, und meinte, ich solle die Feuerwehr anrufen. Ich rief wieder den Hausverwalter an, der konnte nichts machen, außer mir zu sagen, ich solle es ablaufen lassen. Er würde morgen vorbeikommen und sich den Schaden anschauen. Ich lief zu allen Mietern im Haus, um ihnen mitzuteilen, dass die Keller überschwemmt seien. Es waren nur zwei Mieter anwesend, sie kamen und wollten helfen. In meinem Keller stand es schon knapp einen Meter hoch. Da ich erst ein Jahr zuvor in die Wohnung gezogen war, standen alle Kisten, die nicht in die Wohnung passten, im Keller auf dem Boden. Alle Fotos, Papiere, alte Alben aus der Schulzeit,

Bücher, Puppen, die selbst gemacht waren, alle leeren Umzugskartons. Ich weiß nicht, was da alles stand, es weichte auf jeden Fall schon alles auf. Ich versuchte, die Kartons, die oben standen, weiter höher zu stapeln, um etwas davon zu retten. Wir hatten keine Chance und ließen dem Wasser seinen Lauf. Am nächsten Morgen war es weitestgehend abgelaufen. Das Blöde war bei meinem Keller, dass da eine Stolperkante von ca. 7 cm Höhe ist. So musste ich mit einem Kehrblech per Hand alles raus schöpfen. Ich sprach das Mantra und weinte. Alle Fotos, alte Andenken, klatschnass und aufgeweicht. Warum und wieso in Himmels Namen musste das jetzt passieren und warum wieder mir?? Was sollte das??

Ich war wütend, je wütender ich wurde, umso mehr Kraft hatte ich, um alles herauszuschleppen und das Wasser herauszuschöpfen. Meine Nachbarinnen von unten hatte es auch erwischt. Die hatten ebenfalls viel im Keller stehen, die anderen nicht. Wir schöpften zu dritt mit der Hand das Wasser, das nicht ablaufen konnte, aus dem gesamten Kellerbereich. Ich bestellte montags den Sperrmüll, denn das, was alles hinüber und aufgeweicht war, schmissen wir auf einen großen Haufen hinterm Haus. Der Keller musste erst mal trocknen, hier war es gut, dass es ein heißer Sommer war. Ich behielt ca. fünf Fotos und einen Karton, der Rest war hinüber und ich schmiss alles weg. Als ich das einen Tag später auf der Arbeit erzählte, wurde mir bewusst, was es zu bedeuten hatte. Ich schmiss meine Vergangenheit weg. Zum spirituellen Weg gehört es, die Vergangenheit loszulassen. Es war eine schnelle Eingebung. Durch sie grübelte ich nicht mehr weiter darüber nach.

In den Wochen und Monaten seit dem Unfall fragte ich immer wieder das Göttliche, warum der Kopf nicht funktionierte. Ich weiß nicht, ob es das einhundertste oder das zweihundertste Mal war. Ich weiß nur, dass ich in der Frühstückspause am Schreibtisch saß und den Kopf in meine Hände stützte, da er immer noch wehtat. Auf einmal kam eine Antwort wie aus dem Nichts:

„So kann ich am besten im Hier und Jetzt leben", dann Stille. Was war das denn??? Mit einer Antwort hatte ich nicht gerechnet, denn ich stellte die Frage immer wieder aus meinem Unterbewusstsein heraus. Hmmm

… klang logisch. Deshalb hatte ich keine Bilder mehr im Kopf, die ich speichern konnte. Oh Mann, die Vergangenheit loslassen. *Welchen Weg ging ich? Geht das nicht etwas harmonischer?* Hier, friss oder stirb, so kam es mir vor.

Durch die Reiki-Einweihung hatte sich mein Bewusstsein erweitert. Das durfte ich erst mal sacken lassen. Das Komische war, dass ich, seit ich diese Antwort gehört hatte, nicht mehr so viel darüber nachgrübelte. Die Sorgen lagen noch auf dem Rücken und Nacken, denn hier brauchte ich Hilfe, was, wie sich erst später herausstellte, gar nicht so einfach zu lösen war.

Für das Fahren auf der Autobahn hatte ich eine Taktik entwickelt. Wenn ich auf die Autobahn fuhr und es viel Verkehr gab, blieb ich rechts und fuhr nicht schneller als 100 km/h. Wenn ich mal links rübergefahren bin, ein Stau in Sicht war und es keine Möglichkeit gab, um rechts rüberzufahren, fing ich an, ein Mantra zu singen, das Gayatri-Mantra: „Om bhur bhuvaha svaha, tat savitur varenyam, bhargo devasya dhimahi, dhiyo yonah prachodayat." Die freie Übersetzung des Mantras lautet: „Der Ursprung und die Wesensgrundlage des vollständigen Daseins und der gesamten Erfahrung des Lebens hindurch ist „DAS" alles hervorbringende und nährende, verehrungs- und anbetungswürdige, aufklärend erhebende, das glanzvoll strahlend erfüllende EINE. Mögen alle Wesen zu höherer Einsicht und Weisheit geführt werden und durch feinen, klaren, wachen und meditativen Verstand die Genialität eines erleuchteten Bewusstseins erfahren." (Anantadas)
    Das lenkte meine Gedanken ab. So versteifte ich mich nicht auf das, was geschehen war oder wieder geschehen könnte. Was mir noch nicht gelang, war, morgens über die Autobahn zu fahren, weil da generell Stau war. Nach unzähligen Versuchen merkte ich, dass ich total fertig und verkrampft auf der Arbeit ankam. So ließ ich es. Das Mantra singe ich oft, wenn ich in der Natur verweile oder auf meinem Balkon sitze, da überkommt mich immer am stärksten das Gefühl der Glückseligkeit.

Aus Unwissenheit und aus der Not heraus fing ich an, Eselsbrücken zu bauen. Das heißt, ich habe mein Gehirn selbst neu trainiert, umprogrammiert. Die Eselsbrücken bestanden aus Wörtern und Symbolen. Das wurde 2018 in einem Test festgestellt. Dort zeigte man mir aufeinanderfolgende Bilder, die ich mir merken sollte, das schaffte ich nicht. Als ich in Stress geriet, weil ich es nicht schaffte, fing ich an, mir zu jedem Bild ein Wort zu merken, dieses wiederholte ich mit jedem neuen Bild und schaffe bis heute ca. acht Stück. Was sein darf, darf sein. Das geschah alles unbewusst. Erst als sie mich fragten, wie ich es machen würde, erklärte ich es ihnen. Um diese Technik zu verwenden, brauchte ich Jahre, weil es nebenher passierte. Diese Erkenntnis stammt erst aus 2018.

In der letzten Augustwoche klingelte nachts zwischen ca. 23:00 und 00:00 Uhr das Festnetztelefon. Dieses hatte ich nur für Familie und einige sehr gute Freunde. Meine Mutter war dran. Sie stammelte, heulte und war völlig aufgelöst. Ich konnte ihr gar nicht so schnell folgen, da ich schon im Tiefschlaf gewesen war. Bis ich sie etwas beruhigen konnte und sie erstmal Luft geholt hatte, dauerte es. Dann fing sie von vorne an, jetzt verstand ich es. Papa hatte einen Schlaganfall gehabt, er hatte bewusstlos zusammenge-sackt auf der Couch gesessen. Der Notdienst war gekommen, sie konnten ihn nicht wiederbeleben. Er lag im Krankenhaus auf der Intensivstation im Koma. Oh mein Gott, das konnte nicht wahr sein. Meine Mutter hatte schon meine jüngere Schwester angerufen, sie war unterwegs und brauchte ca. eine dreiviertel Stunde, bis sie bei ihr sein konnte. Meine Mutter hatte keinen Führerschein, meine Schwester Cornelia fuhr sie oft überallhin, wenn es nicht mit Bus und Bahn möglich war. Sie wohnte damals nur zehn Minuten von meinen Eltern entfernt und war jeden Tag bei ihnen. Meine Mutter brauchte jemanden zum Reden und zur Beruhigung. Ich blieb ruhig und ließ sie in Ruhe erzählen. Sie redete wie ein Wasserfall. Wir telefonierten so lange, bis meine Schwester da war, dann legten wir auf.

Ich musste mich erst mal setzen, das war wie ein Faustschlag ins Gesicht. Oh Mann, was sollte ich jetzt machen? Erst mal nichts, denn es war mitten in der Nacht. Ich tat kein Auge zu. Am nächsten Morgen auf der Arbeit war mir nicht gut. Ich rief in der Frühstückspause bei meiner Mutter an. Sie weinte und sagte nur, dass es nicht gut aussehe. Sie mussten ihn am

Kopf operieren. Da mein Vater aufgrund der Bypässe Marcumar (ein Blut-verdünnungsmittel) nahm, war durch den Schlaganfall das rechte vordere Drittel seines Gehirns verblutet. Die Chancen, dass er nicht gelähmt oder behindert war oder überhaupt aufwachte, standen schlecht. Nach dieser Aussage wurde mir schlecht, ich konnte nicht mehr arbeiten. Das musste ich erst mal sacken lassen. Ich fragte im Sekretariat, ob ich gehen dürfe. Der Assistentin erzählte ich den wahren Grund, meinen Kolleginnen, um sie nicht zu beunruhigen, erzählte ich nichts, nur dass mir schlecht sei, was ja stimmte.

Mein Vater hatte mich zwei Tage, bevor das geschah, angerufen. Das Telefonat war komisch, denn er sprach mit mir auf eine andere Art und Weise. Er fragte mich im Telefonat nach meiner Adresse, da sie die Einladungs-karten für die goldene Hochzeit im Oktober verschicken wollten. Ich weiß, dass ich ihn damals fragte, ob es ihm nicht gut gehe, da ich merken konnte, dass seine Sprache verändert war. Er sagte da nur: „Ja, ja, alles okay" und dann „tschüss." Mein Vater kannte meine Adresse! Mir wurde sofort klar, er hatte da bereits etwas gemerkt, das war ein Abschiedstelefonat. Ich machte mir Sorgen. Ich entschied aufgrund dessen, dass er im Koma lag, nicht zu fahren. Am Wochenende, am Sonntagmorgen, hatte ich ein ungutes Gefühl. So setzte ich mich ins Auto und fuhr nach Frankfurt. Hier war ich meinem Bruder im Geiste dankbar, dass er mich zum Autofahren überredet hatte. Dort angekommen warteten meine kleine Schwester Cornelia und meine Mutter vor der Klinik. Wir gingen zusammen zur Intensivstation. Als wir das Zimmer betraten, war es zeitlos. Meinen Vater mit den ganzen Maschinen und Schläuchen so daliegen zu sehen, tat weh. Ich trat ans Bett, nahm seine Hand und sagte zu ihm, dass ich da sei. Das Erste, das mir in den Kopf schoss: „Hol den Schlauch raus." Ich dachte: *Hä? Was war das denn gerade, war das mein Papa?*
„Mama, wieso hat Papa den Beatmungsschlauch im Hals? Er hat doch die Patientenverfügung gemacht. Da steht deutlich drin, keine lebens-erhaltenden Maßnahmen einzusetzen, dazu gehört auch die künstliche Beatmung." Meine Mutter guckte mich mit großen Augen an und meinte: „Ja, das stimmt, das habe ich vergessen." Und jetzt? Ich sagte ihr, dass der

Schlauch raus solle, das komme andauernd bei mir an. Meine Mutter wusste über die enge Verbindung zwischen mir und meinem Vater, weil sie immer sagte, wenn ich anrief: „Na, hast du wieder etwas gemerkt oder geträumt?" Ich rief ja meistens nur an, wenn es ihm schlecht ging oder ich wusste, wenn jemand gestorben war. Als der Pfleger reinkam, sagte ich zu ihm, dass der Schlauch raus solle. Er sagte, dass das nicht gehe. Es würde jetzt im Nachhinein sowieso nicht mehr gehen, da erste lebenserhaltende Maßnahmen vorgenommen wurden. Wenn sie jetzt den Beatmungs-schlauch ziehen würden, wäre es Mord. Ich erklärte ihm, dass mein Vater eine Patientenverfügung habe, in der drinsteht, dass er an keine Schläuche und Maschinen angeschlossen sein wollte. Das hatte er schon immer zu Lebzeiten gesagt. Der Pfleger meinte nur, dass er das nicht entscheiden könne, das müsse der Ethikkommission vorgetragen werden. Ich sagte zu meiner Mutter und Schwester, dass sie darum kämpfen sollten, das Recht von unserem Vater durchzusetzen. Sie bettelten mich an, zu bleiben. Das tat ich nicht, da ich der Meinung war, dass sie das allein schaffen würden und mir es gesundheitlich noch nicht gut ging. Ich hielt eine ganze Zeit lang die Hand meines Vaters. In diesem Moment dachte ich nicht daran, dass zu ihm Reiki floss. Ich wunderte mich nur, dass unsere Hände warm wurden, der Rest von ihm war kalt.

Ich hatte das Gefühl, dass er versuchte, die Finger zu bewegen. Meine große Schwester Heike kam dazu, sie weinte. Sie hätte gerne noch etwas zu ihm gesagt. Heike hatte sich aus persönlichen Gründen von der Familie zurückgezogen. Leider hatte sie sich auch von mir zurückgezogen, weil sie anscheinend dachte, alle oder keiner. Ich liebte meine Schwester so, wie sie war, weil ich ihr Innerstes fühlen konnte. Ich legte meine Hand kurz auf ihre Brust und sagte zu ihr: „Wenn du das fühlen kannst, was ich dir jetzt gebe, kann es Papa auch fühlen, was du ihm geben möchtest." Sie fühlte, wie meine Liebe in ihre Brust floss. So nahm sie seine Hand und spürte auf einmal etwas fließen. Sie schaute mich an und weinte noch mehr und meinte, dass sie ihn fühlen könne. Als alle aus dem Zimmer waren, beugte ich mich zu ihm runter, um ihm einen Kuss auf die Stirn zu geben. Zu meinem Erstaunen saß der Schlauch nicht mehr dort, wo er zuerst gesessen hatte. Mein Gefühl sagte mir, dass er ihn selbst bewegt hatte. War das möglich? Er lag doch im Koma. Da ich nicht weiß, ob Komapatienten wirklich etwas bewegen können, lasse ich es hier offen, ob er es mit seinem Bewusstsein schaffte oder nicht.

An dieser Stelle möchte ich eine weitere Erkenntnis einfügen, die mir erst im Januar 2016 durch den Meditationskursleiterlehrgang bewusst wurde. Mein Vater hatte ca. seit seinem 60. Lebensjahr Herzprobleme, immer wieder Rhythmusstörungen. Diese wurden mit Elektroschocks ins Gleichgewicht gebracht. Beim dritten Vorfall mussten sie ihm zweimal die Elektroschocks auflegen, danach veränderte er sich zum ersten Mal, sodass ich seine Liebe fühlen konnte. Ich wusste, dass er immer wieder sagte und wahrscheinlich auch dachte, dass er nicht mit lebenserhaltenden Maßnahmen versorgt werden möchte. Er ging sogar einen Schritt weiter und sagte mal zu mir, dass wenn er gelähmt wäre oder im Rollstuhl sitzen würde, er sich das Leben nehmen würde. Es waren Energien/Ängste, die er über 14 Jahre lang in die Zukunft ausgesendet hatte. Das heißt, er wurde durch den Schlaganfall genau mit diesen ausgesendeten Energien/Ängsten konfrontiert. Ich finde es dramatisch, wenn einem bewusst wird, welche Steine wir uns selbst in den Weg legen, um unsere eigenen ausgesendeten Energien aufzulösen.

Zurück zu meinem Vater. Die Ethikkommission wurde zwei Tage später einberufen. Da wurde entschieden, dass der Schlauch gezogen werden wird. Meine Familie und ich durchschritten Stunden des Bangens, ob er leben oder tot sein würde. Dann endlich der Anruf meiner Schwester, der Schlauch war gezogen, er atmete selbstständig. Erleichterung trat bei uns ein. Wobei sie nur bedingt war, er lag ja im Koma. Sie berichtete, dass, als sie ihn am Tag zuvor besucht hatte, er eine neue Wunde am Kopf hatte, es war alles geschwollen. Sie hatten ihn, obwohl die Patientenverfügung vorlag, erneut operiert. Ich weiß die Zeit nicht mehr so genau. Ich glaube, er lag noch zwei Wochen auf der Intensivstation und kam dann zu Bewusstsein, er war gelähmt. Es funktionierte nichts, außer einer Hand, die er leicht bewegen konnte, so brauchte er Vollzeitpflege. Das Problem, das dazu kam, war die Nahrungsaufnahme. Alles, was ihm zu essen gegeben wurde, erbrach er wieder. Hier lag eine Schädigung der Nerven im Gehirn vor. Da auf der Intensivstation nichts mehr gemacht werden konnte, wurde er auf die normale Station verlegt. Dort wurde lange herumdiskutiert, was mit ihm zu machen war, Reha oder Pflegeheim. Es wurde irgendwann im September entschieden, dass er zur Reha für Schlaganfallgeschädigte nach Heidelberg kommen sollte. Sie warteten auf einen freien Platz für ihn.

Ich hatte Patrick erst mal von all dem nichts erzählt, nur dass sein Opa im Krankenhaus lag. Ich wusste, wie sehr er an seinem Opa hing. Ich wollte es ihm in Ruhe am Wochenende erzählen. Mein Vater war zu diesem Zeitpunkt die einzige männliche Bezugsperson für Patrick. Da mein Vater ihn so akzeptiert hatte, wie er war, weil er sich in ihm selbst gesehen hatte, verstanden die beiden sich gut.

Meine Schwester hatte meinen Sohn angerufen und ihm alles erzählt.

Mich ereilte von seiner Arbeit ein Anruf, dass Patrick wegen eines Zusammenbruchs ins Krankenhaus gekommen sei. Ich dachte, dass das nicht wahr sein könne und was dieses Jahr los sei. Ich fuhr sofort zu ihm ins Krankenhaus. Die Ärzte checkten ihn durch. Der erste Tag war um, da kam nur die Antwort, mit seinem Blutdruck stimme etwas nicht. Am zweiten und dritten Tag gab es weitere Untersuchungen. Er bekam ein Langzeit-EKG, bei dem festgestellt wurde, dass seine Herzfrequenz in der Nacht auf 34 Schläge runterging. Sie wollten ihm einen Herzschrittmacher verpassen. Ich sagte nur zu Patrick, dass es gut sei, eine zweite Meinung einzuholen. Er bekam eine CT-Untersuchung des Herzens mit Kontrastmittel am vierten Tag. Irgendwie sagte mir mein Gefühl, ich solle bei der Untersuchung bei Patrick sein, so nahm ich mir frei, was gut war. Denn als wir von der Untersuchung zum Zimmer hoch gingen, klagte er im Aufzug über Übelkeit und dass er nicht mehr stehen könne. Zurück im Zimmer legte er sich sofort hin. Als sein ganzer Körper anfing, sich zu schütteln, bekam ich Panik und rannte zur Schwester. Ich sagte ihr, dass ich glaube, dass Patrick auf das Kontrastmittel reagiere. Zurück im Zimmer war der Schock schon so schlimm, dass sie sofort den Arzt alarmierten. Sie kamen mit einem EKG-Gerät ins Zimmer gerannt und klemmten es an. Ich stand direkt hinter dem Arzt, das Ding schlug Wellen ohne Ende. Einer schrie, dass eine Gegenspritze geholt werden müsse. Als diese verabreicht wurde, ging der Allergieschock langsam zurück.

Nach der Untersuchung hielten die Oberärzte mit dem Chefarzt Rücksprache und dieser meinte, er könne nicht mit Bestimmtheit sagen, ob Herzschrittmacher ja oder nein. Patrick entschied sich dagegen und verließ das Krankenhaus, danach war er erst mal krankgeschrieben. Als ich ihn fragte, was los sei, brach alles aus ihm raus. Der Unfall und das Trauma hatten so tief in ihm gesessen, dass er nichts mehr vom Leben mitbekommen hatte. Er war völlig überfordert und die Nachricht über seinen Opa, dass er ihn verlieren könnte, war das Tröpfchen Wasser, welches das Fass zum Überlaufen gebracht hatte. So half ich ihm erst mal, seine Wohnung und Klamotten in Ordnung zu bringen, dass er weiter krankgeschrieben wurde und dass er sich ausruhte. Nach zwei Wochen zu Hause merkte er, dass es noch nicht gut war, und ging weiter zum Arzt. Sein Arbeitgeber machte ihm Druck per Telefon. Patrick fing an, nicht mehr ans Telefon zu gehen. Irgendwann rief er mich an, dass er wieder eine Panikattacke hatte. Seine Verlustängste, seinen Opa und mich zu verlieren, brachten ihn fast um den Verstand. Patrick war zu dem Zeitpunkt 22 Jahre alt. Er bat mich, ihm zu helfen. Das konnte ich nur indirekt. Mir fiel ein, dass es eine psychosomatische Klinik in der Nähe gab, und wir fuhren zur Notaufnahme. Als Patrick dort zum Gespräch reinging, blieb ich draußen. Es war seine Sache, zu entscheiden, was, wie und wo. Der Arzt sagte, dass er ihn ab Montag aufnehmen könne, das nahm er an. Er blieb dort, glaube ich, drei oder vier Wochen. Dort kam das mit den Verlustängsten heraus.

Das Problem ist meiner Meinung nach, dass es keine Ängste gibt. Es sind von unserem Ego projizierte Gedanken, die in einer Energieform ausgesendet wurden. Diesen Test habe ich mit Patrick und mit allen anderen gemacht, die zu mir gesagt haben, dass sie Ängste haben. Als er zu mir sagte, dass er Ängste habe, bat ich ihn, die Augen zu schließen und streichelte nur sanft über seinen Arm. Danach fragte ich ihn, ob er genau in diesen Sekunden Angst gehabt habe. Er öffnete die Augen und sagte: „Nein." Was war passiert?

Er war in diesen Sekunden im Hier und Jetzt. Es floss kein Gedanke, weil er sich voll und ganz auf das Gefühl konzentriert hatte, das ich in diesem gegenwärtigen Moment ausgelöst hatte. Versteht ihr? Erst als sein Ego wieder anfing, zu rattern (so war es auch bei allen anderen), kam die Angst zurück. Sie ist schlichtweg keine, sondern nur ein ausgesendeter Gedanke vom Ego (niederen Selbst), den er gedacht hatte.

Die Gedanken/Ängste trug er schon seit seiner Kindheit mit sich, da ich ihn, in positiver Absicht, für einige Zeit zu seinem Vater gegeben hatte. Er entwickelte dort ein Gefühl der Verlustangst. Ich war damals der Meinung gewesen, Väter könnten ihre Kinder genauso gut erziehen wie die Mütter. Und da Patrick als Baby ein Papakind war, hatte er nach der Trennung im dritten Lebensjahr große Sehnsucht nach seinem Papa. Ich hatte die Wahl. Entweder gab ich in zu seinem Vater (der über ca. 130 Kilometer weit weg wohnte), um zu wissen, dass es ihm gut ging, da Patrick aufgrund seiner Trennungstrauer kurz vor einer Unterernährung stand, oder ihn bei mir zu behalten und zu riskieren, dass er an Unterernährung sterben könnte. Ich holte ihn jedes zweite Wochenende (ich war zu der Zeit allerdings für ca. knapp fünf Monate in Russland). Er dachte wohl, dass ich nicht mehr wiederkommen werde. Durch den Unfall wurden die Ängste erneut ausgelöst, denn er hatte sie nie verarbeitet, sondern nur gelernt, sie beiseitezuschieben. Es galt, diese aufzulösen, was in der Klinik nicht geschehen konnte, hier gab es nur Gespräche und Tabletten. Mit Reiki und Matrix war es möglich, solche Gedankenstrukturen zu lösen.

Um mich nicht den Geschehnissen des Lebens zu unterwerfen, gab ich mir die ganze Zeit über Reiki, sprach mein Mantra und machte die IAM-Meditation. Ich merkte, dass es mir Kraft und Ruhe gab. Irgendwann fing ich an, Patrick das erste Mal Reiki zu geben, da ich dachte, wenn es mir guttat, wird es ihm bestimmt auch guttun, so war es.

Mitte September fing ich einen Yogakurs an, weil mir gesagt wurde, dass ich etwas für meinen Körper und die Muskulatur machen müsse und Yoga gut geeignet sei. Ich hatte vor Jahren schon zwei Kurse mitgemacht. Konnte mich damals nicht dazu hinreißen lassen. Dieser Kurs war mehr als nur anstrengend und mein Körper hatte erhebliche Probleme.

Viele Übungen konnte ich nicht durchführen. Ich ging trotzdem hin, weil die Entspannungsübungen guttaten. Bei einer Partnerübung, bei der wir uns auf die Füße des Partners setzen und an seine Beine rückwärts anlehnen sollten, brachen bei mir Panik und ein Heulkrampf aus. Die Yogalehrerin wollte mich vorsichtig zurücklehnen, es ging nicht. Sie sagte, dass dort ein schweres Trauma festsitze, und gab mir eine Übung an die Hand.

Ich sollte jeden Tag versuchen, mich an einen Türrahmen anzulehnen, und sagen, dass ich im Hier und Jetzt und in Sicherheit sei, sodass ich wieder Vertrauen bekam, um mich anlehnen zu können. Und das Trauma sich lösen konnte. Das übte ich über Wochen, bis es mir gelang, mich im Vertrauen mit geschlossenen Augen anzulehnen.

Mein Vater kam unterdessen zur Reha nach Heidelberg. Für mich undenkbar zu fahren, das war eine zu lange Strecke. Mir fiel ein, dass Patrick unbedingt zu Amma wollte, um sich bei ihr zu bedanken, dass sie ihm das Leben gerettet hatte. So schaute ich immer, wann und wohin sie nach Deutschland kommen würde. Erst sollte es Berlin sein, was im letzten Moment verlegt wurde. Was glaubt ihr, wohin sie kam? Ihr Event fand in Mannheim am 15. und 16. November statt, keine 15 Kilometer von der Klinik, in die mein Vater verlegt worden war, das war Schicksal.

Im Oktober fuhren Patrick und ich nach Hause zur Familie, da die Goldene Hochzeit meiner Eltern anstand. Die Einladungskarten wurden nie verschickt. Ich bekam eine, weil ich darum gebeten hatte, da das Hochzeitsfoto meiner Eltern reingedruckt war. Wir waren alle zusammen, mein Bruder Michael, meine Schwester Heike und ihre Kinder, meine Schwester Cornelia mit ihren Kindern, unsere Mutter, Patrick und ich, so fuhren wir nach Heidelberg. Ich sah unseren Vater das erste Mal nach der Intensivstation wieder. Ich war erschrocken, da er mehr als 30 Kilo abgenommen hatte. Ich musste die Tränen verbergen. Als ich feststellte, dass er nur einen Arm etwas bewegt hatte und nur ein paar Worte stammeln konnte, schmerzte mein Herz. Ich hielt lange seine Hand. Wir redeten nicht viel, da unsere Mutter versuchte, ihm zu sagen, dass wir alle da waren, weil heute ihr Hochzeitstag war, der besagte Tag, auf den unser Vater seit Jahren hingefiebert hatte. Er zeigte keine Reaktion, sein Blick wanderte immer von einem zum anderen, ohne Worte. Ich möchte kurz erwähnen, dass er seit Jahren überlegt hatte, wie und wo er mit unserer Mutter die goldene Hochzeit feiern könnte. Sie sollte groß und festlich sein, mit allen, die zur Familie gehörten, ob nah oder fern, Freunde und Bekannte. Hotels, Lokation, Essen, alles war fertig geplant.

Der Pfleger kam ins Zimmer und fragte, ob er ihn in den Rollstuhl setzen sollte, sodass wir etwas rausgehen konnten. Unser Vater war überfordert, das konnte man an seinem Blick sehen. Da es ein wunderschöner sonniger Tag war, bejahten wir es. Als ich sah, wie er in den Rollstuhl gepackt wurde, wusste ich sofort, dass er nicht mehr nach Hause kommen wird. Unsere Mutter schaffte es gar nicht, ihn anzuheben. Es gab keine Möglichkeit, ihn zu baden oder zu duschen, da das Badezimmer in der ersten Etage war. Sie hätten umziehen müssen. So etwas hatte niemand verdient. Als wir ein schönes Fleckchen in der Sonne gefunden hatten, machten wir Rast. Wir versuchten, ein entspanntes Gespräch zu führen und heiter zu sein. Keiner konnte so richtig mit dieser Situation umgehen und wir waren überfordert. Es war kein schönes Erlebnis, ihn so zu sehen. Als wir uns verabschiedeten, stammelte mein Vater, ich solle dem Pfleger Trinkgeld geben. So war er. Er hatte ein großes Herz und wusste, da er selbst mal selbstständig gewesen war und Dienstleitung großgeschrieben hatte, dass man einem guten Service Trinkgeld gab. Ich gab dem Pfleger und der Station etwas, da ich wollte, dass er gut versorgt wurde.

Zu Hause sprachen wir lange darüber, wie wir das zusammen regeln könnten. Da wir nicht wussten, ob der Gesundheitszustand sich bessern würde, war keine Lösung in Sicht. Mein Bruder hätte unten ein Zimmer umbauen lassen, sodass dort ein Krankenbett mit Waschgelegenheit wäre. Ich war dafür, abzuwarten, wie er sich entwickelte, und dann erst zu entscheiden.

Ich muss hier sagen, ich hatte lange gebraucht, bis ich zu einer Erkenntnis gelangte. Meine Erkenntnis war hierzu: seine Gedanken (manche würden Ängste sagen), dass er so nie enden wollte, hatten ihm genau das beschert. Jeder sollte seinen Fokus nur auf das legen, was er im Leben möchte, und nicht auf das, was er nicht möchte, da das Gehirn kein ‚nicht' kennt. Alles im Leben verändert sich sekündlich, nichts bleibt beständig, da alles im Fluss ist, auch das Leben. Aus diesem Grund sollte sich keiner mit seinen Gedanken in der Zukunft noch in der Vergangenheit aufhalten. Jeder darf positive Wünsche aussenden und sie loslassen, sodass er im Hier und Jetzt verweilen kann, um die Liebe fließen lassen zu können.

Als ich wieder zu Hause war, brauchte ich erst mal Zeit für mich, um das zu verdauen, was an dem Wochenende geschehen war. Was mir auf jeden Fall klar war, war, dass ich mit Patrick im November zu Amma fahren werde, um auch noch mal meinen Vater zu besuchen. Deshalb buchte ich schon ein Hotelzimmer. Da ich auf dem spirituellen Weg vorankommen wollte, hatte ich im Spätsommer einen Channel-Kurs gebucht. Dieser fing Ende Oktober an, ging über vier Monate und fand immer samstags statt. Ich war froh, dass es ein Webinar war, das sparte Zeit und Kosten. Ich freute mich darauf, es war eine neue Erfahrung. Da der Draht nach oben zur geistigen Welt bereits bestand, wollte ich in dem Kurs herausbekommen, ob und was ich verbessern konnte, damit alles gut floss.

Alles, was mir in dieser Zeit weiterhin half, waren die Engel – ich wusste irgendwann, dass mich Erzengel Gabriel begleitete – jeden Tag Reiki, das Mantra, Spaziergänge und die Meditationen. Die Meditation machte ich unter der Woche für 20 Minuten und am Wochenende über die 40 Minuten hinaus, weil ich feststellte, dass es eine große Harmonie für mich war, zum Schluss in der Stille zu sitzen, um in meinem Sein ruhen zu können.

Im November fuhren Patrick und ich zu Amma. Für ihn war es das erste und für mich das zweite Mal. Als wir in Mannheim angekommen waren, fuhren wir als Erstes zu meinem Vater. Er lag im Bett und hatte eine Fernbedienung in der Hand. Er drückte ohne Unterbrechung dauernd die Umschalttaste. Das machte mich so nervös, dass ich ihn fragte, ob ich ein Programm einstellen dürfe. Ich schaute und hörte seit 2012 kein Fernsehen mehr, wenn überhaupt mal nur einen Film, die von Gott handeln, wie die Hütte, War Room, die Prophezeiungen von Celestine. Es kommt manchmal vor, dass ich Fragen stelle und die Geistige Welt mich zu einem Film führt, da sie mir die Antworten durch diesen Film mitteilen. Da sind Situationen, die mir das verständlich machen, wonach ich fragte. Wir machten den Fernseher erst mal aus. Mein Vater schaute uns erstaunt an, er hatte uns erkannt. Beim letzten Mal waren wir uns nicht sicher gewesen. Wir unterhielten uns ein wenig. Er konnte einige Worte stammeln, die Aussprache war nicht gut verständlich, weil immer Teile fehlten. Irgendwie schafften wir es. Ich hielt die ganze Zeit seine Hand, hatte das Gefühl, dass Reiki floss und er sich freute.

Bevor wir gingen, hatte ich meinem Vater mein Bild von Amma gezeigt und gefragt, ob er es haben möchte. Er schaute es an und schüttelte für ein Nein den Kopf. Am Samstag gingen wir zu Amma. Cornelia kam mit unserer Mutter und ihren beiden Kindern, Lisa und Nele, dorthin. Wir verabredeten uns vor dem Eingang, so konnte ich ihnen erklären, wie es mit dem Darshan funktionierte. Ich ging zu Amma, um unseren Vater anhand eines Bildes segnen zu lassen. Da meine Mutter noch mal zur Toilette musste und ich auf sie wartete, waren wir von Patrick und Cornelia mit ihren Kindern getrennt.

Als ich mein Mantra rezitierte, schaute ich auf einen der Monitore und sah Patrick, wie er gerade bei Amma war. Er schaffte es, ihr die Bilder mit seinem Handy vom Unfall und Unfallauto zu zeigen. Sie nahm es in die Hand und wischte mit ihrem Finger über alle Bilder, sie brachte ihm tiefstes Mitgefühl entgegen und nahm ihn in den Arm. Patrick heulte wie ein kleines Kind, alles von den letzten Monaten brach noch mal raus. Für Patrick geschah bei Amma Heilung.

Da meine Mutter neben mir in der Reihe saß, wurden wir gefragt, ob wir Mutter und Tochter seien, ich bejahte. Da ich zuerst dran war, zeigte ich Amma das Bild von unserem Vater aus der Reha, wo er im Bett lag. Meine Schwester hatte eins gemacht und es ausgedruckt. Sie wischte nur mit dem Finger drüber und ließ die Energie des Segens und Mitgefühls wirken, nahm mich mit meiner Mutter zusammen in den Arm.

Als wir uns wieder alle zusammengefunden hatten, sagte Patrick mir, dass er sich das erste Mal wie zu Hause fühle. Er fragte, wie das sein könne. Ich sagte, dass hier viele Menschen seien, die alle in ihrer Liebe seien und dass Amma die allgöttliche Liebe in den Saal fließen lasse. Er meinte, dass der ganze Druck vom Unfall weg sei. In der Nacht, wir schliefen zusammen in einem Zimmer, war sehr viel Energie in unserem Zimmer zu spüren. Als Patrick am nächsten Morgen wach wurde, meinte er auf einmal, dass er das Gefühl hatte, in der Nacht über seinem Körper geschwebt zu sein. Ich grinste und sagte zu ihm: „Das kenne ich, dann bist du schon weit." Früh am Morgen gingen wir zusammen zur Meditation und verbrachten den ganzen Tag dort. Patrick lernte die Dolmetscherin, der ich im Ashram in Indien begegnet war, kennen, und er begegnete einem Indianer. Dieser war ein Schamane und sagte positive Dinge über Patrick und seine Spiritualität. Patrick ließ sich noch ein astrologisches Horoskop machen, dort sprach man auch von einer großen Spiritualität und dass man noch groß von ihm lesen werde.

Montags sind wir am Vormittag zu meinem Vater gefahren. Mir lag es am Herzen, ihm zu sagen, dass er nicht mehr nach Hause komme, da ich der Meinung war, dass er wissen sollte, woran er war. Ich zeigte ihm ein Plakat von Amma, er schaute und grinste. Ich fragte ihn, ob wir es im Essensraum oder hier im Zimmer aufhängen sollten, er sagte: „Hier." Ich war erstaunt und überrascht, dass der Segen von Amma solch eine Wirkung hatte. Ich sollte es genau neben den Fernseher hängen, weil das sein Blick dorthin war. Er schaute nur auf das Bild. Ich spürte, dass es ihm guttat. Meine Schwester hatte mich am Vortag auf den neuesten Stand gebracht. Da er kein Essen bei sich behielt, nach wie vor nicht, wurde er auch über Infusionen ernährt. Es stand zu Wahl, Pflegeheim oder Hospiz. Das wusste mein Vater bis dahin nicht, weil ihm das keiner sagen wollte. Ich fragte ihn, ob er hier auf dieser Welt noch etwas zu erledigen habe, er schüttelte den Kopf für „Nein". „Für wen möchtest du weiter leben? Für dich?" „Nein." „Für meine Mutter?" „Nein." „Für uns Kinder?" „Nein." „Für Nele?" Er nickte für „Ja". Ich wusste es. Nele ist die jüngere Tochter meiner Schwester. Sie ist die Liebe in Person. Ich habe nie so ein liebliches und zartes Kind erlebt. Sie lag immer jeden Abend mit ihrem Opa zur Linken und Oma zur Rechten mit auf der Couch. Für meinen Vater war sie alles, denn sie gab ihm bedingungslose Liebe. Nele wohnte bei meinen

Eltern. Mein Vater fragte mich auf einmal, ob es ein Leben nach dem Tod gebe. Ich sagte: „Ja, das gibt es." Er war ruhig. Ich sagte ihm, dass er die Liebe von da aus weiterfließen lassen könne. „Nele empfängt sie und du siehst sie noch von dort oben. Wir oder du haben eine Entscheidung zu treffen, da deine Zeit in der Reha um ist und du in diesem Zustand nicht nach Hause gehen kannst." Als er hörte, dass er nicht mehr nach Hause könne, hatte er die Entscheidung gefällt. Ich konnte es fühlen und bekam ein Wort in den Kopf. Großes Schweigen trat ein. Auf einmal sagte er: „Danke, dass du so ehrlich zu mir bist." Mein Sohn saß die ganze Zeit beim Gespräch neben ihm. Zum Abschied drückte ich meinen Vater und drehte mich beim Herausgehen kurz um. Er schaute mich an, hob den Arm, winkte und sagte: „Tschüss." Als wir draußen waren, sagte ich zu Patrick, dass er das so noch nie gemacht habe. Ich fing an zu weinen, es dauerte lange, bis ich mich beruhigen konnte. Wir mussten nach Hause, es war eine lange und beschwerliche Fahrt.

Zu Hause zurück erhielt ich Post vom Gericht, es war eine Ladung als Zeugin. Der Fahrer des Unfalls bekam eine Anzeige wegen schwerer Körperverletzung. Mein Sohn war nicht vorgeladen, zum Glück, Patrick hätte ihm am liebsten so richtig die Meinung gesagt. Ich war im Zwiespalt. Handelte ich wie Patrick oder viele andere, hätte ich dasselbe getan. Handelte ich wie eine weise Person, z. B. wie Amma oder Jesus, müsste ich Vergebung walten lassen. Ich war die Tage zuvor nervös, denn ich kannte ihn nicht. Als ich noch mal nach dem Termin schaute, las ich auf einmal auf der Ladung „Jugendstrafgericht". Oh mein Gott, der Fahrer war erst zwischen 18 und 21 Jahre alt, er hätte mein Sohn sein können.

Ich ging in einer Meditation in die innere Mitte. Vergebung oder ihn zur Schnecke machen, Vergebung oder Schnecke, Vergebung oder Schnecke? Wenn ich die Schnecke wählte, was hätte ich gelernt? Nichts ...

So wählte ich die Vergebung. Zwei Tage später fuhr ich zum Termin, setzte mich und wartete. Es liefen einige Menschen an mir vorbei, ich wusste nicht, wer sie waren. Es dauerte und dauerte, auf einmal ging die Tür auf. „Frau Schmidt, bitte." Meine Beine wurden weich, das spürte ich beim Hineingehen. Auf der linken Seite saß er mit Rechtsanwalt, auf der anderen Seite saßen die Strafverteidiger.

Ich musste in der Mitte stehen bleiben. Der Richter teilte mir mit, dass sie mich nicht mehr als Zeugin brauchten, da der Prozess schon beendet sei. Der Fahrer hatte sofort ein Geständnis abgelegt. Der Richter fragte, ob es mir und Patrick gut gehe. Dieses verneinte ich. Er schaute und fragte, ob ich etwas sagen möchte. Ich nahm die Gelegenheit wahr und schaute zu dem jungen Mann, nahm allen Mut zusammen und sagte: „Ich vergebe dir, denn es hätte jedem passieren können. Ich kann dir aber nicht die ca. 30 Sekunden nehmen, in denen du unachtsam warst. Damit musst du allein fertigwerden." Dann informierte ich den Richter darüber, dass wir Traumata hatten, eine schwierige Zeit durchliefen und dass ich Schäden an der Wirbelsäule und an den Kien hatte. Es folgte großes Schweigen im Gerichtssaal. Der Richter fragte, ob das alles sei, ich bejahte und durfte gehen. Mich überkam das Gefühl, noch einen Moment vor der Tür warten zu wollen. Als alle rauskamen, lief der junge Mann auf mich zu, der Rechtsanwalt lief wenige Meter hinter ihm. Der junge Mann gab mir die Hand, bedankte sich und bat um Verzeihung. Er hatte den Schock noch nicht verarbeiten können, durfte ich feststellen, denn er fügte hinzu, dass er nie wieder in ein Auto steigen könne. Ich meinte nur, er solle es versuchen, ich habe es auch versucht und ich habe ihm vergeben, daraufhin fing er fürchterlich zu weinen an. Ich konnte in diesem Moment nicht anders und fing ebenfalls an und nahm ihn in den Arm. Der Rechtsanwalt nickte und lächelte. So gingen wir unseres Weges. Ich war froh, die Vergebung gewählt zu haben, und ich bin mir heute sicher, dass es ein Test der Geistigen Welt war. Nach solchen Tests ging ich meistens einen Schritt in der Spiritualität voran.

Meine Schwester rief mich ein paar Tage später an und teilte mir mit, dass unser Vater ins Hospiz nach Frankfurt komme und sie auf einen Platz warte. Nach einigen Wochen war es soweit, in der letzten Novemberwoche wurde er verlegt. Als er dort ankam, fühlte ich es auf der Arbeit. Ich rief Cornelia an und sagte ihr, dass er dort angekommen sei, er frage mich telepathisch, wo das Bild von Amma sei. Sie fragte mich, woher ich das wisse, dass es nicht hinge, denn das Bild habe meine Mutter in der Tasche. Ich sagte ihr, dass sie es im Hospiz ins Zimmer hängen solle. Amma begleitete meinen Vater nach der Segnung über das Bild. Mein Vater war zufrieden, als meine Mutter ihm das Bild hinhängte. Sie war jeden Tag bei ihm, denn sie konnte mit dem Zug nach Frankfurt fahren. In der zweiten Woche spürte ich auf einmal, dass unser Vater einen Priester brauchte, um die letzte Salbung, Ölung oder das Heilige Sakrament zu erhalten. Er war zwar evangelisch und fast nie in der Kirche, nur zweimal zu den Hochzeiten von uns Kindern. Ich rief meine Schwester an und sagte ihr das. Sie fragte, ob ich mir sicher sei. Das konnte ich bejahen, da die Verbindung zu meinem Vater stärker als je zuvor war.

Da ich die Channel-Ausbildung machte und da schon einiges an Transformationen stattgefunden hatte, war es leicht, die Verbindung zu halten. Ich spürte, wenn er sich mit mir verbunden hatte und wie er seine Energie in dem Atem verlor. Ich atmete dann immer einen/seinen Hauch aus. Ich wusste so, dass er weiter in den Sterbeprozess eintrat. Sie bestellte einen Pfarrer, der am nächsten Morgen kam. Als dieser das Zimmer unseres Vaters betrat, schaute er den Pfarrer an und sagte: „Gerade noch rechtzeitig, wird auch Zeit." Cornelia und unsere Mutter waren mit im Zimmer und guckten sich verdutzt an. Sie berichteten mir später davon. Ich saß auf der Arbeit, da ich erst ab dem 13. Dezember drei Wochen Urlaub geplant hatte. Diesen hatte ich vor Monaten eintragen lassen. Da das mit unserem Vater geschah, hatte ich nichts gebucht und dachte nur, einfach mal nichts zu tun, tut gut. Es verging eine weitere Woche. Unsere Mutter fuhr jeden Tag hin, sie konnte ihn nicht loslassen. Die Hospizangestellten baten sie, ein bis zwei Tage mal nicht zu kommen. Sie konnte die Welt nicht verstehen, schaffte es jedoch, einen Tag nicht zu ihm zu fahren. Ich spürte drei Tage vor meinem Urlaub wieder eine starke Verbindung. Ich stieß einen Atem aus, der unendlich lang war und in dem die Lebensenergie schwand. Das war mein Vater, er wurde schwächer.

Seit ich in der Sterbebegleitung tätig bin, weiß ich, dass es wichtig ist, den Sterbenden Zeit für sich allein zu geben, sodass sie sich mit ihrem Sterbeprozess auseinandersetzen können um sich von der Welt und allem, was ihnen lieb war, zu verabschieden. Deshalb war es wichtig, dass unsere Mutter einige Tage nicht zu ihm gehen sollte, weil er sich verabschieden musste. Das können Sterbende nicht, wenn die ganze Zeit ein Angehöriger neben ihm sitzt, der trauert und nicht loslassen kann. Meine Eltern waren 50 Jahre wie siamesische Zwillinge zusammen, das war kein leichter Weg für beide.

Auf der Arbeit war es in den letzten Wochen zuvor noch mal richtig stressig gewesen, da die ältere Kollegin wieder für einige Wochen ausgefallen war. Wir, die andere Kollegin und ich, waren sauer, weil sie sich genau jetzt in diesem Moment entschieden hatte, etwas machen zu lassen, was sie schon seit Jahren mit sich rumtrug. Durften wir sauer sein? Nein, denn das war keine gute Energie, ihr nicht gegenüber und mir nicht gegenüber. Heute weiß ich, dass ich nur sauer war, weil ich selbst die Schwäche in mir hatte, nicht krank zu machen. Dieses durfte ich kurz nach meiner Reiki-Einweihung in den zweiten Grad lernen und wusste seitdem, nicht mehr über diesen Part zu urteilen. Es kam also anders als erwartet. Im Berufs- und im privaten Leben Stress. Was erschwerend hinzukam: Im Büro fragten immer alle nach Rat. So war es für eine Arbeitskollegin normal, immer wieder zu fragen, was sie mit ihrer privaten Situation machen solle, da ihr Freund sich von ihr getrennt habe. Erst gab ich Rat, doch als ich merkte, dass es nach Wochen nur schlimmer wurde, bat ich sie, mich in Ruhe zu lassen, weil ich selbst private Probleme hätte. Sie ignorierte meine Bitte. *Was ist das für ein Mensch*, dachte ich, *der nach dreimaligem Bitten nicht aufhören kann, mich zu nerven?* Sie wusste, dass mein Vater im Sterbeprozess lag, und sah, dass die dritte Kollegin fehlte. Ich kündigte ihr die Freundschaft, was mir zu Beginn schwerfiel. Im Nachhinein ging es mir damit viel besser. Sie gehörte nicht mehr zu meinem Leben. Eine weitere Erkenntnis, die ich in diesen Jahren lernen durfte. Die Menschen, die mir nicht guttaten, von denen trennte ich mich oder hielt mich fern. Das passierte automatisch im Aufstiegsprozess, dass ich feststellte, wer auf einer niederen Energieebene schwingt (urteilt, ständig meckert, negativ spricht, nicht achtsam mit sich umgeht etc.), von denen löste ich mich, da ich spürte, dass es der eigenen Energie nicht mehr guttat.

Da so viel los war und wir nur zu zweit waren, konnte ich keinen Gedanken über meinen Vater verlieren, darüber, was wäre, wenn. Als endlich der letzte Arbeitstag anbrach, war ich froh, in den Urlaub zu gehen. Ich verabschiedete mich von allen und ließ die Arbeit hinter mir. Abends sagte ich zu Patrick: „Falls ein Anruf aus dem Hospiz kommt, fahre ich sofort nach Frankfurt. Möchtest du mit?" Er wollte. Samstags ging ich spazieren und musste Rast auf einer Bank machen. Als ich gerade fünf Minuten saß, spürte ich die Seele meines Vaters. Ich wusste, dass es so weit war, und bat ihn, zu warten, da ich mich verabschieden wollte. In diesem Moment klingelte das Telefon. Cornelia war dran: „Du musst kommen, er liegt im Sterben, das Hospiz hat angerufen."

„Ich weiß, ich bin schon auf dem Weg." Sie war wie immer verwundert. Ich packte die Tasche, holte Patrick und fuhr los. Gegen 16:00 Uhr waren wir in Frankfurt. Unsere Mutter, Heike und Cornelia mit ihren Kindern waren bereits da. Mein Bruder aus Schweden nicht, das ging nicht so schnell. Als ich in den Gemeinschaftsraum kam, saßen sie da und warteten auf uns. Die Hospizschwester meinte vorher zu unserer Mutter, dass es komisch sei, mein Vater liege im Sterben und irgendetwas habe ihn zurückgehalten. Darauf sagte unsere Mutter, dass ich zu meinem Vater eine Verbindung habe und ich ihm über die Ferne gesagte habe, dass ich komme, um mich zu verabschieden. (Ich wusste damals nicht, dass diese Worte, die ich ihm über die Ferne gesendet hatte, solch eine Wirkung hatten. Das war eine neue Erkenntnis für mich.)

Wir gingen gemeinsam zu ihm. Er war dünn geworden. Seit er keine Infusionen mehr bekam, hatte er rapide abgenommen. Wir blieben eine Stunde zusammen, dann verabschiedeten sich alle. Ich blieb da und setzte mich neben ihn. Gegen Abend kam die Schwester, um ihn zu waschen und ein frisches Oberteil anzuziehen. Sie fragte, ob ich helfen möchte. *Komisch*, dachte ich, *normalerweise machen die das doch allein.* Ich wollte helfen, stand auf und fragte, was ich tun könne. Sie gab mir Anweisungen, wie ich ihn anfassen sollte. Sie schlug die Decke weg, da war ich für einige Sekunden perplex. Ich sah den Körper meines Vaters, er hatte eine Windel um und nur das Oberteil an, das wir ihm auszogen. Er sah am Körper aus wie Jesus, genau die gleichen Beine, die Rippen schauten hervor und die Gesichtszüge. *Wie Jesus*, dachte ich nur. Wir drehten ihn vorsichtig von rechts nach links und dann wieder zurück. Ich stand gebeugt und musste ihn mit Kraft festhalten, in diesem Moment spürte ich einen Riss bei mir im unteren Rücken. Ich ließ mir nichts anmerken, wir wechselten die Seiten. Sie säuberte den Mund und wusch das Gesicht, ich den Rücken und unter den Armen, mich überkam eine Hingabe für meinen Vater, wie ich es nie zuvor gespürte hatte. Auch die Schwester wusch ihn mit Sorgfalt und Hingabe, wie ich es nie zuvor gesehen und gefühlt hatte. In den Krankenhäusern ging es ja oft etwas ruppig zu, im Hospiz war keine Spur davon zu spüren. Ich hielt seinen Kopf und sagte zu ihm: „Papa, ich bin es, Jutta", und ließ die Liebe einfach fließen. Seine Augen waren weit offen und hellblau. Als wir fertig waren, stellte sie mir einen bequemen Stuhl hin, sie meinte für die Nacht. Er fing an, schwerer zu atmen, und der Atem setzte immer unendlich lange aus. Das kannte ich nicht und streichelte ihn, seine Augen waren die ganze Zeit geöffnet. Ich musste dann mal zur Toilette. Als ich wiederkam, schloss er die Augen und ich bekam den Impuls von ihm: „Du kannst jetzt gehen, jetzt ist es gut." Es war 00:10 Uhr am 14. Dezember 2014. Ich drehte mich um, schaute ihn an. Es war Telepathie, denn er war nicht mehr ansprechbar. Ich nahm die Jacke. In dieser Sekunde kam die Schwester (es war eine andere als am Abend) und meinte, ich könne jetzt doch nicht gehen. „Ich kann", sagte ich, „es ist Zeit, zu gehen." So ging ich. (Die Schwester wusste nicht, was ich empfangen hatte.) Am Morgen gegen ca. 05:00 Uhr verstarb er. Der Anruf kam bei meiner Schwester an, da ihre Nummer hinterlegt war. Meine Mutter kam zu mir und sagte, dass er gestorben sei. Ich zog mich an und fuhr mit Cornelia ohne Worte zum Hospiz. Meine Mutter konnte nicht, was ich nicht schlimm fand, denn es war gut, dass sie ihn so in Erinnerung behielt, wie sie ihn am Vorabend gesehen hatte.

Im Hospiz stand eine Kerze vor dem Zimmer mit einer Karte, auf der sein Name sowie der Geburts- und Todestag standen. Cornelia öffnete die Tür, ein heftiger Windstoß kam uns entgegen. Ich wusste, es war die Seele. Mein Vater hatte Wäsche für den Sarg ausgewählt, denn er wollte verbrannt werden. Die hatte er bereits an. Ich schritt an das Bett und musste ihn anfassen. Ich musste wissen, ob er wirklich tot war, und konnte es nicht glauben. Es war so. Meine Schwester meinte, dass wir seine Sachen einpacken müssten. Mir fiel das schwer. Toilettenutensilien wanderten in den Müll, der Rest in eine Tasche. Ich nahm den Engel mit nach Hause, der bei ihm am Bett stand, und die echten Lammfellpantoffeln aus Schweden, diese konnte ich nicht wegschmeißen. Ich hatte nichts von meinem Vater, außer diesen Pantoffeln (obwohl sie zu groß waren, nahm ich sie mit, heute trage ich sie hier in Dänemark) und dem Engel.

Da ich meinem Vater versprochen hatte, ihn bis zum letzten Schritt zu begleiten, fuhren Cornelia (sie fuhr das Auto) und ich dem Leichenwagen hinterher, von Frankfurt zum Krematorium nah an unserem Zuhause. Das ging, weil wir den Bestatter persönlich aus der Schulzeit kannten. Den Termin für die Feuerbestattung bekamen wir Montag, er war für Mittwochnachmittag. Ich sagte dem Krematorium, dass ich dabei sein werde. Normalerweise sehen sie das nicht gern, was mir egal war. Ich werde dabei sein, weil ich es meinem Vater versprochen hatte.

Am Sonntagnachmittag kam schon die Dame zwecks Beerdigung. Im Gespräch musste alles geklärt werden. Blumen, Karten, Musik, wie sollte die Feier sein, Trauerredner etc. Ja, es war einiges. Dann die Frage an unsere Mutter, ob sie später mal neben ihrem Mann liegen wolle. Großes Schweigen trat ein.

Ihr traten Tränen in die Augen: „Ja, ich will", sagte sie, „aber erst will ich noch 15 Jahre leben." Na, das war mal eine klare Ansage, das kannte ich gar nicht von ihr. Die Bestatterin fragte wie, was und wo. Cornelia und ich gaben die Antworten. Es war, als ob unser Vater durch uns spreche. Er war da. Ich sagte, dass er anwesend sei. Cornelia sagte auf einmal, dass sie ihn auch fühle, schon die ganze Zeit.

Auf einmal fragte ich Rachael, die Bestatterin, was ihr Name bedeute. Sie antwortete, dass es Mutterschaf heiße.

„Ah", sagte ich zu ihr, „du bist die, die alle Schäfchen ins Trockene bringt, in den Himmel." Sie schaute mich an, lächelte und meinte, dass ich das wunderschön gesagt hätte. So war ihr das nicht bewusst gewesen und so hatte sie es auch noch nie gesehen. Wir entschieden daraufhin, dass sie die Trauerrednerin sein sollte.

Am Abend waren wir alle erschöpft. Mir war auf einmal gegen 20:00 Uhr so eisig, dass ich meine Mutter fragte, ob sie die Heizung ausgemacht habe. Sie schaute mich an und meinte: „Nee, warum?"

„Na, weil es hier eisig kalt ist." Ich fühlte an den Heizkörper, der war aus. Dann lief ich in den Keller, der Gasofen war aus. Wie konnte das sein? Ich bat meine Mutter, ihn anzumachen. Sie meinte, dass sie das nicht könne, weil es Papa immer gemacht habe. Und jetzt? Wir riefen am Morgen danach den Heizungsdienst. Er kam zügig, weil er uns kannte. Der Sohn der Firma kam, ging in den Keller und stellte fest, dass die Flamme aus sei, und machte den Ofen wieder an. Er meinte, es sei komisch, er könne keinen Grund finden, warum er ausgegangen sei. Ich sagte zu meiner Mutter, dass sie zuschauen solle, wie es gehe. Das war ein Hinweis für sie. Dienstagmorgen war der Ofen wieder aus, sie ging in den Keller und wusste, wie der Ofen anging.

Mittwochmorgen das gleiche Spiel mit dem Ofen. Da fragte ich meinen Vater, was das solle. Er zeigte sich mir, so wie ich ihn sonntags gesehen hatte, nur drei Tage älter. Das war nicht schön. Es kamen bei mir Worte an, die ich hier nicht so zitieren kann. Er wollte auf jeden Fall wissen, wann die Verbrennung sei. Ich teilte ihm mit, dass sie am Nachmittag sei. Es war Ruhe und der Ofen ging seit diesem Tag nicht mehr aus. Am Nachmittag fuhr ich zum Krematorium. Der Bestatter war kurz da, um Hallo zu sagen. Wir sprachen miteinander, da er Termine hatte, musste er weiter. Die Dame vom Büro kam und wir saßen zusammen im Gästeraum und unterhielten uns. Während des Gespräches sagte ich ihr, dass ihre Oma da sei, und überbrachte ihr eine Botschaft. Sie sagte mir daraufhin, dass ihre Oma auch hier verbrannt wurde, sie war den Tränen nahe. Sollte ich es nicht sein, die den Tränen nahe sein sollte? Nein, in diesem Moment nicht. Es war ein nettes Gespräch, bis ein Herr hereinkam und uns bat, mit ihm mitzukommen. Die Dame begleitete mich in den Raum, in dem die Öfen waren. Der Sarg meines Vaters stand schon bereit. Ich sah eine runde Tonscheibe auf dem Sarg mit einer Zahl darauf und fragte, was sie zu bedeuten habe. Der Herr erklärte mir, dass jeder, der hier verbrannt werde, eine Nummer bekomme. Diese gehe mit in die Urne. So könne keine Verwechslung stattfinden und man wisse immer, wer es sei. *Hmmmm*, dachte ich, *man ist also nur noch eine Nummer, 74 Jahre gelebt und man ist eine Nummer.* Es war ein Gedanke meines Vaters.

Ich sprach ein Gebet für ihn und nickte, dass ich fertig sei. Der Sarg fuhr hoch, er stand auf so einer Art Hebebühne. Der Ofen ging auf, der Sarg fuhr rein, der Ofen ging zu und das Feuer an. Es loderte schon vorher auf kleiner Flamme. Die Ofentür war aus Glas, damit jeder sehen konnte, wann der Verbrennungsvorgang fertig war. Ich hörte auf einmal meinen Vater sagen: „Hmmm, endlich schön warm." Er hatte wirklich den Ofen bei uns zu Hause ausgemacht, weil wir fühlen sollten, wie kalt es im Kühlhaus war. Der Herr sagte mir, dass es, ich glaube, ca. vier Stunden dauere, bis der Vorgang beendet sei. Sie würden dann die Asche zusammenfegen und in die Urne füllen. Wir könnten mit der Familie gegen 19:00 Uhr eine Andacht für unseren Vater halten. Danach werde die Urne in ein Schließfach gestellt, bis die Beerdigung stattfinde. Nur der Bestatter darf die Urne abholen und zum Friedhof bringen.

Auf dem Weg nach Hause musste ich einige Zeit über die Situation mit den Öfen nachdenken. Wie viel Energie steckte in dem Bewusstsein, dass es eine Flamme löschen konnte (ich dachte über den Ofen zu Hause nach). Heute weiß ich, dass die Verstorbenen die ersten sieben Tage mit ihrem Bewusstsein/ ihrer Seele noch komplett anwesend sind. Danach verweilen sie 48 Tage in der Zwischenwelt (einige sagen Fegefeuer) und werden in ihrem Bewusstsein geprüft, wie rein sie sind. Hier wird entschieden, ob sie bleiben, wiedergeboren werden oder weiter ins Licht bzw. in die nächste Dimension gehen. Alles, was wir in dieser Zeit der Seele schicken, Trauer, Liebe, Mitgefühl, empfängt die Seele (das Bewusstsein). Alles, was wir denken und sprechen, kommt bei ihnen an. Denn wie ich schon erwähnte, alles ist Energie, jeder Gedanke, jedes Wort und jede Emotion, Trauer ist eine Emotion. Ich weiß, dass wenn sie ins Licht gegangen sind, sie immer noch die Liebe empfangen können, und sie die unermessliche Liebe an bestimmten Tagen wie Geburtstage, Portalöffnungen, Allerheiligen oder in den Raunächten zurückschicken können und auch an den besonderen Tagen anwesend sein können.

Kurz bevor ich zu Hause ankam, hatte ich eine weiße und eine rote Rose für die Andacht geholt. Wir setzten uns zusammen und riefen unseren Bruder und unsere große Schwester an, informierten sie, dass er verbrannt sei und sie gegen 19:00 Uhr eine Andacht halten könnten. Mit unserem Bruder suchten wir einen geeigneten Termin, sodass er an der Beerdigung teilnehmen konnte. Wir wählten den 9. Januar 2015. Gegen Abend bekam ich um 18:50 Uhr einen Impuls von meinem Vater, dass es so weit sei. Ich stand auf und sagte zu unserer Mutter, dass gerade die Asche zusammengefegt werde. Wir könnten jetzt die Andacht halten. Alle guckten sich an und fragten, wie? Ich ging ins Schlafzimmer, da stand ein Highboard. Ich stellte Kerzen hin und die zwei Rosen und fragte meine Mutter, welches Bild sie von ihm da stehen haben möchte. Sie wählte eins aus, das wir dazustellten. Wir gingen zu zweit oder einzeln in das Zimmer, da nicht genügend Platz für alle war. Meine Mutter und ich waren zuerst dran. Jeder betete in der Stille. Sie weinte und sagte zu mir, dass sie wisse, dass er gerade da sei. Ich sagte nur: „Ich weiß." Wir gingen raus und als Nächstes ging Patrick hinein. Er kam weinend raus und sagte, dass Opa gerade mit ihm gesprochen habe, er sei da. Er konnte ihn fühlen. Meine Mutter und ich im Kanon: „Wir wissen." Dann war meine Schwester Cornelia mit ihren Kindern dran. Sie kam mit ihren Kindern raus und alle drei sagten, dass Papa/Opa da sei. Wir zu dritt zurück: „Wir wissen es." Es war eine sehr bewegende Andacht für uns alle.

Der Abend war ruhiger als die vorherigen. Ich blieb bis Freitag, da wir eine geeignete Lokation für das Beerdigungskaffeetrinken suchen mussten. Da samstags immer mein Channel-Seminar war, wollte ich nach Hause. In der Zeit, in der ich noch da war, suchte Nele, die jüngste Nichte, meine Nähe. Ich glaube, sie war sieben Jahre alt zu der Zeit. Sie fragte mich tausend Fragen, wo Opa jetzt sei, wie es ihm gehe und ob sie mit ihm sprechen könne. Ich beantwortete ihr alle Fragen. Ich sagte ihr, wann immer sie eine Frage dazu habe, solle sie mich fragen. Ich fand und finde es sehr wichtig, dass Kinder über den Tod aufgeklärt werden. So hätten wir im Erwachsenenalter alle weniger Probleme mit unserem eigenen Tod oder den der Eltern, Geschwister, Ehepartner, Verwandte und Bekannte.

An dieser Stelle möchte ich einen großen Dank an meine Schwester Cornelia aussprechen. Sie hatte seit August unsere Mutter in die Krankenhäuser und nach Heidelberg zur Reha gefahren. Sie nahm sie nach ihrer Arbeit vom Hospiz mit nach Hause und organisierte im Vorfeld alles und währenddessen auch das mit dem Beerdigungsunternehmen und dem Papierkram. Sie war immer an der Seite unserer Mutter und war für sie in der schweren Zeit bis zum Tod unseres Vaters für sie da, obwohl sie selbst schon in dem Prozess der Trauer war. Danke für alles, was du getan und organisiert hast, ich hab dich lieb, Schwesterherz.

Ich habe sehr lange überlegt, ob ich wirklich alles so ausführlich über den Sterbeprozess und Tod unseres Vaters schreiben sollte. Da es wichtig ist und kein Veto von der Geistigen Welt und von meinem Vater kam (es kam nur bei zwei Sätzen, dass ich sie etwas humaner schreiben solle und ein Wort musste ich herausnehmen), entschied ich mich dazu, weil ich weiß, dass zu wenig darüber gesprochen wird. Über den Tod wird in unserer Gesellschaft noch zu oft geschwiegen, obwohl er zum Leben dazugehört und das wahre Leben erst danach beginnt. Wir alle sitzen im selben Boot, wirklich alle.

Unseren Körper müssen wir alle einmal ablegen, der eine früher, der andere später. Es kommt immer darauf an, welche Aufgaben man sich vor der Inkarnation ausgesucht hatte, die hier auf Erden gelernt werden wollen.

Ich durfte in diesem Sterbeprozess meines Vaters so viele Erkenntnisse sammeln, dass ich gar nicht weiß, wo ich anfangen soll. Ich lernte, mich bewusst mit ihm über die Ferne zu verbinden. Er konnte es, weil seine Seele sich schon auf einer anderen Ebene als sein Körper befunden hatte. Das löste der Schlaganfall aus, sein Ego funktionierte ja nicht mehr richtig. Mir war es möglich, mit ihm im Koma zu kommunizieren, und mir war es möglich, mit ihm nach seinem Tod zu kommunizieren. Das beweist, dass das Bewusstsein zu allen Zeiten in der Lage war, Energie wie Worte, Gedanken und Emotionen zu empfangen. Des Weiteren hatte ich wieder die Wahl, ob ich mich weiter entwickeln möchte oder nicht. Denn die Hingabe hatte ich bis jetzt nur einmal bei Amma fühlen und üben dürfen.

Die Schwester im Hospiz hatte mich gefragt, ob ich helfen möchte, ich hätte Nein sagen können.

Es gab eine Zeit nach dem Tod, in der meine Mutter Hilfe brauchte. Mein Vater hatte, als sie diese brauchte, sich im Traum über mehrere Nächte mit mir verbunden. Er wusste, dass ich es wusste, dass das möglich war. Im Schlaf ist das Ego ausgeschaltet und das Bewusstsein gut zugänglich für die Engel, die Geistige Welt und für die Verstorbenen. Mein Vater hatte sich auch mit meiner Mutter und meinem Bruder verbunden. Wie ich darauf komme? Nach einer Meditation am dritten Tag kam die Info: „Ruf sie an", ich griff zum Hörer und rief sie an. Da sagte ich ihr, dass ich ihr vergebe (es gab eine Situation, in der wir uns nicht einvernehmlich trennen konnten). Sie sagte, dass sie schon seit zwei Tagen immer zum Hörer gegriffen und sich dann nicht getraut habe anzurufen. In demselben Zeitraum rief mein Bruder an und fragte, ob meine Mutter und ich uns wieder vertragen hätten. Er sagte ein paar Tage vorher, er müsse mal nach Hause fliegen und nach dem Rechten sehen.

Des Weiteren verabschiedete sich mein Vater bei mir, als eine Portalöffnung anstand. Ich weiß nur noch, dass ich an diesem Tag Licht und Liebe zu gleichen Teilen in den Himmel und an die Erde schicken sollte, weil es eine besondere Portalöffnung (Portalöffnung heißt, dass das Tor zur Geistigen Welt offen ist) war. Als ich meinen Kanal geöffnet hatte, empfing ich eine Botschaft von ihm: „Ich gehe ins Licht, jetzt geht auch der Ring ab." Meine Mutter hatte nach dem Tod meines Vaters versucht, einige Male den Ehering abzuziehen, was ihr nicht gelungen war. Drei Tage, nachdem mein Vater ins Licht gegangen war, rief mich meine Mutter an und fragte mich: „Weißt du, was passiert ist?" Ich darauf: „Ja, der Ring ging ab." Es kam wieder die obligatorische Frage: „Woher weißt du das?" Sie sagte mir, dass all ihre Finger immer geschwollen seien. An diesem Tag allerdings sei der Ringfinger der einzige Finger gewesen, der nicht geschwollen gewesen sei, und der Ring sei so runtergeplumst.

Mein Sohn rief mich an und erzählte mir, dass Opa sich bei ihm verabschiedet habe mit den Worten: „Ich gehe. Ich kann mir das Elend hier unten nicht mehr mit ansehen." Ich sagte Patrick, dass er sich auch bei mir verabschiedet habe.

An manchen Portaltagen spürte ich seine unermessliche Liebe. Mich durchflutete dann eine wohlige Energie, seine kenne ich. An diesen Tagen rief ich meistens zu Hause an. Im Januar war er sehr präsent. Er übermittelte Botschaften durch mich, für und über Patrick, und ich musste meine Mutter anrufen, um ihr einige Dinge zu erklären über Nele und Lisa. Nele sagte exakt zur selben Zeit (sie in Frankfurt, ich in Herne), dass Opa heute da sei. Das bestätigt, dass das Bewusstsein eines jeden Lebewesens nach dem Tod weiterlebt und auch dann noch, wenn es ins Licht gegangen ist.

Mein Sohn Patrick hat die beste Verbindung zu meinem Vater. Als wir am 22. September 2018 auf dem 75. Geburtstag unserer Mutter waren, gingen Patrick und ich zum Friedhof. Da meinte mein Vater, wir sollten das sein lassen (damit meinte er, zum Grab zu gehen, wir können uns doch so mit ihm unterhalten). Mein Vater war schon den ganzen Tag bei uns, weil wir alle zusammen waren, auch mein Bruder Michael war da. Das erste Mal wieder seit seinem Tod waren wir so zusammen. Meine Schwester Cornelia und unsere Mutter spürten ihn auch. Meine Schwester Heike konnte da leider nicht mehr kommen, da sie schwer krank war. Wir (Michael, Patrick und ich) besuchten sie.

Was ich auch aus dem Sterbeprozess/Tod lernen durfte: Es ist wichtig, frei von Karma nach oben zu gehen. Wenn das nicht geschieht, wirst du immer wieder und wieder geboren, so lange, bis du das Karma aufgelöst hast. Das heißt, du kannst fünfmal das gleiche Leben leben, jeweils in anderen Körpern. Weil du neu inkarnieren wirst, durchlebst du das Gleiche immer wieder. Durch die ungelösten Emotionen im Bewusstseinsfeld ziehst du in jedem Leben immer wieder Personen an, die genau das antriggern, was in deinem Bewusstsein/in deiner Seele nicht gelöst ist. Diesen Gedanken fand ich so schlimm, dass es mich vorwärtsgetrieben hat, alles in mir aufzulösen, sodass ich in Licht und Liebe ins Licht gehen kann.

Warum ist es so, dass wir im Westen den Tod so extrem durchleiden? Wer hat uns das anerzogen? In Tibet, im Buddhismus, ist jeder Tod eine Befreiung der Seele und wird bejubelt. Und warum? Weil dort die Menschen sich ihrem Leben gewidmet haben, sie haben sich in ihrer Persönlichkeit entwickelt, und nicht um irgendeinen Machtstatus zu haben. In New Orleans und in anderen Ländern wird getanzt und Musik gemacht. In Israel werden die Toten so lange wie möglich zu Hause aufgebahrt. Die Familie bleibt im Kreise zu Hause und nimmt von dem Toten über 10 Tage (ich weiß nicht mehr genau, wie viele Tage) lang Abschied. Sie bleiben bei dem Verstorbenen und werden von Nachbarn, Bekannten und Verwandten in diesen Tagen komplett mit Essen versorgt. Ich habe das hier in Deutschland noch nicht erlebt.

Des Weiteren durfte ich lernen, dass ich Heilung an Verstorbene durch verschiedene Mantras oder Reiki schicken durfte. Ich spreche erst das Medizinmantra „Om Tryambakam", es ist das große Tod überwindende Mantra. Dieses spreche ich oft für Unfallopfer oder Menschen, die von jetzt auf gleich aus dem Leben gerissen wurden (z. B. durch Herzinfarkte, Unfälle oder OPs, die zum Tod führten, etc). Dieses Mantra lernte ich nach dem Tod meines Vaters kennen, weil ich wusste, dass ich eins benötigte, das heilt. Er selbst brauchte noch Heilung nach seinem Tod. Ich war da erst am Anfang meines Bewusstwerdeprozesses und mit Reiki. Dieses Mantra hatte ich so lange über Monate gesprochen, bis eine Einweihung stattfand. Der Dalai Lama hatte sich mit mir verbunden und gefragt, woher ich das könne. Amma hatte sich dazu geschaltet und ihm gezeigt, dass ich bei ihr war, sie mir mein Mantra gegeben habe und ich meinen eigenständigen Weg gehe. Dazu kommen die Mantras, in die ich in der spirituellen buddhistischen Sterbebegleitung von einem Lehrer eingeweiht wurde. Das Karma auflösende Mantra des reinen Lichtes rezitierte ich über 100.000-mal, dazu brauchte ich ein Jahr und drei Monate, und das des reinen Herzens rezitierte ich auch über 100.000-mal und brauchte dafür ein Jahr. Nebenher sprach ich immer mein Mantra, und gegebenenfalls, falls es nötig war, noch andere. Mit diesen Mantras ist es möglich, für Verstorbene und für Lebende die Heilenergien fließen zu lassen.

Viele machen sich von den Emotionen seines geliebten Partners abhängig, die er selbst noch nicht entwickelt hat. Wenn der Partner stirbt, fehlt den Hinterbliebenen etwas, was wiederum Trauer auslöst. Jeder Mensch hier auf Erden hat die Möglichkeit, alle Emotionen zu lernen und zu erfahren. Ich hatte nur vergessen, dass man es lernen kann und will.

Habt ihr euch schon mal gefragt, warum so viele Asylanten nach Deutschland gekommen sind? Viele von ihnen tragen niederschwingende Energien in sich, die durch den Krieg ausgelöst worden sind. Negativ zieht Negativ an, wir sind der Spiegel der Asylanten. Die Erde befindet sich im Aufstiegsprozess, da ist es wichtig, dass die allgemeine Energie (Liebe/Selbstliebe, Mitgefühl, Dankbarkeit, Hingabe, Demut) der Menschheit und der Zwischenwelt ansteigt, damit die Erde keinen Massenzusammenbruch erleidet.

Zurück zur Geschichte. Zu Hause angekommen bemerkte ich, wie anstrengend die letzten Wochen und Monate auf der Arbeit und im privaten Leben für mich gewesen waren. Regulär hatte ich jetzt meinen Jahresurlaub und er sollte zur Erholung dienen. Ich machte nichts, außer apathisch dazusitzen, über die letzten Wochen und Monate nachzudenken, dieses zu verarbeiten und zu schlafen. Ich ging nicht mal spazieren. Am vierten Tag, den ich zu Hause war, wollte ich mittags von der Couch aufstehen und kam nicht mehr richtig hoch. Ich hatte vier Tage lang keinen Spaziergang gemacht (ab dem dritten Tag fangen die Muskeln an, zurückzugehen). Ich musste also raus. Das Laufen ging schlecht und schmerzte extrem, der Rücken und das Bein machten schlapp. Ich stolperte über so einen blöden Stopfen im Boden. Da fiel mir wieder ein, dass ich einen Riss im unteren Rücken gespürt hatte, als ich meinen Vater festgehalten hatte. Der Rücken durfte jetzt nicht schlappmachen, da am 27. Dezember meine Reiki-Einweihung in den zweiten Grad sein sollte. Ich zweifelte, ob ich dort hingehen sollte. Andererseits war ich neugierig und mein Leben ging weiter. So entschied ich, zu gehen, da ich unbedingt Fern-Reiki lernen und wissen wollte, wie ich Heilung in die Vergangenheit schicken konnte.

Das war die Aufgabe für 2015. Heilung auf allen Ebenen, der Vergangenheit für Patrick und mich. Es gab einiges zu tun. Das war mein Ziel und warum ich den zweiten Grad brauchte. Nach der Einweihung sagte ich sofort, dass ich schon wisse, dass ich den Meistergrad machen werde. Diesen durfte ich erst nach weiteren sechs Monaten machen, weil es im zweiten Grad wichtig war, Vergebung zu lernen und in seiner Selbstliebe anzukommen und zu ruhen. Die Einweihung war genau richtig und es tat gut.

An Weihnachten und Silvester war ich allein, zum Feiern war mir nicht zumute. 2014 war das bis dahin schlimmste Jahr meines Lebens gewesen.

2015

Begegnung mit Jesus

Meine Vorsätze für das Jahr waren Selbstheilung, Vergebung lernen, Verzicht auf Kaffee und Schokolade, da mein Magen schon seit Monaten rebellierte. Ich schaffte es, drei Wochen vor Weihnachten 1 Kilo Lindt-Schokolade zu essen. Das war nur das, was ich wissentlich sehen konnte, da es eine Einkilotüte war. Hinzu kamen unzählige Schokoherzen und Lebkuchen. Auf der Arbeit brauchten wir immer Nervennahrung. Mir wurde erst nach der zweiten Reiki-Einweihung bewusst, dass es so nicht weitergehen konnte. Im Nachhinein weiß ich, dass mein Körper sich an die neue Energieform gewöhnen musste. Und ich bekam den Impuls, dass Engel keinen Kaffee mögen, wenn sie durch Menschen arbeiten, weil ihre Energie so hoch schwingend ist. Da ich mit ihnen zusammenarbeitete, war es mir wichtig.

Ich musste ab dem 5. Januar wieder arbeiten. Mir war nicht danach, denn in der Ruhephase merkte ich das erste Mal, wie angeschlagen und erschöpft ich war. Ich hatte im Jahr 2014 nur funktioniert. Das Jahr hatte alles aus den Fugen geraten lassen. Ich ging trotzdem, da ich nicht krankmachen wollte, Geld verdienen musste, ach ja, und Arbeit lenkt ab. Den Spruch hatte mir jemand direkt nach dem Unfall gesagt. Heute weiß ich, dass das stimmt, Arbeit lenkt ab, sie bringt einen nur nicht dazu, gesund zu werden. Diese Erkenntnis durfte ich 2016 machen, und als ich darauf kam, sagte ich es der Person genauso. Er schwieg damals.

Am zweiten Tag auf der Arbeit machte es Knack im Rücken. Ich kam nicht mehr hoch, fürchterliche Schmerzen traten auf. Keine Chance, überhaupt so den ganzen Tag sitzen zu können. Da Tabletten nichts halfen, fuhr ich zum Arzt. Er verabreichte mir eine Spritze und schrieb mich für zwei Wochen krank. Nerv eingeklemmt oder Hexenschuss. Ich musste jeden zweiten Tag zur Physio. Das Mittel der Spritze fing an zu arbeiten, es brannte und schmerzte noch mehr. Ich schlief viel und hielt dabei immer die Hände auf meinem Herz-Chakra. Da Reiki hineinfloss, wurde ich ruhiger. Am zweiten Tag war ich krebsrot im Gesicht. Es brannte überall und da wusste ich, dass es Cortison war. So reagierte ich immer, wenn es verabreicht wurde.

Während des Schreibens fragte ich die Geistige Welt, warum mein Gehirn die ganze Zeit nicht richtig funktioniert hatte und jetzt, um Schreiben zu können, was in den Jahren geschah, immer wieder kurze Impulse bekomme. Ich konnte mir nach dem Unfall nur etwas merken, wenn ich diese Sache täglich und bis zu drei Tagen wiederholte. Sobald ich mit den Wiederholungen aufhörte, waren sie vergessen. Deshalb vergaß ich auch alle PINs und Bankzugänge. Nach dreimaligem Neubeantragen war es mir zu peinlich und ich fing an, sie jeden Tag zu wiederholen.

Die Geistige Welt zeigte mir, wann immer ich beim Buchschreiben fragte, was als Nächstes komme, eine Sequenz aus meinem Leben. Es war KEIN Bild aus meinem Kopf. Sie zeigten mir eine Blase, in der mein Leben in Filmsequenzen gespeichert ist. Mir wurde sofort bewusst, dass mir Zugang zur Akasha-Chronik (Buch des Lebens) gewährt wurde, um dieses Buch schreiben zu können.

Ich durchlebte beim Schreiben noch mal all die Jahre in meinem erwachten Bewusstseinszustand. Ich durchlebte die Gefühle, Gedanken und Emotionen auf ein Neues, um so festzustellen, wie ich damals war und wie die Gefühle und Emotionen im erwachten Zustand sind. So bekam ich sogar einen Impuls nach dem Schreiben, ob ich in der Vergangenheit in diesem Gefühl und der Emotion stecken geblieben bin oder ob es verarbeitet ist. Beim Schreiben stellte ich fest, dass ich zwar die Filmsequenzen gezeigt bekam, allerdings nicht den genauen Zeitraum. Der Engel sagte mir auf Nachfrage: „Telefon", ich verstand nicht sofort, wieso Telefon, dann dämmerte es mir. Da ich in jedem Urlaub und zu anderen Ereignissen Fotos gemacht hatte und diese auf meinem Telefon waren, konnte ich wissen, in welchem Zeitraum ungefähr was gewesen war. Es ging noch einen Schritt weiter, sie führten mich auf den Button „Datum bearbeiten", denn da stand das Datum, wann ich das Foto gemacht hatte. So war es mir möglich, einige genaue Zeitangaben machen zu können. Diese Erkenntnis war für mich sehr bewegend und machte mich wieder sprachlos, wie einfallsreich die Engel waren.

Es fließt noch ein Part aus der Geistigen Welt ein. Es wird Zeit, dass die gesamte Menschheit erwacht, um das globale System des Lebens auf der Erde schnellstens zu verändern. Mir wurde mitgeteilt, dass es große Massenepidemien und Umweltkatastrophen geben wird, um die nicht mehr dienliche 3-D-Menschheit Schritt für Schritt davon abzulösen. Es wird alles schleichend geschehen. Da die 3-D-Menschen sich auf Nachrichten und Fernseher verlassen und sie es nicht gewohnt sind, ihre Gedanken unter Kontrolle zu halten, um auf ihre Intuition zu hören, wird ein Großteil der Massenbevölkerung es nicht wahrnehmen. Die Menschen, die jetzt schon im Wandlungsprozess sind, können den 4-D-Menschen helfen, in die fünfte Dimension aufzusteigen. Deshalb musste schon ab 2012 auf der Erde eine energetische Massenanhebung und Erdheilung stattfinden. Das geschah durch die langen Portaltage am Stück. Die nächsten Anhebungen vollzogen sich bis April 2019, dann im Juli und im August 2019, danach folgten weitere in verschiedenen Abständen. In den nächsten sieben Jahren wird eine deutliche Veränderung spürbar sein.

Weiter zur Geschichte. Mein Bruder rief am 8. Januar an, dass er zu Hause bei meiner Mutter angekommen sei. Alle sprachen mit mir und versuchten, mir gut zuzureden, dass ich die Fahrt nach Frankfurt zur Beerdigung machen solle. Ich müsse mich verabschieden, wer weiß, was wäre, wenn ich es nicht machen würde. Das gab mir Kraft und Mut, umzudenken, da ich mich kaum bewegen konnte. Ich gab mir Reiki und bat die Engel um Hilfe, ob sie mich nach Hause begleiten könnten. Es hatte ja schon mal funktioniert, von Hamburg nach Herne. Danach fing ich an, zu mir zu sagen: „Ich schaffe es, ich schaffe es, ich schaffe es", den ganzen Tag. Am nächsten Morgen, meine Augen gingen auf, war der erste Gedanke: „Ich schaffe es." Ich machte mich fertig, packte nur die Zahnbürste und einen Schlüpfer ein, setzte mich ins Auto und fuhr los. Ich stellte den Tempomat auf 110 km/h ein und ließ das Auto fahren. Ich dankte ihm, dass es so gut funktionierte. Das tue ich oft, denn es bringt mich überall hin. Nach einer Stunde Fahrt musste ich raus, weil ich zur Toilette musste. Ein Problem tat sich auf, ich kam nicht aus dem Autositz hoch. *Mist, was mache ich jetzt?* Wieder der Gedanke: „Ich schaffe es." Ich rollte mich zur Seite rüber und biss auf die Zähne. „Ich schaffe es, ich schaffe es, ich schaffe es" und ich schaffte es gerade noch zur Toilette. Zurück im Auto waren die Schmerzen kaum auszuhalten, als ich saß. Die Sitzheizung gab ihr Bestes, sie tat gut. Zu Hause bei meiner Mutter angekommen gleiches Spiel, wieder aus dem Auto herausrollen. Bis zur Beerdigung war es noch eine Stunde. Ich blieb die ganze Zeit stehen, da Sitzen unmöglich war. Es waren alle nervös, aufgeregt, Besuch aus den Niederlanden war da. Die anderen Verwandten kamen direkt zum Friedhof.

Wir fuhren im Konvoi zum Friedhof. Dort waren schon einige vor Ort. Die Halle füllte sich, es waren viele Menschen dort. Mein Vater war aufgrund der damaligen Selbstständigkeit und da wir alle mal Handball gespielt hatten und er Trainer gewesen war, über zwei Orte bekannt. Wir, die Familie, saßen geschlossen in der ersten Reihe, danach jeder, wie er wollte. Es war alles, wie wir es mit Rachael, der Trauerrednerin, besprochen hatten. Die Zeremonie war herzzerreißend, da wir nicht das machten, was jeder auf einer Beerdigung machte, sondern vom Ablauf abgewichen waren. Als Amazing Grace gespielt wurde, war das unser Stichpunkt. Wir standen auf und jeder von unserer Familie entzündete während des Liedes eine Schwimmkerze. Diese legten wir in eine mit Rosen und Wasser befüllte Schale, die direkt vor dem Altar stand. Da es einige Zeit dauerte, hatte jeder von uns Zeit, sich dabei im Stillen zu verschieden und auf sein Foto zu schauen.

Warum ich das hier so ausführlich erwähne? Währenddessen konnten alle von unserer Familie unabhängig voneinander sehen, wie sich die Gesichtszüge auf dem Foto meines Vaters bewegten. Bei allen lächelte er und zwinkerte mit dem Auge. Das kam zur Sprache, als die Beerdigung zu Ende war.

Ein weiterer Beweis dafür, da zehn Personen unabhängig voneinander das Gleiche sehen konnten. Wir schwiegen ja während der Zeremonie, dass alles Materie und im Fluss ist und dass es ein Leben nach dem Tod gibt. Mein Bruder trug anschließend die Urne zum Grab. Als diese heruntergelassen wurde, kam auf einmal in meinen Kopf: „Da lebste und schuftest 74 Jahre und endest in so einem Loch." Das war eine Aussage von meinem Vater, die hatte Wirkung. Irgendwie musste ich schmunzeln, dass er selbst noch nach seinem Tod das letzte Wort haben musste, und gleichzeitig stimmte es mich sehr traurig und ich war erschrocken über diesen Gedanken, er regte mich noch Wochen später zum Nachdenken an. Mir kamen die Tränen, es floss wie ein stürzender Bach aus mir heraus.

Anschließend kam jeder zum Kondolieren und erzählte, dass sie so eine tolle Trauerfeier noch nicht erlebt hätten. Hier möchte ich erwähnen, dass davon viele Menschen schon weit über 60 und 70 Jahre alt waren. Traurig, dass nie jemand von ihnen auf die Idee gekommen war, eine Beerdigung abzuändern. Warum eigentlich nicht? Die Frage stellte ich mir lange und kam zu dieser Erkenntnis/Antwort: Da wir alle so lange unser anerzogenes Leben leben und reagieren, anstatt zu agieren. 90 % der Bevölkerung reagiert auf eine Aktion, die durch einen anderen ausgelöst wird. Wie ist das Ganze entstanden? Unsere Eltern erzogen uns in einem nicht erwachten Bewusstseinszustand. Das heißt, sie gaben uns einen Impuls und wir reagierten darauf, so wie sie selbst auch schon. Das macht jedes Kleinkind (sofern gesund), z. B. bringen dir die Eltern das Reden bei: „Sag mal Oma", das Kind sagt Oma. „Sag mal Opa", das Kind sagt Opa. Wir bekommen gezeigt, wie man Laufen, Sprechen, Essen etc. lernt. Wir zeigen dem Kind von Baby an bis zum Jugendalter (in vielen Fällen länger und auch im Berufsleben), was zu tun ist. Die Kinder reagieren (bis auf wenige Ausnahmen). Dieses Verhalten behalten wir ein Leben lang bei, insofern man nicht in seinem Bewusstsein erwacht.

Ein Beispiel, was ich meinem damaligen Chef sagte. Der Geschäftsführer des Unternehmens war in Aktion. Er hatte Visionen, die in die Tat umgesetzt werden sollten. Was machte er? Er stellte das Konzept der Vision zusammen (agieren). Bis hier hin waren es nur Gedanken. Er teilte den Niederlassungsleitern dieses mit und was passierte? Diese reagierten und gaben es an das Personal weiter. Dieses wiederum reagierte auch. So bekam die Vision Leben. Was hier in diesem Fall mal eben über 6.000 Menschen betraf. So gab es nur einen Einzigen oben an der Spitze, der agierte. Alle anderen reagierten. Ich konnte sehen, wie dem Chef der Groschen fiel, weil ich ihn fragte, wo sein Agieren sei. Er reagierte so, wie wir auch, und das schon seit knapp 50 Jahren. Wenn wir alle agieren würden, anstatt zu reagieren, würde nicht mehr alles nach Schema F ablaufen. Sondern wir würden aus unserer Liebe heraus eine Aktion ausführen und die Erde könnte so in Heilung kommen. Durch unsere Harmonie, das sind wir, wenn wir in unserer Selbstliebe und im bewussten Zustand sind, kann die Menschheit zu mehr Frieden, Glückseligkeit und Liebe auf Erden kommen.

Zurück zur Geschichte. Nach der Beerdigung ging es zum Beerdigungskaffee. Beim gemeinsamen Essen oder Kaffeetrinken im Anschluss an die eigentliche Trauerfeier geht es vorrangig darum, im Gedenken an den Verstorbenen zusammen zu sein, dass jeder weiß, nicht allein zu sein und dass das Leben weitergeht. Das Beisammensein, die Gespräche und Erinnerungen können den trauernden Hinterbliebenen helfen, etwas Abstand zu dem Schmerz über den Verlust zu gewinnen. Zudem ergibt sich beim Trauerkaffee oft die Gelegenheit, alte Kontakte zu pflegen oder wiederaufleben zu lassen, sodass die sozialen Bindungen gestärkt werden.

Wir fuhren anschließend nach Hause. Meine Familie erzählte sich Geschichten und Anekdoten von unserem Vater, da er nicht gewollt hätte, dass wir trauern. Er war immer der Mensch, der gerne gefeiert hatte und viele Menschen, egal, ob arm oder reich, dazu eingeladen hatte. Da ich nicht sitzen konnte, zog ich mich ins Wohnzimmer auf die Couch zurück. Meine Schwester Heike und ihr Freund gesellten sich nach einiger Zeit zu mir und immer mal einer der anderen. Ich ging früh zu Bett und fuhr am nächsten Morgen in der Früh nach Hause. Ab da ging jeder seinen Weg. Patrick blieb noch in Frankfurt.

Viele Wochen/Monate/Jahre später wurde mir bewusst, dass jeder auf eine andere Art getrauert hatte. Jetzt, da ich 2018 im Mai wieder zu Besuch zu Hause war, durfte ich feststellen, dass unsere Mutter immer noch in der Trauer festhing. Meiner Schwester fiel das nicht auf, sie schob es auf das

Alter. Das konnte ich nicht feststellen. Ich brauchte nur zu fragen, ob sie nicht sehe, dass unsere Mutter immer noch trauere, da fing unsere Mutter schon zu weinen an.

Die Energie in dem Haus meiner Mutter war so niedrig schwingend, dass Patrick und mir bei unserem Besuch ein Atmen kaum möglich war. Ich führte eine energetische Hausreinigung mit der violetten Flamme durch und schickte die allgöttliche Liebe in das Haus. Überall standen kleine Figuren herum. Wichtig war, dass sie sich von den ganzen Figürchen trennten, da in ihnen die Trauerenergie steckte. Das taten sie anschließend. Warum trauerte meine Mutter so? Sie stand 50 Jahre lang im Schatten meines Vaters und machte sich seine Stärken zunutze, um ihre Schwächen auszugleichen. Als mein Vater nicht mehr da war, musste meine Mutter lernen, allein durchs Leben zu kommen. Sie durfte lernen, ihr eigenes Ich kennenzulernen. Sie durfte lernen, in ihrer Selbstliebe anzukommen und das mit 75 Jahren. Meine Mutter bekam zweimal Reiki, davon einmal über die Ferne. Einmal für die Trauer und einmal brauchte sie es, um ihre Ängste vor einer OP loszuwerden, was über die Ferne möglich war. Des Weiteren war es mir möglich, da sie nach der OP auf dem Rücken liegen musste, was ihr bis dahin nie möglich war, ihre Ängste zu lösen und ihren Gedanken einen Heilungsanstoß sowie einen neuen Impuls zu geben. Sie schlief nach nur einer Behandlung über die Ferne ohne Probleme auf dem Rücken. So begleitete ich sie nach der OP, was sie deutlich spüren konnten und auch der Physiotherapeut war erstaunt, da der Arm viel schneller beweglich war als bei anderen Patienten.

Meine Schwester, ihre Kinder und meine Mutter bekamen von Patrick und mir gemeinsam im Mai 2018 das erste Mal Reiki und Matrix (Patrick arbeitet auch mit der Matrix) vor Ort. Wir durften an dem Sonntag Familienheilung vollziehen. Als wir im September 2018 zum Geburtstag bei meiner Mutter waren, ging es allen viel besser. Die Schwingung im Haus war gut. Cornelia entschied nach der Behandlung, weil ihr Selbstheilungsprozess angestoßen wurde, sich in Reiki einweihen zu lassen. Sie hat mittlerweile den zweiten Grad und sie macht ihre Engelsausbildung, die brach lag weiter. Sie findet für sich gerade neue Wege.

Warum verzieht sich jeder mit seiner Trauer allein in seine eigenen vier Wände? Das ist eine Frage; die mich seitdem beschäftigt. Ich war 2017 in einem Trauerkreis, weil auch bei mir in den Jahren noch sehr gute Freunde gestorben waren und ich mit jemandem drüber sprechen musste. Dort waren Menschen, die schon seit über sechs Jahren in ihrer Einsamkeit vor sich hin trauerten. Alle, die über Jahre trauerten, wurden krank. Es entsteht in der Trauer nicht nur eine negative Energie, sondern es entstehen auch Krankheiten. Es werden viele Seelen in der Zwischenwelt aus vermeintlicher Liebe, aus ungelöstem Karma oder aus Ängsten, das Leben hier nicht mehr allein bewältigen zu können, festgehalten. Die Trauerenergien werden wiederum hier auf der Erde an andere Menschen ausgesendet. Ich selbst bin sehr hellfühlig und spüre diese Energien, wenn andere Probleme mit sich herumtragen.

Die meisten machen sich von einer emotionalen Liebe abhängig, die keine wahre Liebe ist. Nach dem Tod ist es eine Emotion, die plötzlich nicht mehr genährt wird. Viele können aufgrund dessen den Sterbenden oder Verstorbenen nicht loslassen, oder der Verstorbene selbst ist es, der nicht loslassen konnte. Wenn du in der Selbstliebe ruhst, kannst du jeden Tod akzeptieren, weil du weißt, dass jeder Tod eine Befreiung der Seele ist.

Es ist wichtig, dass die Menschheit von der Energie der Trauer erlöst wird, da diese so niedrig schwingend ist, dass sie einen erdrückt. Fast in jeder Familie befinden sich Menschen, die über Jahre trauern und gegebenenfalls auch davon krank werden. Fragt euch, warum es so viele depressive und Burn-out-Patienten gibt. Warum laufen hier auf der Erde so viele leere Gesichter in den Straßen herum und warum jammern und klagen die Menschen so viel?

Ebenso wichtig ist es, den Seelen in der Zwischenwelt Heilung zu geben, sodass sie ins Licht gehen können. Jeder redet immer von Krieg und Terror in Syrien und Afghanistan, doch der größte Krieg findet in uns selbst statt, weil wir uns nicht bewusst werden, welchem Schicksal wir uns unserem nicht dienlichen Ego unterwerfen.

Ich möchte hier zwei Beispiele über trauernde Personen beschreiben:

Ein Mädchen, 23 Jahre alt, lebte und genoss das Leben, augenscheinlich. Ich fragte sie grundlos nach ihrer Oma, sie schaute mich an, sagte, dass sie tot sei, und brach in Tränen aus. Sie hatte die letzten drei Jahre in der Stille so um sie getrauert, dass nur das Wort Oma schon reichte. Sie konnte bis zu diesem Tage nicht zum Grab oder in die Kirche gehen und hatte bis dahin nie mit jemandem über ihre Trauer gesprochen. Ich bot ihr an, Reiki in die Vergangenheit zu schicken, und zwar zu dem Tag, als das Mädchen die Nachricht ereilt hatte, dass die Oma tot sei. Sie hatte in dieser Sekunde einen Schock erlitten, in dem sie noch steckte. Ich bat sie, mir Datum, Uhrzeit und Ort zu nennen und schickte dorthin die Heilenergie. Die Woche darauf erhielt sie Reiki über die Ferne für ihre Trauer. Nach nur zwei Anwendungen konnte ich sie nach ihrer Oma fragen und sie lächelte. Einige Wochen später berichtete sie mir, dass sie am Grab gewesen war und sogar wieder in die Lieblingskirche ging, in der sie immer mit ihrer Oma jeden Sonntag zum Gebet gewesen war.

Die andere Person, männlich, ca. 60 Jahre alt. Er trauerte seit dem Tod der Oma. Ihm standen heute noch, nach über 40 Jahren, die Tränen in den Augen, wenn er von seiner Oma erzählte. Er litt seit geraumer Zeit an Krebs im Lymphsystem. Bei der Heilung des Lymphsystems geht es um das Loslassen. Wir sollten alles auflösen, was unseren Lebensfluss blockiert, sodass alles wieder in den Fluss kommt. Dies ist natürlich in erster Linie altes Erlebtes, mit dem wir nicht abgeschlossen haben, dazu gehört die Trauer wie auch Vergebung, nur so gelangst du zur Selbstliebe. Wenn du in Trauer bist, bist du nicht in Liebe … Wenn du in Wut über jemanden bist und nicht vergeben kannst, bist du nicht in Liebe …

Auch die Trennung von einer Beziehung kann Trauer auslösen. Da sollte sich jeder fragen, weshalb er trauert, und nicht einfach drinnen verharren. Häufig gibt es die Trauer um ein verstorbenes Tier. Die Tierseelen verweilen auch einige Zeit in der Zwischenwelt, da sie ebenfalls aus dem gleichen Bewusstsein wie wir Menschen bestehen. Sie würden es gerne fühlen, wenn man anstatt Trauer Liebe nach oben schickt. Diese Tierseelen werden auch wieder inkarnieren oder ins Licht gehen.

Zurück zur Geschichte. Als ich wieder zu Hause war und der Rücken nicht besser wurde, wurde ich insgesamt für fünf Wochen krankgeschrieben. In dieser Zeit waren Physiotherapie, Krankengymnastik, Tensgerät und MRT dran. Das MRT gab Aufschluss darüber, dass ein Bandscheibenvorfall weiter ausgetreten war und sich meine Knochen verschlechtert hatten. Ich konnte in der Zeit zu Hause die Trauer anschauen und stellte mit einer schrecklichen Erkenntnis etwas fest. Die Nabelschnur zu meinem Vater war durchtrennt. Das Gefühl, das ich immer zu ihm gehabt hatte, war weg. In mir kam eine Frage auf. *Was lebte ich eigentlich? Nach welchen Glaubenssätzen lebte ich und nach welchen Glaubenssätzen erzog ich mein Kind? Waren es meine oder die meines Vaters?* Es waren die meines Vaters. Ohhh mein Gott, was hatte ich Patrick angetan? Ich hatte versucht, die Tradition an ihm weiterzuziehen, allerdings auf humanere Art und Weise. Wer war ich jetzt ohne diese Tradition? Wo lagen überhaupt meine Qualitäten?

Fragen über Fragen, die ich mir selbst beantworten musste. Ich hatte immer eine große Stärke und einen unerschütterlichen Kampfgeist in mir, der mir in dieser Zeit sehr von Nutzen war. Ich wollte zu mir selbst finden. Das ging am besten mit Heilung in die Vergangenheit und Vergebung. Es war Zeit, dass ich zu meiner Selbstliebe zurückfand. Das war seit meiner Kindheit ein so großer Wunsch, einfach in Liebe leben und sie allen und jedem zu geben. Es kam eine weitere Frage auf. *Warum hatte mich mein Vater Jutta genannt???* Diese Frage beschäftigte mich eine ganze Zeit lang.

Nach diesen Erkenntnissen rief ich erst einmal Patrick an und entschuldigte mich bei ihm, dass ich ihm eine Erziehung der alten Generation aufzwingen wollte. Er war ganz cool, reagierte wie ein alter Weiser und meinte nur: „Alles gut." Und warum war alles gut? Er war der ewige Rebell und ging schon früh seine eigenen Wege der Selbsterkenntnis.
Nachdem ich fünf Wochen krankgeschrieben war, ging ich wieder zur Arbeit. Morgens mit Reiki kam ich aus dem Bett. Auf der Arbeit nutzte ich

die Pause, um mir auch dort Reiki zu geben. Was allerdings in der 30-minütigen Mittagspause zu wenig war, da ich immer spazieren ging und etwas essen musste. Ich merkte schnell, dass es über acht Stunden in dem Zustand des Rückens nicht auszuhalten war. Da ich den Arzt gewechselt hatte, berichtete ich dem neuen Arzt vom Unfall und dass auch erhebliche Probleme mit dem Hals-Nacken-Bereich vorhanden sind. Er schaute sich das CT vom Unfall an und sagte, dass da etwas an der Halswirbelsäule schief stand. Daraufhin veranlasste er ein MRT. Die Nachricht war für mich ein Schock. Zwei Bandscheibenvorfälle, drei Vorwölbungen, Foramenstenose, leichte Osteochondrose und eine Spinalkanalverengung durch die Foramenstenose. Da waren bereits zwei Wirbel übereinander verwachsen und ein Rest Bandscheibe schaute da raus, die auf den Spinalkanal drückte. Die Foramenstenose sei schon vorher über einen gewissen Zeitraum entstanden, da das ein Prozess war, der nicht von jetzt auf gleich stattfand. Okay, was machte ich jetzt? Nichts. Was sollte ich denn machen? Es gab mir Aufschluss, dass zu den gerissenen Muskelfasern/Faszien das hinzukam und ich mir erklären konnte, warum die Schmerzen im Nacken, in der Schulter und den Armen da waren. Dazu kam, dass die Gelenkkapsel der linken Schulter verklebt war und das die Physiotherapeutin feststellte, dass mit meinem Biss etwas nicht stimmte. Ich bekam vom Zahnarzt eine Beißschiene für die Nacht. (Die erste war bereits nach einem halben Jahr durchgebissen.) Mir wurde auch mitgeteilt, dass durch den Unfall die Bandscheiben zusätzlich Risse bekommen hatten und dadurch diese noch schneller reißen könnten.

Jetzt geschah etwas, was mir unwissentlich zum damaligen Zeitpunkt nicht bewusst war. Ich brannte mir alle Worte der Schäden in mein Gehirn ein und die Bilder, die ich vom Lendenwirbel- und Halswirbelbereich gesehen hatte und immer wieder sah, wenn ich sie beim Rechtsanwalt oder anderen Ärzten zeigen musste. So wusste ich, wie meine defekte Wirbelsäule aussah. Ich begann zu erzählen, was mit meinem Rücken sei, weil die Leute und Kunden auf der Arbeit danach fragten.

Physiotherapie, Krankengymnastik und Rehasport wurden zu meinen neuen Hobbys, da ich diese Termine immer vor oder nach der Arbeit hatte.

Meine Arbeitszeit begann zwischen 07:30 Uhr und 07:45 Uhr und ging bis 17:00 Uhr. Wenn ich später kam, musste ich die Zeit nacharbeiten. Das durfte erst einmal von mir verarbeitet werden. Beim Rehasport merkte ich oft, dass es zu anstrengend für mich war. Es war ein Sport für die Allgemeinheit. Es wurde immer gesagt: „Machen Sie nur das, was Sie können." Da ich ehrgeizig war, wollte ich alles mitmachen, und aufgrund der Tabletten merkte ich nicht sofort, was zu viel war. Das spürte ich erst hinterher.

Ich kam in ein Hamsterrad: Arbeit, Reha, Physio, Krankengymnastik, Schlafen. Am Morgen Reiki, Meditation, um besser starten zu können, dann der gleiche Ablauf. An den Tagen, an denen keine Reha, Physiotherapie und Krankengymnastik war, ging ich spazieren. Im April passierte der alles entscheidende Moment. Ich kam morgens nicht mehr aus dem Bett. Ich brauchte über eine Stunde, bevor ich auf allen vieren herauskriechen konnte. *Was mache ich?* Krankenwagen oder Arzt? Ich nahm Tabletten und wartete eine halbe Stunde und versuchte, zu fahren. Ich kam nicht mehr in den Stand und lief in gebückter Haltung im Gänsefuß über die Straße, fuhr zum Arzt und sagte nur: „Notfall." Sie nahmen mich direkt mit. Er verpasste mir eine Spritze und legte mich im Nebenraum auf eine Liege. Er schrieb die Einweisung ins Krankenhaus. Ich rief vom Arzt aus auf der Arbeit an, dass ich ins Krankenhaus müsse, weil wir uns spätestens bis um 08:00 Uhr krankmelden mussten. Ich wartete eine halbe Stunde, damit die Spritze wirken konnte, was sie nicht tat, und fuhr nach Hause. Ich brauchte ja Kleidung und dachte nur, dass ich nicht noch einmal ohne Kleidung im Krankenhaus liegen wollte. Das Auto schaffte ich nicht mehr, in die Garage zu fahren. Ich klingelte bei der Nachbarin. Keine Regung. Ich dachte nur: *Bitte lass sie da sein.* Ich klingelte noch mal und hörte, wie sie zur Tür kam. Da ich ja nicht hochkam, konnte sie mich nicht durch den Türspion sehen. Ich hörte, wie sie wieder weggehen wollte, da klopfte ich gegen die Tür und rief, dass sie bitte aufmachen solle, weil ich Hilfe bräuchte. Sandra öffnete glücklicherweise die Tür, half, die Tasche zu packen, und fuhr mich zum Krankenhaus. Ich hielt es vor Schmerzen nicht aus. Dort angekommen parkte sie hinter dem Krankenhaus, da vorne nichts frei war. Als ich aussteigen wollte, flog ich hin, mein Bein war voll weg. Es war wie Schwabbelgummi, nicht mehr zu spüren. Sie rief nur: „Jutta, Jutta, wo bist du denn, ich seh dich gar nicht?" Weil sie genau in der Sekunde die Tasche aus dem Auto holte und den Kofferraum schloss, als ich zu Boden gefallen war. Ich rappelte mich auf, sie stützte mich und so humpelten wir zum Hintereingang rein. Die Dame am Empfang holte sofort einen Rollstuhl und damit ging es ab zur Notaufnahme. Anschließend ging es aufs Zimmer. Dort lag ich und bekam einen Tropf, dieser half auch nicht. Ich musste zum MRT. Ich schaffte es nicht, mich gerade oder mit einem Kissen unter den Beinen hinzulegen. Ich heulte vor Schmerzen. So konnten sie kein MRT machen. Ein Arzt kam und verabreichte mir eine Spritze, danach war ich weg. Das war von denen so nicht geplant, denn sie mussten mich nach dem MRT ins Bett bringen. Ich weiß nicht mehr, wie das geschah. Auf jeden Fall wurde ich erst am Nachmittag wieder wach. Der Arzt kam herein und meinte, dass die Bandscheibe weiter ausgetreten sei, auf den Nerv drücke, der Spinalkanal zusitze und mein Rücken in einer Steilgeraden stehe und ob ich der OP zustimme. Ja, tat ich, da der Schmerz unerträglich war. Ich fragte den Arzt, ob er mir das Medikament noch mal für die Nacht spritzen könne. Er verneinte, davon dürfe nur eine Spritze gegeben werden. Am nächsten Morgen war die Operation. Als ich nach der OP wach wurde, verspürte ich keinen Schmerz mehr. Ich musste am Nachmittag aus dem Bett und bekam eine Korsage (sie war meine Begleitung für die nächsten acht Wochen). Sie musste dafür sorgen, dass die Wirbel nicht aufeinanderfielen und der Spinalkanal offenblieb. Ich konnte kaum laufen, da das rechte Bein schlapp war und mein Fuß vorne taub. *Prima*, dachte ich, *hoffentlich geht das schnell weg*. Am dritten Tag musste ich aus dem Krankenhaus raus.

Ich wusste gar nicht, was ich machen sollte, da mein Fuß ständig wegknickte und ich ihn nicht anheben konnte, ich brauchte Gehhilfen. Bei der Entlassung teilten sie mir mit, dass ich aufgrund der Osteochondrose und operierten Bandscheibe nur 5 Kilo tragen durfte. Alles, was an Gewicht drüber war, ging auf die Knochen und diese waren instabil. Und sie empfahlen mir eine Versteifung der Wirbelsäule, der unteren drei Segmente. Mit diesen Worten ging ich nach Hause. Meine Nachbarin Sandra holte mich ab. Die Treppen waren ein Graus, da ich in der zweiten Etage wohnte.

Oben angekommen fiel ich ins Bett. In der Woche drauf musste ich zum Arzt. *Wie komme ich da hin?* Meine Nachbarin musste arbeiten, so blieb nur das Taxi. Ich dachte, wenn ich jedes Mal die Rechnung bezahlen müsste, würde es ein teurer Spaß. Ich beantragte einen Beförderungsschein und diesem wurde stattgegeben. Die Fahrten wurden übernommen, da ich nicht mehr fahrtüchtig und zudem gehbehindert war. Der Arzt teilte mir mit, dass ich mich sechs Wochen schonen müsse, um die Wirbel nicht zu überlasten. Keine Reha, kein Sport, keine Physiotherapie. Ich bekam Anweisung, wie, was und wo. Die ersten zwei Wochen durfte ich nur gerade liegen, stehen und laufen und zu den Mahlzeiten kurz auf der Stuhlkante sitzen. Das Sitzen durfte ich ab der dritten Woche je nach Schmerzpegel steigern. Nach zwei Wochen sollte ich zum Fäden ziehen wiederkommen. Das waren ja tolle Nachrichten.

Die Krankenkasse meldete sich auch noch, da ich aufgrund der Krankschreibung im Januar schon fünf Wochen krank war und jetzt ins Krankentagegeld rutschte. Ja, damit hatte ich nicht gerechnet. Jetzt stieß mein Ego zum ersten Mal auf fremden Widerstand. *Und nun? Dann ist es so.* Oh, kein weiteres Veto vom Ego, das kannte ich von mir selbst gar nicht. Die nächste Hürde war für mich zu nehmen: Wie bekam ich meine Wäsche in den Keller? Und wie kam ich an Lebensmittel? Patrick war zu dieser Zeit in Frankfurt bei meiner Schwester, die bei meiner Mutter wohnte.

Ich durfte hier meine nächste Lektion lernen. Etwas, was ich noch nie vorher tun musste. Ich musste um Hilfe bitten. Meine Nachbarin Bianca sagte, falls etwas sei, solle ich Bescheid sagen. Das fiel mir so unsagbar schwer und hatte es bis dahin nie gelernt. Ich war dankbar, solch netten Nachbarinnen wie Bianca und Sandra zu haben. Sie halfen mir in den nächsten acht Wochen. Sie brachten mir meine Einkäufe mit, halfen bei der Wäsche und beim Bettbeziehen. Der Rest blieb einfach mal liegen. Das war die nächste Herausforderung, ich durfte lernen, alles EINFACH (ich schreibe es groß, weil es ironisch gemeint ist) mal liegen zu lassen. Kein Staubsaugen, kein Bad putzen (die Toilette putzte ich regelmäßig, da war ich pingelig). Meine Kolleginnen baten mir Hilfe an. Diese wollte ich nicht annehmen, da ich wusste, was es für ein Stress auf der Arbeit war, wenn man die dritte Person abfangen musste. Dann kam die nächste Herausforderung: Meine Couch war zu klein, um darauf der Länge nach liegen zu können. Es war nur ein Zweisitzer. Ich blieb im Bett. Was machte man dort die ganze Zeit? Aufrecht sitzen durfte ich nicht, Fernseher gab es keinen und Laptop konnte ich nicht so stellen, als dass ich hätte schreiben oder lesen können. Und um der Torte die Kirsche aufzusetzen, rief Patrick mich freudestrahlend an mit der Nachricht, dass er in vier Wochen nach Frankfurt ziehen werde. Er habe schon alles mit meiner Schwester besprochen. Und eine Lehrstelle habe er auch schon gefunden (Opa hatte ihn von oben geführt). Es war der gleiche Job wie vorher, deshalb konnte er dort im zweiten Lehrjahr einsteigen. Es fehlte ihm nur eine Wohnung. Oh mein Gott, war das normal? Nein, das war es für mich gerade nicht mehr. Ich wünschte ihm an dieser Stelle all das Beste für seine Zukunft.

Mir fiel ein, dass ich meinen Garten noch hatte. Oh man, der Frühling fing an, es war Mitte/Ende April. Diesen musste ich jetzt verkauft bekommen. Er stand schon seit letztem Herbst zum Verkauf. Seit dem Unfall war jeder Heckenschnitt und alles, was dort an Gewicht getragen werden musste, eine Qual. Das war auch noch mal ein Abschiedsprozess im Jahr 2014. Er war meine Quelle der Oase gewesen, um in der Natur zu sein. Die Schmetterlinge setzten sich dort immer auf meine Haut, wenn ich auf der Liege lag. Die verschiedensten Vögel waren dort. Ich hatte Insektenhäuschen, ein Igel wohnte im Garten und der Kater Paulchen lebte dort. Wenn ich nicht da war, streunte er zu den zwei anderen Nachbarn. Der hintere Nachbar hatte ihn täglich im Winter versorgt und ihm ein warmes Außenquartier hergerichtet. Im Teich waren Molche und Frösche. So war es ein kleines Naturparadies für mich mit alten Erinnerungen. Bis jetzt war keiner da, der den Preis zahlen wollte, den ich haben wollte. So stieß ich eine Bitte an Erzengel Gabriel aus. Er war ja derjenige, der mich zu dieser Zeit begleitete. Ich brauchte jetzt bitte einen Käufer, der genau das gewünschte Geld bezahlte, eine Familie mit Kindern hatte, diese Spaß mit dem Garten hatten, und der Garten musste jetzt verkauft werden. Gesagt, getan, am darauffolgenden Wochenende rief jemand an, der den Garten zu dem Preis nahm, den ich haben wollte. Er hatte Frau und zwei Kinder.

Mir war das wichtig, denn ich ließ alle Elektrogeräte und das gesamte Mobiliar im Garten. Das war mehr wert als der ganze Garten. Wenn auf jemanden Verlass war, dann auf die Engel. Sie halfen mir, wann immer ich eine Bitte aussendete. Ich war dankbar. Jeden Abend dankte ich dem Göttlichen für das, was mir gerade einfiel. Ich begann über alles, was war und was ist, nachzudenken, sprach mein Mantra und schlief viel. Wenn der Schmerz im Rücken zu groß war, gab ich Reiki drauf. Nachts wurde ich immer wieder wach, weil es sich anfühlte, als ob jemand von unten mit einer Nadel durch das Bett in meinen Rücken stach. Ich denke, das waren Nachwirkungen von der OP. In dieser Zeit begann ich, geführte Meditationen zu hören. Über Chakren, Kundalini (ätherische Kraft im Menschen), alte Sachen loszulassen, alles, was sich für mich stimmig anfühlte. Ich tat viel, ohne zu wissen, wie. Das funktionierte alles prima im Liegen. Da kam mir der Gedanke, dass ich jetzt genügend Zeit hatte, um Vergebung zu üben.

Im zweiten Reiki-Grad, während der Einweihung, kam das Thema Vergebung dran. Ja, da tat sich so einiges bei mir auf. Das größte Thema waren meine Eltern und Patrick. Da ich in der Einweihung etwas Aktuelles nehmen sollte, wählte ich meine ältere Kollegin von der Arbeit. Sie schaffte es immer wieder, mich auf die Palme zu bringen. Das Problem, welches mir zu dieser Zeit nicht richtig bewusst war, war, dass ich auch die Gefühle oder Schmerzen der anderen Menschen fühlte. An einem Tag saß mir die junge Kollegin gegenüber, ich bekam Halsschmerzen. Sie sprach an dem Tag nicht viel. Ich dachte nur. *Warum bekomme ich jetzt Halsschmerzen? Ich bin doch gesund?* Ich guckte sie an und fragte sie, ob sie Halsschmerzen habe. Sie schaute mich verdutzt an und sagte ja, habe sie, woher ich das wisse. Ich gab ihr Reiki und am Nachmittag waren sie fast weg, am nächsten Tag ganz. In der Einweihung sind wir dem Thema mal auf den Grund gegangen. Ein Beispiel dazu: Die jüngere Kollegin und ich saßen schon im Büro, es war harmonisch und angenehm. Da kam die ältere Kollegin herein, miese Laune, schlecht geschlafen. Meine Laune schlug von jetzt auf gleich um. Ich war schlecht gelaunt und hatte eine Verstimmung in mir und wusste nicht, warum. Im Laufe des Tages legte es sich bei mir unbewusst, weil mein Fokus auf die Arbeit gerichtet war. Was war passiert?

Erst als der Reiki-Lehrer fragte: „Warum lässt du sie nicht sie sein?", schaute ich ihn an und fragte, wie er das meine. Er sagte mir, dass ich sie nicht mehr beachten solle, mich nicht mehr in sie hineinfühlen solle, wenn sie zu Tür hereinkomme. Sie bekam ja von allen die gesamte Aufmerksamkeit, weil sie so schlecht drauf war. Das war der Trick, warum es mir im Laufe des Tages besser ging. Meine Achtsamkeit musste bei mir bleiben. Es fiel mir zu Beginn schwer, denn wir arbeiteten seit ca. sieben Jahren Stuhl an Stuhl. Davor arbeiteten wir in verschiedenen Abteilungen schon knapp 18 Jahre zusammen, eben wie ein altes Ehepaar. Der Lehrer machte mit mir bei der Einweihung in den zweiten Grad ein Vergebungsritual. Danach ging es mir besser, wenn ich an verschiedene Situationen mit ihr dachte.

Vergebung ist immer ein großes Thema, das konnte ich im Laufe der Jahre bei ganz vielen Menschen feststellen. Hauptthema waren Partnerschaft oder die Eltern, weil die eine Person nicht nach den Vorstellungen der anderen funktionierte. Kann ja gar nicht, denn jeder ist ein Individuum mit seinen eigenen Gedanken und Gefühlen. Der andere kann gar nicht so funktionieren wie du. Es gibt niemanden auf der Welt, der exakt so denkt und fühlt wie du, weil er ein anderes Leben und eine andere Erziehung genossen hat und daraus seine Emotionen und Gefühle entstanden sind. Er wird niemals das Gleiche wie du fühlen bei denselben Emotionen wie Schuldgefühle, Trauer oder Freude. Und jeder geht seinen eigenen Weg in seinem Tempo, weil er selbst die Erfahrungen sammeln darf, um sich hier auf Erden seinen Aufgaben zu stellen. Wenn man das versteht, ist Vergebung leicht.

Vergeben bedeutet, dass du mit dir selbst im Reinen bist. Es heißt nicht, dass du dein Leben wieder mit der Person verbringen musst. Sie darf ihren Weg gehen, so wie du deinen. Und wenn jetzt der eine oder andere sagt, dass ihm Leid zugefügt worden sei, ist es wichtig, in die vergangenen Leben zu schauen, was er dort selbst alles gemacht hat. Es gibt mehr als das, was wir mit dem bloßen Auge sehen. Wir sind nicht hier auf Erden, um über andere zu urteilen, das übernimmt das Göttliche. Keiner von uns hat das Recht dazu. „Gottes Mühlen mahlen langsam, dafür gerecht." Das war ein Spruch, den ich mir immer gesagt hatte, um nicht mehr über eine Person oder Situation zu urteilen. Das verhalf mir, die zweite Übung schnell zu lernen. Die erste war, mein Ego unter Kontrolle zu bringen, die zweite, nicht mehr zu urteilen, die dritte war Vergebung, und die vierte, darauf komme ich später noch ausführlicher, war, meine Gedanken über mich selbst zu beobachten. Das war oder ist die größte Herausforderung in meinem Bewusstwerdeprozess gewesen.

Wenn man aufhört, zu verurteilen oder zu urteilen, und sich in Vergebung übt, verläuft das Leben gefühlvoller, gütiger, freundlicher, harmonischer, stressfreier, ruhiger und ohne Druck. Das ist meine Erkenntnis, die ich daraus lernen durfte. Wenn wir aufhören, andere zu verurteilen, hören wir auch auf, uns selbst zu verurteilen. Wer zu dieser Einsicht gelangt, befindet sich im Zustand der Gnade. Diese Erkenntnis ließ mich meinen weiteren Weg in Harmonie gehen. Des Weiteren konnte ich auch zur Erkenntnis der Enttäuschung gelangen. Viele Menschen hegen eine Erwartung an andere Personen, weil sie davon ausgehen, dass der andere doch genauso funktionieren müsste. Was ja nicht geht, wie ich im Vorfeld beschrieben hatte. Wenn du keine Erwartungen an andere Menschen hast, kannst du nicht mehr enttäuscht werden, denn dies ist nur dort möglich, wo eine Täuschung bestanden hat. Jede Enttäuschung, egal wie schmerzlich sie auch ist, ist eine Befreiung von Irrtum und geht einen Schritt der Wahrheit entgegen.

Ein Beispiel hierzu. Ein Mann, heute ca. 60 Jahre alt, war damals Mitte 30 und hing sehr an seiner Mutter. Diese kam ohne sein Wissen ins Krankenhaus (sie rief nur die Schwester an) und verstarb dort am selben Tag. Als ihn die Nachricht ereilte, verfiel er in große Trauer und noch größeren Schmerz darüber, dass seine Mutter sich nicht von ihm verabschiedet hatte. Etwa zwei Jahre später verstarb der Vater, der sich auch nicht bei seinem Sohn verabschiedet hatte. Der Sohn hatte erwartet, dass zumindest sein Vater sich von ihm verabschieden würde. Sein Schmerz war bis heute so groß darüber, dass beide Eltern gegangen sind, ohne sich zu verschieden, dass er diese Erwartung auf alles in seinem Leben geformt hatte. Er hatte die Erwartungshaltung, dass sich alle Menschen nach seinem Denken zu richten hatten und sich von ihm verabschieden oder abmelden mussten.

Bis zu dem Moment, als ich ihm erklärte, dass er mit dieser Erwartungshaltung immer wieder enttäuscht werde und er den Schmerz dadurch aufrechterhalte, und wenn er keine Erwartungen mehr habe, er schmerzfrei durchs Leben gehen könne. Der Groschen fiel tief und er war unendlich dankbar über diese Erkenntnis.

Kein Mensch sucht sich die Todesminute/-sekunde aus, das entscheidet immer das Göttliche, und jeder ist ein Individuum mit seinen Gedanken und Gefühlen. Da gilt es erst recht, keine Erwartung an andere Personen zu stellen. Nur weil du selbst deinen eigenen Erwartungen entsprichst, heißt das nicht, dass auch andere Menschen deinen Erwartungen entsprechen sollen oder müssen. Nur du selbst trägst in dir deine eigene Wahrheit. Diese Wahrheit wirst du niemals in jemand anderem finden.

Zurück zur Geschichte. Die nächsten acht Wochen lag ich zum größten Teil im Bett. Ab Ende der dritten Woche versuchte ich, das erste Mal vor die Tür zu gehen, was mir nur bis über die Straße gelang. Ich hatte keine Kraft, mein Bein wollte nicht und es bedurfte Übung mit den Gehhilfen, so musste ich abbrechen und ging mit weinenden Augen zurück. Ich wollte doch zum Wasser, mein Element. Bis zum Rhein-Herne-Kanal waren es ca. 15 Minuten zu laufen. Ich dachte, dass das nicht wahr sein konnte, es musste ein Schlachtplan her. Zu Hause übte ich jeden Tag achtsames Abrollen, wenn ich auftrat. So lief ich immer vom Wohnzimmer zum Schlafzimmer und zurück. Eine gerade Strecke. Ans Bein und an den Rücken kam einmal täglich ein Tensgerät. Ich versuchte, das Sitzen jede Woche um fünf bis zehn Minuten zu verlängern, was sehr schmerzlich war. Ich machte langsam zwei Übungen im Liegen, um den Muskel im Bein zu stärken.

In den Zeiten, in denen ich im Bett lag, fing ich an, mit Reiki Heilung in die Vergangenheit zu schicken und gleichzeitig zu vergeben. Ich arbeitete mich von mir als Säugling bis zum aktuellen Tag vor. Ich fragte mich: „Wo ist was geschehen?" „Was hält mich in diesem Leben davon ab, mein Leben zu leben?" Es wurden mir immer neue Sequenzen gezeigt. Das war eine Arbeit, die über Wochen und Monate dauerte, sie war es auf jeden Fall wert. Mein Ziel, zum Wasser zu gelangen, hatte ich stufenweise geplant. Jeden dritten Tag ein Stück weiter, und wo immer eine Bank stand, wollte ich Rast machen.

Eine Woche später klappte die erste Strecke bis zur ersten Bank. Da merkte ich, dass ich dieses Ziel für die nächsten Tage im Visier behalten wollte. Denn als ich wieder zurück musste, spürte ich die Erschöpfung und den Schmerz, da immer zwei Etagen Treppenlaufen dazu kamen. Erst als ich fitter war, wagte ich, die nächste Strecke zu laufen. Tja, das ging daneben. In der Mitte des zweiten Teilstücks machte ich schlapp und musste Rast auf einem Blumenkübel machen. Da schaute mich ein netter Herr aus seinem Garten an und fragte, ob ich Hilfe bräuchte, weil ich so blass aussehe, und er dachte, ich würde umkippen. Er hatte recht, mir ging es nicht gut. Was hätte ich gelernt, wenn ich die Hilfe nicht angenommen hätte? Nichts. „Ja", sagte ich, „ein Glas Wasser wäre gut." Ich zog sogar in Erwägung, zu fragen, ob er mich nach Hause fahren könnte. Er lud mich zu sich in den Garten ein, brachte mir Wasser und bot mir seine Liege zum Ausruhen an, weil ich nicht so lange sitzen durfte. Wir sprachen eine ganze Weile. Er ist übrigens der Bekannte, der mir von seiner Nahtoderfahrung erzählte, als er die Bypass-OP hatte. Welch ein Zufall, nein, Schicksal. Ich brauchte eine Stunde, um mich zu erholen, um den Nachhauseweg antreten zu können. Er bot mir an, da schon Frühling war und er jeden Tag im Garten war, dass ich immer, wenn ich Rast brauchte, zu ihm kommen könne, denn er lag auf direktem Weg zum Kanal. Das Angebot nahm ich dankend an.

Nach zwei Wochen wurden die Fäden gezogen. Ich dachte, damit hätte sich die Sache erledigt. Nein, dem war nicht so. In der vierten Woche tat mir die Narbe weh. Beim Fühlen ertastete ich ein Stück Faden, der hart war. Ich schaute in den Spiegel und sah, dass es dick war und etwas Grünes durchschimmerte. Ich holte die Nachbarin und bat sie, einen Blick darauf zu werfen. Sie schaute und meinte: „Jo, da ist noch ein Stück Faden drin, es hat sich entzündet." Ich fuhr mit dem Bus zum Hausarzt, der den Rest Faden rausholte. So überbrückte ich die nächste Hürde mit dem Bus und der U-Bahn, denn ich wusste, ab der siebten Woche sollte ich wieder zur

Physiotherapie. Dorthin fuhr eine U-Bahn. Die Taxifahrten wurden nur bis zum Orthopäden und zurück genehmigt.

Da ich durch das lange Liegen massive Kopf- und Nackenschmerzen bekam, bat ich die Engel um Hilfe. *Woran kann es liegen, dass es nicht besser wird?*, war meine Frage an die Geistige Welt. Nach meiner Frage machte ich den Computer an und stieß auf einen Bericht über Atlaskorrektur und wurde auf eine Seite von Atlantotec geführt. Da stand, dass es sein könne, dass sich der Atlas (1. Halswirbel) nach einem Autounfall und harten Aufprall, Treppensturz oder generelle Stürze verschieben könne. Dieser Bericht zog mich so an, dass ich sofort einen Termin vereinbarte. Nur zur Kontrolle, ob er schief saß, konnte man ohne Termin kommen. Da ich die Rücken-OP hatte, durfte ich, wenn er falsch saß, erst im September kommen.

Ich glaube, ich war Anfang August dort, und es wurde festgestellt, dass er weit nach links verschoben war. Wie konnte es sein, dass ich anderthalb Jahre von Arzt zu Arzt gerannt und in Krankenhäusern gewesen war und niemand auf den Atlaswirbel geschaut hatte? Er war der tragende Wirbel unter dem Kopf für die ganze Wirbelsäule. Sie hatten Bilder vor und nach der Behandlung gemacht. Darauf war sehr deutlich zu erkennen, wie schief der Körper stand. Kein Wunder, dass sich meine Wirbelsäule so verschlechterte. Atlaswirbel werden generell nicht von Orthopäden eingerenkt.

Im Dasein versunken, kam auf einmal nach Wochen wieder die Frage hoch, warum mein Vater mich Jutta genannt hatte. Diese war eine entscheidende Frage für mein weiteres Leben. Als ich Mr. Google danach fragte (Mr. Google war immer der, der mir alle Fragen beantwortete, wenn von den Engeln keine Antwort kam). Die Bedeutung von Jutta ist abgeleitet von dem Namen Judith. Das namensgebende Wort aus dem Hebräischen ist Jehudit (Judäa). Judäa ist eine Stadt in Israel, die sprachliche Herkunft von Jutta ist Hebräisch. „Die Gepriesene."
Eine weitere Aussage war, dass Jutta im Hebräischen „Bringerin des Friedens" bedeutete und sie ein Herz aus Gold habe, eine friedliche Haltung habe und oftmals die Stimme der Vernunft für Familie und Freunde sei.

Die Menschen finden Trost in ihrer Gegenwart, weil sie rein und voller Frieden sei. Ja, das stimmte.

Ich kann zu meinem „Es" sagen, dass ich mein Leben lang eine Kämpferin war und immer eine ungeahnte Kraft aus etwas schöpfen konnte, von der ich nie wusste, woher sie kam. Ich hatte stets für den Frieden gekämpft, ob für mich, die Familie, Kollegen/Kolleginnen, Freunde, Bekannte oder Tiere. Liebe, Frieden, Harmonie, Gerechtigkeit, Respekt standen immer an erste Stelle in meinem Leben. In den letzten sieben Jahren durfte ich lernen, den Menschen Mitgefühl entgegenzubringen, Liebe und Licht fließen zu lassen, durfte Segen und Gnade bringen. Segen und Gnade durften auch durch alle vorherigen Leben fließen. Ich verhalf unbewusst den Menschen (Lebende wie Verstorbene) zu ihrer Auferstehung.

Mitte Juni war ich einigermaßen fit und schaffte es, zwei Stunden zu sitzen und wieder ohne Gehhilfen zu laufen. Laufen, ja, ich wollte laufen, unabhängig und frei sein. Mein erster Fahrversuch mit dem Auto zum Einkaufen und zurück ging gar nicht gut. Die Lebensmittel in den Einkaufswagen zu legen, dann aufs Band und wieder zurück, das Bücken, alles verursachte Schmerzen, und fürs Bremsen fehlte die Kraft im Fuß. Einkaufen wurde schnell zu einer Sache, die ich gar nicht mehr mochte. Das Bein konnte nicht mehr die volle Kraft zurückbekommen und der Fuß, der große Zeh, blieb taub. Damit konnte ich leben, ich war gehfähig, und das reichte mir.

Die Reiki-Meister-Einweihung stand an. Das waren zwei Ziele von mir, der Meistergrad und Israel. Ich wollte laufen können, um das zu erreichen. Ich schickte somit positive Gedanken in die Zukunft, unwissentlich. Ich fuhr dort hin, bekam die Einweihung und wusste, ich brauchte auch noch den Lehrergrad.

Ab etwa dem 6. Juli begann ich mit einer Wiedereingliederung, obwohl es nicht gut mit dem Sitzen klappte. Der Arzt sagte, dass das noch werde, durch Rehasport, Krankengymnastik und Physiotherapie. Die sechswöchige Eingliederung fand stufenweise mit einer Steigerung der Stunden statt, ungeachtet dessen, dass ich kein Gehalt dafür bekam, sondern nur das Krankengeld. Ich wurde schon etwas weiser, in diesem Moment kam

Gesundheit vor Geldverdienen. Ich war froh, das so gewählt zu haben, da in den ersten Tagen das Sitzen ein Höllenritt war, es war nicht so gut wie erwartet. Als ich in der fünften Woche bei den sechs Stunden angekommen war, merkte ich schnell, dass es nicht mehr mit dem Sitzen ging. Es wurde nicht besser, was nun? Ich sprach mit der Geschäftsleitung, dass ich einen Stehtisch brauchte und einen Stehhocker. Es kam jemand von der B A D-Gruppe (Experte für Arbeitsmedizin). Er schaute sich meinen Arbeitsplatz an, die MRT-Bilder und unterschrieb sofort das Dokument für einen Stehtisch. Der Hocker war nicht möglich, weil jemand darüber hätte stolpern können. Der Tisch kam erst Ende des Jahres, als ich im Urlaub war. Es war eine Qual, so zu sitzen, und anstatt besser, wurde es schlimmer, es entzündete sich schleichend. Da ich nicht schon wieder krankmachen wollte, ging ich weiter arbeiten. Was ich zu diesem Zeitpunkt noch gar nicht wusste: das Stehen würde nur bis zu einer halben Stunde möglich sein.

Da ich mir Heilenergie auf allen Ebenen geschickt hatte und wusste, dass ich nicht mehr urteilen und nicht mehr in die Kollegin hineinfühlen wollte, veränderte sich alles bei mir. Ich nahm bewusst nicht an den täglichen Gesprächen teil, in denen über andere Personen gelästert wurde. Wenn jemand ein Urteil über jemand anderen fällte, hielt ich mich mit dem Bewerten/Urteilen zurück. Die Kollegen bemerkten, dass ich mich wieder verändert hatte. Und zur Kollegin neben mir sagte ich im Geiste: „Sie ist sie, mit ihren Gefühlen und Gedanken, und ich bin ich, mit meinen Gefühlen und Gedanken", das funktionierte gut. Sobald ich merkte, dass ich meine Aufmerksamkeit wieder auf sie richtete, holte ich sie sofort zurück. Mir ging es mit dieser Einsicht besser. Jetzt war es so, dass die jüngere Kollegin so ein ähnliches Problem hatte. Sie spürte auch immer die uns nicht dienliche Energie. Ich riet ihr, sich nicht darauf einzulassen. Sie versuchte es daraufhin auch. Es war ein stummes Arbeiten. Dies war der älteren Kollegin recht, denn wir durften uns aufgrund ihres Tinnitus nur unterhalten, wenn bei uns allen das Telefon mal stillstand. Wir hielten uns nicht immer daran. Mir fiel ihr eigenes Problem auf. Sie richtete ihre Aufmerksamkeit während des Telefonats auf uns, um mitzubekommen, über was wir gesprochen hatten. Wenn sie es nicht schaffte, meckerte sie uns an, dass wir still sein sollten. Sie war somit ihrer eigenen Schwäche ausgeliefert. Da sie alles mitbekommen wollte (ihre Aufmerksamkeit nicht bei sich behalten konnte), reizüberflutet war, hatte dies den Tinnitus verstärkt. Was war hier die Lernaufgabe auf der Arbeit? Respekt uns allen gegenüber entgegenzubringen, mit der Aufmerksamkeit bei sich selbst zu bleiben und nicht mehr zu urteilen. Das waren eine große Lernaufgabe und eine langwierige Herausforderung.

Anfang August kam ich auf die Idee, nach einem Flug nach Israel zu schauen. Ich hatte ja noch meinen ganzen Urlaub, den musste ich bis Januar nehmen. Hier bat ich wieder die Engel um Hilfe. Ich schaute, wann dort die besten Temperaturen waren, und googelte. Ich fand einen Non-Stop-Flug nach Tel Aviv und schlief erst mal zwei Nächte darüber. Denn welcher Gedanke kam in mir hoch? Indien! Was hatten mir die Leute erzählt, bevor ich dort hinflog? Über Israel wurde schon lange Jahre dies und das erzählt. Und noch der schwere Koffer, ob ich mit ihm dort hinkomme, ich darf ja nur 5 Kilo tragen? Der Drang nach Israel wurde so groß, dass ich es riskieren musste. Mich begleitete seit meiner Kindheit ein Fernweh, das ich nicht beschreiben konnte. Da kam mir der Gedanke: *Der Unfall, das Leben kann in 60 Sekunden vorbei sein, was ist, wenn ...*
Wie konnte ich mich entwickeln, was hätte ich gelernt und wieso war ich hier auf Erden? Man soll im Hier und Jetzt leben. Wer weiß, was morgen ist? So konnte ich mich nicht damit zufriedengeben, zu Hause zu bleiben. Ich entschied, zu fliegen, komme, was wolle.

Ab dem 20. September und für elf Tage war die beste Zeit. Ich beantragte den Urlaub und behielt es erst einmal für mich, da ich ja aus meiner Indienreise gelernt hatte. Als der Flug gebucht war, kam die Frage in mir auf, wohin es gehen sollte in Israel. Jerusalem, das sollte die erste Station sein. Und dann Judäa oder Hebron, das Tote Meer? Hmm, ich war überfragt. Ich bat das Göttliche um Führung, damit es zum höchsten Wohle meiner Selbst sei. Ich schaute in Jerusalem nach einem Hostel. Dort wurde ich schnell fündig und buchte ein Einzelzimmer für vier Nächte. Im Übrigen kann ich das Abraham Hostel sehr empfehlen. Ich wollte mir vier Tage lang die Städte anschauen und danach sieben Tage am Meer entspannen. Da kam ich auf Tel Aviv. Ich schaute in Tel Aviv nach einem Hostel und wurde auch da fündig, wobei ich da ein seltsames Bauchgefühl hatte. Nach drei Tagen war dieses komische Gefühl immer noch da, deshalb stornierte ich es wieder. Wo sollte ich hin? Ich fragte die Geistige Welt und ließ die Frage los. Als ich ein paar Tage später die E-Mails öffnete, kam Werbung von Booking.com rein. Darüber buchte ich immer. So machte ich die Werbung auf, weil mir Städte in Israel gezeigt wurden. Drei Bilder waren zu sehen. Ich wählte das mit dem Wasser und dem Holzboot aus, dieses lag in Tiberias. Ich hatte nie zuvor davon gehört und fragte Mr. Google, was dort sei. Der See Genezareth, Sea of Galilee genannt, wurde mir gezeigt. Das Wasser sah so himmlisch ruhig auf den Bildern aus und das Holzboot am Strand erinnerte mich an ein schönes Gefühl, sodass es mir sagte, ja, dort war es gut.

Auf der Suche nach einem Hostel fragte ich mich, was ich überhaupt in Tiberias machen sollte. So wurde ich erneut geführt und stieß auf den Berg der Seligpreisung. Keine Ahnung, was dort war, er zog mich magisch an. Beim weiteren Suchen kam die Antwort, dass Jesus das „Vater unser" auf diesem Berg empfangen haben solle. Was, da? Das war ja cool, da musste ich hin. Jesus, ja, wo war der eigentlich begraben? Da wurde mir die Grabeskirche gezeigt. Was gab es da noch zu sehen? Die Church of Beatitudes. Sie sah sehr schön aus, und so entschied ich, dass ich dort auch hinfahren möchte. Über Jerusalem wusste ich, dass ich zur Klagemauer und in die Grabeskirche sollte. Das waren meine Ziele, ich wusste bis dahin nicht, wieso. Über drei Abende suchte ich nach einem geeigneten Hostel in Tiberias. Als mir am dritten Abend immer wieder, wie auch an den vorherigen Tagen, dasselbe Hostel gezeigt wurde, buchte ich es.

Ich wollte agiler werden und überlegte, wie. Am Abend war ich immer so erschöpft. Ich hatte meistens Rehasport, Krankengymnastik oder Physiotherapie und mein Spaziergang am Abend musste sein, da er zum Leben dazugehörte. Natur, Vögel und Wasser gaben mir Ausgleich zum stressigen Alltag. Ich überlegte, was ich tun könnte, und wurde auf den Sonnengruß aufmerksam. Der beinhaltete alles, was der Körper brauchte, um beweglich zu sein, ihn kannte ich vom Yoga-Kurs. In ihm war etwas für Beine, Po, Rücken, Arme und Dehnung für die komplette Muskulatur enthalten. Dazu suchte ich noch drei Dehnübungen, um auf 20 Minuten zu kommen. Es gehörte ab da zum morgendlichen Ritual. Um 05:00 Uhr aufstehen, Tee trinken, für 20 Minuten Sport und 40 Minuten Meditation, um 06:00 Uhr unter die Dusche und um 07:10 Uhr zur Arbeit, sodass ich um 07:30 Uhr dort war. Es spielte sich alles für meinen Körper, Geist und meine Seele ein. Die Schmerzen waren beim Ausführen der Übungen vorhanden, doch im Gesamten fühlte ich mich danach etwas besser. Ich freute mich auf Israel, und das ließ alles überwinden.

Es stand die Atlaskorrektur an. Ich war nervös, denn ich wusste nicht, was er machen und ob es wehtun würde. Der Herr dort war sehr einfühlsam. Vorweg wurden Fotos gemacht, um den Vorher-/Nachher-Zustand zu sehen. Danach gab es eine Massage, um zu entspannen, nach der Massage renkte er den Atlaswirbel mit einem Gerät ein. Ich konnte es fühlen und es knirschte, anschließend gab es wieder eine Massage und das Nachher-Foto. Ich war erstaunt, wie schnell der Unterschied in der Körperhaltung zu sehen war. Die Arme und Schultern waren fast auf einer Länge, vorher war ein Arm länger und die Schulter hing viel tiefer als die andere, weil ich im Schiefstand gewesen war. Der Kiefer veränderte sich sofort. Ich konnte meinen Mund wieder weiter öffnen und merklich den Kopf besser zur Seite drehen. Ich war erstaunt und sauer darüber, dass kein Arzt sein Augenmerk auf eine solche wichtige Stelle am Skelett gelegt hatte. Das hätte mir wahrscheinlich viele Schmerzen und viel Verschleiß erspart. In der Nacht und am nächsten Tag hatte ich starke Schmerzen in den Muskeln, da mein ganzer Körper arbeitete. Sie sagten mir vorher, dass eine Art Muskelkater auftreten könne. Es legte sich nach dem dritten Tag. Ca. sechs Wochen später war eine Nachkontrolle und es gab eine Massage, die guttat.

In der Firma waren bereits Kolleginnen/Kollegen vor mir im Urlaub. Es war üblich, zu fragen, wohin der Urlaub ging. In den letzten Jahren vor Indien war ich zu Hause im Garten geblieben, ohne TV, Telefon, Internet,

Küche und ohne richtige Dusche, das war entspannend gewesen. Dann erzählte ich den Kollegen, dass ich nach Israel fliegen werde. Es kam wie bei Indien: „Da kannst du nicht allein hinfliegen, da ist Krieg, was willst du da?" Meine Antwort war nur, dass ich fliegen könne und fliegen werde, und ich bat die Leute, nichts mehr dazu zu sagen. Einer der Kollegen fand das klasse, dass ich dort hinflog, denn er selbst hatte auch schon ein Leben lang diese stille Sehnsucht, nach Israel zu fliegen. Fünf Tage vor dem Urlaub kam ein Kollege auf mich zu und fragte, ob ich die Nachrichten gesehen habe. „Nein, ich schaue keine Nachrichten, wieso?" Da sei ein Attentat in Israel verübt worden und Krieg sei da, da könne ich jetzt nicht hinfliegen. *Och nö*, dachte ich, *kann das sein?*

„Ist mir egal, ich fliege trotzdem, in Deutschland gibt es auch Attentate", antwortete ich darauf. „Und in Ägypten war auch angeblich Krieg und die Menschen sind dorthin in den Urlaub geflogen. Ich glaube den Nachrichten nicht, da ich weiß, wie es in Indien war."

Mein Urlaub war gekommen. Um den Koffer nicht zu voll zu packen, des Gewichtes wegen, kam ich auf die Idee, den Engel zu fragen, ob er mir bitte beim Koffer packen helfen könne. Probieren konnte ich es ja mal. Ich packte daraufhin den Koffer und war erstaunt, was da rein sollte. Ich kaufte mir Sandalen, die bequem waren, und einen Sonnenhut, den hätte ich mir früher nie gekauft. Es hatte einen Sinn. Dann bat ich die Engel und das Göttliche, mich auf dem Hinflug, im Urlaub und auf dem Rückflug zu beschützen und zu führen. So startete eine unglaubliche und wahre Reise nach Israel. Mein Flug ging von Düsseldorf nach Tel Aviv. Was am Flughafen schon anders war als sonst: es gab eine doppelte Kontrolle. Wir wurden direkt vor dem Gate alle noch mal durchleuchtet. Ich landete am späten Nachmittag. Draußen angekommen suchte ich das richtige Sherut (Großraumtaxis für zehn Personen), um zum Hostel zu kommen. Man sagte mir, ich solle warten. So setzte ich mich auf eine Bank und wartete. Einige Zeit später kam einer der Fahrer auf mich zu und fragte: „Abraham Hostel?" Ja, da wollte ich hin. Er nahm den Koffer und lud ihn ein. Man wartete so lange im Auto, bis das Sherut voll war. Dafür war es um mehr als das Doppelte günstiger als ein normales Taxi. Vor dem Hostel entlud der Taxifahrer den Koffer, sodass ich ihn nur hineinrollen brauchte. Das war gut, denn ich musste ja immer darauf achten, ihn nicht zu tragen. Das Hostel lag knapp 20 Minuten Fußmarsch von Old Jerusalem entfernt.

An diesem Abend blieb ich im Hostel, weil der Tag anstrengend gewesen war. An der Bar hatte ich sofort Kontakt. Es waren Menschen zwischen 18 und 75 Jahren aus allen Ländern der Welt da. Viele junge Menschen vor Ort waren zu meinem Erstaunen auch aus Deutschland. Ich begegnete einem älteren Herrn aus Israel, mit dem ich mich über Gott und Frieden unterhielt. Er spielte dort am Abend Gitarre, es spielte auch eine Liveband. Es gab direkt daneben eine riesengroße Küche, in der alle ihr Abendessen kochten, und Tische, an denen alle gemeinschaftlich zusammen aßen. In dem großen Saal gab es Tischfußball und eine Lounge-Ecke. Frühstück und WLAN waren im Preis inbegriffen.

Wir saßen am Abend oben auf dem Dach, da war es chillig hergerichtet mit Matratzen, Hängematten und Sitzkissen. Von dort oben hatte ich einen tollen Ausblick über Jerusalem. Am nächsten Morgen bekam ich nach dem Frühstück an der Rezeption mit, dass vom Hostel eine kostenlose Stadtführung durch Old Jerusalem angeboten wurde. Es war keine Überlegung, die machte ich sofort mit, da ich ja zur Klagemauer und Grabeskirche wollte. So konnte ich mir einen ersten Überblick über die Wege und Menschen verschaffen. Wir liefen durch Neu Jerusalem und kamen über das Jaffa Gate in Old Jerusalem an. Es war, als ob ich eine Zeitschranke durchlaufen würde, neu – alt. Die Geschichte fing für mich sofort zwischen dem Tor an, denn ich konnte sie in den Steinen fühlen. Wir liefen quer durch die alte Stadt, durch unzählige kleine Gassen, bis wir an einem etwas höher gelegenen Teil der Stadt standen. Als ich mich umdrehte, fiel mein Blick von oben auf die Klagemauer. Wow, das war ein Anblick. Ich wusste nicht, was der Guide erzählte, da er nur englisch sprach und ich nur die Hälfte verstand, weil er zu schnell für mich war. Ich brauchte Rast und setzte mich auf einen gerade frei gewordenen Platz im Schatten, es war schon um die 30 Grad heiß. Der Guide erzählte seine Geschichte, von der ich nichts mitbekam, weil die Mauer mich magisch anzog. Ich konnte meinen Blick gar nicht abwenden, ich sah von dort auch den Tempelberg und den Mount of Olives in der Ferne. Da wir außerhalb des Platzes von oben drauf schauen konnten, hatten wir volle Sicht auf die Mauer. Es war Mittag und der Platz war fast leer, ich spürte eine geballte Energie von ihr ausgehen. Völlig von der Energie überwältigt, tat ich etwas in Trance. Ich sagte auf einmal im Geiste: „Gott, bist du da?"

„Ja, Jutta", kam als Antwort mit einer tiefen männlichen Stimme. Ich war sprachlos, die Antwort kam so schnell und unverhofft, dass mir der Atem stockte. Ich fragte: „Woher weißt du, dass ich Jutta heiße?"

„Na, ich bin Gott, ich weiß alles." *Ähhhhhhhhh, er weiß alles, ach ja stimmt, er weiß alles, er ist Gott. Oh mein Gott, er weiß alles, alles, was ich denke, alles, was ich spreche, auch im Stillen, alles, was ich mache. Er weiß alles, oh shit!!!!!*

Hier wurde mir das erste Mal bewusst, dass das Göttliche alles wusste. *Was frag ich jetzt?* Ich wurde so nervös, dass mir nichts einfiel, was ich fragen konnte. Ich sagte nur, dass ich noch mal zu Mauer möchte und wiederkomme. Als ich wieder zu mir kam, schaute ich nach der Gruppe, alle waren weg. Wo waren sie? Ich hatte nicht mitbekommen, dass sie weitergegangen waren. Ich lief los. Wir kamen von links, also müssten sie nach rechts weitergelaufen sein. Ja, und auf einmal sah ich den einen Mann mit der blauen Jacke, der zur Gruppe gehörte. Ich schloss mich wieder an, wie ich feststellen durfte, genau zur rechten Zeit, denn wir gingen auf die Grabeskirche zu. Wow, die haute mich um, was für eine Energie. Ich stand mit offenem Mund vor der Kirche, sie hatte etwas Charismatisches an sich, was mich anzog. Hier sollte also Jesus liegen?!

Ich bekam nur mit, dass der Guide sagte: „Aufgrund der vielen Reisegruppen und Besucher ist es gut, entweder früh morgens von 08:00 bis 10:00 Uhr oder spät am Abend von 19:00 bis 21:00 Uhr zu gehen." Um diese Zeiten seien die wenigsten Besucher hier und am Abend könne man sehen, wie die Kirche um 21:00 Uhr abgeschlossen werde. In Sekunden wusste ich, heute Abend 19:00 Uhr werde ich wieder hier sein. 15 Minuten später war die Tour beendet. Da sie so gut war, gaben wir alle ein Trinkgeld. Das war eine gute Taktik, mit der sich die Studenten ihr Taschengeld verdienten. Da wir nichts bezahlen mussten, entstand kein Zwang, und da der Guide nicht umsonst arbeiten wollte, strengte er sich an.

Ich ging erst einmal zurück zum Hostel, um mir Wasser (das aus der Leitung war nicht trinkbar) und etwas zu Essen für den Abend zu organisieren. Auf dem Weg dorthin lief ich mit einer jungen Dame zusammen aus der Gruppe zurück. Wir aßen das erste Mal Falafel-Döner, der wurde zu meinem Leibgericht. Es war hier alles so sauber und nicht so stressig wie bei uns zu Hause. Die Menschen waren freundlich und strahlten eine gewisse Harmonie und Frieden aus. Gegen Abend zog ich mich entsprechend an (die Kleidung aus Indien war praktisch, eine lange Punjabi-Hose, eine langärmlige Bluse und ein Tuch über die Brust und Schultern, alles aus leichter Baumwolle). Da ich am Vormittag die Blicke der Muslimen in Old Jerusalem bemerkt hatte, dachte ich mir, dass es besser war, so zu gehen. In Old Jerusalem befanden sich unzählige Geschäfte, Tourismus war da Tagesgeschäft, sie lebten davon. Die Stadt war in vier Teile aufgeteilt: für die Muslime, die Juden, die Christen und für die Armenier. Viele Kirchen befanden sich unter russisch-orthodoxer Leitung. Ich merkte anhand der Läden, in welcher Kultur ich mich gerade befand, das war interessant. In der Tasche hatte ich eine kleine Stadtkarte, diese gab es kostenlos im Hostel, und ich packte eine kleine Flasche Wasser ein. Ich bat die Engel um Führung und lief los. Als ich durch das Jaffa Gate ging, war ich wieder wie in einer anderen Zeit. Ich lief ohne Karte und wurde geradewegs zur Grabeskirche geführt. Es waren wirklich nicht mehr so viele Touristen vor Ort. Ich durchschritt die Tür in die Kirche und wurde sofort von einem Marmorgrab im Boden und einem riesengroßen Wandgemälde beeindruckt. Ich lief zu dem Marmorgrab, kniete nieder und legte meine Hände auf den Stein. Eine Energie durchflutete mich, mir liefen die Tränen, ich wusste gar nicht, wie mir geschah. Ich fing an zu reden und sagte zu Jesus: „Ich bitte um Vergebung für das, was die Menschen dir angetan haben, als sie dich gekreuzigt haben." Unerwartet kam eine Antwort von ihm. „Alles ist gut, es sollte so sein, denn alles hatte einen Sinn. Wenn ich nicht gestorben wäre, würden die Menschen nicht den Weg zu Gott finden." Ähhhhh, Jesus gab eine Antwort. Die Stimme war nicht die von heute Mittag. Dann fügte er hinzu: „Es war wichtig, dass ich als Mensch inkarnierte, sodass die Menschen sehen und fühlen konnten, dass es Gottes Liebe und Gottes Kraft ist. Denn die Menschen sind so, dass sie nur das glauben, was sie sehen. Sie mussten sehen, um zu glauben."

Ja, da hatte er recht, das war jetzt eine interessante Antwort. Ich war so gerührt von der Antwort, dass ich nichts mehr fragen konnte. Ich weiß bis heute nicht, warum ich das damals sagte. Ich kann mich nur daran erinnern, dass ich als kleines Kind mal zu Ostern einen Film gesehen hatte, in dem sie Jesus das Kreuz zum Berg hatten tragen lassen. Wie sie ihn dort ausgepeitscht hatten und wie er dort oben festgenagelt gewesen war. Das brach mir als Kind das Herz, so etwas zu sehen. Diese Szene hatte mich so bewegt, dass ich damals schon weinen musste. Ich empfand als Kind Mitgefühl für Jesus. Ich konnte mich an nichts anderes mehr erinnern, außer an das Lied „Hevenu Shalom Alechem." Ich flog nach Israel, ohne das Wissen über die Geschichte Jesu und seine Wege in Israel zu haben. Was mir ehrlich gesagt im Nachhinein etwas peinlich war. Meine Religion ist die Liebe. Gott fragt nicht, welcher Religion du angehörst, er lässt die Liebe für alle gleich fließen.

Es sollte so für mich sein, denn wie ich feststellen konnte, war ich aufgrund meiner Unwissenheit Wege gegangen, die ich vielleicht mit mehr Wissen nicht eingeschlagen hätte. Ich führte den Rundgang durch die Kirche fort. Zur Rechten war eine kleine Kammer mit einem Stück Felsen unter Glas. Ich stand lange davor, bis es mir dämmerte, dass dort das Kreuz gestanden haben soll. Dann ging ich ein Stück tiefer in den Keller. Hier stand ein sehr altes Gemälde hinter Glas. Dann ging es oben in eine Art kleine Gruft. Dort stand in der Vorkammer ein großer Holzstuhl (er war vom Feuer gezeichnet, da er mal in Brand gesetzt worden war). Nach der Vorkammer kam die Gruft, zwei Löcher waren zu sehen. Es war dunkel, so kramte ich mein Handy heraus, um die Taschenlampe anzumachen, und kroch hinein, da ich neugierig wurde. Die Luft war dort für mich sehr stickig, ich konnte kaum atmen. Nachdem ich das Licht angemacht hatte, leuchtete ich direkt in die Kammern. Oh mein Gott, da lagen mal tote Menschen drin. Ich leuchtete in die linke Kammer und konnte genau sehen, wie da im Stein auf dem Boden ein dunkler Fleck eines menschlichen Körpers gezeichnet war. Ich machte davon instinktiv ein Foto. Mir wurde schlecht und ich rannte danach sofort raus. Jetzt wusste ich, warum die Luft dort so stickig war, es waren mal Grabkammern.

Ich setzte den Rundgang fort und kam an die eigentliche Grabkammer von Jesu. Es ist in der hinteren Kammer ein Marmorgrab. Ich fühlte dort zu meinem Erstaunen nichts weiter, kniete nieder und betete. Der Rundgang war fertig, genau zur rechten Zeit, denn es war 20:55 Uhr. So setzte ich mich draußen auf dem Vorplatz der Kirche auf die Stufen, um zu sehen, wie die Kirche durch den Zeremonienmeister abgeschlossen wurde. Dieser stieg auf eine Leiter und gab durch eine Holztür, oberhalb der regulären Tür, den Schlüssel in die Kirche. Die Mönche lebten dort hinter der Kirche. Von der ganzen Energie und den Worten Jesu ergriffen, blieb ich lange sitzen, um das erst einmal sacken zu lassen. Ich meditierte, es war dunkel und nur zwei oder drei weitere Passanten saßen da. In der Meditation floss symbolisch ein Schlüssel durch mein Kronen-Chakra rein. Zu meiner Linken kam ein russisch-orthodoxer Priester, er blieb in seinem Gewand direkt neben mir stehen und schaute mich lächelnd an. Er sprach mich auf Russisch an, ich antwortete ihm auf Russisch (ich war mal für knapp sechs Monate in Russland gewesen), dass ich ihn nicht verstehe und fragte, ob er Englisch spreche. Er zeigte mit den Händen „nein". Daraufhin zeigte er nach oben und zeigte auf mich. Er lächelte, verneigte sich und schaute mich eine Weile an, bis er ging. Ich war auf einmal müde und wollte zum Hostel zurück. Es war dunkel, schon spät und ich musste über 2 Kilometer zum Hostel laufen. Ich stand auf, wollte nach links gehen, da kam die Stimme des Engels und sagte: „Nein, nicht links, geh rechts." Ich zurück: „Nein, ich gehe links, ich muss jetzt zurück, es ist ein weiter Weg." Dann wieder der Engel: „Nein, geh rechts." Ich dann wieder: „Es ist schon spät und ich muss den weiten Weg im Dunkeln nach Hause laufen." Er dann wieder: „Vertrau und geh jetzt rechts." Ich darauf: „Gut, dann gehe ich rechts." So lief ich quer durch die Straßen, ohne zu wissen, wohin.

Ich möchte hier kurz anmerken, dass es das erste Mal bewusst war, weil ich den Engel so deutlich wie nie zuvor gehört hatte, sodass ich auf Ansage losgelaufen war. Ich lief durch die kleinen Straßen, die alle alte Kopfstein-pflastersteine hatten, und kam an einer Art Schleuse an. Ich dachte nur: *Ist ja wie am Flughafen.* Rechts und links Soldaten mit Maschinenpistolen. Ich reihte mich in die Schlange ein und fragte mich, wohin es jetzt ging. Der Engel hatte ja gesagt, ich solle vertrauen. Das tat ich. Taschenkontrolle. Ach okay, sie kontrollierten, ob jemand hier mit Waffen rumlief, weil hier ja manchmal etwas passierte. Ich machte meine Tasche auf und durfte weitergehen. Oh, noch mal eine Kontrolle, das war ja komisch, dass sie im Häuschen saßen. Ich ging mit der Masse, und als ich durch diese Passage ging, traute ich meinen Augen nicht. Wo stand ich? Direkt auf dem Vorplatz der Klagemauer. Wow, welch große Mauer. Alles war beleuchtet und viele Menschen beteten. Die Steine schienen fast weiß, so viel Energie wirbelte dort in der Luft. Ich lief geradewegs zur Mauer. Links waren die Männer und rechts die Frauen, sie wurden durch einen Holzzaun getrennt. Zur Linken stand ein Brunnen, das Wasser lief aus Hähnen und im Steinbecken standen kleine Kännchen. Ich dachte: *Oh cool, da kann ich mal eben meine Falsche auffüllen, die war schon lange leer.* Von oben kam direkt ein Veto. Nein, das ist zum Händewaschen. *Oh, Entschuldigung, das wusste ich nicht.* Ich kippte das Wasser wieder weg und wusch meine Hände. Da wurde mir klar, dass man die Mauer nur mit gewaschenen reinen Händen anfassen sollte. Ich lief so weit nach vorne, wie es ging. In den ersten drei Reihen standen die Frauen. Danach standen, glaube ich, ca. zehn Reihen Stühle hintereinander wie in der Kirche. Viele hielten ihr Gebetbuch in der Hand und beteten. Ich stellte mich direkt in die dritte Reihe und sendete den Gedanken aus, dass ich gerne links in der Ecke an der Mauer stehen möchte, gesagt, getan. Nach ca. zwei Minuten ging die Frau aus der Ecke heraus. Es rutschte keine nach. Es war, als ob mir der Platz freigehalten wurde, so lief ich direkt dorthin und stand an der „Mauer".

Die Mauer aus dem Fernsehen, ich stand an ihr. Wow, war die hoch. Die Leute stopften lauter Zettel mit Wünschen in die Ritzen. Ich fing an zu beten, sprach mein Mantra, betete, sprach mein Mantra, betete und heulte mir die Seele aus dem Leib. Irgendwann sagte ich: „Bitte, Gott, lass Gnade walten und nimm mir die Last von den Schultern, ich kann sie nicht mehr tragen." Mein Leben war bis dahin anstrengend, Gott wusste das, er hatte mir ja am Mittag gesagt, dass er alles wisse. Darauf folgte etwas, was ich bis heute nicht erklären kann. Es war, als ob zwei Hände meine schwere Last des Lebens von meinen Schultern nahmen und in die Mauer hineingingen. Ich sagte nur: „Die Mauer lebt." Diese Aussage hörte ich nach Wochen, als ich zurück in Deutschland war, auch von einer anderen Dame. Die Mauer lebt, Gott gibt es, Jesus gibt es und die Engel. Ich wusste, dass ich fertig war, und ging. Ich musste mich erst einmal setzen, weil mir schwindelig war. Ich hatte Durst ohne Ende, weil dort sowie in der Grabeskirche eine immense Energie durch mich geflossen war. Ich saß lange, bevor ich mich auf den Weg machen konnte. Die Männer auf der anderen Seite sangen ein tolles Lied und tanzten im Kreis. Viele Frauen stellten sich auf die Stühle, um über den Zaun zu schauen, was sie dort machten. Ich trat den Heimweg an. Noch auf dem Platz sprachen mich Passanten an, ob sie ein Foto von mir machen dürften, ich ließ es zu. Eine Wahrsagerin wollte mich segnen, schaute mir in die Augen, lächelte und meinte, dass ich schon gesegnet sei. Am Ausgang stand jemand, der Getränke verkaufte. Dort holte ich mir erstmal etwas zu trinken.

Ich lief den Weg durch die kleinen Gassen zurück zum Jaffa Gate. Am Ausgang waren Stände mit Essen. Ich bekam riesigen Hunger. Ich stand lange vor einem Stand, an dem man Brote mit einem grünen Pulver (ich weiß nicht, was es war) kaufen konnte. Irgendwie war ich noch so perplex von der Mauer, dass ich kein Wort auf Englisch rausbrachte. Eine Frau schaute mich an, lächelte, gab mir ein Stück Brot mit dem Pulver zum Probieren. Ich zeigte an meinem Bauch, dass es schmeckte. Daraufhin kaufte sie mir eins und schenkte es mir. Ich genoss es auf dem Nachhauseweg und hatte das Gefühl, dass die Engel mir die Energie gaben, mich beschützten und mir Kraft für das Bein und den Rücken gegeben hatten. Erstaunt über alles, was an diesem einen Tag passiert war, und weil ich aufgrund des Lärms vom Nachtleben nicht schlafen konnte, war ich bis in die frühen Morgenstunden wach. Dort fing das Leben erst ab 22:00 Uhr an und ging bis in die frühen Morgenstunden. Sie lebten im Sommer mehr am Abend, da es tagsüber mitunter sehr heiß wurde.

Am nächsten Morgen fragte ich die Geistige Welt voller Vertrauen und Glückseligkeit, wohin mein Weg für mein höchstes Wohl gehen solle. Es kam: „Maria Magdalena Church." Die lag auf dem Ölberg, der lag gegenüber vom Tempelberg und der Klagemauer. Auf meiner Karte sah ich sie und wusste, dass ich Richtung Lions Gates laufen musste. Ich konnte die Entfernung nicht abschätzen und wusste, dass es eine weite Strecke war. Diese sollte ich am Vormittag laufen, es war nichts weiter geplant. Zum

Frühstück waren alle Nationalitäten versammelt. Es war eine schöne Erfahrung für mich, so viele liebevolle Menschen auf der Suche nach dem Glauben Jesu auf einem Haufen zu sehen und zu fühlen. Neben mir saß beim Frühstück ein junger Mann, um die 20 Jahre alt. Er suchte seinen Weg und wusste nicht so recht, wohin er gehen sollte. Wir unterhielten uns, was für ihn eine entscheidende Frage klären konnte. Es war überall so in Israel, dass man mit Menschen zusammengeführt wurde, damit der eine dem anderen durch seine Erfahrungen oder der Führung von oben ein Stück in seinem Leben weiterhelfen konnte. Das liebte ich an Israel und dass alle so friedlich und hilfsbereit waren. In Gespräche vertieft, der eine war fertig, stand auf, da saß schon wieder jemand anderes neben mir, schmierte ich mir zwei Doppeldecker, dazu kamen Gurken und Tomaten, und ich legte diese Brote in den Kühlschrank in meinem Zimmer. Ich packte mir eine kleine Flasche Wasser ein und marschierte los. Durch das Jaffa Gate durch die kleinen Straßen bis zum Lions Gate, über die große Straße und links zum Ölberg hoch, ich wurde geführt. Auf der linken Seite las ich, dass da das Grab von Maria sei. Dort standen viele Taxifahrer, die versuchten, Touristen für verschiedene Touren durch Israel zu bekommen. Einer der Männer fragte mich, wohin ich wolle, das Grab sei hier. Ich sagte ihm, dass ich nicht zum Grab wolle, sondern zur Kirche hoch. Da meinte der eine, dass sie geschlossen habe. Ich schaute ihn an und sagte, dass sie geöffnet habe, er meinte, sie habe zu. Das geschah alles auf Englisch. Da sagte ich auf Deutsch, dass es mir egal sei. „Ich gehe trotzdem, wenn ich dahin soll, komme ich schon irgendwie rein." Dies sollte ein weiterer Test sein, ob ich dem Göttlichen vertraute oder nicht.

Das bin ich, die Kämpferin, erst aufgeben, wenn die Hoffnung geschwunden ist. So marschierte ich den Berg hoch, zur Rechten lief ein Bettler und hinter mir kam ein anderer Taxifahrer und sprach mich auf Deutsch an. Er meinte, sie habe zu und zeigte mir die Tür, die zwar geschlossen war, aber nicht verschlossen. Und er meinte, ich solle dem Bettler nichts geben, wenn er mich nach Geld frage. Das verstand ich nicht und sagte ihm, dass er ein Mensch sei wie er und ich und er etwas zu essen brauche. Der Bettler drehte sich für einen kurzen Moment nach dieser Aussage zu mir um, seine strahlend blauen Augen und seine leuchtende Aura ließen mich in diesem Moment daran glauben, dass er ein Engel war. Es war ein weiterer Test. Ich las das Schild mit den Öffnungszeiten und sah: Dienstag und Donnerstag von 09:00 bis 12:00 Uhr geöffnet. Es war Dienstag, ich schaute auf die Uhr, 10:30 Uhr. Perfekt, es war noch Zeit. Ich drückte die Klinke herunter, öffnete die Tür, ging hinein, schaute den Taxifahrer an und sagte: „Ihr hattet alle Unrecht."

Über einen kleinen schmalen Weg kam ich an der Kirche an. Um die Kirche herum lag ein sehr schöner gepflegter Garten. So ging ich in sie hinein, schaute mich um, setzte mich hin und betete. Es war eine orthodoxe Kirche, sie hatte den gleichen Stil von außen wie in Russland die Kirchen mit den Zwiebeltürmchen. Die Energie darin war komisch, ich fühlte mich nicht wohl und wurde unruhig. So stand ich auf, lief nach draußen und ging um die Kirche herum. Ich machte ein paar Bilder von der gegenüberliegenden Klagemauer und dem Tempelberg und setzte mich auf eine Bank direkt neben dem Kircheneingang. Eine Nonne kam nach ca. fünf Minuten und bat mich mit einer Geste, aufzustehen, da sie die Bank reinstellen wollte. Ich schaute auf die Uhr, es war erst gegen 11:00 Uhr. Komisch, als ob man hier nicht willkommen war. Aufgrund meines Unbehagens lief ich den kleinen Weg zurück zum Ausgang. Auf dem Weg dorthin fragte ich mich, was ich hier sollte. Der Weg war so weit und anstrengend bis hier hoch. Als ich die Klinke in die Hand nahm, schaute ich kurz hinter mich und entdeckte ein Schild in verschiedenen Sprachen, auch auf Deutsch. Dort stand, dass Jesus hier mit Maria Magdalena viel Zeit verbracht und viele Leben gelassen haben soll. Ich verstand es nicht und ging raus. Viel Zeit miteinander, ja, weil sie sich liebten, und mehrere Leben, das hatte ich noch nie gehört. Auf der anderen Straßenseite war im Felsen in einer Vertiefung ein Schild, worauf ich direkt schaute, als ich die Tür schließen wollte.

Dort stand so in etwa: „Wenn du keine 30 Minuten Zeit hast für dich selbst zum Beten und um in dir zu ruhen, bist du hier am falschen Ort." Okay, das war mein Stichwort. 30 Minuten, ich meditierte schon weit über eine Stunde, da sind 30 Minuten ein Klacks. Ich marschierte daraufhin zurück, suchte mir ein Plätzchen gegenüber der Kirche auf einer Bank unter einem Olivenbaum im Schatten und nahm Platz. Dieses Mal schaute ich vorher, ob die Bank festgeschraubt war, somit konnte ich sicher sein, dass keine Nonne kam, um mich des Platzes zu verweisen. Ich schloss die Augen, rezitierte mein Mantra und ging in die Stille. Währenddessen kam eine elegante schwarze Katze, sie legte sich direkt über mir auf einen Ast in den Olivenbaum. Nach ca. zwei Minuten kam eine zweite elegante schwarze Katze, sie legte sich direkt mir zu Füßen. Mir war, als hätte sich Maria Magdalena mir zu Füßen gelegt und Jesus sich über mir auf den Ast. Ich kann dieses Gefühl des Wohlbehagens und der Liebe nicht in Worte fassen, ich war selig in der Mitte von beiden (Katzen) zu sitzen.

Jede Katze hatte sieben Leben, das kam mir in den Sinn zu der Aussage: „Mehrere Leben gelassen." Es war eine Interpretation meines Gefühls. Mir kamen eben Tränen, als ich dieses niedergeschrieben hatte, und es kam gerade noch von oben: „Jesus ist unsterblich und er kann mit seinem Bewusstsein überall sein, auch in einer Katze. Das kann Maria Magdalena auch." Mehr brauche ich an dieser Stelle nicht hinzuzufügen.

Nach einiger Zeit kam der Gärtner an mir vorbei, blieb stehen, lächelte mich an und zeigte auf beide Katzen, er lächelte, faltete seine Hände, schaute nach oben und nickte. Ich lächelte nur zurück. Da kam mir eine Frage über Heilung und Frieden in den Sinn. Ich weiß heute leider nicht mehr genau, was ich gefragt hatte, es ging um Heilung für die Menschheit, Frieden und Liebe. Auf einmal gab Jesus Antworten, wie ich sie nicht er-wartet hatte. Ich weiß den Dialog nicht mehr, es war so viel und stimmig, ein ganzer Dialog. Er gab mir viele Antworten auf viele Fragen, die ich mir seit Monaten selbst gestellt hatte. Es war 12:00 Uhr, ich musste gehen. Jetzt wäre ich gerne geblieben. Ich lief zurück zum Ausgang, die Nonne im Häuschen lächelte und ich verließ einen wunderbaren stillen Ort, da alle an diesem Tag dort schwiegen.

Auf dem Weg zurück merkte ich, dass ich zur Toilette musste. Mist, was sollte ich jetzt machen? Ich stand an der Abzweigung, nach links war das Grab (das hatte über Mittag zu), rechts war augenscheinlich nichts. Ich entschied, trotzdem ein paar Schritte nach rechts zu gehen, und siehe da, es gab eine Toilette. Als ich von der Toilette kam, kam mir einer der Taxifahrer entgegen. Er fragte mich, was ich denn heute noch vorhabe. Ja, ich überlegte kurz und meinte: „Nichts, ich weiß nicht, ich lasse mich führen." Er schaute mich an und sagte, dass heute ein guter Tag sei, um nach Bethlehem zu fahren, da die Grenzen wegen des Feiertages offen seien.

Bethlehem, der Geburtsort von Jesus. Hmmm dieses Angebot sollte ich mir nicht entgehen lassen. Ich fragte ihn, was die Fahrt koste. Er meinte, dass wir uns einig werden würden. Ich sagte ihm, dass ich nicht viel Geld dabei habe und nicht viel bezahlen könne, das sollte ihm bewusst sein. Er schaute mich an, sagte, dass er sehen könne, dass die Engel bei mir seien und wir uns schon einig werden würden. So stieg ich in sein Taxi, er holte mir erst mal Wasser, weil ich schon wieder aufgrund der Energie und Hitze durstig war.

Wir fuhren nach Bethlehem, direkt zur Kirche, in der der Geburtsstern von Jesus lag. Sammy, so nannte sich der Fahrer, war aufgeschlossen und freundlich. Obwohl mein Englisch nicht gut war, konnten wir uns gut unterhalten und ich wusste schon von seinem halben Leben. Er wiederum von meinem, da er einfach fragte. Er wurde in diesem Moment von oben geführt, denn er stellte Fragen zu meiner Lebensgeschichte, die er hätte so nicht sehen können. Er begleitete mich in die Kirche. Wir mussten quer durch die Kirche laufen, um zu einem Kellergewölbe zu kommen, das mit einigen Stufen nach unten führte. Von der Kirche, die im Renovierungszustand war, konnte ich nicht viel sehen, da überall Tücher und Gerüste aufgebaut waren. Wir betraten das Gewölbe, ich wurde sofort von dem Geburtsstern magisch angezogen. Ich kniete nieder und legte meine Hände auf den Stern. Meine Tränen flossen wie ein Wasserfall, eine unglaubliche Hitze durchflutete meinen Körper, ich sah, wie ein Licht hinuntergeschossen kam. Jesu Geburt. Nein, meine. Ich wusste es nicht und musste weinen. Ich wusste nur, dass ich vom selben Licht wie Jesus komme. Ich beruhigte mich wieder und sah zu Sammy, er schaute mich an und sagte nur, dass er es gerade gesehen habe, das Licht. Ich sagte ihm vorher nichts von dem Licht. Ich stand auf, ging zu ihm hin und legte meine Hand auf seine Brust. Er erschrak darüber, wie heiß meine Hände waren. Ich sagte nur, ich solle ihm für seinen Herzschmerz Heilung geben. Er ließ es zu, ihm standen Tränen in den Augen, als die Energie floss. Er fuhr mich anschließend zu einem Souvenirladen, dort bekamen wir frischen Pfefferminztee. Während ich den Tee schlürfte, durchschaute ich die Taktik, denn es war klar, wenn man schön entspannt war, kaufte man schneller. Die Inhaber, Josef und Maria, beide um die 60, verkauften selbst geschnitzte Holzkrippen vom Stall Bethlehem von Jesus Geburt und Schmuck.

Sie wollten mir eine Kette verkaufen mit einem tollen blauen Stein, ich lehnte ab, da sie 200 Dollar kosten sollte. Das hätte ich sowie nicht bezahlt und das war die Kette nicht wert. Josef, der Verkäufer, sagte nur zu Beginn, als ich den Laden betreten hatte, dass er den Engel und das Gotteslicht über mir sehe. Das Gleiche sagten die vier oder fünf Männer, die vor der Kirche saßen, auch, als wir rausgekommen waren. Die brauchten mir nicht zu schmeicheln, so ging ich davon aus, dass es stimmte.

Da ich nichts wollte, ich war selig in meinem Licht und meiner Liebe, schaute Sammy mich an und schenkte mir eine Kette mit einem Kreuz in einem grünen Kreis, drumherum war Silber mit kleinen Kristallen. Ich nahm das Geschenk an, denn es war ein Kreuz aus Bethlehem. Diese Kette trug ich während der ganzen Zeit in Israel und lange Zeit danach. Sie sollte mich an das Licht Jesu erinnern. Später googelte ich nach dem Kreuz mit dem grünen Kreis, es hatte die Bedeutung der vier Erzengel, die im Christen- und Judentum eine Rolle gespielt hatten. Es sind die Erzengel Michael, Gabriel, Raphael und Uriel. Als ich dieses las, war ich dankbar, die Kette von Sammy angenommen zu haben, es bestätigte, was er den ganzen Weg über bei mir sah, die Engel.

Heute, im November 2018, wird mir beim Schreiben noch mal deutlich, dass wir alle das göttliche Licht Jesu in uns tragen. Es wurde nur aufgrund verschiedener Geschehnisse in diesem und in anderen Leben vergessen, es zu leben, und es wurde überschattet. Mir war es bewusst, seit ich seit letztem Jahr die allgöttliche Liebe zu Jesus geschickt hatte. An einem Tag war es so, dass mein Licht mit seinem Licht verschmolz, das heißt, wir waren Licht und Liebe, wir waren alle das Gleiche und eins. Ich hatte vergessen, es zu leben, und war unendlich dankbar dafür, dass ich aufgefordert worden war, dieses Buch zu schreiben, um aus der Akasha-Chronik gezeigt zu bekommen, was ich die letzten Jahre erlebt und durchlebt hatte. Das Licht und die Liebe in meinem Inneren durften sich zur vollen Blüte entfalten. Danke an alle, die mich bis hierhin begleitet, unterstützt und Heilung gegeben haben, irdisch und himmlisch, ich bitte um Segen für alle.

Nachdem wir den Tee getrunken hatten, fragte Sammy mich, ob wir zum Westjordanland fahren sollen, nach Jericho, auch die älteste Stadt der Welt genannt. Ich verstand nur die Hälfte, stimmte dem trotzdem zu, weil ich mir dachte, dass er nicht umsonst fragte. Ich meinte daraufhin zu ihm, dass, wie schon erwähnt, ich nicht so viel Geld dabei habe. Er meinte nur, wir werden uns einigen.

Die Grenzen waren wirklich alle offen und wir wurden überall durchgewunken. Wir kamen nach einer langen Fahrt bei brütender Hitze endlich dort an. Das Schöne war, dass wir direkt am Toten Meer vorbeifuhren. So konnte ich dieses auch sehen. Er fragte sogar, ob ich rein wolle. Ich lehnte das ab, weil ich keine Badesachen und kein Handtuch dabei hatte. Auf jeden Fall gab es unten am Berg ein Lokal, wo wir erstmal einen kleinen Imbiss einnahmen. In dem Lokal warteten alle Taxifahrer und tranken Tee und aßen Antipasti und Datteln, während die Touristen auf den Berg oder anschließend im übergroßen Souvenirshop einkaufen gingen. Ich war die Einzige, die mit ihrem Taxifahrer an einem Tisch saß und aß. Mir war es egal, so bekam ich etwas zu essen und zu trinken. Die Datteln waren dort ein Traum. Noch nie im Leben hatte ich solche süßen und fleischigen großen Datteln gegessen. Er lud mich zum Essen ein. Da ich ja nicht verstand, wo wir waren, dachte ich, es wäre nur ein Lokal als Zwischenstation. Als wir fertig gegessen hatten, brachte er mich zur nebengelegenen Seilbahn und zeigte mir, dass ich mit ihr zum Berg hochfahren solle. Ich schaute rauf und sah in der Ferne ein Gebäude im Berg. Ich dachte nur: *Mist, auf was habe ich mich da eingelassen?* Ich wusste immer noch nicht, wo ich war, nur Westjordanland, mehr nicht. Ich fragte ihn, ob das ein Witz sei und was ich da oben solle. Er meinte nur, ich solle mich beeilen, weil sie um 17:00 Uhr schließen werden. Wir hatten ca. 16:00 Uhr und mindestens 34 Grad. Ich kaufte das Ticket für die Seilbahn, stieg ein und fuhr nach oben, allein. In der Seilbahn gab es keine Klimaanlage und auf der Hälfte stoppte die Bahn.

Mir ging der Arsch auf Grundeis, denn ich hatte kein Wasser und war mutterseelenallein in dieser Bahn. Ich dachte nur, wenn sie jetzt Feierabend gemacht hatten, weil er sich in der Zeit vertan hatte, saß ich fest. Erst mal schaute ich, von welchem Hersteller die Bahn war, aus Österreich. Das gab mir etwas Sicherheit. Nach ca. fünf Minuten fuhr die Bahn endlich weiter. Es stiegen oben zwei Leute ein, deshalb stoppte sie. Als ich oben angekommen war, war keiner mehr dort. Das Lokal war leer, nur der Kellner machte dort sauber. Er zeigte mir, dass ich noch ein ganzes Stück bis hoch zum Eingang laufen musste. *Prima*, dachte ich, *diese Hitze und kein Wasser dabei.* Als ich nach ca. zehn Minuten dort ankam, sagte der Türsteher mir, dass es bereits geschlossen sei, es komme niemand mehr herein. Ich sagte ihm, dass noch 15 Minuten Zeit seien. Das störte ihn nicht und er wiederholte, dass es geschlossen sei. *Da fahre und laufe ich den Weg nach oben und komme nicht mehr rein.* Ich musste mich setzen und Rast machen. Als ich saß, kam eine Italienerin aus dem Kloster. Ich konnte zu diesem Zeitpunkt nicht erkennen, dass es ein Kloster war. Sie schaute mich an und fragte, ob ich nicht mehr hereingekommen sei. Ich verneinte. Sie fragte mich auf Englisch, ob ich die Fotos von innen sehen möchte. Klar wollte ich. Sie zeigte mir die Bilder. Bei einem sagte ich: „Halt, an diesem Stein saß Jesus." Sie schaute mich an und fragte, woher ich das wisse, es stimmte.

Ich spürte die Energie, die von Jesus in diesem Stein gespeichert war. Dann sagte sie, dass Jesus nichts zu essen gehabt und an diesem Stein gebetet hatte. Sie wollte schon los, da wir die letzten zwei auf dem Berg waren. Da sagte ich ihr, sie solle einen Moment warten und sitzen bleiben. Ich möchte wenigstens beten, wenn ich schon nicht hereinkomme. Sie schaute mich an und stimmte dem zu. Sie war in ihrem ganzen Dasein so nervös und hatte Hummeln im Hintern. Das sagt man bei uns so, wenn jemand übernervös ist und nicht stillsitzen kann. Ich fing an, mein Mantra zu sprechen, und betete. Ich merkte auf einmal, wie eine Energie von oben kam. Da ich den Impuls bekam, meine Hände auf ihr Herz-Chakra zu legen, fragte ich sie, ob das okay für sie sei, denn die Energie Jesu kommt gerade herunter. Sie stimmte dem zu. Dann geschah etwas. Die Energie floss so stark durch mich in sie, dass sie völlig ruhig und relaxt wurde und ich merkte, dass wir flogen. Als ich spürte, dass es gut war, nahm ich meine Hand weg. Sie schaute mich an und fragte, was das gewesen sei, sie sei wie ein Adler geflogen, und meinte, in den letzten Monaten nie so entspannt gewesen zu sein wie jetzt, sie war in Liebe. Ich sagte ihr, dass es die Jesusliebe war, die sie auf einer Woge der Liebe getragen habe. Sie hatte noch nie so ein schönes Gefühl in sich gespürt und war überaus dankbar. (Zur Erklärung, am Flughafen auf dem Nachhauseweg kaufte ich mir ein Buch über die Jesuswege. Da war das Bild von dem Berg. Ich befand mich auf dem Berg der Versuchung in Jericho im Westjordanland. Dieses Buch sollte mir erst beim Abflug in die Hände fallen, um zu wissen, welche Wege ich in Israel unwissentlich gegangen bin.) Wir liefen zur Seilbahn und fuhren gemeinsam hinunter. Sammy wartete bereits auf mich und so fuhren wir anschließend zurück nach Jerusalem. Kurz bevor wir dort ankamen, fragte er, ob es ein schöner Tag gewesen sei. Ich beantwortete es mit einem Ja. Dann sagte er mir, was er an Geld haben möchte. Ich meinte zu ihm, dass ich ihm gleich zu Beginn gesagt habe, dass ich nicht viel bezahlen könne, weil ich nicht so viel dabei habe. Er meinte, dass ich am EC-Automaten Geld abheben könne. Da sagte ich ihm, dass auch das nicht gehe, denn ich hatte keine PIN, was stimmte. Ich hatte einfach vergessen, meine PIN-Nummer aufzuschreiben, und da ich die Kreditkarte kaum benutzte, wusste ich die Nummer nicht. Die EC-Karte hatte ich gar nicht aus Deutschland mitgenommen. Ich weiß nicht mehr, wie viel Geld ich dabei hatte. Ich wusste nur, dass ich 200 Euro für die restlichen Tage an Bargeld hatte. Davon musste die Rückfahrt zum Flughafen bezahlt und etwas zu essen gekauft werden. Die Rechnung vom Hostel hatte ich per Karte bezahlt, da brauchte ich nur zu unterschreiben. Ich hatte die zwei Tage vorher Euro in Shekel getauscht. So fragte ich ihn, ob er einen schönen Tag mit mir verbracht und er es genossen habe. Er bejahte es und ich fragte ihn, wenn er zu Jesus bete, was dann sein Wort zähle. Da musste er grinsen. Sein Wort war ihm wichtiger als mein Geld. Ich gab ihm das, was ich in diesem Moment für angebracht hielt und geben konnte. Am Grab von Maria ließ er mich raus. Er umarmte mich und schaute mich lange an und sagte immer wieder, dass er die Engel bei mir sehe.

Ich hatte Glück, denn ich konnte kurz in das Grab von Maria gehen. Dort saß ich eine Weile allein an ihrem Grab. Hier war eine andere Energie zu spüren als in der Grabeskirche. Danach machte ich mich auf den Nachhauseweg. Es war ein langer Weg und ich war erschöpft. Auf dem Weg dachte ich, dass ich die Straßenbahn bis zum Hostel nehmen könnte. Von dem Jaffa Gate brauchte ich ca. sieben Minuten bis zur Station und sie hielt in der Nähe des Hostels. Zu meinem Erstaunen waren alle Geschäfte zu, die neue Stadt wie leergefegt, es fuhren keine Autos mehr und die Straßenbahn war außer Betrieb. Ich verstand die Welt nicht mehr. Da fiel mir ein, dass Sammy mir gesagt hatte, dass alle Grenzen auf waren, weil Feiertag war. Bei denen begann er um 17:00 Uhr und ging bis zum nächsten Tag um 17:00 Uhr. So fing auch der Shabbat (Ruhetag) an. Das wusste ich nicht. So bat ich die Engel, mir bitte für den langen Fußmarsch Energie zu geben, was sie daraufhin auch taten. Als ich im Hostel ankam, musste ich die vier Etagen nach oben laufen, da auch der Aufzug ausgestellt war. Völlig beseelt, erschöpft und hungrig fiel mir auf einmal ein, dass ich mir ja glücklicherweise Brote am Morgen gemacht hatte. Jetzt ergab es einen Sinn. Mit den Broten setzte ich mich in die Gemeinschaftsküche. Der Tisch, an dem ich saß, füllte sich immer mehr. Es brachte eine ganze Gruppe ihr Essen auf den Tisch und alles wurde geteilt, jeder durfte davon essen. Es war ein schöner geselliger Abend mit Freude, guten Gesprächen, Harmonie und Liebe. In der Nacht war es wieder laut draußen (es war Feiertag, die Menschen feierten) und ich schlief wenig in der Nacht. Mein Energiepegel war durch die zwei Vortage so hoch wie nie zuvor.

Am frühen Morgen schaute ich, welche Ausflüge vom Hostel angeboten wurden. Dabei stieß ich auf eine Rundtour von Jerusalem nach Caesarea, weiter nach Nazareth, zum See Genezareth, Jordan River und wieder zurück zum Hostel. Mir ging die Idee durch den Kopf, dass ich die Tour buche und in Tiberias aussteige. Den Jordan River konnte ich später von dort aus besichtigen. So hatte ich für den heutigen Tag Zeit, nach Old Jerusalem zu gehen, um ein bisschen zu bummeln und um mir eine kleine Kirche, sie nannten sie die Engelskirche, und ein Hospiz anzuschauen. Ich wollte unbedingt in ein Hospiz. Ich ging zum Frühstück und buchte anschließend die Tour für den morgigen Tag, da es weiter nach Tiberias gehen sollte. An diesen Morgen schmierte ich mir wieder Brote, weil die Geschäfte weiterhin geschlossen blieben, die Straßen von Lärm und Autos befreit, die Straßenbahn stand weiter still und mein Magen blieb ziemlich leer. Zum Frühstück aß ich so viel, dass ich über mich lachen musste, denn ich erinnerte mich an den Film „Eat, Pray, Love" mit Julia Roberts. Als sie da im Ashram in Indien war, nannte sie ein Herr „Hau Rein". Er nannte sie so, weil sie Unmengen an Essen verschlang.

Da ich erst am späten Vormittag nach Old Town lief, war es schon sehr heiß. Der Sonnenhut und die Sandalen waren zu dieser Zeit Gold wert und kamen voll zum Einsatz. Jetzt verstand ich, warum ich diese Sachen hatte kaufen sollen. In Old Town angekommen hörte ich jemanden ein Horn blasen, das Shofar. Jemand blies einen ganz langen tiefen Ton. Ich blieb stehen. Es stockte mir der Atem, das hatte ich schon einmal gehört. Es erinnerte mich an etwas. An was nur? Es gab mir das Gefühl, schon einmal in Israel gelebt zu haben. Da ich wissen wollte, wer es blies, ging ich durch ein anderes Gate, „das neue Tor". Der Mann hatte weiße Kleider an und trug einen Tallit drüber. Der Tallit ist ein Gebetsmantel. So liefen alle Männer dort an diesem Feiertag herum und die Frauen trugen festliche Kleider (Röcke oder Kleider, keine Hosen, auch an Shabbat, mir gefiel das). Da ich durch das Tor lief, war ich gleich im christlichen Viertel. Perfekt, da wollte ich hin, hier sollten die Engelskirche und das Hospiz sein. Ich stand auf der Via Dolorosa, lief sie hoch und runter, immer vom christlichen bis zum muslimischen Viertel. Ich schaute jedes Haus genau an und das zweimal. Dann sah ich das Hospiz, es war kein Hineinkommen möglich. Alle Türen waren dort mit Codetaster versehen und mein Englisch war nicht gut genug, um zu erklären, dass ich einfach nur hinein wollte, um jemandem meine Liebe und Hingabe zu schenken.

So lief ich wieder zum dritten Mal die ganze Straße rauf und runter, um zumindest die Kirche zu finden. Keine Chance. Ich setzte mich auf den Boden, weil ich nicht mehr konnte. Die Hitze, mein Wasser ging schon dem Ende zu und die Läden hatten noch alle zu. Ich saß einige Zeit an eine Hauswand angelehnt im Schatten und fragte mich, was ich hier machte. Ich schaute dabei immer auf einen gegenüberliegenden schmalen

Eingang, er sah aus wie ein Schlauch und als ob er zu den Wohnhäusern der Menschen führen würde. Es war kein Platz zwischen den Häusern, jeder Zentimeter war verbaut. Warum zog mich die Via Dolorosa so an und warum hatte ich diese innere Stärke, sie immer wieder auf und ab zu laufen?

Die Antwort fand ich später in dem Buch, das ich mir am Flughafen bei der Abreise gekauft hatte. Es war die Straße des Kreuzweges von Jesus. Da wurde mir bewusst, warum ich diese Kraft hatte und dort weinen musste. Ich wurde getestet, was ich tun würde, um einem sterbenden Menschen Liebe und Hingabe geben zu wollen, das wurde mir erst lange Zeit später klar.

Die Kirche wollte ich auf jeden Fall finden. So ging ich in ein Gästehaus, um nach ihr zu fragen. Sie wussten von nichts. Ich lief in das Gebäude gegenüber, weil dort ein Pförtner saß, und fragte ihn. Er meinte, dass es eine kleine Kirche hier nebenan gebe. Ich solle nach zwei Häusern direkt in einen kleinen Gang gehen und ihm folgen. Ich lief los, ging genau dort rein, wo ich vorher die ganze Zeit drauf gestarrt hatte, folgte dem Pfad und kam an einer kleinen Kapelle an. Über ihrem Eingang war ein Wandgemälde von einem Erzengel. Ich freute mich, sie gefunden zu haben. Leider war sie verschlossen, da sie nur zu bestimmten Zeiten geöffnet wurde.

Ich hatte sie gefunden, das reichte mir erst mal. Ich setzte mich vor die Kirche und war dankbar, an einem so wundervollen Ort in einer tollen Stadt zu sein. Nach einer Weile machte ich mich weiter auf den Weg, schaute mir die Erlöserkirche an, schlenderte nach hier und da. Gegen Nachmittag war ich so erschöpft und brauchte unbedingt Wasser. Ich entschied, auf dem Rückweg durch das Jaffa Gate zurückzugehen, und konnte dort einen Kiosk finden, der geöffnet hatte. Danach trat ich den Weg zum Hostel an. Meine Brote kamen zum Einsatz. Der Koffer musste gepackt werden, da es am nächsten Tag früh losging.

Am Morgen gab es schon Frühstück, obwohl es eigentlich noch gar nicht eröffnet war. Ich war dankbar, dass sie es eine halbe Stunde früher bereitstellten, und haute rein, was rein passte, und packte mir zwei Brote für die Fahrt ein.

Es ging um 08:00 Uhr nach Caesarea. Dort angekommen gingen wir in das Caesarea Maritima. Hier waren ein Amphitheater und eine alte Arena für Pferdekutschenrennen direkt am Meer, es war eine antike römische Ruine. Diese Stätte war nichts für mich, ich konnte in der Arena eine Energie spüren, die mir Gänsehaut über den Rücken laufen ließ, und war froh, als es weiterging. Gegen Mittag waren wir in Nazareth, auf dem Weg dorthin war es schon brütend heiß. Da wir spät dran waren und es so heiß war, fragte der Fahrer, ob wir den Aufenthalt in Nazareth von zwei Stunden auf eine Stunde reduzieren könnten und dafür zwei in Tiberias verbringen, eine Stunde am Wasser zum Schwimmen und eine für die Stadt. Die Mehrheit war dafür, ich nicht, da ich Nazareth in diesem Moment interessanter fand. Er gab uns einen Plan von Nazareth, auf dem alle Sehenswürdigkeiten eingezeichnet waren. Auf dem Weg dorthin konnte ich mich nicht entscheiden, wohin ich gehen sollte. Es stand alles auf Englisch und ich wusste nicht, was welche Kirche oder Stätte bedeutete. Ich schloss die Augen: „Liebster Erzengel Gabriel, ich habe eine Stunde für Nazareth, wo soll ich hingehen, was ist wichtig für mich?" „Nummer 7", lautete die Antwort. Hmmm, knapp und präzise wie immer. Ich schaute auf die Karte und tatsächlich, jede Sehenswürdigkeit war mit einer Nummer versehen, das war mir vorher gar nicht aufgefallen. Dort stand Mary's Well. Keine Ahnung, was das hieß. Ich dachte mir nur, wenn er das sagte, hatte es einen Grund.

Der Fahrer gab uns eine Stunde. Alle liefen los, und zwar direkt zur Verkündungsbasilika (hier soll der römisch-katholischen Überlieferung zufolge der Erzengel Gabriel der Jungfrau Maria erschienen sein. Das las ich erst später in meinem schlauen Buch). Ich ging natürlich wie in einer Herde hinterher und mit rein. Ich lief durch die Kirche und sah eine kleine Höhle. Dort reihte ich mich ein, um zu schauen, was da war, und spürte nichts Sonderliches. Da kam die Nummer 7 in meinen Kopf. Geh zu Nummer 7!

So lief ich los und suchte Nummer 7. Raus aus der Basilika, dann rechts und links die Straße hoch. Ich lief zu weit, laut Lageplan, und ging ein Stück zurück und fand nichts. Hinter meinem Rücken war die Basilika und vor mir ging mein Blick auf ein Haus. Ich ging wieder die Straße hoch, auf der Hälfte kam die Info, dass ich zu weit sei, so ging ich wieder zurück und stand dort in der Ecke. Okay, hinter mir war die Basilika, keine Ahnung, was die mir sagen sollte, sie konnte es nicht sein. Vor mir direkt auf der Ecke ein gewöhnliches Haus. Auf einmal wanderte mein Blick über den Eingang, da stand etwas mit Mary … *Sollte es das sein? Was sollte ich in einem gewöhnlichen Haus?* Eine alte Dame kam heraus und fragte, ob sie mir helfen könne. Sie sah weise aus. Ich erwiderte, dass ich glaubte, es in diesem Moment gefunden zu haben.

Ich betrat das Haus und sah im Boden alte freigelegte Grundmauern von zwei Räumen. Es war abgesperrt, ich konnte sie nicht betreten. Oberhalb der Mauern war ein Schild, auf dem alles erklärt war, leider nur auf Hebräisch und Englisch. Ach egal, ich machte schnell ein Foto und dachte, dass ich später googeln konnte, was es bedeutete. *Was soll ich hier?* Ich ging zur Toilette, die dort war, und wusch meine Hände und mein Gesicht. Als ich von der Toilette kam, blieb ich noch mal stehen, drehte mich um und schaute direkt auf eine Tafel. Dort stand etwas auf Hebräisch und darunter auf Englisch. EG, 1., 2. und 3. Etage. Dort las ich das Wort Chapel. *Was, hier gibt es eine Kapelle und das Haus hat drei Stockwerke?* Ich blickte auf die Uhr, es waren noch ca. 40 Minuten Zeit, ich nahm die Treppen hinauf, weil der Aufzug nicht kam. Mensch, bei der Hitze, musste das sein? Oben angekommen war ich auf dem Dach des Hauses und sah zu meiner Rechten eine kleine runde wunderschöne Kapelle. Mein Mund blieb offen stehen, wie konnte so etwas Schönes hier oben versteckt sein? Ich ging in die Kapelle und durfte feststellen, dass ich allein war.

An den Wänden war die Verkündung bis zur Kreuzigung handgemalt. Vorne am Altar, unter der Kuppel, war ein Bild von Jesus mit seinen zwölf Jüngern und neben ihm Mutter Maria und um ihn herum Erzengel Gabriel und viele kleine Engel. Jesus hielt die Hände auf dem Gemälde so, als ob er nach unten Energie fließen lassen würde. Ich überlegte keine Sekunde und streckte ihm meine Hände entgegen. In diesem Moment, als ich das tat, schoss eine Energie von oben herunter, sodass mir so heiß wurde, dass ich die Sandalen ausziehen musste. Ich kochte über und mir liefen die Tränen wie ein Wasserfall hinunter, es war Erzengel Gabriel. Er war mit seiner Energie überdimensional groß zu spüren. Ich stand so eine ganze Weile, bis die Energie weniger wurde. Mir war so heiß, dass ich mich am liebsten ausgezogen hätte, und die Knie waren so weich, dass ich mich setzen musste. Erzengel Gabriel war da, das musste ich erstmal sacken lassen. Die Energie von ihm und Jesus war unterschiedlich. Mein Blick fiel auf den Altar, ich konnte dort Zettel schreiben und in einen Korb legen. Ich stand auf, nahm den Stift und schrieb los. Leider weiß ich nicht mehr, was, es ging um Frieden und Gnade in der Welt und dass Licht und Liebe zu allen Menschen dieser Welt fließen mögen. Der Zettel war voll und meine Zeit um. Draußen machte ich schnell ein kleines Video, da ich von dort oben einen super Ausblick über Nazareth und die nebenliegende Basilika hatte. Auf dem Weg zum Auto musste ich mir unbedingt etwas zu trinken holen, weil ich überhitzte. Der Verkäufer schaute mich an, als ob ich eine Außerirdische wäre.

Ich begrüßte ihn, ohne nachzudenken, mit „Salam Aleikum", das ist Arabisch und heißt: „Friede sei mit euch." Er antwortete mir mit einem respektvollen: „Wa aleikum as Salam." Wir nickten und grinsten uns zu, während er das Getränk abkassierte. Mit einem Schlag wurde mir es bewusst, als ich las, dass es das Haus von Maria war, in dem sie gewohnt hatte und ihr da die Empfängnis verkündet wurde. Ich fragte, ob noch jemand in dieser Kapelle gewesen war. Nein, es war kein anderer aus der Gruppe in dem Haus. Gefühlsmäßig würde ich sagen, dass es nicht die Basilika war, wo die Verkündung stattgefunden hatte, sondern wirklich das Haus. Das war ein Impuls von dem, was ich an beiden Orten spüren konnte.

Wir fuhren nach Tiberias, ich war gespannt. So selig wie in diesen Moment, ich schwebte auf Wolke sieben, durfte es gerne weitergehen. Der Fahrer fuhr zum See, an dem ein Strandbereich war. Diejenigen, die schwimmen wollten, konnten dies tun. In Tiberias war es um die 5 Grad heißer als in Jerusalem. Nach dem Baden ging es weiter zur Stadt. Wir fuhren zu einem zentralen Parkplatz am Hafen. Es war gegen 14:00 Uhr und sehr wenige Menschen draußen zu sehen. Wir hatten hier eine Stunde. Die Autotür ging auf, ich stieg aus und mich überkam ein Gefühl, eine Abneigung gegen diesen Ort. Es war wie eine Welle, meine Laune kippte, ich wollte nichts mehr sehen, nicht laufen, nichts mehr. Ich lief einmal die Strandpromenade am Hafen entlang und machte dort nur ein Foto mit dem Wasserpegel vom See, der in dem Jahr sehr niedrig war. Mit dieser Laune war ich zu nichts mehr zu bewegen. Ich suchte mir einen schattigen Platz, was gar nicht so einfach war, und blieb dort sitzen. *Was soll ich hier überhaupt und wieso bin ich auf einmal so schlecht gelaunt? Mir ging es doch eben noch so gut.* Ich überlegte wirklich, ob ich weiter mit zum Jordan River und zurück zum Hostel nach Jerusalem fahren sollte. Die Stunde war um und meine Laune immer noch mies. *Was mache ich jetzt bloß?*

Ich lief mit diesem Gedanken zum Auto zurück und stieg ein, im Glauben, dass mir Zeit zum Überlegen blieb. Der Fahrer sagte mir, dass er mich direkt am Hostel rauslassen würde, da es auf dem Weg lag. Er fuhr los, hielt keine drei Minuten später an, lud meinen Koffer aus, ich stand da und er war weg. Da ich in der brütenden Sonne stand, blieb mir mit dem schweren Koffer erst mal nichts anderes übrig, als in das Hostel hineinzugehen. Der Herr an der Rezeption begrüßte mich sehr freundlich und fragte nach meinem Namen. Ich konnte dem Ganzen nichts abgewinnen und sagte, dass ich für sieben Nächte gebucht hätte, mich eben umentschieden hätte, weil es mir hier nicht gefalle und nur eine Nacht bleibe. Ich weiß nicht, was oder wer ihn dazu bewegte, er sagte, ich solle zumindest drei Nächte bleiben.

Rechts neben der Rezeption war eine kleine Sitzgelegenheit. Dort saßen zwei Herren, der eine davon schaute mich an und fragte auf Schweizerdeutsch, ob ich Deutsche sei, ich bejahte. Er wollte wissen, was los sei. Ich konnte es nicht erklären, erwiderte nur, dass es mir gar nicht gut gehe und sich alles schlecht anfühle, seit ich hier angekommen sei. Er meinte, es sei die Hitze und ich solle erstmal eine Pause einlegen. Er fügte hinzu, dass ich, falls ich Hilfe bräuchte, ihn jederzeit ansprechen könne.

Er wohnte oberhalb in dem Apartment Hotel und hieß Daniel. Ich weiß nicht, wieso oder warum, allerdings buchte ich daraufhin für drei Nächte. Sie gaben mir ein Zimmer mit Blick auf den See Genezareth. Dieses lag direkt an der Hauptstraße, der Lärm war unerträglich, der Blick wunderbar. In dem Zimmer war eine schlechte Energie und Schimmel im Bad. Meine Nase fing an zu laufen und ich konnte es dort drinnen nicht aushalten. Ich lief zur Rezeption und bat um ein ruhiges Zimmer. Sie meinten, dass im dritten Stock etwas frei sei, dieses Zimmer allerdings keinen Balkon habe und zur anderen Seite liege. Mir war das egal. Er zeigte mir erst das Zimmer, ob ich damit einverstanden sei. Es war ruhig, sauber, frei von Schimmel und gemütlich, mit Blick auf die dahinterliegenden Berge. Ich nahm in Kauf, keinen Balkon zu haben, dafür die Ruhe, und entschied mich für dieses Zimmer. Ich holte meinen Koffer und packte ihn aus. Auf der anderen Straßenseite war ein kleiner Kiosk mit Supermarkt, dort kaufte ich Wasser und komischerweise zwei Joghurts mit 5,5 % Fett. Diese aß ich sonst nie. Ich ging zum Zimmer zurück und fühlte mich völlig fehl am Platz.

Ich versuchte, erst mal eine Stunde zu schlafen, weil ich dachte, durch die Hitze und das, was alles geschehen war, und durch den wenigen Schlaf in Jerusalem, ich wirklich nur Schlaf bräuchte. Als ich wach wurde, war das schlechte Gefühl stärker denn je. Denn mit einem Mal wurde mir bewusst, dass ich gar nicht wusste, wie ich zum Flughafen nach Tel Aviv zurückkomme. *Wie um alles in der Welt konnte ich vergessen, nach einer Rückfahrt zu schauen? Was mache ich denn jetzt, und was soll ich hier?* Es war, als ob alles von etwas Schlechtem getriggert wurde. Ich fing daraufhin an zu weinen und schlief weiter. Ich wurde wieder wach, dieses schlechte Gefühl war immer noch da. Da fing ich an, nach einer Möglichkeit zu googeln, wie ich zum Flughafen kommen könnte. Es kam hinzu, dass ich ja nur knapp 200 Euro hatte und keine PIN für die Karte. Ich bat die Engel, mir zu helfen, kostengünstig an Essen zu kommen. Ein privater Taxi-Service wollte knappe 200 Euro für die Fahrt zum Flughafen, das kam nicht infrage. Ich fand einen Bus nach Nazareth. Das Abraham Hostel gab es auch in Nazareth, von dort fuhr ein Bus nach Tel Aviv, Kosten insgesamt 200 Euro. Ich googelte nach einem Flug nach Hause, der am übernächsten Tag gehen sollte, weil ich wegwollte. Ich könnte kostenlos per Anhalter fahren, das wären auch 200 Euro. Ich rechnete, was es kostete, wenn ich für die letzten vier Tage im Hostel bleiben würde, das waren auch 200 Euro. Das gab es doch gar nicht! Alles 200 Euro! Was war das für ein Scherz? Ich sollte mich entscheiden, welchen Weg ich wählte. Ich weinte wieder, schlief, und das Gefühl wurde nicht besser. Nachdem ich einen der beiden Joghurts gegessen hatte, er machte satt, entschied ich, zu schlafen, da ich keine

Entscheidung fällen konnte. Vielleicht war ich wirklich nur übermüdet und mit der ganzen Energie überfordert, der Körper musste sie verarbeiten.

Als ich am nächsten Morgen wach wurde, war das Gefühl genauso wie am Vortag. So meditierte ich und machte meine Übungen, es wurde trotzdem nicht besser. Ich musste eine Entscheidung fällen, so ging das nicht weiter. Um mir einen Überblick zu verschaffen, lief ich zum Busbahnhof, der nicht so weit entfernt war. Ich hatte Pech, die Dame an der Auskunft sprach nur Hebräisch. Da sah ich einen Bus, der nach Jerusalem fuhr. Ich traf zwei deutsche Passanten und sprach sie an, ob sie evtl. wüssten, von wo ein Bus nach Tel Aviv fahre. Sie wussten es nicht und sagten mir, sie wüssten sowieso nicht, was das für ein Ort sei, sie seien jetzt seit einem Tag hier und ihnen würde es hier nicht gefallen. Ich schaute sie an und bestätigte, dass es mir genauso erginge. Ich lief daraufhin zurück zum Hostel und entschied noch mal, nach einen Flug für zwei Tage später zu suchen, da es mir nicht besser ging.

Auf dem Rückweg lief ich an einem leer stehenden Gebäude vorbei. Es zog mich an und ich konnte die Energie einer alten Dame spüren, es wurden mir Kinder gezeigt. Es war ein Rohbau mit drei Etagen, die dritte Etage oben war fast fertig. Mich überkam das Gefühl, dass ich beobachtet wurde. Ich ging ein Stück näher an das Haus heran, konnte da nicht hinein, weil das Tor zugesperrt war. Komisch, ich fühlte eine Präsenz der alten Dame. War sie hier gestorben? Ich bekam das Bild einer Schule in den Sinn. Merkwürdig, denn das Gebäude war doch im Rohbau. Wie dem auch sei, so ging ich in mein Zimmer. Dort angekommen schaute ich nach einem Flug und wurde fündig. Es galt für mich noch mal, alles abzuwägen. Flug oder nach Jerusalem fahren? Dort drei Nächte bleiben und den regulären Flug nehmen, oder hierbleiben? Nazareth fiel weg, weil es schlichtweg zu umständlich mit dem Koffer gewesen wäre. Ich entschied, den Flug zu buchen, irgendwie werde ich nach Tel Aviv kommen. Kurz bevor ich Enter drückte, kam mir der Gedanke, dass ich das Ticket sofort nach der Buchung ausdrucken müsste, da ich kein Internet auf dem Handy hatte. So lief ich total verheult zur Rezeption und fragte nach einem Drucker. Angeblich hätten sie keinen da, ich sollte in das Apartment Hotel hinüberlaufen, dort gebe es einen. Konnte das denn wahr sein? Das gab es doch nicht! So verheult, wie ich war, lief ich los. Ich schämte mich, mit diesen Augen auf die Straße zu gehen, hielt aus diesem Grund den Kopf nach unten und wischte mir die Tränen aus den Augen. In diesem Moment prallte ich mit Daniel zusammen. „Huch, Entschuldigung", stammelte ich und schaute ihn an. Er schaute mich an und fragte, was mit mir los sei. Ich sagte ihm, dass ich nach Hause möchte und ich dazu einen neuen Flug buchen müsse und dies jetzt ausdrucken wollte. Er fragte, wo ich die letzten zwei Tage gewesen war. Ich gab ihm zur Antwort: „Na, in meinem Zimmer, wo sonst?"

„Und was hast du gegessen?", kam hinterher. Ich darauf: „Nichts, außer zwei Joghurt." Darauf er: „Wie kann man es ohne Essen aushalten? Komm erstmal mit, dann bekommst du etwas zu essen und zu trinken und wir reden."

Wir gingen hoch in das Apartment Hotel, setzten uns in einen großen Saal. Er gab mir etwas zu essen und zu trinken und fragte mich, warum ich nach Hause wolle. So erzählte ich ihm die ganze Geschichte. Auch, dass ich in Deutschland immer genau auf dieses Hostel geführt worden bin. Als ich fertig war, fragte er mich: „Warum bist du hier in Tiberias?" Ich schaute ihn an und sagte mit einer klaren und festen Stimme: „Weil ich auf den Berg der Seligpreisung muss." Er meinte, dass ich bei der Hitze da nicht hinlaufen könne. Es seien ca. 4 Kilometer von der Busstation aus zu laufen. Er wolle in den nächsten Tagen ein Taxi organisieren, das mich zum Berg und zur Kirche bringen werde. Da es ein guter Freund sei, würde er mit dem Taxifahrer einen Sonderpreis aushandeln. Dann fragte ich, wie ich von hier zum Flughafen komme. Das sei kein Problem, ich könne das Sherut bis zur Central Station nach Tel Aviv nehmen und von dort mit dem Zug direkt zum Flughafen fahren. Das Sherut kostete ca. 12 Euro und das Zugticket ca. 3,50 Euro. Mir wurde leichter ums Herz.

Er lud mich an diesen Abend zum Essen ein. Diese Einladung nahm ich sehr gerne an. Ich buchte keinen anderen Flug nach Hause, ging auf mein Zimmer und machte mich später zum Abendessen fertig. Wir gingen direkt in das Viersternehotel neben dem Hostel, dort gab es jeden Abend Buffet, weil dort viele Reisegruppen abstiegen. Als ich unter der Dusche stand, sagte ich immer wieder zu mir, dass ich auf den Berg der Seligpreisung und zur Kirche der Seligpreisung fahren werde. Als ich fertig war, bemerkte ich, wie mir richtig leicht zumute wurde, meine Liebe und Leichtigkeit waren wieder da. Komisch, wie konnte das sein? So, als ob jemand den Schleier, den ich seit der Ankunft in Tiberias hatte, auf einmal weggezogen hatte.

So gut gelaunt, wie ich war, ging ich mit Daniel zum Essen. Wir unterhielten uns lange und waren am Abend spazieren. Ich konnte erfahren, dass er fast zehn Jahre in der Schweiz gelebt und gearbeitet hatte, dass sein Vater und seine Mutter direkt nacheinander verstorben waren und seine Frau ihn verlassen hatte, als er zur Beerdigung seiner Mutter in Tiberias war. Er war jetzt nach Jahren noch in schwerer Trauer. Er wohnte in dem Apartment Hotel, hatte alle Schlüssel von allen drei Häusern und konnte wie alle anderen Angestellten jeden Abend vom Buffet essen. Wir sind dort herzlich empfangen und bedient worden. Am nächsten Abend durfte ich den Besitzer mit seiner Frau kennenlernen und ich durfte den Swimmingpool außen vom Hotel benutzen. Das Hostel lag direkt nebenan. Daniel brachte mir alle paar Tage Frühstück, frisches Obst, was mehr als reichlich war, und jeden Abend durfte ich in der Zeit, die ich da war, mit zum Buffet essen gehen. Die Engel hatten meinen Wunsch nach günstigem Essen erhört. Ich brauchte nichts dafür zu bezahlen, selbst Wasser brachte er mir. Ich lernte die beiden Brüder kennen, die das Hostel und das Apartment Hotel führten. Wie ich richtig verstanden hatte, waren es die Söhne vom Viersternehotelbesitzer, so war alles in familiärer Hand. Ich lernte die Rezeptionisten kennen, trank mit ihnen am Nachmittag Tee und abends nach dem Essen ging ich mit Daniel eine Runde spazieren. Er zeigte mir, was ich dort entdecken konnte und wo man tagsüber im See schwimmen gehen konnte, oder wir saßen alle draußen und unterhielten uns. Ich wurde als ein Teil der Familie aufgenommen und fühlte mich da sehr wohl. Sie meinten auch zu mir, dass sie immer die Engel bei mir sehen würden. Mit dem einen Sohn unterhielt ich mich viele Abende, dadurch wurde mein Englisch etwas besser. Er fand meine Ansicht gut, dass das Göttliche für alle gleich sei. Gott fragt nicht, welche Nationalität du bist, um die Liebe, Gnade oder den Segen fließen zu lassen. Er lässt für alle das Gleiche fließen, so wie Jesus auch. Daniel organisierte das Taxi. Als er mich fragte, wann ich dorthin wolle, sagte ich ihm, dass ich Dienstagmorgen um 08:00 Uhr auf dem Berg sein solle und danach direkt zur Kirche. Er schaute mich an und meinte, dass er es für Sonntagmorgen bestelle. Ich schaute ihn an und sagte ihm, dass der Taxifahrer am Sonntag keine Zeit habe und er es bitte für Dienstag, 07:45 Uhr, bestellen solle, sodass ich direkt als Erste auf den Berg könne. Ich wusste in diesem Moment nicht, warum ich das gesagt hatte. Er ging zum Telefon, kam hoch, schüttelte den Kopf und meinte, dass ich recht habe, der Taxifahrer habe keine Zeit und so habe er es für Dienstagmorgen bestellt. Der Preis war für mich okay.

In den nächsten Tagen besuchte ich St. Peters Church, da sie zu einem Kloster gehörte, man konnte nur eintreten, wenn man geklingelt hatte. Sie wurde eine der Lieblingskirchen direkt am Hafen, da es dort schön ruhig war.

Von dem Hostel aus gesehen gab es eine Laufstrecke von über 10 Kilometer, die vorbei an einem Wasserpark, an zwei Badesträmchen, einem Campingplatz bis hin zu den Hot Springs (heiße Therme) verlief. Ein Teil davon war meine Strecke, um einen morgendlichen Spaziergang zu machen. Ich musste immer alles vor 11:00 Uhr erledigt haben, weil es danach zu heiß wurde, danach ging das Leben ab 17:00 Uhr weiter. Ich aß dort die süßesten Früchte, die besten Datteln, Avocados, Orangen, Tomaten und Gurken, das Klima tat meinem Körper gut. Mit dem Laufen klappte es nicht so gut, ich fühlte mich im Gesamten dort trotzdem viel besser. In der Stadt gab es einen großen überdachten Markt, der jeden Tag, bis auf Shabbat, geöffnet hatte. Sie verkauften dort Früchte, Gemüse, frischen Fisch, Fleisch, Kleider etc., immer alles frisch und alle Stände waren offen (keine geschlossenen Läden).

Ich durfte im Apartment Hotel immer auf die große Terrasse, die in den höher gelegenen Stockwerken lag, weil man von dort direkten Blick auf den See Genezareth und auf die Golanhöhen hatte. Für die Nachmittage war das mein Domizil, es war ruhig mit einer supertollen Aussicht, mir konnte es nicht besser gehen. Ich hatte drei Tage, um alles zu erkunden, mich zu erholen, zu meditieren und zu entspannen. Ich genoss es, dort zu sein und so versorgt zu werden. Samstags bekam ich eine Nachricht von oben, dass ich am Montagabend in den See Genezareth gehen und dreimal untertauchen solle. Ich fragte: „Warum?" Es diente zum Reinwaschen. Mir kam das komisch vor, so googelte ich, was da Besonderes sein sollte. Dann las ich, dass es der See sei, in dem Jesus übers Wasser gelaufen sein soll und dass er dort am See Brot und Fisch vermehrt haben soll. Des Weiteren sah ich die Abende zuvor, dass der Vollmond nahte, so googelte ich, wann er sein sollte, und ja, tatsächlich am Montagabend war Blutvollmond, der war ja eher selten. Ich überlegte lange, wie ich es anstellen könnte, nackt in den See zu gehen, ohne erwischt oder gesehen zu werden. Da dort auch Muslime herumliefen, wollte ich nichts riskieren.

Ich entschied, Daniel zu sagen, dass er am Montagabend um 22:00 Uhr mit mir am See sein müsse, weil ich nackt in den See gehen sollte. Er sah mich an und meinte: „Ja, ich weiß, um auf dich aufzupassen." Ich schaute ihn an und erwiderte, dass die Engel durch ihn arbeiten und sprechen würden. Er wusste, dass er auf mich aufpassen sollte, das wusste er ab der ersten Minute, als ich dort eingetroffen war. Ich wusste es nicht. Jetzt, Jahre später, weiß ich es. Deshalb sollte ich genau dieses Hostel auswählen. Wir gingen am Abend erst zusammen essen, obwohl ich keinen Hunger hatte, es ging nichts runter, außer einigen Stückchen Süßkartoffel mit Sesamöl, meine Leibspeise am Abend. Wir gingen los in Richtung Strand. Der Vollmond erstrahlte in seiner ganzen Pracht und erleuchtete den ganzen See in einem seidigen Glanz. Am Wasser angekommen musste Daniel ca. 20 Meter Abstand halten. Er setzte sich an die Seite auf einen Stuhl, so konnte er aufpassen, ob jemand kam. Ich ging um eine kleine Felsecke, zog mich aus und ging in den See. Das Wasser war ganz weich und warm, es war komisch, weil ich nichts in ihm sehen konnte. Ich schwamm ein Stück raus und spürte die Fische. Die sind dort groß und springen sogar übers Wasser. Ich tauchte komplett unter, kam hoch, holte Luft und tauchte ein weiteres Mal unter, beim dritten Mal, als ich untertauchte, hatte ich das Gefühl, dass eine Hand über meinem Kopf war und ich durch sie getauft und reingewaschen wurde. Ich ging aus dem Wasser, zog mich an und setzte mich zehn Minuten neben Daniel. Wir schwiegen, da sagte er auf einmal, dass er mich nicht anfassen dürfe, weil ich jetzt reingewaschen sei. Ich schaute ihn an und fragte, woher er das wisse, er zuckte mit den Schultern. Wir liefen zurück zum Hostel und ich ging danach sofort ins Bett.

Dienstagmorgen stand ich in meiner Ashram-Kleidung an der Straße und wartete auf den Fahrer, er war pünktlich. Wir fuhren nach Capernaum zum Berg der Seligpreisung, das Tor war noch verschlossen. Beim Aussteigen informierte er mich, dass er mich in einer Stunde wieder abholen würde, es könne etwas später werden, da er andere Fahrgäste abholen müsse. Ich sagte ihm, dass ich wisse, wann er da sein werde, ich werde dort stehen. So bat ich die Engel, mich pünktlich loszuschicken, sodass ich zur selben Zeit am Tor ankomme wie er.

Das Tor ging auf, ich lief los, bekam den Impuls *rechts, ich muss nach rechts*, schaute dort kurz und wusste: *Ja, da ist mein Platz.* Ich lief kurz nach links durch die Ruinen, um sie gesehen zu haben. Mein Gefühl zog mich wie ein Magnet nach rechts. So lief ich rüber und stand dort vor einer riesigen Petrusstatue. Ich schaute ihn an, kletterte auf ihn drauf, fasste den Schlüssel an und sagte zu ihm: „Den will ich haben, ich will den Schlüssel zum Tor, zum Himmelstor." Ich kletterte von ihm runter, sah ihm in die Augen und dachte: *Was für ein strenger Blick.* Ich wurde auf einmal ganz ehrfürchtig. Dann hörte ich: „Soso, du willst also den Schlüssel zum Himmelstor haben", ohne zu zögern, gab ich zur Antwort: „Ja, den will ich." Es war, als ob die Augen der Statue für einen Moment lang Energie hatten und lebten. Ich hatte noch nie so viel Ehrfurcht vor einer Statue wie vor dieser.

Danach lief ich durch ein weiteres Tor und sah einen wunderschönen alten Baum. Ich wusste sofort, dass dort Jesus mit den 12 Jüngern gesessen hatte. Ich hatte eine kurze Vision, wie er dort stand und sie auf dem Boden saßen. Ich lief auf den Baum zu, umarmte ihn und sah direkt davor eine uralte Holzbank. Dort setzte ich mich und fasste sie mit den Händen an, eine uralte Energie ging von ihr aus. So setzte ich mich in die Mitte, schloss die Augen und fing an, zu meditieren. Nach einer Weile spürte ich eine Energie um mich herum, ich fühlte und sah viele Engel. Dann geschah etwas, was ich kaum mit Worten beschreiben kann. Meine Energie wurde angehoben, ich saß, saß wiederum nicht. Meine Seele wurde aus dem Körper gehoben, die Engel rechts und links hoben meinen Energiekörper aus mir raus. Ich konnte fühlen, wie ich über mir schwebte. Durch diese

Energie floss eine Welle der Liebe und des Lichtes und dann glitt sie wieder zurück in den Körper. So perplex, wie ich war, spürte ich auf einmal eine Hand auf meiner linken Schulter und hörte, wie jemand sagte: „Hier ist dein Zuhause." Ich drehte mich um und sah den Geist von Jesus. Es war so bewegend, dass mir einfach die Worte fehlten und ich weinen musste. Die Energie der reinsten Liebe und Barmherzigkeit, die von ihm ausging, durchflutete meinen Körper, danach war er weg.

So saß ich noch eine Weile und bekam kurze Zeit später den Impuls, dass ich gehen musste. Ich lief daraufhin zum Tor, und als ich hindurchging, kam der Fahrer angefahren. Er war fünf Minuten früher dort. Er schaute mich an und fragte, woher ich das gewusst habe. Ich zuckte nur mit den Schultern und zeigte nach oben. Wir fuhren zur Kirche der Seligpreisung. Dort das gleiche Spiel. Er lud mich ab und sagte es wie vorher. Ich wusste bereits in Deutschland, dass ich an diesem Ort mit einer Person sprechen sollte. Ich wusste nicht, wer es sein wird. Im Internet stand, dass es da mal ein Hospiz gegeben habe. Ich dachte, dass es noch dort wäre. Die gesamte Anlage wurde von den franziskanischen Schwestern verwaltet, und unten in Capernaum wohnten die Mönche. Die Anlage war ein wunderschöner Ort, um zu beten, in sich zu kehren und zur Ruhe zu finden. Ich lief über das Gelände und wurde sofort nach links um die Kirche herum geführt. Nach fast einer ganzen Umrundung sah ich eine junge Dame auf einer Treppe sitzen, die etwas in ihr Büchlein schrieb. Sie guckte zu mir auf und fing an zu erzählen, was sie alles bei mir sah. Ich schaute in ihre Augen, solch strahlende Augen hatte ich nie zuvor gesehen. Ich konnte spüren, dass sie schon lange zu Jesus betete. Er war in ihrem Reden präsent. Sie predigte seine Worte, sie erzählte jedem Passanten etwas über die Bibel. Ich ging weiter, weil ich nicht dachte, dass sie die Person war, mit der ich sprechen sollte. Ich lief zum vermeintlichen Hospiz, was keins mehr war, und fragte eine Nonne, wo das Hospiz sei. Sie erklärte mir, dass das Gebäude, in dem wir standen, mal eines gewesen sei, es jetzt nur noch für Pilgerreisen und einzelnen Gäste zur Verfügung stehe. So ging ich zurück zur Kirche und zur jungen Frau. Sie sollte es sein. Ich setzte mich zu ihr und wir sprachen. Während wir uns unterhielten, sah ich, dass es ihrer Mutter nicht gut ging, und fragte sie nach ihrer Mutter. Sie bestätigte es. Ich sagte ihr, dass sie depressiv sei und in einer Trauer stecke und dass ich sehen konnte, dass zwei verstorbene Seelen in dem Haus, in dem ihre Mutter wohnte, verweilten, weil ihre Mutter sie nicht losließ. Die junge Dame bestätigte alles. Ihre Mutter kam über den Tod ihrer Eltern nicht hinweg und es seien beide in dem Haus verstorben. Die Tochter fand ihren Weg zu Jesus, konnte ihrer Mutter damit nicht helfen, weil jeder seinen eigenen Weg gehen musste. Durch Zufall hatte ich einige Wochen vorher herausgefunden, dass in Nordamerika eine Herzlinie von einem Erzengel verlief. Ihre Mutter, die nicht weit davon entfernt wohnte, könnte da hinfahren und einige Tage dort verbringen, so würde Heilung für sie geschehen können. Die junge Dame brach in Tränen aus, denn ihre Mutter sprach mal von dieser Herzlinie des Erzengels und zog sogar in Betracht, dort hinzufahren, was sie leider nicht getan hatte. Danach bekam ich den Impuls, zum Ausgang zu laufen. Ich war schon zehn Minuten über der Zeit. Die Engel führten mich auch in diesem Moment, denn als ich beim Ausgang ankam, fuhr der Taxifahrer erst vor. Er entschuldigte sich mehrere Male dafür, dass er zu spät sei. Ich sagte ihm, dass ich eben erst angekommen sei und alles gut sei. Er grinste, schaute mich lange an und sprach etwas auf Hebräisch, was ich nicht verstand, und nickte mit einer tiefen Dankbarkeit.

Als ich oben auf dem Zimmer war, ging die Klimaanlage nicht. Ich brauchte Abkühlung, denn nach diesem Ereignis kochte ich über vor Hitze. Sie hatten sie unten am Hauptschalter ausgestellt. So lief ich aus dem Zimmer und wartete vor dem Aufzug. Als die Tür sich öffnete, stand Daniel vor mir. Ihm ging der Mund auf. Dieser blieb offen stehen, er stieg aus dem Fahrstuhl, lief um mich herum, schaute mich an und sagte: „Was ist mit dir passiert? Du leuchtest wie ein Stern am Himmel!" Ich zuckte mit den Schultern und erwiderte, dass die Engel mich angehoben hätten und Jesus auf dem Berg der Seligpreisung war. Er bestätigte mir, dass Jesus sich von Zeit zu Zeit dem einen oder anderen Menschen zeige. An diesem Tag musste ich mich ausruhen, die Energie kochte in meinem Inneren. Mein Körper brauchte Erholung.

Am nächsten Tag, mein letzter, überlegte ich, mit dem Bus nach Tabgha zu fahren.

Da mich der Fahrer am Vortag dort entlang gefahren hatte, wusste ich, wo die Bushaltestelle lag und dass da unten am Fuße des Berges, wo der ca. 4 Kilometer lange Weg nach Capernaum begann, Tabgha lag. Dort stand die Brotvermehrungskirche, in der Jesus Brot und Wasser auf einem Felsen vermehrt haben soll. Nach dem morgendlichen Spaziergang merkte ich, dass der Körper noch Erholung brauchte, da sich alles in ihm veränderte. So musste ich mich erholen und fuhr nicht. Für den letzten Tag hatte ich ein Frühstücksbuffet in dem Hotel nebenan gebucht und wollte Daniel einladen, er konnte leider nicht. Beim Frühstück fiel mir auf, dass es nicht nach gebratenem Speck und Würstchen roch, das gefiel mir. Bei genauerer Betrachtung wurde mir klar, dass es koscher war. Es gab Milch- und Nudelprodukte sowie süße Speisen und keine Fleischprodukte. Beim Abendbuffet war es genau umgedreht, hier gab es Gemüse, Kartoffeln, Reis, Fisch und Fleisch. Auch Nachspeisen, meistens Obstsalate, Kuchen und Eis, die alle ohne Milch zubereitet waren. Die Soßen waren ebenfalls ohne Sahne. Das Komische war, es fühlte sich für mich stimmig an, so, als ob ich es kannte. Als ich das Ticket, das ich im Vorfeld am ersten Tag für das Frühstück bezahlt hatte, abgeben wollte, wollte der Kellner es nicht annehmen. Er meinte, dass es kostenlos für mich sei. Die Engel oder Daniel meinten es wirklich gut mit mir. An diesem Tag bot ich Daniel eine Reiki-Behandlung an, als energetischen Ausgleich für das Essen. Er nahm es dankend an, obwohl er nicht wusste, was es war. Danach war er das erste Mal völlig ausgeglichen, sein Herz-Chakra war leicht (er sagte mir, dass der ganze Druck aus der Brust weg sei) und er war die Ruhe in Person, was die anderen Tage so nicht gewesen war. Er fühlte sich voller Elan (vorher fühlte er sich sehr schlapp) und war verwundert über diese tolle Energie.

Am Abend saßen wir alle nach dem Abendessen zusammen draußen, da erzählte ich, welche Energie ich von dem leer stehenden Gebäude gegenüber bekommen und was ich dort gespürte hatte. Ich sprach von der alten Dame und dass mir Kinder gezeigt wurden. Daniel war erstaunt und fing an, zu berichten. Das Haus hatte einer alleinstehenden alten Dame gehört, die dort verstorben war. Ihr Wunsch war, dass dieses Haus zu einer Schule umgebaut werden sollte, und zwar zu einer Religionsschule für Kinder. Sie war vermögend und vermachte ihr Geld einer Treuhand, weil sie sich sicher war, dass diese ihr Projekt umsetzen würden. Kurz bevor die dritte Etage fertiggestellt wurde, entschied die Treuhand, das Geld in ein anderes Projekt zu investieren, seitdem lag das Gebäude brach. Meine Intuition war richtig und ich sprachlos. Damals hatte ich ein Foto von dem Gebäude gemacht. Wenn ich es heute ansehe, bekomme ich immer den Impuls, einen Ashram daraus zu machen, eine Etage Schlafräume und eine Etage für spirituelle Kinder, um ihre Fähigkeiten zu fördern, Darshan zu geben, Meditationen abzuhalten, einen Heilbehandlungsraum, eine Gebetsecke und alles, was das Herz begehrt. Ein schöner Garten um das Gebäude herum mit Obstbäumen lädt dort zum Verweilen ein. Mit Gottes-, Jesus- und den Engelsenergien wäre das ein perfekter Ort mit Blick auf den See.

An diesen Abend fragten sie mich, ob ich wiederkommen würde. Ich bejahte diese Frage, sie waren skeptisch. Ich sagte zu ihnen, dass wenn ich mein Wort gebe, ich es halten würde. Daniel organisierte am nächsten Morgen, dass der ältere Bruder und er mich mit dem Auto zum Busbahnhof brachten, von dort konnte ich das Sherut nehmen. Der Bruder fragte mich im Auto, ob ich wirklich von den Engeln in Deutschland immer wieder genau auf dieses Hostel geleitet worden war, ich bejahte seine Frage. Er nickte mir mit einer freundlichen Geste zu und lächelte. Mit ihm hatte ich so gut wie kein Wort gewechselt, wir sahen uns immer nur an.

Heute bin ich überaus dankbar, denn diese Menschen und besonders Daniel hatten es mir ermöglicht, mich in meinem Aufstiegsprozess in Israel zu unterstützen um voranschreiten zu können. Die Anhebung auf dem Berg der Seligpreisung war im Nachhinein, wie mir bewusst wurde, von der Göttlichen Welt so geplant. Ich hatte die Aufgabe, diesen Weg zu gehen und alle Tests bis dorthin zu bestehen, deshalb die negative Energie, als ich in Tiberias ankam. Diese Tests waren sicherlich nicht immer einfach. Es war wie in Indien, wenn du die ersten 24 Stunden bleibst, bleibst du länger. Jede Träne, die ich dort gelassen hatte, bevor ich angehoben wurde, diente der Reinigung meiner Seele. Alles hatte einen Sinn, den ich vorher nicht sehen konnte. Mein Name ergab für mich einen Sinn. Ich durfte tiefe Dankbarkeit, Liebe und Gnade erfahren. Auch durfte ich Vertrauen in das Göttliche und in meine Intuition legen, da ich seit dem Unfall alles intuitiv machte und darüber lange zweifelte, weil mein Ego immer wieder ein Veto einlegte. Ich dachte über die Worte von Jesus nach, als er gesagt hatte: „Hier ist dein Zuhause." Ich weiß, dass ich dieses ungestillte Fernweh nach allen Ländern der Erde hatte. Das war nach Israel weg.

Ich wusste ab da, dass mein Zuhause in meinem Herzen, in meiner Selbstliebe, in meinem Inneren war und ich nicht mehr suchen und reisen musste, um es zu finden. Es war das, wonach viele Menschen in ihrem Leben suchten, die Erfüllung, das Licht und die Liebe. Es war bereits alles in mir. In Israel wurde ich so gereinigt und angehoben, dass es wieder zum Vorschein kam. Das Land fühlte sich zudem wirklich wie mein Zuhause an.

Ich fing zu Hause an, meine Meditationen am Wochenende bis auf zwei Stunden auszudehnen. Nach den Meditationen kamen häufig Infos von der Geistigen Welt und mein Bewusstsein erweiterte sich. Ich stellte immer wieder Fragen, die nach Antworten dürsteten. Wenn diese nicht über einen Film, über Mr. Google oder über ein Buch kamen (manchmal nahm ich einfach ein Buch zur Hand, schlug es auf und bekam in dem Text die Antwort), dann über die Meditation. Manchmal bekam ich auch am Abend den Impuls, zu meditieren, oft an Portaltagen und Vollmonden. Reiki floss seit dem Meistergrad ohne größere Übung. Meine Chakren konnte ich immer schneller ausgleichen. Manchmal spürte ich, dass meine oberen mehr arbeiteten als die unteren. Was mir nicht bewusst auffiel, war, dass ich nicht so gut geerdet war.

Meine Probleme mit dem Sitzen auf der Arbeit nahmen zu. So fragte ich immer wieder nach dem Stehtisch, ob dieser in Arbeit sei. Ich dachte, dass es sich nach der Atlaskorrektur bessern würde, dem war leider nicht so. Besser ging es etwas mit dem Kopf- und Nackenbereich, solange ich nichts Schweres gehoben hatte und meine Arme nicht zu lange oben hielt. Auf der Arbeit stand eine große Veränderung bevor und es sollte eine neue Aufteilung des Arbeitsbereiches stattfinden.

Patrick rief mich irgendwann an und sagte, dass er Hilfe brauche. Ich fragte, was los sei. Es sei immer wieder ein Toter bei ihm, der mit ihm rede und Hilfe brauche. Es war von seiner damaligen Freundin der Fast-Schwager (die Schwester seiner Freundin war nicht mit dem Mann verheiratet). Er suchte Kontakt, weil er eine Botschaft für die Schwester und seine Mutter hatte und Heilung brauchte. Patrick wusste nicht, wie er der Schwester sagen sollte, dass er mit Toten kommunizieren kann, da er es bis dahin verschwiegen hatte. Er beschrieb das komplette Wohnzimmer, wo immer die Kerze stand und brannte. Er wusste, dass sie jemand versehentlich gelöscht hatte etc.

Er beschrieb, dass die Mutter des Verstorbenen noch sehr trauerte, obwohl es schon fast fünf Jahre zurücklag und die Schwester sich die Schuld an dem Tod gab, weil sie das Auto gefahren hatte. Ich sagte ihm, dass er zur Schwester sagen solle, dass er eine Nachricht zu überbringen habe, dass er das Wohnzimmer beschreiben solle und das mit der Kerze, was er auch tat. Für mich war es neu, dass ich der Mutter in Hamburg Reiki geben sollte und gleichzeitig den Verstorbenen in dem Unfall und danach Heilung an die Seele in der Zwischenwelt schicken sollte. Ich nahm mir dafür immer an den Wochenenden Zeit, da früh am Morgen in der Stille die beste Zeit für so etwas war. Ich begann aufgrund der Daten, Reiki in die Vergangenheit, in den Unfall, zu senden. Dort sah ich, wie der Mann einen Schock erlitten hatte, weil er da sehen konnte, dass er am Unfallort verstorben war. Anschließend sendete ich der Mutter Reiki in die Vergangenheit, an den Tag, an dem sie die Nachricht ereilte, dass ihr Sohn bei einem tragischen Unfall ums Leben gekommen war, da auch sie einen Schock erlitten hatte. Danach bekam die Mutter Reiki ins Hier und Heute. Sie war damit einverstanden. Für ihre schwere Trauer und Depression. Als ich damit fertig war, sprach ich für den Sohn das Om Tryambakam (Heilmantra). Er war sofort bei mir und nahm Kontakt auf. Er bedankte sich dafür, dass er Hilfe bekam. Zu meinem Erstaunen teilte er mir mit, dass es jetzt Zeit sei, weiterzugehen, da er eine Aufgabe habe, die er antreten möchte. Dies ging bis jetzt nicht, weil ihn seine Mutter mit der schweren Trauer festgehalten hatte und er selbst Heilung brauchte. Ich sprach das Mantra so lange, bis er ins Licht gehen konnte. Der Mutter ging es nur bedingt besser. Da sie seit fünf Jahren jeden Tag zu sich sagte, dass lieber sie, anstatt er gehen sollte, entschied ich, ihr nach der zweiten Behandlung keine weiteren mehr zu geben. Der Heilungswunsch muss von jedem selbst ausgehen, damit eine langfristige Veränderung stattfinden kann. In diesem Fall war sie nicht bereit, ihre Gedanken zu ändern. Was ihr allerdings möglich war, war eine Fahrt mit dem Bus von Hamburg zur Freundin nach NRW. Das konnte sie aufgrund ihrer psychischen Ängste schon seit Jahren nicht mehr, ein kleiner Erfolg. Ich wusste, dass der Sohn ins Licht gegangen war, sie wusste es nicht. Als die Mutter in NRW war, ging sie zum Grab. Früher hatte sie oft über vier Stunden am Grab verbracht. Dieses Mal war es anders, sie ging zum Friedhof, kam nach einer halben Stunde wieder und meinte zur Freundin: „Er ist nicht mehr da, ich kann ihn dort nicht mehr spüren." Die Seele hatte ihren Frieden gefunden. Was ich zu diesem Zeitpunkt nicht wusste, war, dass ich einen entscheidenden Beitrag zur globalen Erdheilung beigetragen hatte. Er bekam eine Aufgabe als Lichtarbeiter, von der ich später erfuhr, als ich weiteren verstorbenen Seelen Heilung geben durfte, die auch ins Licht gingen. Er nahm die Seelen oben in Empfang und führte sie ins Licht hinüber. Das hieß im Umkehrschluss, seine Zeit war hier auf der Erde abgelaufen gewesen. Sein wahres Leben ging danach weiter. Wenn es nicht dieser Unfall gewesen wäre, dann wäre es eine andere Situation in diesem Alter gewesen, da seine Aufgabe hier auf der Erde erledigt war. Mein Tun ergab einen Sinn, Erdheilung für alle drei Ebenen.

Patrick und ich fuhren Mitte Oktober zu Amma nach Brombachtal, da ist ein Ashram von Amma. Dieser wurde 2015 neu eingeweiht, da eine große Halle angebaut wurde. Regulär ist es eine Reithalle, die für das große Event umgebaut wurde. Es war ein großes Ereignis, für alle, die da waren. Alle hatten dort immer wieder tolle Begegnungen und Gespräche mit Menschen, die einem neue Impulse geben konnten.

Am 13. November hatte ich die Einweihung in den Reiki-Lehrergrad. Es ging über zwei Tage. Ich war total nervös, weil ich nicht wusste, was mich erwartete. Am ersten Tag wurde ich in allem gelehrt und am zweiten Tag durfte ich die Rückeinweihung geben. Als ich am ersten Abend zu Hause saß und die Unterlagen durchging, durchflutete mich ein Gefühl, das ich gar nicht beschreiben kann. Meine ganze Nervosität war weg, weil ich auf einmal wusste, dass ich es schon einmal gelebt hatte und alles konnte. Es fühlte sich stimmig und bekannt an. Mit diesem Gefühl ging ich am nächsten Tag zur Rückeinweihung. Alles war im ersten Durchlauf stimmig, sodass ich keinen weiteren benötigte. So hatte ich nun den Reiki-Lehrergrad. Meine Ausbildung war komplett. Jetzt ging es ans Eingemachte und ich übte die darauffolgenden Monate hier und da an Personen, um alles nach Intuition fließen zu lassen.

Der richtige Meisterweg fängt erst nach der Meistereinweihung an und nicht mit ihr. Eine Freundin nahm ich über ein dreiviertel Jahr als Probandin, um zu sehen, wie sie sich mit Reiki entwickelte und welche Wege sie aus ihrem eigenen Tun einschlug. Ich übte die sieben Geheimtechniken und durchstöberte das Buch „Reiki in der therapeutischen Praxis", das für mich eine Reiki-Bibel ist, und immer wieder mal das große Reiki-Buch. Da beide Bücher zum Mitarbeiten sind, hole ich sie dann und wann heraus, da es zu viel zum Lesen, Üben und Merken wäre.

In den folgenden Jahren durfte ich bei den Behandlungen feststellen, dass die Engel durch mich arbeiteten, was ich sehr wichtig und interessant fand, da die Menschen alle verschiedene Probleme mit verschiedenen Ansichten hatten. Das trieb mich dazu an, verschiedene Techniken des Heilers in mir zu erwecken. Zumal ich mit meiner Gesundheit nicht im Reinen war, hier bedurfte es Arbeit an mir selbst. Es war eines meiner Ziele, da jeder ein Individuum ist, für jeden die passenden Heilenergien fließen lassen zu können und für mich selbst das Richtige für meinen Gesundwerdeprozess zu finden.

Ende November entschied ich, über Weihnachten nach Israel zu fliegen, da ich gerne nach Tabgha, zum Jordan River und in Jerusalem in den Garten Gethsemane, in dem Jesus in der Nacht vor seiner Kreuzigung gebetet hatte, und in die Kirche der Nationen gehen wollte. Ich buchte für die Zeit über Weihnachten bis Silvester. Zu Hause fing ich an, Hebräisch zu lernen. Ich kaufte mir ein Buch, wie man es Schreiben und Lesen lernt, und ich hatte ein Lernprogramm, das ich schon vorher benutzt hatte, auf dem auch Hebräisch war. Als ich das Buch aufmachte und anfangen wollte, bemerkte ich, dass es von hinten nach vorne und von rechts nach links zu lesen war. Da kam mir wieder ein Gedanke aus meiner Kindheit hoch, damals hatte ich begonnen, alle Zeitungen von hinten nach vorne zu lesen. Das fand ich immer normal und andere fanden das komisch. Das Schreiben und Lesen übte ich jeden Tag, weil nach drei Tagen wieder alles weg war. So konnte ich die wichtigsten Begriffe lernen, z. B. danke, bitte, wie geht es dir?

Da man bei den Reiki-Behandlungen als Kanal zur Verfügung steht und dafür seine Gedanken komplett ausschalten sollte, war es mir ein Bedürfnis, mehr zu meditieren. So kam ich auf die Idee, anderen Menschen die Meditation beibringen zu wollen, und zwar ohne Yoga. Es gibt viele Menschen, die gerne meditieren lernen möchten und das ohne Yoga. Ich suchte nach einem Lehrgang zur Meditationskursleiterin und fand glücklicherweise einen direkt für Januar 2016 bei Yoga Vidya an der Nordsee. Das passte. So könnte ich von Israel nach Hause und weiter zur Ausbildung. Der Urlaub reichte genau für die gesamte Zeit. Was mich nicht sofort buchen ließ, war die Fahrt dorthin, das lange Sitzen. So fragte ich nach, ob ein Platz frei sei und bis wann ich spätestens gebucht haben sollte. Die Meditationspraxis über zwei Jahre hatte ich. Ich müsste bis spätestens eine Woche vorher buchen und Plätze waren frei. *Okay*, dachte ich, *das gibt mir Zeit zum Überlegen.*

Aufgrund der bevorstehenden Änderung spitzte sich auf der Arbeit die Atmosphäre zu. Bis dahin gab es für mich noch keinen Stehtisch, er war in Arbeit. Da wir uns in unserer Abteilung wenig unterhielten, konnten wir für uns zu keiner Lösung kommen. Die entscheidende Finalrunde wurde direkt vor Weihnachten gelegt. Im Glauben, dass es keine große Veränderung geben konnte, weil es ungerecht aufgeteilt wäre, ging unsere Abteilung in das Meeting. Das andere Team hatte sich, wie sich später herausstellte, mit der Angebotsabteilung zusammengeschlossen, somit hatten sich die anderen einstimmig für die Änderung entschieden. Die zwei Kolleginnen aus unserer Abteilung enthielten sich. Es war ungerecht, denn sie waren zu fünft und wir nur zu viert. Das Problem, das sich in meinem

Inneren auftat, war, dass ich mir nichts merken konnte und wir ab Januar alle Kunden betreuen mussten, und nicht mehr wie vorher, nur einen bestimmen Kundenkreis, der von unserer Abteilung sehr gepflegt wurde. Das sollte sich nach meinem Urlaub als eine Katastrophe für mich herausstellen.

Mein Urlaub stand an, worüber ich mehr als nur glücklich war. Endlich den ganzen körperlichen und psychischen Stress der letzten Monate loslassen und von dem schlechten Wetter in Deutschland weg. Es überkam mich drei Tage vor meiner Abreise ein komisches Gefühl. Ich war mir auf einmal unsicher, ob ich überhaupt fliegen und anschließend die Meditationskursleiter-Ausbildung machen sollte. Ich rief Patrick an, dieses Mal war er derjenige, der Fragen stellte. „Warum willst du hierbleiben? Was erlebst du dann? Vor allen Dingen, du fliegst in die Sonne, und wenn es nur zum Ausruhen ist!" *Hmmm, er hatte recht*, dachte ich. Ich stand in meinem Schlafzimmer am Fenster und fragte so vor mich hin, ob ich fliegen solle oder nicht. Die Frage war kaum zu Ende gedacht, da schoss auf einmal ein riesiger Engel als eine Wolke geformt durch die Sonne. Das war mein Zeichen, die Engel waren bei mir, ich werde fliegen. An dem Engel sind die Flügel und die Füße so groß und erkennbar, dass ich aus Reflex ein Foto machen musste. Dieses Foto postete ich auf Facebook, und auch einige von Indien und Israel. Ich buchte das Zimmer direkt im Hostel. Geplant hatte ich, die ersten acht Tage in Tiberias zu bleiben und die letzten drei in Jerusalem.

Ich wusste nun, wie ich vom Flughafen nach Tiberias kam. Dort angekommen wurde ich sehr herzlich von den Angestellten begrüßt. Daniel war mit einem der beiden Brüder am Toten Meer, Urlaub machen. Er kam erst in vier Tagen wieder. Zur Weihnachtszeit war in Tiberias weniger los als im September. Man bot mir an, dass ich trotzdem jeden Abend im Restaurant essen dürfte, weil Daniel es ihnen so aufgetragen hatte. Ich lehnte es dankend ab. Das Wetter war perfekt, um nach Tabgha und Capernaum mit dem Bus zu fahren. Es war am Tage bis 24 Grad, in der Nacht dann ca. 12 bis 15 Grad, was mir persönlich schon zu kalt war, da dort nur mit Klimaanlage geheizt wurde, wenn überhaupt.

Ich plante für den nächsten Tag, nach Tabgha zu fahren, da es in Tabgha nicht nur die Brotvermehrungskirche, sondern auch ein Kloster mit Kirche, das sich Benedictine Monastery nannte, gab. Die Kirche war in diesem Moment nicht so mein Fall. Es gab an der Kirche zur Rechten ein großes Nebengebäude, das für mich erst Tage später eine Bedeutung hatte. Ich fühlte, nicht am richtigen Ort zu sein, so lief ich aus der Kirche, stand an der Straße und überlegte, wohin. Da kam der Pförtner auf mich zu und fragte, ob ich schon in der Kapelle gewesen sei. Ich verstand ihn nicht so gut, da weder sein noch mein Englisch dazu zu gebrauchen war. Er nahm mich am Arm und zog mich auf die Straße und zeigte mit der Hand rechts und rechts. Ich bedankte mich und ging einige Meter nach rechts und da kam ein Eingang. Allein schon der Weg war so energetisch, dass er mich in den Bann zog. Am Ende lag die kleine Kapelle. Links und rechts des Weges standen offene Predigtplätze mit Altären. Man konnte unter freiem Himmel Predigten abhalten. Der Garten dieser Anlage war wunderschön gepflegt und ich fühlte mich genauso wohl wie auf dem Berg der Seligpreisung. Mir kam am Eingang eine Siamkatze mit himmelblauen Augen entgegen. Sie erinnerte mich sofort an die Maria Magdalena Kirche. So ging ich in die Kapelle, sah den Felsen in der Kirche und musste meine Hände auflegen. Es durchfloss mich eine wohlige Energie. Ich bekam den Impuls, mich dort für eine Meditation in die Kirche zu setzen. Es kam ein Gedanke in mir hoch, wenn ich die Meditationskursleiterin machen möchte, sollte ich nicht aus der Übung kommen und meine Achtsamkeit trainieren. Wo ging das besser als in der Öffentlichkeit? Eine neue Herausforderung für mich. Nicht beten oder Mantra sprechen, sondern in die Stille gehen und das in der Öffentlichkeit. Das tat ich dann. Selbst eine ganze Pilgergruppe konnte mich nicht aus der Ruhe bringen. So selig, wie ich war, ging ich danach zum See runter. Wow, der erste Blick war ein Bild, das ich nicht in Worte fassen kann. Eine selige und himmlische Ruhe strahlte der See aus, so, als ob die Zeit stillstand.

An der Hauswand der Kapelle entdeckte ich ein Schild, auf dem Folgendes stand: „Herr, auf dein Wort hin will ich das Netz auswerfen, Lukas 5/5." Dadrunter stand: „Die Taten und Wunder Jesu von einst wollen nichts Einmaliges sein. Jesus wartet auf Menschen, die auch heute auf sein Wort hin etwas wagen, weil sie seiner Macht alles zutrauen." Ich machte ein Foto von diesem Schild, ließ die Worte sacken und sagte, dass ich bereit sei, etwas zu wagen. Wenn die allgöttliche Liebe, die Jesus und Amma in sich tragen, die gleiche ist, wie wir sie alle in uns tragen, dann ist alles möglich. Bis heute habe ich einen unerschütterlichen Glauben an das Gute in jedem Menschen, in das Göttliche, egal, ob es die Engel, Amma, Jesus oder Gott ist. Ich setzte mich direkt gegenüber vom See auf eine Treppe und verweilte da eine lange Zeit. Da kam ich auf die Idee, ans Wasser zu laufen, um auszuprobieren, ob ich über das Wasser laufen könnte, wenn ich jetzt meinen Fuß daraufsetzte. Jesus wollte, dass wir etwas wagten. Das war ein Anfang, leider ging mein Fuß unter. Warum? Mein Glaube war einfach zu diesem Zeitpunkt nicht stark genug.

Da ich den Busfahrplan nicht lesen konnte, wusste ich nicht, wann die Busse kamen. So bat ich die Engel, mir immer einen Impuls zu geben, zur Bushaltestelle zu laufen, wenn ein Bus kam. Es funktionierte bis auf zweimal, weil da kein Bus kam, da Shabbat und Weihnachten war. Das Göttliche schickte mir einmal einen Taxifahrer, der denselben Preis wie der Bus nahm, und einmal ein Sherut. Ich war überaus dankbar, dass sie einfach hielten und fragten, ob ich mitfahren wolle. Das war das Gute in Israel, ich kam immer von A nach B. Es war sicher, praktisch, günstig und oft sogar schneller als der Bus. Am 23. Dezember nahm ich mir Capernaum ein zweites Mal vor. An diesem Tag bekam ich fast alles geschenkt. Im Bus funktionierte die Kasse nicht, so durften alle Fahrgäste kostenlos einsteigen. Auf dem Berg der Seligpreisung wurde ich an der Kasse so durchgewunken und brauchte kein Geld zu bezahlen. Als ich dort zur Toilette musste, ging der Toilettenmann, der sonst vorher abkassierte, zur Pause. Ich freute mich und dachte erst eine ganze Weile später, dass es ein energetischer Ausgleich für mein Tun war. Auf dem Berg bekam ich den Impuls, länger zu meditieren. Unter dem Baum gab es einen Steinwürfel, der genau so groß war, dass ich mich im Schneidersitz draufsetzen konnte. Während ich meditierte, ich war früh morgens auf dem Berg, kamen verschiedene Reisegruppen. Alle machten Fotos und blieben im Schnitt eine halbe Stunde. Ich war froh, meinen Weg in meinem Tempo gehen zu können. Ich wollte eine Frage an Gott stellen, so galt für mich, weiter zu meditieren, bis ich bereit dafür war – was totaler Blödsinn war, denn er kann ja Gedanken lesen. Ich brauchte eben Mut. Hinter mir befand sich eine offene Stelle mit einem Altar aus Marmor, Steinreihen, um sich hinzusetzen und dort Predigten abzuhalten und zu singen. Es kam eine Pilgergruppe aus Österreich. Sie sangen wunderschöne Lieder und ein Pastor hielt eine Predigt. Während sie sangen, kam Jesus, ich spürte seinen Geist, wie er bei ihnen war und wie er an meiner Seite stand. Dieses Mal sagte er nichts. Mir kamen wieder die Tränen, ich wusste nicht, wieso, seine Energie hatte so viel Liebe, Barmherzigkeit und Mitgefühl, dass ich automatisch anfangen musste, zu weinen. Ich war gerührt, dass er sich ein zweites Mal zeigte. Als die Gruppe fertig war, liefen sie schnatternd über das Gelände. Es hielt keiner den Mund, obwohl draußen Schilder waren, dass man schweigsam sein solle. Alle machten Bilder, einer der Männer sagte zu einem anderen: „Komm, lass uns hier überall Fotos machen, vielleicht haben wir Glück und sehen hinterher auf einem der Bilder den Geist von Jesus." Er hatte gehört, dass er schon öfter hier erschienen sein soll.

Hatten sie ihn nicht gesehen? Nein, sie waren so beschäftigt und mit Reden abgelenkt, dass ihn keiner gesehen hatte. Ich hielt meinen Mund, um kein Aufsehen zu erregen. Als alle weg waren, nahm ich meinen Mut zusammen und fragte Gott, ob ich in Israel bleiben könne, um Menschen zu helfen. Die Antwort kam direkt: „Nein, hier in Israel ist Jesus, du sollst nach Deutschland zurück, weil dort die Menschen Hilfe brauchen." Es war eine klare Antwort, sie war stimmig und ich geknickt. Ich sollte wieder nach Deutschland, was ja einen Sinn ergab, da ich dort nicht umsonst geboren worden war. Mit dieser Entscheidung blieb ich drei weitere Stunden auf dem Berg (insgesamt war ich sechs Stunden dort). Ich spürte eine starke Energie durch mich fluten und musste mich hinlegen. Es bot sich an, mich direkt hinter dem Altar auf die Steintreppen zu legen. Ich schlief nicht, war aber auch nicht anwesend, ich war in einem Dämmerzustand und hatte das Gefühl, dass eine erneute Energieanhebung in mir stattfand. Als ich wieder zu mir kam, war ich so erstaunt, dass es über zwei Stunden später war. Meine Beine waren schwer, so musste ich erst einmal Rast vor dem Ausgang machen. Ich saß da, war selig und lächelte mit einer Glückseligkeit vor mich hin. Vor dem Ausgang sah ich einen Kiosk, ich brauchte einen Tee, da ich bemerkte, dass mir kalt war. Selbst dieser wurde mir an diesem Tag geschenkt.

Ich bekam den Impuls, dass es langsam Zeit war, zu gehen, ich musste noch bis zur Bushaltestelle laufen. Bevor ich loslief, war ich zur Toilette gegangen und hatte beim Herauskommen gesehen, dass auf der linken Seite eine kleine schöne Taube lag, die von einem Auto angefahren worden war. Das arme Ding konnte ich da nicht so liegen lassen, mir blutete das Herz vor Schmerz, sie so daliegen zu sehen. Sie lag auf dem Rücken, beide Flügel von sich gestreckt, die Augen leicht verdreht und sie blutete oberhalb des Köpfchens. Da ich sie nicht so anfassen wollte, bat ich den Kioskbesitzer, sie aufzuheben und an die Seite zu legen. Er konnte es nicht und verneinte. Dann kamen vier junge Männer, deutsche Pilger, vorbei. Ich bat sie, die Taube aufzuheben und an die Seite zu legen. Sie konnten es auch nicht. Ich bat daraufhin den Kioskbesitzer um Papier, hob die kleine Taube auf, drehte sie ganz vorsichtig in meine linke Hand und konnte spüren, wie Heilenergie aus den Händen direkt in sie hineinfloss. So hielt ich sie für einen kurzen Moment in beiden Händen. Sie öffnete die Augen, schaute mich an, schloss sie wieder mit einem Danke und öffnete sie wieder. Sie schaute wie der Elefant aus Indien. Sie breitete auf einmal die Flügel aus, schwang sie und zog sie zusammen, danach war sie ganz ruhig und selig. Der Junge vom Kiosk stand direkt vor mir, schaute mich an und sagte zu mir: „God bless you, God bless you, God bless you." Er verneigte sich dabei immer wieder vor mir, mir war das peinlich, ich tat ja etwas aus Mitgefühl. Wir suchten ein schönes Plätzchen unter einem Baum, ich grub eine kleine Wölbung aus und legte sie dort hinein. Darauf sagte ich zu dem Kioskbesitzer, dass er morgen nach ihr schauen solle, ob sie sich erholt habe und weggeflogen sei. Da ich spät dran war, es wurde schon dunkel, musste ich los. An der Bushaltestelle wurde ich von einem Taxifahrer mitgenommen. Als ich Daniel von der Taube erzählte, fragte er sofort, ob sie danach geheilt war und wegfliegen konnte. Da ich in diesem Moment nicht darüber nachgedacht hatte, dass ich sie mit Jesus' Kraft und Liebe hätte heilen können, sodass sie sofort hätte weiter fliegen können, schwor ich mir, es beim nächsten Mal, falls dies noch mal passierte, zu tun. Am nächsten Tag schlief ich sehr viel, um die Energieanhebung zu verarbeiten.

Danach fuhr ich ein zweites Mal nach Tabgha. Die Siamkatze begrüßte mich wieder, ich durfte sie immer streicheln, was mir auffiel, sie ließ sich nicht von jedem anfassen. Ich liebte diesen Ort, die Ruhe, die kleine Kapelle, den See. An diesem meditierte ich immer lange, mit Ausblick auf die Golanhöhen. Ich merkte, dass mich diese Strecken anstrengten und ich immer einen Tag Pause brauchte. An den Tagen, an denen ich Pause brauchte, meditierte ich morgens länger und ging am Nachmittag etwas spazieren. Im Winter saßen immer alle am Nachmittag zum Tee im Apartment Hotel. Ich gesellte mich zu ihnen zum Tee, Daniel und der Bruder waren wieder zurück. In Tiberias war von Weihnachten selbst nichts zu spüren, was mich sehr verwunderte.

An einem der Tage, als ich in Tabgha war, ging ich zum Gelände, das rechts neben der Brotvermehrungskirche lag. In diesem Begegnungszentrum wurden Urlaubsmöglichkeiten für behinderte Erwachsene, Jugendliche und Kinder aus Palästina und Israel angeboten. Es arbeiteten sechs Volontäre im Alter bis 25 Jahre für sechs Monate dort. Es war ein sehr schöner Ort, er sah aus wie eine Oase im Paradies. Mir kam kurz in den Sinn, ein Sabbatjahr einzulegen, um ggfs. in dem Kloster in der Küche zu helfen. Manchmal gewährten sie einem Erwachsenen das Leben für sechs Monate in der Klosterküche, man musste dafür einen Antrag stellen, was ich wieder beiseiteschob. Den Tag darauf fuhr ich mit dem Bus bis zur Haltestelle in der Nähe der Kirche der Seligpreisung, um dort einen Tag zu verbringen. Von der Bushaltestelle waren es bestimmt noch ca. 2 Kilometer zu laufen. An diesem Tag blieb ich lange in der Kirche sitzen, was ich beim ersten Mal nicht getan hatte. Ich konnte die Energie der Nonnen fühlen. Ich spürte, ob Mönche in einem Kloster lebten oder Nonnen. Die Energie war hier sehr feminin, so wie die von Mutter Maria. Am Nachmittag saß ich lange draußen, dort gab es unzählige Ruheoasen unter Palmen und Blumengärten.

Auf dem Weg zur Bushaltestelle fragte mich der Pförtner, ob ich mit dem Bus zurückfahren würde. Ich bejahte es und daraufhin meinte er, ich solle die Dame (eine Amerikanerin) ein Stück mitnehmen, da sie nicht wusste, wo die Haltestelle war. Wir unterhielten uns angeregt. Sie erzählte mir, dass sie seit mehr als sechs Monaten in einem Zelt am See, nicht weit von der Kirche, wohnte und schlief und sie den ganzen Tag Müll aufsammelte und den Rest des Tages die Bibel las und betete. Sie war mit Liebe und Energie gefüllt, das konnte ich deutlich spüren. Sie beantwortete mir somit eine Frage. Bei meinem letzten Aufenthalt hatte ich ja die Campingplätze gesehen und ich hatte mich gefragt, ob ich da für mehrere Monate schlafen könnte oder einfach oben in den Höhlen der Berge. In Israel darf man höchsten sechs Monate bleiben, danach muss man ausreisen. Es sei denn, man hat eine Aufenthaltsgenehmigung für ein Jahr, wenn man dort eine Arbeit hat. Das hieß, sie war bereits illegal im Land. Sie meinte nur, wenn man erwischt wird, werde man des Landes verwiesen und dürfe nicht mehr einreisen. Als wir an der Bushaltestelle standen, sagte sie, dass wir per Anhalter fahren sollten, denn sie hatte kein Geld. Ich wollte ihr Busticket bezahlen, doch sie wollte nicht.

So stellten wir uns an die Straße, hoben den Arm und keine fünf Minuten später wurden wir schon mitgenommen. Die erste Strecke von einem jungen Hebräer, der uns total interessiert anschaute. Ich saß hinten und er fragte uns tausend Löcher in den Bauch. Er fand es komisch, weil wir keine Juden waren und er trotzdem Jesus und die Engel bei uns sehen konnte. Wir sagten ihm, dass wir auch zu Jesus beteten und Christen seien und es deshalb möglich sei. Da merkte ich das erste Mal, wie es sein konnte, dass junge Menschen so streng in ihrem Glauben erzogen wurden, der keinen Raum für etwas anderes zuließ. Ich war erstaunt, genauso wie er.

Im nächsten Auto war eine Frau, die auch total neugierig fragte, wer wir seien, was wir hier machten etc. Sie fuhr uns direkt bis zum Stadtzentrum. Das war eine tolle, interessante Erfahrung, die ich nicht missen möchte. Ich gab dem Mädel mein letztes Bargeld an Shekel, weil ich wusste, dass ich am Abend mit Daniel essen gehen werde und so wir beide ein Essen kostenlos hatten. Sie freute sich und meinte, dass es für die nächsten Tage reiche. In Tiberias gab es so viele Orangen-, Zitronen- und Olivenbäume, Bananenplantagen, die extra angelegt wurden, und die Dattelpalmen standen dort an den Straßen, wie bei uns die normalen Bäume. Was ich merklich feststellen konnte, war, dass mir das Klima da extrem guttat. Mein Körper und meine Muskeln taten dort nicht so weh wie in Deutschland im Winter.

Vier Tage, bevor ich weiter wollte, hatte ich schon ein Zimmer im Abraham Hostel in Jerusalem gebucht. Kurz darauf überkam mich ein ungutes Gefühl und ich entschied spontan, es wieder zu stornieren und in Tiberias zu verlängern. Daniel fragte mich, warum ich nicht mehr nach Jerusalem weiterfahre. Ich konnte es ihm nicht erklären. Einen Tag später kam er zu mir und meinte, dass es gut war, dass ich nicht gefahren war, denn am Jaffa Gate war eine Polizistin von einem Attentäter erstochen worden. Hmmmm, Jaffa Gate, das Tor, durch das ich immer durchgelaufen war, eigentlich wäre ich auch an diesem Tag dort durchgelaufen. Ich schaute ihn an und sagte nur: „Fügung."

Die letzten Tage ließ ich in Ruhe ausklingen, da ich mich dazu entschieden hatte, die Ausbildung zur Meditationskursleiterin zu machen und diese von Tiberias aus gebucht hatte. Ich wollte einen Schritt in meiner persönlichen Entwicklung vorankommen, und wer weiß schon, wann ich noch mal die Gelegenheit dazu hätte. Mein Heimflug ging am 31. Dezember. Der Abschied von allen dort fiel mir schwer, besonders von dem alten Mann (ich habe seinen Namen vergessen), er war, glaube ich, an die 70 Jahre alt. Er arbeitete oben im Apartment Hotel und hatte jeden Tag die Abend- und Nachtschicht an der Rezeption. Wir saßen viel zusammen, tranken Tee, redeten und schwiegen. Opa drückte mich zum Abschied so herzlich, dass er sogar Tränen in den Augen hatte. Er war wie ein Opa zu mir, mit ganz viel wärmender, herzlicher und menschlicher Liebe. Am 31. Dezember war ich gegen Abend zu Hause. Ich sehnte mich nach Gemeinschaft, nach Familie, nach einer Schulter zum Anlehnen.

Meine Erkenntnisse aus Israel waren, zu erkennen, wie wichtig der Familienzusammenhalt ist/war. Auch dass es wichtig ist, dass wir Lichtarbeiter/ Hüter auf der ganzen Erde verteilt sind, um Heilung in der allgöttlichen Liebe zu vollbringen und einen starken Zusammenhalt geben. Antje Selina und ich hatten immer zur rechten Zeit den Impuls, uns zu schreiben, wenn einer in seinem Voranschreiten nicht weiterkam. Wir gaben uns die Kraft, Hoffnung, und über die Ferne (da sie auch Reiki gab) konnten wir die Liebe fließen lassen, weil es unser Ziel war, in unserer ganzen Selbstliebe zu verweilen, was auch immer in unserem Leben passierte. Dadurch konnte ich feststellen, warum es wichtig war, nach Deutschland zurückzugehen. Jeder, der den Bewusstwerdeprozess durchläuft, braucht dabei Hilfe, um diesen Weg nicht allein zu gehen. Nur so kommen wir zu einem globalen gemeinschaftlichen Erwachen, das uns in unserer Liebe leben lässt. Des Weiteren wurde mir bewusst, dass es wichtig ist, nicht nur in seinem Glauben, wenn man einen anerzogen bekommen hatte, zu verweilen, sondern auch mal über den Tellerrand hinaus schauen darf. So konnten drei Nationalitäten (die Amerikanerin, der Hebräer und ich, die Deutsche) feststellen, dass wir denselben Jesus anbeteten oder mit denselben Engeln sprachen. Ich wurde evangelisch getauft und ging bis zur Konfirmation zur Kirche. Religion hatte mich deshalb trotzdem nie sonderlich interessiert. Mit 25 trat ich aus der Kirche aus. Meine Religion ist die Liebe, sie trägt jeder in sich, egal ob Jude, Moslem oder Christ, und auch, wenn sie vielleicht gerade etwas durch verschiedene Geschehnisse (z. B. Trauer, Depression oder Misshandlung) vergraben liegt.

Der große Spirit, auch Gott, das Göttliche, das Allumfassende genannt, hat unzählige Namen und er ist der oder die namenlose Eine. Das Ziel im Leben ist, durch ihn in unsere Liebe zurückzukommen und dort zu bleiben. Weil neben den Emotionen und Gefühlen die Liebe und das Licht (Energie) das Einzige ist, was bleibt, wenn wir unseren Körper ablegen. Zur Selbstliebe zurückzufinden heißt letztendlich nur: „Ich selbst bin Liebe." Wenn man diese Erkenntnis auf dem Weg zu seinem Bewusstwerdeprozess verinnerlicht hat, ist das Leben hier auf der Erde um vieles leichter.

Ich möchte hier ein Beispiel nennen, das mit einer schwer depressiven Dame zu tun hat. Ich sagte zu ihr, sie solle mal zu sich sagen: „Ich bin Liebe." Da sprang ihr Ego (Gehirn, niederes Selbst) im Dreieck. Ich konnte an ihrer Reaktion erkennen, dass Unbehagen aufkam, und fragte sie, was ihr Ego gerade gesagt habe. Ich weiß den genauen Wortlaut nicht mehr und war über ihre Antwort sehr verwundert. Ihr Ego machte sie selbst nieder (z. B. nee, du bist es nicht wert. Nein, du bist keine Liebe). Ich schaute sie an und sagte zu ihr, dass wir das jetzt dreimal probieren, denn wenn das Ego etwas Negatives gesendet hat, sollten wir ihm immer dreimal mit positiven Worten entgegentreten. Beim ersten Mal hatte sie wieder eine enorme Reaktion gegen sich selbst. Dann sprach sie ein zweites Mal: „Ich bin Liebe", wir warteten kurz, das Ego meldete sich nun etwas kleinlauter, aber es meldete sich. Dann der dritte Versuch. Ich sagte ihr, dass sie mit klarer fester Stimme und aus ihrem tiefsten Herzen sagen soll: „Ich bin Liebe." Ich schaute sie dabei an und hatte meine Hände auf ihren Knien. Ein Lächeln entstand in ihrem Gesicht, ihre Aura veränderte sich, sie wurde sanft und weich in der ganzen Körperhaltung. Ich fragte sie, was von ihrem Ego komme, sie schaute mich an und sagte: „Nichts, es ist still." So konnte ich ihr sagen, dass sie für den Bruchteil von Sekunden mit ihrem Bewusstsein im Hier und Jetzt verweilt hatte, in ihrer Liebe. Sie schaute mich an, lächelte, war erstaunt über das, was sie in sich fühlen konnte. Zum Abschluss umarmten wir uns herzlich. Da bat ich sie, mir doch einmal ihre Liebe über das Herz-Chakra zu mir zu schicken. Ich fühlte eine wohlig warme und liebende Energie, was ich ihr mitteilte. Sonst gab ich es immer, nun war es das erste Mal umgekehrt. Sie war über sich selbst verwundert, sie suchte ein Leben lang nach Liebe. Heute war sie es, die Liebe bewusst zu einem anderen Menschen schicken konnte. Das, wovon sie sich selbst seit fast 30 Jahren abgetrennt hatte, weil sie immer nur der emotionalen Liebe hinterhergelaufen war. Ich sagte ihr, dass sie dieses Prinzip jetzt für alles anwenden könne, sobald sie merke, dass ihr Ego sie wieder von etwas abhalten möchte oder sie in eine niedrig schwingende Energie drücken wollte.

Wochen später erzählte sie mir, dass sie die ersten Erfolge mit achtsamem Denken verzeichnen konnte. Bereits nach kurzem Training an ihrem Selbst konnte sie schon feststellen, wann es ihr Ego war und wann ihr Bewusstsein (ihr Bauch kribbelte dann immer wohlig warm). Das war ihr Zeichen, das ihr sagte, dass der Bauch, ihre Intuition, gut sei. Es wurde mit der Zeit stärker und so konnte sie bewusst lernen, dass ihr Ego und ihre Ängste (die mal da waren) sie nur vom richtigen Leben abgehalten hatten.

Die Dame befand sich all die Jahre in psychologischer Behandlung und bekam seit vielen Jahren Antidepressiva. Sie erhielt an diesem Tag die dritte Reiki-Behandlung in einem Zeitraum von einem halben Jahr, da sie auch unter schweren Ängsten und Migräne litt, die nach der zweiten Behandlung weg waren. Dieser Moment, es waren keine zehn Minuten, veränderte ihr Leben, und warum? Weil sie ihr niederes Selbst, das Ego, und ihr hohes Selbst, ihr Bewusstsein, in wenigen Sekunden wahrnehmen konnte. Das war der besagte Aha-Effekt. Die Migräne entstand bei ihr durch zu vielem unkontrollierten Denken. Das konnten wir daran feststellen, dass, als sie Migräne hatte, ich sie für zehn Minuten erdete. Sie konnte deutlich spüren, wie die Energie oben aus dem Kopf bis nach unten in den Boden floss. Das Gleiche hatte ich bei einer Arbeitskollegin, wenn sie unter Kopfschmerzen litt, erdete ich sie und die Kopfschmerzen waren weg. Sie sagte mir, dass sie die überschüssige Energie bis nach unten fließen fühlen konnte. Alles ist Energie, auch die Gedanken.

Was ich aus Israel mitnehmen konnte, war, dass ich schon mal in Israel gelebt hatte. Auf Nachfrage in der Geistigen Welt wurde mir mitgeteilt, dass ich einige Male dort lebte. Die letzte Inkarnation in Israel war in Tiberias. Weiter hatte ich nicht mehr gefragt, denn es gehörte zur Vergangenheit. Dann durfte ich große Gastfreundschaft aus diesem Land lernen, es war egal, ob es die Juden, Muslime, Orthodoxen, Armenier oder all die Nationen aus den Hostels waren. Sie alle, wirklich alle, waren hilfsbereit, offen, herzlich und hatten immer ein liebes Wort und eine herzliche Umarmung. Und der letzte Punkt, der mir in den Sinn kommt, dass ihr den Nachrichten nicht alles glauben solltet. Von zehn Nachrichten sind neun negativ und stimmen, wenn überhaupt, nur zu einem Bruchteil. An einem Tag rief eine Bekannte bei mir an. In den ersten Sätzen bemerkte ich eine depressive Traurigkeit. Daraufhin fragte ich sie, was los sei. Sie überlegte kurz und erzählte mir von den Nachrichten des Tages. Es war nichts Positives dabei, was sie im Inneren so traurig werden ließ. Ich fragte sie, warum sie überhaupt welche schaue, wenn alles negativ sei. Sie meinte, weil es doch zum Leben dazugehöre. Ich fragte daraufhin, wer das sage. Sie konnte mir keine Antwort geben. Dann fragte ich, was sie jetzt dagegen unternehme, damit es in der Welt besser werde. Langes Schweigen. „Nichts." Nach einigen Wochen sprachen wir wieder miteinander. Sie erzählte mir, dass ihr nicht bewusst gewesen war, dass sie aufgrund der Nachrichten so depressiv traurig verstimmt war. Sie hatte sie mehrmals täglich geschaut. Sie bemerkte erst jetzt, dass es ihr ohne Nachrichten viel besser ging.

Als ich zurück in Deutschland war, fragten mich neun von zehn Personen, ob dort Krieg sei. Nein, ich konnte von A nach B reisen, und es war weder in Jerusalem, Bethlehem, Westjordanien, Nazareth noch in Tiberias Krieg. Ich konnte per Anhalterin fahren oder in Taxen oder Sheruts einsteigen, ohne dass mir der geringste Verdacht von etwas Negativem in den Sinn kam. Es ist für mich das sicherste Land, um allein als Frau zu reisen. Meiner Intuition zu folgen, war die beste Entscheidung in meinem Leben.

Nicht ganz ein Jahr nach dem Israelurlaub wurde mir ein Video von einer Freundin geschickt, die in Israel mit ihrem Gospelchor Urlaub machte. In diesem Video bei YouTube marschierten über 15.000 Frauen einen Friedensmarsch in Jerusalem, in dem sich jüdische Frauen mit den Palästinenserinnen zusammentaten. Wenn man sich dieses Video (Prayer of the Mothers – Official) anschaut, spürt man eine geballte positive Energie des Friedens, des Mitgefühls und der Liebe. In Berlin war die Friedensinitiative 2017 auch aktiv.

Auf meiner Arbeit wurde ich immer auf den aktuellen Stand der Nachrichten gebracht. Warum? Weil sich die Kolleginnen und Kollegen immer über die neuesten Nachrichten unterhielten. Dabei bemerkten sie nicht, dass die eigene Schwingung in ihnen sofort auf einen niedrigeren Level herabfiel. Da ich keine Nachrichten schaute, konnte ich so stille Beobachterin werden. An dieser Stelle muss ich sagen, dass mich das schockierte. Denn die negativen Energien konnte ich fühlen, während sie sich darüber unterhielten. Fast keiner kam auf die Idee, Licht und Liebe zu den Menschen zu schicken, wenn von einer Katastrophe berichtet wurde, bei der viele Menschen ums Leben kamen. Was mich dazu anregte, mehr Heilung auf allen Ebenen fließen zu lassen.

Teilweise wurde ich von den Engeln so geführt, dass ich genau zur rechten Zeit eine Nachricht über eine Katastrophe bekam und ich daraufhin den Verstorbenen Licht, Liebe und Heilenergien zufließen lassen konnte. Dass letzte größere Beispiel war der Brand in Griechenland. Es war hier enorm wichtig, den Verstorbenen, Hinterbliebenen, Mutter Erde und den Pflanzen Heilung zukommen zu lassen. Jeder verkohlte Baum hatte auch ein Bewusstsein. Ich spreche so lange das Heilmantra, bis ich sehen kann, dass die Verstorbenen ins Licht gehen konnten. Das kann schon mal über mehrere Stunden und Tage gehen, wobei ich dann unterbreche und am nächsten Tag fortfahre. Man kann anstelle des Heilmantras auch das Mantra des tiefsten Mitgefühls sprechen: „Om Mani Padme Hum", tibetische Aussprache: „Om Mani Peme Hung." Es ist ein buddhistisches Mantra des Mitgefühls in Sanskrit. Dieses kann man für jeden Verstorbenen und sich selbst sprechen, da es die Seele für den Sprecher und Empfänger reinigt. Es ist „das" Mantra für den Weg zur Erleuchtung und verstärkt sowohl das Mitgefühl als auch das Verständnis und die Klarheit und kann überall eingesetzt werden. Ich schreibe hier die Mantras auf, da ich erfahren konnte, dass viele Menschen nicht wissen, wie sie oder was sie beten sollen. Da sind vier Silben, die eine enorme Energie aussenden, einfacher zu sprechen.

Würden wir alle anstatt Ängste, Sorgen und negative Gedanken lieber Licht und Liebe aussenden, würde die Welt ein ganzes Stück mehr über den ganzen Erdball in positiver Energie schwingen können.

2016

Erste Erfahrung mit Erleuchtung/Samadhi

Das neue Jahr brach an und eine Nervosität kam in mir auf. Am 3. Januar sollten wir pünktlich am Abend bei Yoga Vidya sein, da dort schon die Meditationskursleiterausbildung begann. Ich fuhr gegen Mittag los. Bat die Engel um eine schnelle, sichere, zügige und spritsparende Fahrt, und mein Auto darum, von allein zu fahren. Mit Erstaunen durfte ich feststellen, dass das Auto weniger Sprit verbrauchte als bei den vorherigen Fahrten. Das war cool, denn das mit dem spritsparenden Fahren flog mir erst kurz vorher zu. Als ich das Zimmer buchte, wurde ich gefragt, ob ich nicht eins mit Gemeinschaftsbad haben oder sogar im Mehrbettzimmer schlafen möchte. Ich entschied mich intuitiv dagegen und konnte zu diesem Zeitpunkt keine Begründung finden, diese Zimmer wären günstiger gewesen. Ich blieb nach nochmaligem Nachfragen standhaft, es sollte einen Sinn haben, der mir schnell gezeigt wurde. Am Abend gab es schon das erste vegetarische Vollwertbuffet. Es kamen mir Gerüche entgegen und ich sah Nahrungsmittel, die ich bis dahin noch nicht kannte. Ich musste erst einmal alles durchprobieren, was mir schmeckte und was ich überhaupt vertragen konnte. Am Abend war die allabendliche Meditation mit anschließendem Singen des Mantras. Anschließend ging es zur gemeinsamen Vorstellungsrunde. Wer, wie, wo, weshalb und warum. Jeder gab ein kurzes Feedback, warum er dort sei. Ich war begeistert, denn alle bis auf einen hatten spirituelle Erfahrungen und arbeiteten schon damit. Es fühlte sich für mich stimmig an, meine Seele jubelte. So viele Spirituelle auf einmal und das ganze zwei Wochen am Stück. Ein Wunder nach den Jahren des Alleingehens. Wir waren zu sechst. In der zweiten Woche sollten noch zwei dazu kommen, da es die Möglichkeit gab, die Schweigeintensivmeditationswoche zu einer anderen Zeit zu machen. Die Ausbildung umfasste 153 Unterrichtsstunden. Zu Hause hatte ich mich gefragt, wie das gehen sollte. Es fing morgens um 06:00 Uhr an und endete um 22:00 Uhr. An dem ersten Abend bekam ich in der Nacht Durchfall. Ich machte mir weiter keine Gedanken, nur dass ich eventuell etwas von den Gewürzen oder dem Essen nicht vertragen hatte.

Die erste Woche lief so ab, dass wir morgens um 06:00 Uhr pünktlich zur ersten Meditation erscheinen sollten. Da wir alle Seva-Dienst zu leisten hatten – Seva bedeutet uneigennütziges Dienen, z .B. wie in einem Ashram – war ich froh, nicht den Teedienst gewählt zu haben, derjenige musste schon um 05:30 Uhr zum Tee kochen in der Küche stehen. Es gab auf dem Weg zum großen Meditationsraum heißes Wasser oder Kräutertees und Obst, das immer da stand. Meine erste Hürde galt es, zu nehmen. Keinen schwarzen Tee am Morgen und anstatt Joghurt und zwei Haferkeksen nur Obst. Von 06:00 bis 07:30 Uhr gab es eine Meditation mit verschiedenen Grundübungen wie das Dehnen der Beine und gutes Durchatmen, um die Lungen und Organe mit Sauerstoff zu befüllen, danach ging es in die Stille. Ab 07:15 Uhr kamen die anderen Bewohner dazu. Dann meditierten wir alle zusammen und sangen Mantras. Anschließend war Theorieunterricht und Yoga. Nach dem Yoga gab es ab 11:00 Uhr Brunch, das war Frühstück und Mittagessen in einem. Wenn wir mit dem Essen fertig waren, mussten wir schauen, dass wir unseren Seva-Dienst verrichteten und den Stoff für den Nachmittag lernten. Da sollten wir selbst eine Meditation mit Inhalt und Texten führen. Das hieß, wir sollten zu einem Thema wie „Positives Denken", „Was bedeutet Glück?" oder „Die Wirkung der Gedanken" einen Vortrag halten und die Meditation, die zu führen war, z. B. die Mantra-Meditation, einmal komplett durchführen. Anschließend kam Yoga und das Abendessen, danach wieder Meditation und Mantra-Singen und von 21:00 bis 22:00 Uhr die letzte Theorieunterrichtsstunde. An den ersten Tagen schaffte ich es nicht, meinen Seva-Dienst am Mittag zu machen, da ich die Zeit bis 14:30 Uhr zum Lernen brauchte. Was sich ab der zweiten Woche wieder änderte, da wir dann nicht mehr so viel an Stoff zu lernen hatten. Aus Unwissenheit heraus, was genau auf mich zukommen würde, hatte ich den Speisesaal für den Seva-Dienst gewählt. Den galt es, zu fegen, zu wischen und die Tische alle zu säubern. Das war Arbeit, die mir nicht lag, da mein Rücken nicht so wollte und ich es in einer gewissen Zeit schaffen musste. Ich wusste anschließend, warum ich ihn bekommen hatte.

In den ersten Tagen beim Putzen ärgerte ich mich, warum die Menschen nicht achtsam beim Essen sein können. Es lag immer einiges auf dem Boden und auf den Tischen. Dieses durfte ich lernen, zu akzeptieren, da jeder ein Individuum ist. Ich rezitierte währenddessen mein Mantra, sodass es mir leichter fiel, die Arbeit zu verrichten, und lernte in dieser Zeit, sie mit Hingabe und Nächstenliebe zu tun. In der ersten Woche war es so, dass ich unter fürchterlichem Durchfall litt. Ich war einfach nur froh, ein Einzelzimmer mit Bad gewählt zu haben. In der zweiten Nacht kam hinzu, dass ich einen der bereits verstorbenen Gurus in meinem Zimmer gesehen hatte. Als ich ihn sah, stand ich senkrecht im Bett. Am nächsten Tag erzählte ich es dem Lehrer, er meinte nur, dass er, der Guru, schnell bei mir gewesen sei. Ich beschrieb, wie er ausgesehen hatte, und anhand dessen wusste er, wer mich in der Nacht besucht hatte. Ich kannte den Guru bis dahin nicht, es war Swami Vishnudevananda, einer der Yoga und Meditation in den Westen gebracht hatte.

Ich war nicht die Erste, der er sich gezeigt hatte, von daher war es für den Lehrer nicht so überraschend. In der dritten Nacht war es wie bei Amma, ich wurde wach und konnte spüren, wie ich deutlich über meinem Körper schwebte. Als ich wach wurde, machte es Plopp und ich war wieder drinnen. Der Durchfall begleitete mich die ganze erste Woche, ohne Gnade. Es gab keine Nacht ohne Toilettengang und übersinnliche Erfahrungen. Am dritten Tag sprach ich mit dem Lehrer, er meinte, dass es mal gut sei, nichts zu essen. Das Einzige, das ich in den ersten sechs Tagen essen konnte, waren Bananen, selbst diese blieben in den ersten fünf Tagen nicht drinnen.

Freitags fragte mich die Meditationskursleiterin, ob es nicht besser sei, wenn ich die zweite Woche zu einem anderen Zeitpunkt fortsetzen würde. Ich sagte ihr, dass ich es mir überlege und ihr Sonntagmorgen Bescheid gebe, weil da ab 10:00 Uhr die siebentägige Meditationsschweigewoche anfing. Zu allem Übel kam hinzu, dass das Yoga mich in der ersten Woche an meine körperliche Schmerzgrenze gebracht hatte. Ich war zum ersten Mal darüber so entsetzt, wie unbeweglich und steif meine einzelnen Gliedmaßen waren, meine Muskeln und Sehnen verkürzt und mein Rücken nicht so schnell mitkam. Sie sagten mir, dass ich das machen solle, was geht, und den Rest langsam zu üben. Die meisten aus unserem Kurs konnten schon Yoga und hatten es bei Yoga Vidya gelernt. Einige von ihnen konnten jeden Zeh am Fuß einzeln bewegen. Dazu kam das Problem mit dem Sitzen. Nach einigen Tagen des Schmerzes fragte ich die Engel, was ich tun könne, da ich nicht aufgeben wollte. Mein Blick fiel direkt auf die Meditationsbank, sie wurde mein Begleiter in den Meditationen. Das hätte ich vorher nie gedacht, dass ich so bequem sitzen konnte. Da wir dort still sitzen sollten, packte ich mir eine dicke Matte unter die Beine, wickelte mich in eine Decke ein, da es nach langen Meditationen kalt wurde, und legte ein etwas dickeres Tuch auf die Bank. Den anderen erging es genauso. Jeder schaute, wie er wo am besten sitzen konnte und mummte sich bei den Meditationen ein. Da verstand ich erst, warum die Mönche immer eine Kutte beim Meditieren über dem Kopf trugen, sie wärmte und jeder blieb bei sich.

Es passierte in der ersten Woche viel, was mich persönlich hat wachsen lassen. Ich konnte meine Grenzen spüren, den Körper das erste Mal bewusst wahrnehmen, was an ihm nicht mehr richtig beweglich war, und konnte Körper, Geist und Seele mit Achtsamkeit durch Yoga, Meditation und Mantras in Einklang bringen. Wir waren ein Team und jeder war für jeden da, das half uns allen, die gesamte erste Woche mit allen Erfahrungen durchzustehen. Im Team und in der Gemeinschaft war das Leben harmonischer und einfacher. Es gab kein Urteil, kein Naserümpfen, jeder akzeptierte den anderen so, wie er in seinem Dasein war. Das war eine der schönsten Erfahrungen für mich, die ich von dort mitnehmen konnte.

Hier möchte ich kurz anmerken, dass es in Indien und in Israel jeweils so war, dass ich, wenn ich energetisch angehoben worden bin, unbewusst generell wenig bis nichts essen konnte oder Durchfall bekam. Das ist heute noch so, auch an den Portaltagen, wenn diese eine hohe Energie auf die Erde bringen. Die Energie kann besser fließen, da viele Nahrungsmittel aufgrund des Zuckers und anderer uns nicht dienlichen Inhalte niedrig schwingend sind. Das durfte mir erst später eine Erkenntnis werden, obwohl ich diesen Prozess auch nach jeder Reiki-Einweihung hatte. In den Meditationen kann es vorkommen, dass übersinnliche Erfahrungen gemacht werden. Sie brachen alle ihr Schweigen, nachdem ich von meinen

Erfahrungen aus dem Ashram, von Israel und den letzten Nächten erzählt hatte. Sie wiederum waren dankbar, dass ich so ehrlich war und den Mut hatte, es offen zu erzählen, sodass auch sie mit jemandem darüber reden konnten. Daraufhin erzählte jeder von seinen Erfahrungen. Wir waren alle normal mit übersinnlichen Fähigkeiten, das wurde uns dort bewusst. Es war schön, diese Menschen zu sehen, zu hören und zu spüren, so fühlte sich keiner ausgegrenzt oder komisch.

Für mich gab es eine Entscheidung zu fällen, bleibe oder gehe ich und mache die zweite Woche ein anderes Mal. Es kamen wieder Engelchen und Teufelchen. Für mich war die zweite Woche von Anfang an die Woche, die mich mehr angesprochen hatte, wegen des Schweigens und des langen Meditierens. Was hätte ich davon, wenn ich jetzt ginge? Etwas Erfahrung, eine halbe Meditationskursleiterin und einen fehlenden Abschluss. Was würde ich gewinnen, wenn ich bliebe? Mehr Erfahrungen, den Abschluss und ein erweitertes Bewusstsein, so hoffte ich. Ich wollte schon immer über Tage schweigen und meditieren. Amma und Jesus hingen auf Bildern im großen Meditationsraum. Sie waren bei mir, das gab mir Kraft. Es ging so über zwei Stunden. Mir kam es wie in Israel vor, dass eine höhere Kraft mein Bewusstsein testen wollte. Das gab es doch gar nicht! Wie oft wurde ich getestet? Ich musste eine Entscheidung fällen. Für wen machte ich das Ganze hier überhaupt? Für mich, und warum? Weil ich Erleuchtung wollte und anderen Menschen die Meditation lehren möchte. Das war mein Schlagwort, ich wollte Erleuchtung. Ich wollte wissen, wie es sich anfühlte. Ich wollte wissen, was Erleuchtung war, und wenn ich diese Erfahrung machte, wo war es besser als hier unter professioneller Leitung? Ich blieb, keine Frage.

Am Samstagabend konnte ich der Meditationslehrerin, die den Kurs führte, sagen, dass ich bleiben würde, denn wenn mich einer gut in den Meditationen begleiten konnte, dann sie. Sie war erstaunt und sagte nur, dass sie damit nicht gerechnet habe. Ab Montag ging mein Durchfall zurück und ich konnte ab da die erste feste Nahrung zu mir nehmen, nur sorgfältig ausgewählte leichte Speisen und sehr wenig. Was mir dort und allen anderen gesagt wurde, war, dass wir uns ausreichend erden müssten, da wir durchweg alle wenig geerdet waren. Kartoffeln und Karotten standen jeden Tag bei mir auf dem Speiseplan, das sind Speisen (Erdfrüchte), die zusätzlich erden. Da wurde mir bewusst, warum ich in Israel überwiegend nur Süßkartoffeln mit Sesampaste und Humus gegessen hatte. Das gezielte Erden durch meine Füße konnte ich erst später nach dem Kurs lernen. Mir war es bis zu diesem Zeitpunkt nur möglich, mich über meine Hände zu erden, indem ich sie auf die Füße oder Knie legte.

Die zweite Woche lief etwas stressfreier ab, da wir schwiegen, auch im Unterricht. Die Lehrerin erzählte und wir notierten alles, wenn Fragen aufkamen, konnten wir diese am Ende der Woche stellen. Die zwei Personen, die dazu gekommen waren, gaben nach zwei Tagen auf, so blieben wir bis zum Ende zu sechst. In den Vormittagsmeditationen wurden wir in verschiedene Meditationen eingeleitet und gingen danach in die Stille. Das half mir zu erlernen, wie ich Bilder, Worte, Geräusche, Gedanken und vor allem Schmerzen gezielt loslassen konnte. Das war der entscheidende Moment. Ich lernte, dass wenn der Schmerz aufkam, ihn zu fragen, was er mir mitteilen möchte, und wenn er nichts zu sagen hatte, bat ich ihn, zu gehen. Das Ganze sollte man dreimal wiederholen. Manchmal ging er und manchmal sagte er etwas. Da galt für mich, die Themen anzuschauen und aufzuarbeiten. Am Donnerstagvormittag, nachdem wir alle schon lange in der Meditation gesessen hatten, kam der eine besagte Moment, Samadhi (dies bezeichnet einen Bewusstseinszustand, in dem das diskursive Denken aufhört). Ich konnte für einen Bruchteil des Momentes feststellen, dass mein „Es" ohne Gehirn leben konnte. Ich kann es nicht in Worte fassen. Dieses Aha-Erlebnis hatte mich so fasziniert und gleichzeitig aus den Fugen gehauen, dass ich erst einmal nach der Meditation weinen musste. Es war anschließend Yoga dran. Ich konnte kein Yoga machen, ich saß da nur auf der Matte und weinte, die ganzen eineinhalb Stunden lang. Es durfte ja keiner mit mir reden, da wir in der Schweigewoche waren. Eine von ihnen schrieb mir einen Zettel und nahm mich nach dem Yoga in den Arm. Mein Gedanke war: *Wenn ich ohne Gehirn funktionieren konnte, warum stecke ich dann in diesem Körper fest?* Diese Frage sollte mich lange begleiten.

In der zweiten Woche war alles leichter, mein Körper gewöhnte sich an Yoga und das lange Meditieren. Es machte mir Spaß, dabei den ganzen Tag zu schweigen. Das Bewusstsein öffnete sich in Quantensprüngen. Es war ein bewusstes Leben, im Hier und Jetzt.

Freitags in der Mittagspause sah ich in dem kleinen Lädchen, der vor Ort war, zwei Klangschalen. Wenn ich sie angeschlagen hatte, konnte ich die Schwingung der Schalen so deutlich spüren, dass ich das Gefühl hatte, dass die Wellen in und durch meinen Körper gingen. Da wir nicht sprechen durften, verlegte ich den Kauf auf Sonntagmorgen.

Am Samstagabend fand eine Puja statt, mit anschließendem Mantra-singen. Es waren alle aus dem Ashram versammelt. Das Haus war voll bis oben hin, da an diesem Wochenende Abschlussprüfung der zweijährigen Yogaausbildung war. Nach der Puja ging es zum Singen über. Es taten sich immer kleine Gruppen zusammen, die nach vorne gingen und ein Mantra vorsangen. Wir wurden aufgefordert, auch ein Mantra zu singen. Keiner von uns wollte, da wir schwiegen und dachten, dass es ein Test war, ob wir durchhalten oder nicht. Wir sollten dann auf Anweisung der Lehrerin als Gruppe nach vorne auf die Bühne. Wir sangen unser Mantra und beka-men im Anschluss unser Zertifikat. Bis zu diesem Moment wussten wir nicht, ob wir alle die schriftliche Prüfung, die wir dort ablegen mussten, bestanden hatten. Alle hatten bestanden.

Es war eine Erleichterung und große Freude bei uns zu spüren und alle im Saal teilten diesen Moment der Freude mit uns. Es war ein schöner Ausklang am Abend und der Raum war mit positiver Energie bis oben hin gefüllt. Am nächsten Morgen sprachen wir lange über alles, was in dieser zweiten Woche geschehen war. Jeder hatte seine eigene intensive Erfahrung durchlebt. Der eine negativ, der andere positiv. Es gab in diesem Kurs zwei Personen, die wissentlich Samadhi hatten. Die Meditationslehrerin das erste Mal nach 15 Jahren Meditation und meine Wenigkeit nach vier Jah-ren Meditation. Sie sagte fast dieselben Worte über den Zustand Samadhi, den sie erfahren durfte.

Was ich daraus lernen durfte: Jeder ging seinen Weg in seinem Tempo, Samadhi war nicht planbar, sondern ein „Istzustand" und keiner wusste, wann er diesen Zustand das erste Mal bei sich wahrnehmen konnte oder durfte, dass ich nach der Ausbildung ein Leben ohne Fleisch führen wollte (was mir gelang), da mir bewusst wurde, dass jedes Tier, das geschlachtet wurde, Todesangst hatte und sich die Angst im Fleisch festsetzte, und dass jedes Tier das gleiche Bewusstsein in sich trägt wie wir Menschen. Dass zum Morgen eine Tasse heißes Wasser mit Ingwer, im Winter auch mit Zitrone, ausreichte, um die Organe mit Flüssigkeit zu versorgen und sie wach werden zu lassen. (Ingwer beruhigt den Geist, daher ist er gut bei Meditation und wirkt zudem entzündungshemmend). Dass Yoga eine wohltuende Achtsamkeitsübung und Meditation gut für Körper, Geist und Seele waren. Dass das Erden immer wieder ein großes Thema bei den Menschen und auch im Bewusstwerdeprozess war. In den Jahren 2017 und 2018 war es bei fast allen, denen ich begegnet war, nicht bekannt oder vergessen, sich mit Mutter Erde zu verbinden und wissentlich zu erden. Es wurde eine meiner Hauptfragen: „Wie erdest du dich?" Fast alle sagten: „Gar nicht, da ich nicht weiß, wie." Im Bewusstwerdeprozess ist es ein „must have", sich jeden Tag zu erden, um den neuen Energien standzuhalten, weil sonst die Energie nicht durch den ganzen Körper fließen kann. Wenn dies nicht der Fall ist, kannst du dein volles Potenzial nicht leben. Dies kann zur Folge haben, dass du unorganisiert und undiszipliniert bist. Du kannst nicht beenden, was du anfangen hast, und hast nicht die Ausdauer oder Beharrlichkeit. Du kannst keine gesunde Lebensweise längere Zeit aufrechterhalten. Viele Menschen bekommen als Folge ein geringes Selbstwertgefühl und entwickeln eine Opferrolle. Depression und/oder Burn-out treten häufig in dieser Gruppe Menschen auf, weil sie in den oberen Chakren festhängen.

Es wäre gut, wenn jeder die Erde am Morgen bewusst berührt und sich da das erste Mal mit ihr verbindet. Man bekommt so mehr Standfestigkeit, kann die überschüssige Energie von der Nacht, in der man eventuell gegrübelt hatte, in die Erde abgeben.
Mir gelingt es jetzt, dass ich meine Energie gezielt durch meinen Körper nach unten durch die Füße in den Boden schicken kann. Das ging nicht von heute auf morgen zu lernen und bedurfte täglicher Übung über einen gewissen Zeitraum. Und zum guten Schluss nahm ich die Erkenntnis

mit, dass es enorm wichtig war, sich über sein Ego hinwegzusetzen, um zu seinem höheren Selbst zu gelangen. Das ist wichtig, um beide Bewusstseinsebenen zu einem großen Ganzen werden zu lassen, um so in seiner Selbstliebe zu ruhen und zu neuem Wissen und zu neuen Erkenntnissen gelangen kann.

Ab Montags musste ich wieder arbeiten. Mit drei Wochen intensiven Erfahrungen über mein Selbst gelang es mir, die ersten Tage in mir zu ruhen und das Geschehene aus einer anderen Perspektive zu betrachten.

Die neue Regelung trat auf der Arbeit in Kraft, was mich schlichtweg trotz meiner inneren Ausgeglichenheit überrollte. Das Arbeitspensum war von jetzt auf gleich um das Dreifache gestiegen und ich konnte die Arbeit nicht mehr wie früher bewältigen. Ich sollte lernen, mein Tempo zu gehen und nicht das der Kunden. Dieses durfte hier ein weiterer wichtiger Aspekt im Jahr 2016 werden. Wie konnte ich das umsetzen? Dienstleistung heißt doch, der Kunde ist König. Es musste eine Möglichkeit geben, die ich erst noch für mich finden durfte. Ich hatte es schlichtweg bis dahin nie gelernt. Als die ältere Kollegin zur Reha ging und Urlaub hatte, war Land unter. Ich sagte zu der jüngeren Kollegin, dass ich merken würde, es nicht mehr zu schaffen. Das überhaupt mal zuzugeben, war für mich eine Herausforderung, und festzustellen, dass ich als Mensch nicht allen Anforderungen des Lebens standhalten konnte, kam dazu. Sie sagte das Gleiche, denn auch bei ihr war Land unter, obwohl sie gesund war, ihr Kopf funktionierte und sie fast um die Hälfte jünger war als ich.

Durch Zufall wurde ich zu einer Gruppenrückführung von oben geführt, weil ich mich ständig fragte, warum ich das spirituelle Heilen nicht öffentlich machte. In der Rückführung wurde mir eine Sequenz aus einem Vorleben gezeigt, in der ich als Heilerin gearbeitet hatte. Ich wurde dort überfallen, gedemütigt und geknechtet. Das gab mir auf jeden Fall Aufschluss. Ich nahm Emotionen aus einem alten Vorleben mit in dieses Leben, die gelöst werden sollten. Wann immer mein Ego sagte: „Lass es", widersprach ich und antwortete, dass ich im Hier und Jetzt lebe und alles andere Vergangenheit sei. Ich brauchte längere Zeit, bis ich es verinnerlicht hatte. Durch diese Gruppenrückführung wurde ich auf die Klangschalenmassage aufmerksam. Nachdem ich die verschiedenen Klangschlagen angeschlagen hatte und über die Schwingung der unterschiedlichen Schalen erstaunt war, buchte ich sofort das Seminar.

Bei der Klangschalenmassage werden speziell gefertigte Klangschalen auf den bekleideten Körper aufgesetzt und angeschlagen oder direkt darüber gehalten, ohne ihn zu berühren. Auf diese Weise überträgt sich der Schall des erzeugten Tones auf den Körper. Dies wird als Vibration von ihm wahrgenommen. Da der Körper überwiegend aus Wasser besteht, wird dieses durch die Schallwellen in Bewegung versetzt. Körperliche und auch seelische Verspannungen werden gelöst und kommen so wieder in Einklang mit Körper, Geist und Seele. Das Seminar hatte eine so große Wirkung auf meinen Körper, dass ich mir nach und nach für alle sieben Chakren je eine Schale zulegte und dann und wann an den Wochenenden damit an mir arbeitete. Der Erfolg ließ nicht lange auf sich warten, denn als ich die Herz-Chakra-Schale auf meine Brust setzte, schlug ich so lange an, bis ich mit der Welle eins war. Die Energie der Schale wurde eins mit meinem Bewusstsein, das war ein unvergessliches Erlebnis. Für meinen Nacken und Schulterbereich schlug ich jeden Morgen die Saturn-Schale auf der Hand an, um die Verspannungen in diesem Bereich zu lösen. Diese Schale wird auch genommen, um Schmerzen im Körper zu lösen. Ich war erstaunt, was der Klang und die Welle auslösen konnten.

Eines Tages kam die Frage in mir auf, warum ich immer diese Tests durchlaufen sollte. Ich fragte die Geistige Welt danach. Als Antwort wurde ich unter anderem zur Numerologie geführt und erfuhr, dass anhand meines Geburtsdatums eine 11 herauskam und ich mich in diesem Leben in einer Meisterschaft befinde. Meisterschaftszahlen sind die 11, 22, 33, 44. Da die Zahlen eine Schwingungsfrequenz haben, so wie die Musik, kann man über sie weiterkommen. Auch aus deinem Geburtsnamen ergibt sich eine Zahl. Da es bei mir die 11 als Geburtszahl war, galt es zuerst, die Ebene der 2 (1+1) so zu leben, dass die Meisterpower 11 frei wurde. Bei der 22 ist es die (2+2) 4, bei der 33 (3+3) die 6 und bei der 44 (4+4) die 8. So schaute ich, was in der Numerologie in der 2 zu erlernen war und danach in der 11. Da entschied ich, dass ich im erleuchteten Zustand sterben möchte, sodass mein direkter Weg frei von Karma ist und ich in Licht und Liebe ins Licht gehen kann. Das war ein Wunsch, der mir einige Herausforderungen auf meinem Weg geben sollte.

Zu Ostern geschah wieder etwas Unerwartetes. Nach einer kurzen ersten Fahrradtour (das Fahrrad hob ich unbedacht aus dem Keller), machte das rechte Bein wieder schlapp. Kurzerhand stellte ich das Fahrrad zurück, wollte meines Weges gehen und bemerkte, dass das Laufen nicht mehr gut funktionierte. Der Spaziergang war beendet und die Osterfeiertage mit Schmerzen verbunden. Da die Schmerzen wie das Jahr zuvor waren, musste ich wieder zum Arzt. Er verpasste mir eine Spritze, Tabletten, und einige Wochen später, nachdem keine Besserung eingetreten war, sollte ein Termin für neue MRT-Bilder gemacht werden. Auf den Bildern konnten wir deutlich sehen, dass der operierte Bandscheibenvorfall erneut ausgetreten war und die Osteochondrose und Arthrose fortgeschritten waren. Es stand wieder die Frage im Raum, operieren und versteifen oder Schmerztherapie. Ich brauchte Zeit zum Überlegen. In dieser Zeit waren Tabletten, Krankengymnastik und Physiotherapie meine wöchentlichen Begleiter. Am Abend und am Morgen wie gehabt Reiki, um die Dosis der Tabletten zu minimieren. Jede Tablette hatte aufgrund des Reikis fast die dreifache Wirkung, deshalb kam ich mit wenigen Medikamenten aus. Den Ärzten war das immer ein Rätsel, sie kannten alle kein Reiki. Warum nicht? Weil sie nicht für alle drei Ebenen (Körper, Geist und Seele) arbeiteten.

Auf der Arbeit wuchsen der Stress und der Unmut der jüngeren Kollegin. Ich bat die Kollegin, ihren Unmut über die andere Kollegin mit ihr zu besprechen (sie hatte sich nach der Reha verändert) und dem Chef zu sagen, dass es zu viel Arbeit sei. Sie schwieg und ich kam nicht weiter. Dort begann ich, mich im Stillen aus Überlastung und Schmerzen zurückzuziehen.

Für Mitte Mai 2016 hatte ich ein Kalligraphie-Seminar bei Dr. Mark Hosak gebucht. Es war schon immer mein Wunsch, Kalligraphie zu lernen. Zu Beginn dachte ich, es wäre die gewöhnliche, die ich lernen wollte, doch als ich auf die Seite von Mark geführt wurde, wusste ich sofort, dass es die spirituelle Kalligraphie war. Malen oder Schreiben mit Ki. Das mit dem Ki war kein Problem, weil ich Rei-Ki gab. Ich schreibe es hier bewusst getrennt, da Rei „universell" heißt und Ki „Lebensenergie". Diese fließt beim Malen oder Zeichnen bewusst mit Achtsamkeit in den Pinsel. *Wie komme ich dort hin?* Meine große Frage. Es war in der Nähe von Heidelberg, die Strecke kannte ich (dort lag damals mein Vater in der Reha). So entschloss ich mich, das erste Mal mit dem Zug zu fahren. Einsteigen, entspannen und schlafen. Das war meine Vorstellung, es sollte anders kommen. Der erste Zug hatte zehn Minuten Verspätung, der nächste 15 und dann noch mal 15 Minuten Verspätung. So standen wir auf dem Bahnsteig und warteten. Ich wusste, dass ich den Anschlusszug in Mannheim nicht mehr bekommen werde. Als der nächste Zug kam, wollten wir alle in ihn einsteigen, da dieser nach Mannheim fuhr. Er hatte eine längere Fahrt als der reguläre Zug, da er eine andere Strecke fuhr. Als ich loslief, kam eine Stimme in meinen Gedanken auf, die zu mir sagte: „Nicht diesen nehmen!" Ich blieb daraufhin stehen, die anderen stiegen alle ein. Der reguläre Zug kam nach 15 Minuten mit erheblicher Verspätung. Ich stieg ein. Nach ca. zehnminütiger Fahrt gab es eine Vollbremsung mitten auf den Gleisen, Stillstand. Was nun? Nach einer gewissen Zeit kam der Schaffner und erzählte uns etwas, was keiner so richtig verstand. Ein Herr im Zug sagte nur, dass der Schaffner mit anderen Worten erzählt hatte, dass der Zug vor uns einen Unfall hatte, da sich eine Person vor den Zug geworfen hatte. Ich bat sofort um Segen für diese Person. Nach weiteren 20 Minuten Warten setzte sich unser Zug in Gang und fuhr rückwärts zurück zum Bahnhof. Ich war froh, nicht in dem Zug davor eingestiegen zu sein (die mussten alle im Zug bleiben und es war sehr heiß). Wir mussten alle aussteigen, da die Bahngleise vor uns vorläufig gesperrt waren. Wir hatten die Wahl, nach Hause zu fahren, weil sich alles verschoben hatte, oder zu warten, bis der nächste Zug nach Mannheim auf einem anderen Gleis fuhr. Ich war wie immer in der Zwickmühle. Aufgeben oder warten und fahren. Nahm das denn nie ein Ende mit diesen Tests? Nein. Ich entschied, zu warten. Nach zwei Stunden kam der nächste Zug nach Mannheim auf einem anderen Gleis. Das Sitzen in den Zugsitzen war unangenehm, mir taten nach kurzer Strecke der Rücken und mein Bein weh. Auf der Fahrt nach Mannheim rief ich im Hotel an und sagte, dass ich ca. drei Stunden später als geplant ankommen werde. Als ich in dem Ort ankam, war es bereits gegen 22:45 Uhr, dunkel, und es stand zu allem Übel kein Taxi mehr am Bahnhof. So musste ich den ganzen Weg zum Hotel laufen, das lag fast 20 Minuten entfernt. Ich sprach mein Mantra und sagte: „Gut, dass ich nur einen kleinen Trolley dabei habe." Ich hatte zu Hause dazu geneigt, den großen Koffer zu nehmen, tat es nicht des Gewichtes und des Umsteigens wegen.

Das Seminar war super, da konnte ich lernen, mit Ki zu malen (zeichnen). Dieses Bild, das damals entstand, hängt in meiner Wohnung. Jeder, der es sieht, spürt heute noch die Energie in diesem Bild. Dort durfte ich das Herz-Sutra auf Japanisch in Kalligraphie mit meinem Ki schreiben, was ich vorher nicht gekannt hatte. Das Lustige war, ich begann, es versehentlich von hinten zu schreiben, bis Mark kam und meinte, dass er das noch nie gesehen habe, dass es jemand von hinten beginne. Ich fing von Neuem an, Geduld wurde hier gefordert. Das Tuschereiben mit dem Tuschestein war schon ein meditativer Akt, in ihn flossen das Ki und die Energie des Mantras, das ich dabei rezitierte.

In diesem Seminar durfte ich neue Erfahrungen und eine neue Freundin namens Antje Selina aus Hannover dazu gewinnen. Sie gibt Hunden und Menschen Reiki und weiht beide in Reiki ein, und sie ist eine tolle Waldfee, sie gibt Heilung an alle Baum- und Pflanzenwesen, die Heilung brauchen. Wir verstanden uns auf Anhieb und waren froh, dass wir uns begegnet waren. Wir hielten Kontakt über die Ferne, um uns so mit unserer Spiritualität auszutauschen und darüber, welche Fortschritte wir machten. Ich fand es toll, eine spirituelle Freundin gefunden zu haben. Wir wussten nicht, dass wir unabhängig voneinander entschieden hatten, die buddhistische spirituelle Sterbebegleitung auch bei Mark zu machen. Der Zug nach Hause hatte am Sonntagabend über 20 Minuten Verspätung, so konnte ich auch hier den Anschluss nicht mehr bekommen und musste nach 23:00 Uhr auf Umwegen mit der U-Bahn weiterfahren. Ich wurde hier herausgefordert, geduldig zu bleiben. Alles hatte einen Sinn, und wenn es nur dazu dienen sollte, mein Mantra zu rezitieren, nicht über die Umstände der Geschehnisse der Menschen zu urteilen, denn niemand war perfekt, auch nicht die Bahn.

Bis Mitte des Jahres wurden das Verhältnis auf der Arbeit und meine Gesundheit nicht besser. Im Gegenteil, die Situation mit den Kolleginnen spitzte sich zu. Die eine, die schwieg, platzte auf einmal aus allen Nähten. Sie sagte zu mir, dass sie das so nicht mehr ertrage. Ich erwiderte, dass sie das Gespräch suchen solle, weil sich sonst nichts ändere. Sie meinte daraufhin, dass sie es nicht könne. Es gab mal eine Situation einige Jahre zuvor, bei der sie ihren Mund aufgemacht und dafür eine fürchterliche Abfuhr bekommen hatte. Das hatte sie so geprägt, dass ihre Ängste in diesem Moment größer waren als das Bedürfnis nach Frieden und Harmonie. Für sie war ein Gespräch mit der Kollegin nicht möglich. Da ich ein Harmoniemensch war und Frieden haben wollte, kurbelte ich das Gespräch an und bezog den Betriebsrat und den Teamsprecher mit in das Gespräch ein. Die junge Kollegin fühlte sich sicher und wir konnten offen unseren Unmut kundtun. Was zur Folge für mich hatte, dass mich die ältere Kollegin dadurch an den Pranger stellte. Während des Gespräches schoss sie im Beisein der Leute im Raum solche vernichtenden Blicke auf mich, dass hier der Spruch zutraf: „Wenn Blicke töten könnten, wäre ich tot vom Stuhl gefallen." Das Ende vom Lied war, dass die Stimmung für mich daraufhin unerträglich wurde. Ich war im wahrsten Sinne des Wortes für sie gestorben. Sie verstand sich anschließend gut mit der jungen Kollegin. Meine Lektion, die ich hier lernen durfte: Egal, wie beschissen die Situation ist, ich werde keine Verantwortung mehr für andere übernehmen, denn so lernen sie nichts und treten weiterhin immer auf derselben Stelle. Es war für mich und für das weitere Leben eine sehr prägende Erkenntnis.

Mitte Juli verstarb ein guter Freund, mit ihm führte ich die besten Gespräche über Gott und die Welt. Die These, dass es ein Leben nach dem Tod gebe, beschäftigte ihn schon lange. Sein Vater teilte ihm damals mit, dass wenn er versterben werde, er ihm ein Zeichen zukommen lassen würde. Er wartete bis zu dieser Zeit auf ein Zeichen. Da sagte ich zu ihm, dass sein Zeichen direkt in seiner Nähe sei. Er verstand es nicht. Ich erklärte ihm, dass seine Tochter verstorbene Seelen sehen könne, dass sie der Schlüssel sei. Er war erstaunt, obwohl er das wusste, hatte er es nicht realisiert. Ich sagte ihm, dass seine Tochter ihm eine Botschaft überbringen werde. Das tat sie unverhofft eine Woche später, als sie zu Besuch bei ihrem Vater war. Sie überbrachte ihm eine Botschaft, die nur er und sein Vater wussten. Er konnte es gar nicht glauben und war sprachlos, den Schlüssel 23 Jahre direkt in seiner Nähe gehabt zu haben. Er, der Freund, verstarb an einem plötzlichen Herzinfarkt. Jetzt geschah etwas, was ich zu dem Zeitpunkt nicht ahnen konnte. Er nahm nach seinem Tod Kontakt zu mir auf, weil seine Tochter für ihn nicht zugänglich war. Ich fragte ihn, warum er Kontakt zu mir aufnehme. Er sagte, dass seine Tochter so in Trauer sei, dass er nicht zu ihr durchkomme. Das war der Hammer, sein Schlüssel (die Tochter) funktionierte nicht aufgrund der Trauer. Ich sollte ihr eine Botschaft über das Erbe überbringen, was von Wichtigkeit war. Das tat ich. Seine Tochter hatte unzählige Fragen, die ich ihr alle beantworten konnte. Sie war danach erleichtert und konnte eine Entscheidung fällen. Der Mutter erging es ebenso. Sie war mit Reiki vertraut, war sehr feinfühlig, spürte den Verstorbenen und war in ihrer Trauer so gefangen, dass sie nicht allein da raus kam. Da es mir ein Anliegen war, dass der Freund in Frieden ins Licht gehen konnte und er Kontakt zu mir aufnahm, sah ich es als meine Pflicht an, seiner Familie zu helfen. Manchmal, wenn es seiner Tochter nicht gut geht, gibt er uns beiden einen Impuls, und meistens schreibt sie mir dann. Ich schicke ihm heute noch so wie anderen Menschen Licht und Liebe. Dieses Jahr, ich saß an einem Portaltag auf meinem geliebten Balkon, bekam ich ein Wort in den Sinn, eines, das er mir nach seinem Tod damals schickte, so wusste ich, dass er es war. Ich schickte ihm Licht und Liebe, danach fiel eine weiße Feder direkt auf meinen Schoß. Ich wusste somit, dass die Liebe immer noch dort oben ankam und er immer noch nach unten durchkam. An manchen Tagen war ich sehr traurig, weil er mir fehlte, und die langen guten und tollen Gespräche mit ihm fehlten mir auch, bis ich mich nach dem Grund fragte. Ja, warum? Ich kann doch mit Menschen diese tollen Gespräche führen. So entdeckte ich eine neue Herausforderung/Aufgabe in meinem Bewusstwerdeprozess: es zu lernen. Gott sagt: „Alles ist möglich, wir tragen alle dieselbe Liebe in uns und es ist alles eins." So erlangte ich eine neue Erkenntnis. *Suche danach, warum es dich traurig stimmt, dass ein geliebter Mensch verstorben ist. Wenn du die Antwort gefunden hast, lasse genau den Teil in dir zu deiner Stärke heranwachsen.* Das ist sehr erfüllend und löst die Traurigkeit.

Da mein Rücken nicht mehr wollte, musste eine Entscheidung für die Therapieform getroffen werden, und ich entschied mich für die Schmerztherapie im August. Die Vorstellung, Schrauben im Rücken zu haben, ging nicht an mich heran. Immer, wenn ich darüber nachdachte, kam kein gutes Gefühl in mir hoch. Ende Juli fuhr ich zum Seminar der buddhistischen Sterbebegleitung. Dort lernten wir die Sterbebegleitung mit Meditation und Ritualen der Heilung für Lebende, Angehörige, Sterbende und Verstorbene. Wir bekamen dort die Einweihungen in die Mantras und das Siddham des Buddha Amida Nyorai, des Heilungsrituals des Lichtes, das des reinen Herzens mit Senju Kannon und das Karma auflösende Mantra mit Dainischi Nyorai. Die ersten zwei Mantras rezitierte ich beide über 100.000 Mal, das erwähnte ich bereits. Das dritte Mantra rezitierte ich so lange, ohne zu zählen, bis ich fühlen konnte, dass es alles gelöst hatte. Zeitgleich sprach ich jeden Tag mein Mantra sowie das Medizinmantra, wenn dieses nötig war. Teilweise sang ich Mantras beim Spaziergang oder hörte mir Musik mit Mantras an. In dem Seminar sprachen wir über den Tod und was danach sein wird. Mark erzählte uns von Ereignissen, die er erlebt hatte, wie er z. B. einen immer wiederkehrenden Geist (verstorbene Seele), der viele Menschen erschreckt hatte und seit Jahrzehnten eine Legende war, ins Licht schicken konnte. Die Seele wusste nicht, dass sie verstorben war, da sie durch ein tragisches Unglück zu Tode kam. Das bestätigte meine These, dass viele Verstorbene, die in der Zwischenwelt oder erdgebunden hier auf der Erde verweilen, Heilung brauchten.

In dem Seminar sahen Antje Selina und ich uns wieder. Wie der Zufall es wollte oder die Geistige Welt uns führte, bekam sie kein Zimmer mehr. So gingen wir zusammen in das Zimmer, das ich gebucht hatte, weil es durch Schicksal ein Doppelzimmer war. Wir konnten uns gegenseitig Heilung geben und waren in der Freizeit in den Wäldern unterwegs. So lernte ich dort, mehr auf die Energien in den Wäldern zu achten.

Im darauffolgenden Jahr konnte ich feststellen, dass mein Karma abgetragen war. Das merkte ich daran, dass, falls ich mal etwas nicht so Schönes gesagt oder geflucht hatte, ich sofort eine Retourkutsche bekam, indem ich mich gestoßen oder in den Finger geschnitten oder am Bügeleisen verbrannt hatte. Immer wenn das passierte, wusste ich, Achtsamkeit auf das zu legen, was ich tat oder sprach. Wenn du keine weisen Worte zu sagen hast, sage nichts, denn alle anderen Worte sind verschwendete Energie.

Im August war ich für drei Tage zur Schmerztherapie. Es wurde Cortison unter dem Röntgenapparat in den Lendenwirbel- und Halswirbelbereich gespritzt. Die im HWS-Bereich zeigte merkliche Besserung in meinen Armen. Der rechte Arm ließ sich danach besser und schmerzfreier bewegen. Das war eine Wohltat. Die im LWS-Bereich erzielte nicht den Erfolg wie gewünscht. Das Cortison zeigte Wirkung in meinem Körper, er brauchte Erholung, ich fühlte mich noch schlapper und träger als zuvor. Trotz des morgendlichen Reiki war es mir kaum möglich, aus dem Bett zu kommen. Der Arzt wollte mich weiter krankschreiben, da er meinte, es könne schon mal eine Entzündung der Nervenhaut entstehen. Da auf der Arbeit die Hölle los war, lehnte ich eine erneute Krankschreibung ab. Es war Urlaubszeit und eine Kollegin war weg. Es war ein Fehler, wie ich heute weiß. Ich fing an, meine Schmerzen noch mehr zu unterdrücken, ging acht Wochen lang zur Akupunktur, die nur eine unwesentliche Besserung verschaffte. Was sie bei mir auslöste, war, dass ich zwei Tage danach hyperaktiv war. Die Krankengymnastik half nicht weiter, meine Beinlänge war, nachdem sie gerichtet worden war, nach kurzer Zeit immer wieder aus dem Lot.

Ich entschied, Ende Oktober noch mal nach Israel zu fliegen. Ich wollte unbedingt zum Jordan River, nach Tabgha, zum Berg der Seligpreisung, weil dort vielleicht Heilung für meinen Rücken/meine Wirbelsäule geschehen könnte, und nach Jerusalem, zum Garten Getsemani und zur Kirche der Nationen. Den Rest wollte ich einfach offenlassen für das, was kommen könnte. Obwohl ich wusste, dass es mir nicht gut ging, legte ich alle Hoffnung auf Israel, und musste dort hin. Die Frage, die sich mir erneut stellte, war, wie ich es mit dem Koffer machen sollte. Da ich in der Nacht früh los musste, bestellte ich mir ein Taxi zum Bahnhof in der Hoffnung, dass der gute Mann meinen Koffer tragen würde, was auch zu meinem Glück geschah. Ich bat die Engel vorher um Hilfe, es funktionierte jedes Mal. Am Bahnhof holte er ihn wieder aus dem Auto, stellte ihn blöderweise vor dem Bordstein ab, sodass ich ihn hochziehen musste. In diesem Moment krachte der Henkel ab, was ich zu Beginn echt blöd fand. Es hatte einen Sinn, denn so konnte ich ihn nicht mehr anheben und musste immer jemanden fragen, ob er mir helfen könne. Ich zog die Ziehstange raus, da er vier Rollen hatte, und konnte so über die Aufzüge ohne Probleme den Bahnsteig erreichen. Ich schaute, dass ich die Wege alle so lief, dass ich ihn nicht heben brauchte. In Israel angekommen, fuhr ich mit dem Sherut direkt nach Tiberias. Ich hatte mir im Vorfeld ein anderes Hostel ausgesucht, das ich aber nicht gebucht hatte. Dort angekommen lud der Taxifahrer meinen Koffer aus und fuhr sofort weiter. Als ich das Gebäude sah, wollte ich nicht rein. Ich wusste nicht warum, es war von außen nicht mein Fall. Mit dem Gedanken, dass ich weiter gehen wollte, zog ich den Koffer auf den Bordstein, und da machte es tatsächlich wieder Knack und eine Rolle brach ab. Das durfte doch wohl nicht wahr sein, jetzt kam ich gar nicht weg von hier. Ich konnte kein Taxi rufen, den Koffer nicht mehr rollen oder tragen und zum Bus konnte ich damit gar nicht kommen. So entschied ich, total fertig, wie ich war, ins Hostel zu gehen. Jetzt wusste ich sofort, warum das geschehen war. Erstens sollte ich den Koffer gar nicht mehr tragen, und um zur Rezeption zu gelangen, musste ich eine lange Treppe mit über 25 Stufen nach oben laufen, einen Aufzug gab es nicht. Ich zog den Koffer rein, ließ ihn unten stehen und ging hoch. Dort fragte ich, ob ein Zimmer für neun Nächte frei sei. Der Mann an der Rezeption schaute nach und bot mir eins zu einem besseren Preis als im Internet an. Ich nahm es und fragte, ob mir bitte jemand meinen Koffer hochholen könne, was ein junger Angestellter sofort erledigte. Jetzt wusste ich, warum ich es nicht übers Internet buchen sollte. Das Gute war, es lag zentral zur Stadt und zum Busbahnhof. Zum See waren es nur knapp fünf Minuten. Die Leute waren alle nett und jung, es war sauber. Das Einzige, das mich störte, war, dass es an der Straße lag, auf der viel Verkehr war. Ein Fenster offenzulassen war nicht möglich. Ich nahm das Zimmer und machte die ersten zwei Tage nichts mehr, außer zur Ruhe zu finden. Diese fand ich in der St. Peters Kirche am Hafen, der einzige Ort, der dort ruhig war. Ich war wie ausgepowert. Zu nichts mehr richtig in der Lage. Wie konnte das sein? Ich machte in den nächsten Tagen sehr wenig, da Laufen zu anstrengend war und der Lärm mich reizte. Das kannte ich so nicht von mir. So fuhr ich nur ein- oder zweimal nach Tabgha. Ansonsten versuchte ich, morgens im See schwimmen zu gehen, was mir ganz guttat, und den Rest des Tages schlief ich viel. Ich überlegte, wie es mit mir weitergehen könnte, meditierte und sprach mein Mantra. In der zweiten Woche fühlte ich mich so weit, dass ich zum Jordan River fahren konnte. Da ich morgens immer um Führung bat, begegnete mir jemand, der mir sagen konnte, welcher Bus dort hinfuhr. Dort angekommen fühlte ich mich sofort wohl und ging direkt runter zum Fluss. Auf Nachfrage beim Personal wurde mir mitgeteilt, dass meistens eine Reisegruppe komme, bei der ein Pfarrer dabei sei, der die Taufe oder den Segen spreche. Ich hatte im Sinn, mich im Fluss segnen zu lassen. Man konnte ein Gewand kaufen, um ins Wasser zu gehen, Kabinen und Duschen waren vorhanden. Ich war erstaunt, an was sie alles gedacht hatten. Zum Glück hatte ich an diesem Tag einen Rock an. Ich hob ihn hoch und marschierte so in den Fluss. Ich stand dort eine ganze Weile mit geschlossen Augen und bat Jesus um Segen und bat darum, dass es mir wieder besser gehen solle. Als ich eine Art Saugnapf an meinem Zeh spürte und die Augen öffnete, saugte ein großer Fisch (ich glaube, es war ein Wels) dran. Was ich lustig und komisch fand, er war so zutraulich. Um ihn herum waren kleine Putzerfische, sie nagten an meinen Füßen und putzten sie. In diesem Moment stand ein deutsches Pärchen neben mir. Sie hatte unglaubliche Angst vor den Fischen, diese merkten es und waren daraufhin sofort weg. Wir kamen ins Gespräch und sprachen über Gott, Jesus und die Welt. Im Gespräch überbrachte ich unwissentlich eine Botschaft an die beiden, die ich vorher nicht wissen konnte. Beide waren erstaunt und erfreut darüber. Zum Schluss fragte der Mann, ob er einen Segen für mich sprechen dürfe, da sie in der Kirche Jesu seien und zum Schluss immer ein Segen ausgesprochen werde. Ich nahm dankend an, denn ich wusste, Jesus hatte ihn zu mir geschickt. Die Frau schloss sich ihm an und sprach auch einen Segen aus. Ich spürte die Kraft Jesu, die in diesem Moment anwesend war, was mich im Inneren berührte. Das Göttliche ließ sich immer etwas einfallen, um Wünsche zu erfüllen. Das Pärchen erzählte mir, dass sie gar nicht vorgehabt hätten, ein zweites Mal zum Fluss zu kommen, da sie drei Tage zuvor schon da gewesen seien. Es war Führung. Das war es, was ich so liebte in und an Israel.

Für die letzten drei Tage suchte ich mir ein Hotel in Jerusalem, das näher an der alten Stadt lag, um so kürzere Wege zu haben. Es war zwar teurer, dafür war es frisch renoviert und hatte doppelt verglaste, schallisolierte Fenster, was die gewöhnlichen Häuser dort nicht hatten. Ich war froh, von dem nächtlichen Lärm nichts mehr hören zu müssen. Mich wunderte, dass ich so reizüberflutet war. Das geschah schleichend in dem Jahr.

Von dem Hotel gelang ich schneller zum Garten Getsemani und zur Kirche der Nationen. In dem Garten waren wirklich uralte Olivenbäume, die eingezäunt waren. Einen dieser Bäume konnte ich von außen anfassen, in ihm schwang eine Energie, wie ich sie nie zuvor bei einem anderen Baum gespürt hatte. Die Kirche hatte ein besonderes Flair, das ich fühlte. Ich bekam einiges an Engelsenergie mit. Am vorletzten Tag ging ich noch mal zur Klagemauer und zur Grabeskirche. Am letzten Tag bat ich um Führung und lief einfach los. Zu meinem Erstaunen wurde ich zum Gartengrab geleitet. Da soll Jesus in der Kammer gelegen haben, als sie ihn vom Kreuze genommen hatten. Es war eine kleine enge Gruft in einem Felsen. Ich spürte eine Energie. Ich kann nichts weiter darüber berichten, weil es dort von Menschen wimmelte. Auf dieser Reise durfte ich Einkehr und Innehalten lernen, denn ich merkte zum ersten Mal, dass mein Körper Alarm schlug, selbst der Heimflug war erschwerend für mich. Der Körper wollte nicht mehr so wie ich, meine mentale Kraft überstieg in diesem Moment die des Körpers, was mir später bewusst werden sollte.

Auf der Arbeit kam ich nicht mehr mit und fing an, verschiedene Arbeiten nicht mehr zu verrichten. Ich musste täglich mehrere Pausen einlegen und konnte die Masse nicht mehr bearbeiten. Das, was ich früher in einem Tag oder in zwei Tagen geschafft hatte, schaffte ich teilweise nur in Wochen, ich verlor den Überblick. Ich wusste am Folgetag nicht mehr, was ich am Tag zuvor bearbeitet hatte. Auf der Arbeit dachte ich nur, was ich tun könnte, um den Berg zu bewältigen. Zu Hause drehten sich meine Gedanken darum, was ich tun könnte, damit es mir besser ging und was ich tun könnte, um die Schmerzen beim Sitzen zu bewältigen. Die einzige Möglichkeit war, kürzerzutreten. So fragte ich beim Chef nach, ob es eine Möglichkeit gebe, weniger Stunden machen zu können. Da die Geschäftsleitung in meine Krankengeschichte eingeweiht war, konnte er mir ein Angebot unterbreiten. Entweder sechs Stunden weiterhin im Verkauf oder vier Stunden im Kundendienst. Ich ging in mich. Sechs Stunden waren zu lang, meine Schmerzen waren bereits nach 10:00 Uhr unerträglich, und stehen konnte ich maximal 30 Minuten. Aufgrund des nicht richtig funktionierenden Kopfes und des Klimas in der Abteilung (was sich in einem Jahr erledigt hätte, da die ältere Kollegin Altersteilzeit beantragt hatte) und der vielen Arbeit konnte ich dem nicht zustimmen. Es blieben die vier Stunden. Würde ich mit dem Geld auskommen?

Ja, das würde ich. Das Problem in der neuen Abteilung war dem Chef sehr wohl bekannt. In dieser Abteilung war ich schon mal. Ich kannte die Menschen und die Situation und die Geschehnisse der Jahre zuvor, worauf ich hier nicht weiter eingehen werde. Die vier Stunden waren wieder ein Test, ob ich mich noch immer mit Situationen abgebe, die mir nicht guttaten. Nein, das ging gar nicht mehr. Wenn ich etwas gelernt hatte, dann, mich nicht mehr mit Situationen abzugeben, die mir nicht guttaten. Hier eine positive Affirmation, um etwas im Leben zu ändern: „Lege deine Achtsamkeit nur auf die Dinge, die dich glücklich machen."

So konnte ich weder das eine noch das andere annehmen und war in der Zwickmühle. Es gab nur eine Lösung: Kündigung. Wenn ich gekündigt hätte, wäre ich drei Monate ohne Einkommen gewesen, das wäre zu überstehen gewesen. In Anbetracht der Tatsache, dass ich gesundheitlich so angeschlagen war, konnte ich diese Entscheidung nicht fällen, hatte sie aber in Betracht gezogen. Und überhaupt, was sollte ich dann noch arbeiten? Etwas Neues mit dem Rücken und Gedächtnis anzufangen, war undenkbar für mich. Ich weinte tagelang, da keine Lösung zu finden war. Ich rief daraufhin bei der Krankenkasse an und sagte der Sachbearbeiterin, dass ich Hilfe bräuchte, weil ich nicht mehr könne. Sie antwortete mir, ich könne eine Reha beantragen, zu der ich aber nur dürfe, wenn ich schmerzfrei sei. Ich fragte sie, ob das ein Scherz sei, und erklärte, dass doch die Krankenkasse immer sage: „Wenn Sie Hilfe brauchen, sind wir für Sie da." Nein, es war kein Scherz. So ließ ich diesen Gedanken wieder los. Ich solle es bei der Rentenanstalt versuchen. Okay, eine Maßnahme. Ich suchte und druckte die Formulare aus, und nachdem ich den Berg an Formularen gesehen hatte, war ich bereits überfordert. So wanderten diese in die Schublade.

Morgens kam ich nicht hoch und abends landete ich um 20:00 Uhr im Bett. Es spitzte sich so weit zu, dass ich auf halbem Wege, als ich zur Arbeit fuhr, weinen musste und mit Widerwillen dort hinfuhr. Es kam so, dass ich morgens, weil ich nicht mehr hochkam, meistens erst gegen 08:30 Uhr oder 09:00 Uhr da war und nachmittags um 16:00 Uhr ging. Das war im Rahmen dessen, was möglich war, weil wir Gleitzeit hatten. Es entstand jedoch ein Problem. Da immer zwei Personen um 08:00 Uhr anwesend sein sollten, um das Telefon zu bedienen, passierte es, das eine oder andere Mal, dass eine der Kolleginnen morgens allein da saß, weil sich die andere Kollegin auch verspätete. Früher war immer darauf Verlass, dass ich morgens da war, das konnte ich nicht mehr schaffen. Es nagte an meinem Selbstbewusstsein. Hier durfte ich lernen, dass das Leben aus Leben besteht. Das Leben wird gelebt, mit allen Facetten, die dazu gehören, und dazu gehörte es in jenem Moment, dass meine menschlichen und körperlichen Funktionen eingeschränkt waren.

Die Minusstunden nahmen zu. Ich arbeitete zu diesem Zeitpunkt seit 20 Jahren in dem Unternehmen. Minusstunden waren für mich ein Fremdwort. Ich wusste, dass bei zehn Minusstunden ein Tag Urlaub abgezogen werden musste, sodass ich wieder für zwei Stunden im Plus war. Da ich so nicht weitermachen konnte, sprach ich im November mit dem Arzt. Da er wusste, dass eine Versteifung für mich keine Option war, empfahl er mir, zur Neurochirurgie zu gehen. Dort bekam ich zügig einen Termin. Dort brauchte man wieder neue MRT-Bilder, die ich woanders machen lassen musste, da die Termine bei denen über zwei Monate im Voraus ausgebucht waren. Ich fand ein Krankenhaus, bei dem glücklicherweise ein Termin in 14 Tagen möglich war. Es war während der Arbeitszeit, was mir mittlerweile egal war. Eine Stunde mehr oder weniger im Minus machte den Braten nicht mehr fett. Mit den neuen Bildern kam der neue Termin in der Neurochirurgie. Der erneut ausgetretene Bandscheibenvorfall war so weit mit dem Rest Masse ausgetreten, sodass der Arzt nicht wusste, ob er es ohne Versteifung operieren könnte. Der Spinalkanal war auch schon wieder zu. Er empfahl, diesen erneut zu öffnen und während der OP zu schauen, was mit der Bandscheibe möglich wäre. Eine Schmerzfreiheit konnte er mir nicht garantieren. Ich nahm den Strohhalm, den er mir reichte, an. Es war wieder Hoffnung in Sicht. Ich stand auf Abruf für Anfang Januar 2017. Sobald sie wüssten, wann ich dran kommen könnte, sollte ich einen Anruf erhalten. Dies teilte ich im Büro mit. Hier kam der Spruch, dass ich ja wohl nicht schon wieder ein halbes Jahr krankmachen wolle. Das hatte gesessen, denn erstens wollte ich gar nicht und zweitens war ich zwar einmal vier Monate am Stück krankgeschrieben, bin davon die letzten sechs Wochen (für die Firma kostenlos, da die Krankenkasse gezahlt hatte) stufenweise arbeiten gegangen. Das durfte erst mal von meiner Person hinterfragt werden, warum mich diese Aussage so geärgert hatte, dass ich am liebsten über den Tisch gestiegen wäre. Ich kam erst Wochen später darauf. (Kurze Anmerkung hierzu, ich hinterfrage immer so lange eine Sache, um sie in mir aufzulösen, bis ich ein Ergebnis habe.) Die Erkenntnis: Ich war so verärgert, weil ich von mir aus in einem nicht gesunden Zustand 2014 und 2015 zurück zur Arbeit gegangen war, und in den Wochen nach der Eingliederung 2015 ich deutlich gespürt hatte, dass dies eine Fehlentscheidung war, die ich mir selbst nicht zugestehen konnte.

Es ging auf Weihnachten zu und ich war froh, bis Anfang Januar in den Urlaub gehen zu können. Die Zeit über Weihnachten und Silvester verbrachte ich allein zu Hause. Zwischen den Jahren entschied ich mich, die Heiler- und Hypnoseausbildung zu machen, da bei der Heilerausbildung die energetische Wirbelsäulenbegradigung und das Besprechen von Krankheiten inbegriffen waren. Da das Erlernen auf energetischer Arbeit basierte, konnte ich es von zu Hause aus lernen. Mit den Heilgebeten zu arbeiten, war ein Prozess, der über Monate dauerte. Nach der Einweihung lernte ich die Gebete und ihre Wirkung. Die Hypnose machte ich erst später, da es viel und kompakt war. Da ich in Reiki firm war, ergab sich zwischen Reiki und Heiler fast kein Unterschied, es lief alles genauso ab. Die Wirbelsäulenbegradigung hatte es mir angetan. Ich dachte, dass sie vor der Operation helfen und ich diese so umgehen könnte. Als ich mit der Behandlung fertig war, durfte ich feststellen, wie ich in die richtige Position gerückt worden war, was mich sehr verwunderte, da ich den Schiefstand vorher nicht bewusst wahrgenommen hatte.

Zwischen den Jahren erhielt ich den Anruf aus der Klinik, dass ich für den OP-Termin am 11. Januar 2017 vorgemerkt wurde und am 10. Januar in der Klinik sein sollte. Dieser Gedanke ließ mich unruhig werden, denn ich wusste ja nicht, mit welchem Ergebnis ich danach aufwachen würde. Ich hoffte hier das Beste.

2017

Talfahrt in die Hölle

Mein Vorsatz für dieses Jahr war, auf Zucker zu verzichten und gesund zu werden. Es sollte sich schwieriger erweisen als gedacht, denn das Problem in unserem Weltgeschehen ist, dass Zucker die Suchtdroge Nummer eins auf der ganzen Welt ist. Um darauf verzichten zu können, achtete ich beim Einkaufen gezielt darauf, in welchen Produkten kein Zucker war. Es erwies sich als schwierig, überhaupt ein abgepacktes Produkt zu finden, das keinen Zucker enthält. Ich war schockiert und mir war nicht bewusst, wie wir im Massenkonsum mit dieser Droge abhängig gemacht wurden. Mir gelang es erst nach Wochen, nicht mehr den Griff zu gewohnten Produkten zu machen, die jetzt gestrichen waren.

Am 11. Januar war die OP. Ich wurde pünktlich um 13:00 Uhr in den OP geschoben, nachdem sich die Anästhesisten über die Narkose gestritten hatten, weil ich die normale nicht vertragen konnte. Vor der OP blieb ich dabei, keine Versteifung haben zu wollen. Wach wurde ich um 18:30 Uhr auf der Aufwachstation. Ich konnte mich kaum bewegen, war völlig ausgelaugt, schwach und verwundert, denn etwas dergleichen hatte ich nie nach einer Operation. Der Arzt teilte mir am nächsten Tag mit, dass er verwundert gewesen sei, als er den Rücken aufgeschnitten habe, da ein Rückenband komplett in das Narbengewebe eingewachsen gewesen sei und er dieses erst einmal hatte freilegen müssen. Das war auf den MRT-Bildern nicht zu sehen gewesen. Deshalb hatte die OP länger als geplant gedauert. Jetzt ergab es einen Sinn, warum ich vorher nicht mehr hatte aufrecht stehen können. Den Bandscheibenvorfall konnte er nicht beheben, da zu wenig Masse vorhanden gewesen war, um die Wirbel voneinander zu trennen, er hätte versteifen müssen. Den Spinalkanal hatte er geöffnet, diesen konnte er ggfs., falls er wieder zugehen würde, noch einmal erweitern, danach müsste auf jeden Fall versteift werden. In den ersten drei Tagen hatte ich keine Schmerzen, mir ging es von dieser Seite her gut. In der dritten

Nacht wurde ich wach und spürte, wie mein ganzer Körper krampfte und ich mich nicht mehr bewegen konnte. Fürchterliche Schmerzen traten im unteren Rücken und wieder im rechten Bein auf. Die Narbe platzte am vierten Tag an einer Stelle auf, da sich ein Bluterguss unter der Narbe gebildet hatte, diese war nur geklebt gewesen. So musste ich drei Tage länger in der Klinik bleiben. Gegen die Schmerzen bekam ich Cortison, weil sie der Meinung waren, dass die Nervenwurzel aufgrund der OP geschwollen war oder sich eventuell ein Bluterguss dort gebildet haben könnte, der sich in ca. sechs Wochen aufgelöst haben müsste. In den nächsten Tagen wurde meine Fitness nicht besser, so entließen sie mich aus dem Krankenhaus.

Die extremen Schmerzen hielten in den folgenden sechs Wochen an und waren nur mir Cortison in den Griff zu bekommen. Mehr als eine halbe Stunde zu sitzen war nicht mehr möglich, danach wurden die Schmerzen unerträglich. Da nach sechs Wochen keine Besserung in Sicht war und der Arzt nach der Wiedervorstellung in der Klinik erklärte, dass die Nervenwurzel geschädigt sein könne oder die Bandscheibe weiter herausgekommen sei, stürzte ich das erste Mal in eine depressive Verstimmung, da jegliche Hoffnung auf Besserung und Erlösung von den Schmerzen gewichen war. Ich hatte eine Art, ich formuliere es so, „Systemabsturz". Jedes Mal, wenn ich die Festplatte hochfahren wollte, stürzte sie wieder ab, es war kein Hochfahren möglich. So verbrachte ich die ersten drei Monate zu Hause, Dreiviertel der Zeit im Bett. Nichts ging mehr, ich sprach nicht, ich telefonierte mit niemandem, ich ging nicht mehr raus, ich ließ niemanden zu Besuch kommen. Ich ging nur zum Krankschreiben zum Arzt und auf der Arbeit rief ich an, um zu sagen, dass ich weiter krankgeschrieben sei. Sonst berichtete ich immer über den Zustand, was ich hier nicht mehr tat. Im dritten Monat spitzten sich die depressive Verstimmung und die Schmerzen so zu, dass ich mit dem Gedanken spielte, mir das Leben zu nehmen. Das war der heftigste Absturz meines Lebens. Ab da wusste ich, dass ich professionelle Hilfe brauchte. Das Problem war, dass alle Psychotherapeuten, bei denen ich anrief, wieder ein halbes Jahr Wartezeit hatten. Ich bat die Engel um Hilfe. Irgendwie kam mir der Gedanke in den Sinn, dass ich bei meinem Neurologen anrufen sollte, denn dieser, das wusste ich nicht, war auch Psychotherapeut. Ich erzählte der Dame die Situation, sie kannte meine Akte, da in der Praxis die Nerven an Beinen und Armen nach dem Unfall und der ersten OP durchgemessen worden waren. Sie hatte Erbarmen. Sie sagte, dass ich früh morgens da sein sollte, wenn ich es denn schaffe. Ich brauchte weitere zwei Wochen, bevor ich diesen Anlauf nehmen konnte. In dieser Zeit wurde mir bewusst, dass ich mich nicht umbringen durfte, denn jeder Mensch, der sich das Leben nahm, irrte in der Zwischenwelt hilflos umher. Dieser Gedanke hielt mich davon ab, es zu tun, denn ich wollte ja in Licht und Liebe ins Licht gehen. Der Arzt verschrieb mir Antidepressiva, die ich nicht nehmen konnte, da die Nebenwirkungen bei mir extrem waren. Nach einer Tablette lösten diese schon aus. Das Ganze probierten wir über einige Wochen mit vier verschiedenen Medikamenten, keines konnte ich vertragen.

Ich fragte daraufhin den Erzengel, was ich tun könne, machte den Computer an und wurde auf YouTube geführt. Da fand ich eine geführte Meditation für Lebensmut, Hoffnung und Heilung von Depressionen. Diese hörte ich mir sofort an und schlief nach den ersten zehn Minuten ein, was nichts ausmachte, das Unterbewusstsein nahm es trotzdem auf. Anstatt morgens und abends Tabletten zu nehmen, hörte ich diese Meditation an. Ich brauchte, glaube ich, drei Wochen, bis ich sie durchhören konnte. Was mir bei dem Arzt geholfen hatte, ganz ehrlich, war sein offenes Ohr, da ich da die Möglichkeit hatte, den ganzen Ballast loszuwerden. Ich brach das erste Mal nach drei Jahren mein Schweigen, auch darüber, dass mein Kopf nicht mehr richtig funktionierte. Hier wurde mir gesagt, dass es eine Schmerzdepression sei, die zur Folge haben könne, dass es sich auf den Kopf auswirke, ich müsse mehr Schmerzmedikamente nehmen.

Ich suchte mir zeitgleich einen Trauergesprächskreis, weil ich jemanden brauchte, um über die drei Todesfälle zu sprechen, die innerhalb der letzten zwei Jahre eingetreten waren. Ich sprach nie mit jemandem darüber, was sich für mich als Fehler herausstellte. Nach acht Besuchen konnte ich, da meine Ansicht zu Verstorbenen anders war, den Gesprächskreis wieder verlassen. Die Trauer war nicht da, weil ich dort schon Reiki hineingeschickt hatte. Es waren die unausgesprochenen Worte über den Verlust, die den innerlichen Druck aufgebaut hatten, der von Besuch zu Besuch schwand. Und ich hatte da die Erkenntnis, dass ich meinem Vater genauso die Liebe schicken kann und er mir, das hieß im Umkehrschluss, wenn es mit ihm ging, ging es auch mit allen anderen Verstorbenen.

Die anderen, die schon vor mir im Trauergesprächskreis waren (teilweise viele Jahre), waren noch dort, als ich ging. Hier war es mir möglich, herauszufinden, dass so viele Krankheiten bei den trauernden Hinterbliebenen entstanden. Meistens bekamen diese Menschen Herzprobleme, da die Trauer am Herz-Chakra saß. Es gab mir auch wiederum die Einsicht, dass viele Menschen, die nicht die Worte sprachen, die sie sprechen möchten, häufig im Hals-Chakra Probleme bekommen, dort saß die Schilddrüse. Diese hatte dann eventuell eine Fehlfunktion, die bis hin zur Entfernung der Schilddrüse gehen konnte. Andere wiederum hatten Krebs im Magen oder Darm (das hieß, unverdaute Themen, die nie losgelassen wurden). Es konnte unausgesprochene Trauer sein oder ein schweres Trauma oder eine Misshandlung etc.

Seit einigen Jahren lasse ich in meinem Morgengebet und Ritual das allgöttliche Licht und die Liebe in die Ley-Linien von Mutter Erde/Lady Gaya fließen, sodass alle Wesen (Menschen, Tiere, Pflanzen) in Frieden, Harmonie, Glückseligkeit, Licht und Liebe leben können. Auch lasse ich den Weltmeeren, Feldern, Wiesen, Bergen, Lichtarbeiterinnen (irdisch und himmlisch), verschiedenen Gottheiten, den Himmelsrichtungen, den Windgöttern, Solaris (Sonne), Luna (Mond) und vielen Bewusstseinswesen diese Energie zufließen. Den verstorbenen Seelen, die ich kenne und nicht kenne, z. B. Kriegsopfer, Gewaltopfer, Unfallopfer, sowie den Tätern, damit die Zwischenwelt angehoben wird. An verschiedenen Stellen hier auf Erden vollziehe ich dieses Ritual, wo ich gerade verweile. Hier bitte ich immer um Führung, zum höchsten Wohle aller Wesen. Ich wurde des Öfteren zu Friedhöfen geleitet, um dort verstorbenen Seelen Heilung zu geben, damit sie ihren Weg ins Licht gehen können. Oft sind es junge Menschen und Unfallopfer. Seit 2017 wurde es zu meiner Aufgabe, jeden Morgen Jesus bewusst in dieses Ritual einzubeziehen. Diesen Part lasse ich in die Geschichte fließen, da er zu einem späteren Zeitpunkt einen Sinn ergibt.

Der Orthopäde ordnete neue Bilder an, da mein Rücken nicht besser wurde. Auf diesen konnten wir deutlich erkennen, dass die Nervenwurzel geschwollen war, das verursachte die Schmerzen. Da die Diagnose lautete, dass das Rückenmark geschädigt war, galt es, mein Leben so zu gestalten, dass es möglichst ohne Tabletten ging und meinen Körper und Rücken nicht mehr so zu überanstrengen, da jede Überbelastung eine Entzündung hervorrief. Nach eineinhalb Stunden Sitzen war das Maß erreicht und der Schmerzpegel schon wieder überschritten. Das war der nächste Lernprozess für mich, nicht nur den Fokus auf Geist und Seele zu legen, sondern hier galt es, zu lernen, Körper, Geist und Seele in Einklang zu bringen. Aufgrund meines bis dahin geführten Lebens war dies die größte Herausforderung. Auf jeden Fall empfahl mir der Arzt die Schmerztherapie mit psychologischer Betreuung, wobei hier direkt eine Spritze unter dem CT gegeben wurde und der Aufenthalt für zehn Tage in einer Schmerzklinik war. Ich überlegte, da ich nicht schon wieder für zehn Tage in eine Klinik wollte. In den Krankenhäusern fühlte ich immer das Leid der anderen Patienten. Ich war froh, dass ich mich selbst aus dem Tief hochgezogen hatte.

Im Mai meldete ich mich zur Schmerztherapie an, weil ich Linderung brauchte. Die Spritze verschaffte mir etwas Linderung und die psychologische Betreuung konnte mir keine neuen Erkenntnisse bringen, aufgrund der von mir geleisteten Vorarbeit. Was hier der Arzt feststellte, war, dass das Becken verdreht und das rechte Bein dadurch verkürzt war. Jetzt kam wieder etwas in mein Gedächtnis, die Beinverkürzung. Ja, der Krankentherapeut machte seit dem Unfall immer wieder einen Beinlängenausgleich. Kein Wunder, dass die Beine nicht auf einer Länge blieben. Und mir fiel es Tage später wie Schuppen von den Augen. Ich beobachtete das rechte Bein und konnte feststellen, dass es (das, was gebremst hatte, das linke war frei, da Automatikgetriebe) in Stresssituationen immer nach innen links knickte. Da wusste ich, dass der Muskel ein Trauma vom Unfall hatte, dieses musste gelöst werden, und wie?

Ich fragte den Arzt, der hatte leider keinen Rat. Was er mir mit auf dem Weg gab, war, dass ich zur Ganganalyse gehen könne und mir sensomotorische Einlagen anfertigen lassen solle. Das würde das Becken wieder in die richtige Position bringen und die Beinlängenverkürzung könnte sich dadurch erledigen. Das wäre eine Entlastung für meine Wirbelsäule und Bandscheiben. Nach dem Klinikaufenthalt ging ich zur Ganganalyse, die mir Einlagen anpassten, welche nach fünf Wochen das Becken in die richtige Position brachten. Was zur Folge hatte, dass der Schulter-/Nackenbereich so sehr schmerzte, dass neue Einlagen angefertigt wurden. Das Spiel machte ich ganze viermal à vier bis sechs Wochen mit, bis ich es aufgab, da es nicht möglich war, den Schulter-/Nackenbereich mit dem unteren Rückenbereich in Einklang zu bringen.

Des Weiteren war ich in der Klinik in einem Vortrag über Schmerzen, bei dem uns ein Gehirn gezeigt wurde. Dort lernte ich den Hypothalamus kennen, dieser beeinflusst die Organe, indem er verschiedene Endorphine/Hormone bildet und mit der Hypophyse verbunden ist. Da mir bekannt war, dass wir die Körpertemperatur in den Meditationen wissentlich steuern können, überlegte ich, ob ich ihn dazu anregen konnte, dass meine Drüsen mehr Kortisol und Opioide (ich sagte auch noch Morphin) produzieren konnten. Die wichtigste Wirkung der beiden Mittel war eine starke Schmerzlinderung. Ich übte es jeden Morgen in der Meditation und konnte nach einigen Tagen feststellen, dass die Schmerzen mehr gelindert wurden als in der normalen Meditation, da ich da schon immer den Impuls gegeben hatte, dass der Schmerz gehen sollte. Ein wesentlicher Faktor, ich stand in den Meditationen nicht mehr unter Stress, das linderte auch die Schmerzen. Leider hielt es nur über wenige Stunden an. Ich müsste vier- bis fünfmal von morgens bis nachts meditieren und für ca. 20 bis 30 Minuten den Impuls abgeben. Dies ist nur ein Gedanke, damit es funktioniert, um den ganzen Tag Schmerzfrei zu sein. Was wichtig war, ich konnte so lernen, dass es möglich ist, wissentlich mein Gehirn zu steuern. Hier in Dänemark mache ich mir das zunutze. Früher ging ich morgens in die Dusche und sagte mir, dass mir so kalt sei (alte Gewohnheit), mir war dann auch kalt. Jetzt sage ich morgens schon im Bett, dass mir warm sei, und gebe wissentlich den Impuls nach oben ins Gehirn ab, und mir ist warm (neue Gewohnheit).

Da ich mich die ganze Zeit damit beschäftigt hatte, was ich mit meiner Arbeit machen sollte, kam ich zu dem Entschluss, zu kündigen. So vereinbarte ich einen Termin. Der Chef lehnte die Kündigung ab, da er meinte, dass es wieder besser werde. Hier brach ich das Schweigen und sagte ihm, dass ich nicht nur mit dem Rücken erhebliche Probleme habe, sondern auch mit dem Kopf. Er konnte es gar nicht glauben. Ich erzählte, dass es für mich ein Kampf gewesen sei, die letzten Jahre überhaupt so durchstehen zu können. Ich ging mit einem erleichterten Gefühl nach Hause, denn ich musste nichts mehr verbergen.

So gab ich mir erneut die Zeit, ging auf Anraten des Arztes ins Fitnessstudio, um meine Muskeln im Rücken und meinen Körper insgesamt zu stärken, und jede Woche zweimal zur Krankengymnastik. Dies war mir nur mit einem hochdosierten Medikament möglich, was wiederum zur Folge hatte, dass ich zu viel gemacht hatte, weil ich den Körper nicht richtig spüren konnte. Was mir andauernd auffiel, war, dass wenn ich jeden zweiten Tag zum Sport ging, der Köper danach total erschöpft war und mehrere Tage Erholung brauchte. Das war ein Warnsignal, das ich durch die Tabletten nicht wahrgenommen hatte. Die Tabletten dämmten den Schmerz gut ein, aber nicht die Entzündungen im Körper. Da das Mittel so stark war, war ich nicht mehr richtig in dieser Welt anwesend. Meditieren war nicht möglich und die Entzündung konnte sich im Rücken ausdehnen. Ich sollte etwas lernen, was ich bis dahin immer noch nicht gelernt hatte. Auf meinen Körper zu hören, denn er schlug Alarm. Die Medikamente schlugen auf die Organe und irgendetwas übersah ich dauernd, aber was???

Dieser Spruch ging mir damals lange durch den Kopf:

„Geh du voran", sagte die Seele zum Körper, „denn auf mich hört er ja nicht." „In Ordnung", sagte der Körper, „ich werde krank werden, dann hat er Zeit für dich."

(Goethe, aus Faust II)

Im Spätsommer machte ich eine Ausbildung für die energetische Hausreinigung, da es mir wichtig erschien, die nicht dienlichen Energien wie Depression, Trauer, Wut aus der Wohnung zu entfernen, was mit dieser Hausreinigung möglich war. So konnte ich feststellen, dass meine Matratze unbedingt von den ganzen Emotionen energetisch gereinigt werden musste, denn sie bekam am meisten von mir ab. Die Matratze war schon so alt, dass da Emotionen von vor 2012 gespeichert waren (da führte ich den innere Kampf mit der Trennung aus). So entschied ich mich, eine neue zu kaufen. Hier war mir nicht bewusst, dass diese Energien/Emotionen gespeichert werden konnten. Ich kann jedem nur empfehlen, zu überlegen, wie alt die Matratze ist und was sie mit dir schon durchlebt hat.

Bei einer Dame konnte ich feststellen, dass dort, wo sie immer auf dem Sofa lag, ihre Schmerzen und Depression gespeichert waren. Ich fragte sie, ob sie auf diesem Teil des Sofas liege. Sie schaute mich erstaunt an und bejahte. Die Couch war relativ neu, so reichte die energetische Reinigung. In einem anderen Fall war es so, dass ein weiterer guter Freund den langen Kampf gegen den Krebs verloren hatte. Ich bat der Freundin Hilfe bei der Wohnungsauflösung an, weil sie mentale Unterstützung brauchte. Es waren schon zwei Leute in der Wohnung. Ich betrat sie, schaute mich um und setzte mich anteilslos auf einen Stuhl in der hintersten Ecke. Sie saß auf dem Sofa, fast handlungsunfähig. Nach einer Weile ging ich auf den Balkon, atmete tief durch und fragte, was mit mir los sei. Ich ging zurück in die Wohnung, dort war ich sofort wieder handlungsunfähig. Ich ging wieder raus, mir ging es besser. Das gab es doch nicht. Dann, nach reichlicher Überlegung auf dem Nachhauseweg, dämmerte es mir. Er, der Verstorbene, hatte in dieser Wohnung über vier Jahre mit seinem Krebs und einer schweren Depression gesessen. Er ließ niemanden, außer der Exfrau, und ab und zu seine Kinder, zu sich. Seine Emotionen waren in der Wohnung und im Sofa so fest gespeichert, dass ich davon unwissentlich wie gelähmt war. Depressive Personen sitzen oft wie gelähmt da und sind oftmals handlungsunfähig. Das Gefühl kannte ich ja jetzt von Anfang des Jahres. Ich machte über die Ferne eine energetische Hausreinigung und bat die Freundin, am nächsten Morgen alle Fenster zu öffnen und gut durchzulüften. Ich bat sie, sich noch mal auf das Sofa zu setzen, in dem

Bewusstsein, dass sie fühlte, wie es sich nach der Reinigung anfühlte und wie es die letzten Tage zuvor war. Sie sagte, sie könne eine merkliche Veränderung spüren, sie sei nicht mehr handlungsunfähig. Es gab mehr als das, was wir nur mit dem Auge sehen, und alles war Energie, Materie, Atome.

Ich machte mir Sorgen um meine Zukunft, das war klar. Ich suchte einige Wochen später erneut das Gespräch mit dem Chef, weil ich merkte, dass mir das Thema Arbeit am Herzen lag. Ich wollte versuchen, eine Alternative zu finden, da ich in einer Abteilung saß, in der kein dauerhafter Ausfall sein durfte. Im Gespräch bekam ich zur Antwort, dass sie sehr gut auf mich verzichten könnten und dass ich hier nicht mehr gebraucht werde. Der neue Kollege fange in zwei Wochen an, das hatte gesessen. Ich ging mit einem Gefühl der Ohnmacht nach Hause. Viele Wochen war ich von dieser Aussage geschockt und sie ließ mich nachdenklich werden. *Für wen oder was habe ich die letzten 21 Jahre mein Dasein und meine Gesundheit geopfert? Für die Firma. Und was hat es mir gebracht? Nichts, außer einem Körper, der nicht mehr richtig funktionierte, und dass mein Leben beeinträchtigt war. Jutta Gavri-El, du musst aufwachen. Für wen oder was lebst du? Und hast du dein Leben überhaupt gelebt?* Nein, ich hatte vergessen, zu leben. Heute bin ich überaus dankbar dafür, dass der Chef mir diese Aussage vor den Kopf geknallt hatte, es ließ mich aufwachen.

Ich ging in mich und fragte, was ich im Leben immer wollte. Das war einfach, die Liebe leben und den Menschen Heilung geben, damit sie in ihrer Liebe leben konnten und wir so ein harmonisches Leben in Frieden auf Erden hatten. Meine Aufgabe, für die ich erneut inkarniert hatte, wurde mir erst später bewusst. Ich sollte lernen, wie ich Mitgefühl und Liebe lebte, wollte alle Seelenanteile zurückholen und die karmischen Themen aufarbeiten.

Wessen bedurfte es, um Mitgefühl und Nächstenliebe leben zu können? Das war eine Aufgabe, die ich in dem Job, den ich 21 Jahre gehabt hatte, nicht leben konnte. Wo konnte ich das am besten lernen? In der Sterbebegleitung. Da konnte ich ehrenamtlich für ein bis zwei Stunden in der Woche helfen, die Liebe fließen lassen und die Sterbenden in Licht und Liebe und frei von Karma hinüber begleiten. Ich bat die Engel um Führung und wurde so zu einem sehr alten Link für die Ausbildung zur Sterbebegleitung geschickt. Ich rief dort an und fragte, wann der nächste Kurs anfange. Die Dame wunderte sich darüber, wie ich auf diese Institution (Ambulanter Hospiz- und Palliativdienst, Herne, heute kurz genannt die „Zeitschenker") kam, denn es habe keine Ausschreibung in der Zeitung gegeben. Ich sagte ihr, dass es Führung von oben sei. Es fand ein Erstgespräch statt, bei dem wir beide wussten, dass ich den Kurs machen werde.

Anfang 2017 kaufte ich mir ein Buch: „Das tibetische Buch vom Leben und vom Sterben." Dieses las ich immer kapitelweise, da ich mit dem Buch arbeitete. Es gab mir Aufschluss über viele verschiedene Ansichten, die das Leben und das Sterben beschrieben. Gegen Mitte des Jahres kam ich bei dem Teil an, in dem ein Buddha tiefstes Mitgefühl entwickeln konnte. Mir war zu diesem Zeitpunkt nicht bewusst, dass ich dieses Thema bis dahin nicht gelebt hatte. Als ich wieder vor lauter Schmerzen nicht mehr wusste, wohin ich kriechen sollte (ich lege mich dann immer hin, um die Wirbelsäule und Nervenwurzel zu entlasten), fing ich an, mein tiefstes Mitgefühl an alle Menschen dieser Erde zu schicken. An alle, die gerade schlimmere Schmerzen als ich hatten; an alle Kinder dieser Welt, die gerade Hunger erleiden mussten; an alle Menschen, die gerade durch einen schweren Autounfall ums Leben kamen; an alle Menschen, die gerade an Krebs litten und starben; an alle Weltmeere und an alle Tiere, die in ihnen lebten, weil sie von der Umwelt so belastet wurden; an Mutter Erde, weil sie unsere Last der Umwelteinflüsse ertragen und umwandeln musste; an Gott Vater, weil er ständig jeden Tag für so viele nicht erwachte Menschen Gnade und Liebe fließen lassen musste, obwohl wir alles selbst in uns trugen.

Ich weiß nicht mehr, wem noch. Es ging manchmal bis zu zwei Stunden, in dieser Zeit ließen die Schmerzen nach und ich lernte, den Menschen und Tieren das tiefste Mitgefühl entgegenzubringen. So war es mir möglich, wenn Menschen mir etwas über ihren Kummer zu erzählen hatten, dass ich diesen mit meinem Mitgefühl in mich aufnehmen, in Licht und Liebe umwandeln und ihnen gereinigt zurückgeben konnte. Jetzt wusste ich, wie Jesus, Amma und die Buddhas es machten. Das war eine Arbeit an mir, in der ich mich über Monate übte. Es gab ein Mantra in diesem Buch: „Om Ah Hung Benza Guru Pema Siddhi Hung." Es bedeutet: „Ich rufe dich an,

Guru Rinpoche, möge uns durch deinen Segen Gesundheit, Wohlstand, Erfolg, höchste Erleuchtung und Befreiung gewährt werden." Seit Urzeiten rezitieren tibetische Buddhisten dieses Mantra als Ausdruck von universellem göttlichem Mitgefühl und von Barmherzigkeit. Das Mantra reinigt und schützt die Umwelt und uns selbst. Ich rezitierte es (über Monate), bis ich eins mit dem Buddha wurde.

Ich weiß nicht mehr, wann genau es im September war. Ich saß schon länger in einer Meditation, als ich eine Nachricht von oben erhielt. Sie war wie immer kurz und knapp. Sie lautete: „Du wirst nach deinem Tode als Geistführerin dienen."

„Ähhh, okay, ihr habt mich auserwählt, um als Geistführerin zu dienen?"

„Ja, du bist auserwählt, um nach deinem Tode als Geistführerin zu dienen." Hmm, das war mal eine Ansage, auf die ich nichts mehr sagen konnte. Schweigen trat ein, mir fehlten die Worte. Sollte ich es Patrick erzählen? Ich zweifelte. Wir hatten schon lange und ausführlich über den Tod und was danach kam, gesprochen, doch irgendwie wollte er das Thema nicht wahrhaben. Erst Wochen später kam ich auf die Idee, darüber nachzudenken, was dort die Aufgaben sein werden. Diese wurden mir dann 2018 bekannt gegeben. Ich werde nach meinem Tode die spirituellen Kinder der neuen Zeit, die Indigos, Kristall-, Regenbogen- und Diamantkinder, sowie deren Eltern begleiten. Sie haben mich auserwählt, weil ich in meinem Leben entschieden hatte, Patrick (er ist ein Indigo/Kristallkind) mit Liebe, Mitgefühl, und Geduld zu erziehen, und weil ich ihn nie aufgegeben hatte. Es war wichtig, dass er seine Gaben zu lernen lebt. Jedes dieser Kinder hat spezielle Fähigkeiten und Aufgaben. Bei Patrick war es durch sein bewegtes Leben enorm wichtig, ihn mit Bedacht zu seinen Gaben zu führen. So konnte er anfangen, seinen Weg zu gehen. Ich behielt diese Nachricht für mich, da sie außergewöhnlich war. Im Laufe der Jahre konnte ich feststellen, dass viele dieser spirituellen Kinder nicht ihre Gaben lebten, sondern dem Alkohol- und Drogenkonsum oder der Spielsucht verfallen waren, weil sie in dieser Hinsicht weder von ihren Eltern noch anderen spirituellen Lehrern Hilfe bekamen. Deshalb stieß ich eine Bitte an das Universum aus. Irgendwann sagte ich zum Göttlichen, dass ich Hilfe brauche, das Kind zu erziehen. Wie erzog man ein Indigo/ Kristallkind? Es war zu schwierig, alles allein machen zu müssen. Und vor allen Dingen, wie brachte man einem spirituellen Kind etwas bei, wenn man es selbst nicht lebte? Und mir fiel ein, dass ich zu Jesus und Amma gesagt hatte, das, was sie könnten, könnte ich auch, da wir alle das Gleiche in uns tragen, und dass ich gerne wie ein Buddha wäre. Das waren alles gesagte Worte und Gedanken, die einen Empfänger gefunden hatten, Gott oder das Göttliche. Ich musste alle Facetten und Emotionen des Lebens durchleben, um in meinem Bewusstsein zu wachsen, um als Geistführerin die Eltern und deren spirituelle Kinder mit Bedacht führen zu können. Mir fiel sogar in einem Live-Event von Deepak Chopra ein Buch in die Hand, das den Titel hat: „Mit dem Herzen führen."

Am 3. und 4. November fuhren Patrick und ich zu Amma nach Brombachtal. Er kam schon den Abend vorher zu mir, weil wir früh am Morgen loswollten. Da guckte er mich an und sagte: „Mama, ich brauche keine Angst mehr zu haben, wenn du mal stirbst, du wirst als Geistführerin weiterleben, du wirst meine Geistführerin." Mein Mund klappte nach unten und jetzt war ich es, die zum ersten Mal fragte, woher er das wisse, ich hatte es doch niemandem erzählt.

Er wusste ja mehr als ich, denn ich wusste nicht, dass ich ihn weiter begleiten werde. „Wie, du weißt das auch schon?", meinte er daraufhin. Ich sagte ihm, dass ich es erst seit einigen Wochen wisse, dass ich Geistführerin werde. Er erzählte mir daraufhin, dass ich Geistführerin der spirituellen Kinder werde. Er äußerte, dass es cool sei. Als wir bei Amma waren, gingen wir uns abends einen Smoothie holen. Der Mann hinter der Theke schaute uns an und begann, von einem Leben nach dem Tod zu erzählen und dass man dort manchmal Aufgaben zugeteilt bekomme. Patrick schaute ihn an und entgegnete: „Ja, das wissen wir, denn meine Mutter wird Geistführerin." Es war eine zweimalige Bestätigung für mich, dass es stimmte. 2018 hatte ich eine Sitzung mit drei Heilerinnen und Heilern geführt, und die konnten alle drei, unabhängig voneinander, das Gleiche bestätigen.

Der Kurs für die Sterbebegleitung fing Anfang November an. Hier sagte ich gleich zu Beginn, dass ich körperliche Einschränkungen habe, auch mit der Wirbelsäule, und nicht lange sitzen könne und ich während des Unterrichts aufstehen müsse oder mich auf mein Sitzkissen setzen werde. Das wurde akzeptiert und keiner der anderen Teilnehmer hatte Probleme damit (im Gegenteil, es meldete sich noch jemand, die auch Probleme mit dem Rücken hatte). Da diese Kurse immer nur über einige Stunden gingen, war es mir möglich, ihn zu absolvieren.

Ende November begann ich eine psychosomatische Schmerztherapie, um zu lernen, wie ich mit den Schmerzen umgehen konnte. Da konnte ich feststellen, dass ich meine Wahrnehmung aufgrund der Schmerzen so weit weggedrückt hatte, dass sie in Bezug auf den Körper nicht mehr richtig vorhanden war. Das kam erst heraus, als wir einen Tag lang Tagebuch führen sollten. An diesem Tag waren die Schmerzen am Nachmittag so unerträglich, obwohl ich der Meinung war, an dem Tag nichts gemacht zu haben. Doch ich war einkaufen, machte die Wäsche und hatte Staub gesaugt. Mir war bis zu diesem Moment nicht bewusst, dass das schon zu viel für den Körper war. Jetzt wusste ich, was ich übersehen hatte, die Achtsamkeit der Wahrnehmung auf den Körper. Wie konnte das passieren??????
Ich funktionierte mein Leben lang nur wie eine Maschine oder ein ICE auf der Überholspur, weil ich immer nur reagierte. Deshalb konnte ich zu dieser Erkenntnis „Reagieren und Agieren" gelangen. In der Therapie wurde mir ans Herz gelegt, mehr darauf zu achten, wann der Köper überfordert war. Das hatte ich noch nicht gelernt. So konnte ich später feststellen, dass zweimal die Woche Fitnessstudio (obwohl nur minimale Gewichte) zu viel waren. Es überlastete die Wirbelsäule und den Körper. Da entschied ich, nur einmal die Woche Studio zu machen und einmal die Woche Yoga (hier führe ich nur die Übungen aus, die gehen). Damit ging es dem Köper besser.

Ich fragte die Geistige Welt, warum die Schmerzen nicht weniger werden würden, und wurde zu einem Tag der offenen Tür geschickt. Dort konnte ich in einer Familienaufstellung herausbekommen, dass ich vor dem Schmerz weggelaufen war. Er ist mir immer hinterhergelaufen und stärker geworden, weil er wollte, dass ich ihn sah, ihn annahm und in mein Leben integrierte. Das war eine der Herausforderungen, an denen ich in 2018 besonders arbeiten durfte und noch daran arbeite. Der mentale Gedanke, dass ich alles machen möchte, alles im Leben ohne Schmerzen genießen möchte, ließ mich es wegdrücken, denn das Leben war so nicht von mir geplant gewesen. Das klappte leider nur so lange, bis der Körper rebellierte.

An diesem Tag der offenen Tür wurden alle Ausbildungen und Seminare um 20 % reduziert. Da ich wusste, dass Patrick sich immer für die Matrix interessiert hatte, fragte ich ihn, ob er Interesse habe. Er überlegte keine Minute und sagte Ja. Was ich zu diesem Zeitpunkt nicht wusste, war, dass er mir damit bei meinem Gesundwerdeprozess weiterhelfen werden würde.

Da ich in den letzten Monaten von 2017 alle vier Wochen Spritzen in den Rücken bekommen hatte, sagte ich dem Arzt, dass ich es komisch finde, dass sich mein Köper nach zwei bis drei Tagen nach den Spritzen besser anfühle und ich im ganzen Körper weniger Schmerzen habe. Er stutzte nach dieser Aussage und schickte mich zum Rheumatologen. Dieser stellte fest, dass ich Rheuma hatte. Weichteilrheuma auf jeden Fall und eine andere Rheumauntergruppe, da verschiedene Werte eine Erhöhung anzeigten und ich eine Mischkollagenose hatte, dies war eine Autoimmunerkrankung. Die Art des Rheumas galt es, herauszufinden, was sich als Problem darstellen sollte. Jedes Mal, wenn ein Termin zur Blutabnahme anstand, hatte ich vorher für den Rücken Cortison bekommen/genommen und die Werte sanken automatisch, was ich nicht wusste. Jetzt wusste ich, warum mein Köper die Jahre zuvor schlappgemacht hatte, auch wenn ich zu viel Sport gemacht oder zu viel gearbeitet hatte, und warum ich morgens so schlecht aus dem Bett kam. Vor allem im Winter, wenn es kalt und nass war. Jetzt ergab alles einen Sinn. Ich schaute sofort im Reiki-Therapiebuch nach, was Rheuma bedeutete. Im Reiki-Heilkreisen heißt es, dass du dein Leben nicht gelebt hast. Oh mein Gott, was habe ich mein Leben lang gemacht? Es stimmte, ich hatte nur funktioniert und ich hatte die Lernaufgabe vergessen, warum ich inkarniert hatte. Mit dieser Erkenntnis brauchte ich erst mal ein paar Tage und etliche Tränen, um das zu verarbeiten. In dem Bewusstwerdeprozess kommt alles an die Oberfläche. Alles, was dir nicht dienlich ist, wirklich alles.

Als ich die Geistige Welt fragte, was ich gegen das Rheuma unternehmen könne, fielen mir wieder die Heilgebete in die Hände. Mensch ja, ich hatte da meine Vorlieben. Zwei Universalgebete. So schaute ich, ob etwas gegen Rheuma dabei war. Ja, war es, und auch gegen Entzündungen. Ich probierte alles durch und knockte mich selbst aus. Nachdem ich drei verschiedene Heilgebete gesprochen hatte, musste ich mich schlafen legen. Zwei Stunden später wurde ich wieder wach und mir ging es besser, ohne Medikamente. Ab da testete ich, welches der Gebete mehr Wirkung hatte. Das gegen Entzündung und gegen Rheuma spreche ich fast jeden Tag. Wenn ich morgens merke, dass ich nicht hochkomme, oder am Tag, wenn ich eine Pause brauche. Das Rheuma geht angeblich nicht mehr weg. Durch die Heilgebete lässt es sich, wenn ich es körperlich und stressmäßig nicht übertreibe, einigermaßen im Griff halten. Ich wünsche keinem Menschen auf dieser Welt, dass er Rheuma bekommt, und schon gar nicht, weil er verpasst hat, sein Leben zu leben, und seine Aufgabe vergessen hat, warum er inkarniert hatte.

Im Dezember vor Weihnachten rief die Krankenkasse bei mir an und teilte mir schon mal vorsorglich mit, dass das Krankengeld im Frühjahr 2018 auslaufe und ich mich entweder arbeitslos melden oder die Rente beantragen solle. Okay, das war genug für dieses Jahr. Ich hatte eingesehen, dass es so nicht mehr weiterging. Nach Tränen und reiflichem Hineinfühlen, wie es dem Körper ging, entschloss ich mich, zum Versorgungsamt zu gehen, um die Rente zu beantragen.

Ich hatte etwas gelernt, mein Körper war das Haus, in dem meine Seele wohnte, und das Haus möchte mit Achtsamkeit gepflegt werden, und zwar in jeglicher Hinsicht. Wenn ich ihn nicht mehr hatte, konnte ich nicht mehr all die Emotionen und positiven Eigenschaften lernen, die ich bis dahin nicht gelernt hatte. Ich konnte den Menschen mit einer Umarmung nicht mehr die Wärme geben und die Liebe fließen lassen. Ach und überhaupt das Wichtigste, was ich vergessen hatte, die Lebensfreude, den Spaß und die Liebe zu leben. Das durfte ich alles in 2018 lernen, um zu meinem Bewusstsein zu gelangen und Körper, Geist und Seele in vollkommener Liebe und Harmonie eins werden zu lassen.

Mir fiel zu dieser Zeit ein Spruch in die Hände, den ich gerne hier zitieren möchte:

„Wir müssen bereit sein, uns von dem Leben zu lösen, das wir geplant haben, um das Leben führen zu können, das uns erwartet."

(Joseph Campbell)

Da Patrick an Weihnachten, direkt am Heiligen Abend, für einige Wochen nach Indien flog, gönnten wir uns vorher ein gemütliches Essen.

Ende 2017 ging ich alle zwei Wochen zum Mantra-Singen. Über Umwege wurde ich durch Christiane, die wir auf dem Weg zu Amma kennenlernen durften, da wir eine Fahrgemeinschaft gebildet hatten, zum Mantra-Singen geführt. Das war eine große Freude für mich, ich liebte das Mantra-Singen. Sie lud mich kurzerhand zu Silvester zur Gemeinschaft ein. Wir sangen ein Haus ein, da Bekannte von ihr umgezogen waren und wir alle zusammen die Energie des Hauses so auf eine hoch schwingende Energie brachten. Es war eine sehr schöne Silvesterfeier. Wir sangen und lachten den ganzen Abend, jeder brachte etwas Vegetarisches für das Buffet mit, Alkohol trank dort niemand, wenn überhaupt nur das Glas Sekt um zu Mitternacht anzustoßen. Am Abend zuvor gab es an einem anderen Ort ein Zusammenkommen, da wir dort das alte Jahr mit Mantra-Singen und einem Segenstanz verabschiedeten. Ich freute mich und war in einer Glückseligkeit, wie ich sie nie zuvor erlebt hatte. Es war schön, diesen spirituellen Weg zu gehen und auf Gleichgesinnte zu treffen.

Ich durfte 2017 Akzeptanz lernen, die Geschehnisse aus dem Autounfall akzeptieren, um somit zu tiefstem Mitgefühl allem und jedem gegenüber zu gelangen. Ich sollte meine Lernaufgabe lernen, wozu ich inkarniert hatte. Die tägliche Meditation konnte ich in 2017 kontinuierlich auf zwei Stunden ausdehnen.

Die größte Offenbarung ist die Stille
(Laotse)

2018

Botschaft aus der geistigen Welt

Am Morgen des neuen Jahres verabschiedete sich Erzengel Gabriel von mir, der mich auf meinem neuen Lebensweg bis dahin begleitet hatte. Wenige Minuten später spürte ich eine neue Präsenz bei mir. Ich fragte, welcher Erzengel jetzt bei mir sei. Es war Erzengel Zadkiel. Er war mein neuer Begleiter. Mit seiner violetten Flamme wurde transformiert, was nicht dienlich war, für mich und alle, die in mein Aurafeld kamen. So selig, wie ich war, ging ich am 1. Januar 2018 den täglichen Spaziergang und begrüßte das neue Jahr mit einigen Aufgaben im Gepäck, um in meinem Aufstiegsprozess voranzuschreiten. Als ich gerade umkehrte, um zu meiner geliebten Bank zu gehen, da ich Rast brauchte, hörte ich den Engel sprechen: „Deine Zeit ist abgelaufen." Ich darauf zurück: „Das ist jetzt ein Späßchen, gell?" Der Engel sagte daraufhin: „Nein, deine Zeit ist abgelaufen."

Hmm, okay, das hörte sich gar nicht nach einem Spaß an. Mir kamen die Tränen. Es war kein Spaß, die meinten es ernst. Ich fragte nur: „Wann?" Es kam keine Antwort mehr. So lief ich erstmal zur Bank und musste mich setzen. *Ach, jetzt verstehe ich, es ist wieder einer der Tests, wie ich darauf reagiere. Okay, wenn Gott sagt, dass meine Zeit hier unten abgelaufen ist, werde ich es so akzeptieren.*

Das Gehirn fing an, zu rattern. *Gut, was möchte ich alles erledigen und wie viel Zeit bleibt mir? Was will ich noch erleben? Bleibe ruhig, in deiner Liebe und im Hier und Jetzt.* Letzteres sagte ich zu mir auf dem ganzen Nachhauseweg und in den nächsten Wochen.

In der Sterbebegleitung nahmen wir verschiedene Themen durch. In diesem Moment war der Sterbeprozess dran. Na, das passte wie die Faust aufs Auge. Ich bekam die Info von oben und dort nahmen wir es durch. Zu allem Übel kam jede zweite Woche vom Arzt ein Brief, dass sie dies und das bezüglich des Rheumas feststellen konnten. Um dem Törtchen eins draufzusetzen, nahm ich wieder das Buch „Vom Leben und vom Sterben" in die Hand, klappte das nächste Kapitel auf, und was kam dran? Der Sterbeprozess. Das durfte erst einmal alles sacken. In den darauffolgenden Monaten richteten wir Patricks energetische Heilerpraxis ein. Ich machte meine Übungen, die ich noch im Gepäck hatte. Ich musste bis März Termine bei Ärzten wahrnehmen, die darüber entschieden, ob die Rente bewilligt wurde oder nicht.

2017 hatte ich meine Zwillingsflamme kennengelernt, was sich 2018 als Herausforderung für uns beide darstellte. Beim ersten Händedruck war es damals wie ein Blitzschlag. Ich bekam den Impuls, mir diesen Mann genauer anzuschauen. Er sagte mir später, dass er es wusste, als er mir in die Augen geschaut hatte: „Die ist es", er schaute mir direkt in die Seele. Wir zogen uns an wie zwei Magnete, das war ein bis dahin nie gespürtes Gefühl. So entstand beim ersten Treffen das Gefühl des Zusammengehörens. Beim dritten Date schaute er mich an und tat etwas, wonach ich mein Leben lang gesucht hatte. Er legte seine Hand auf mein Herz-Chakra, ließ seine Liebe fließen, nahm meine Hand und legte sie auf sein Herz-Chakra, sodass ich meine Liebe zu ihm fließen lassen konnte. Das war das Zeichen, wonach ich in diesem Leben und in allen vorangegangenen Inkarnationen gesucht hatte (ich probierte es in den Beziehungen aus, die ich gehabt hatte, und keiner konnte es erwidern). Dazu kamen seine himmelblauen Augen, nach denen ich Ausschau gehalten hatte. Mir kam einmal zu Ohren, dass wir in jeder Inkarnation die gleichen Augen haben. Sie sind das Tor zur Seele. Wir verbrachten unsere Zeit immer in der Natur, da wir sie beide sehr liebten. Ich konnte deutlich spüren, dass er unter Hochdruck stand, weil ihm ein Jobwechsel bevorstand. Es kam hinzu, dass ich meine Vergangenheit so ziemlich aufgeräumt hatte und er nicht. In ihm schlummerten alte Emotionen und Geschehnisse, die gereinigt werden durften. An einem Tag wählte ich eine falsche Wortwahl und er machte dicht. Er meldete sich über vier Monate nicht mehr. Im Februar 2018 kam es fast zu einem zweiten Anlauf, von dem er sich wieder zurückzog, weil er merkte, dass sein Inneres noch nicht aufgeräumt war.

Ich war dazu angehalten, bei mir nachzuschauen, was nicht in Ordnung war, so ließ ich ihn los. Zusammen ergaben wir ein goldweißes Licht, und es fühlte sich sehr kraftvoll an, wir konnten unsere Seelen verschmelzen lassen. Mitte dieses Jahres gab es einen dritten Anlauf, hier hatten wir uns zweimal gesehen und der Kontakt brach von seiner Seite her nach einigen Wochen des Schreibens wieder ab. Ich horchte in mich hinein, kam zu dem Entschluss, dass wir zusammen ein großes Ganzes ergaben und jeder für sich ein kleines Ganzes. Ich durfte bei meiner Zwillingsflamme lernen, in der vollkommenen Selbstliebe anzukommen und zu bleiben. Als ich diese Erkenntnis hatte und später ein Vergebungsritual ausgeführt hatte, konnte ich ihn loslassen. Ich hielt unbewusst an etwas fest, das über zig Jahrhunderte in mir geschlummert hatte, das musste ich lösen. In diesem Ritual konnte ich bis in die Zeit von Atlantis zurückgehen, um dort den Schwur aufzulösen, den wir geleistet hatten, als wir getrennt wurden. Der Schwur besagte, dass wir, egal, wann und in welchem Leben wir uns wiedertreffen werden, wir die Liebe zusammen leben und verbreiten werden. Es gehörte zu meinem Weg in diesem Leben, die Zwillingsflamme loszulassen.

Jeder war ein Individuum mit seinen Emotionen, Gefühlen und seinem Tempo, mit der allgöttlichen Liebe innewohnend. Es kam eine Nachricht von oben: „Es ist vorgesehen, dass wieder viele Paare zusammenfinden. Unter anderem Seelenpartner (hier darf alles Karmische gelöst und gespiegelt werden, sodass sie auf der höchsten Energie der Liebe leben können). Auch die Dualseelen und Zwillingsflammen, da sie vom Göttlichen ein großes Ganzes ergeben und die Menschen durch ihre Anwesenheit Heilung durch ihre Liebe geben. Die Zwillingsflamme ist exakt dieselbe Seele, wie du sie bist." Zur Dualseele kann ich in diesem Moment nichts schreiben, da ich mich mit ihr noch nicht beschäftigt habe. Das Thema Dualseele wird in 2020 bei mir einen Anstoß geben. Zum Schluss die Karma freien Beziehungen, hier treffen zwei Menschen aufeinander, die beide in ihrer Selbstliebe leben und zwischen den beiden keine karmische Verbindung besteht. Alle Paare helfen sich gegenseitig, in ihrer Liebe zu bleiben, sodass auch sie harmonisch in Liebe leben und wachsen können und sich die Geborgenheit und Wärme geben, wonach sich jeder sehnt. Bei den Seelenpartnern und Karma freien Beziehungen können es gleichgeschlechtliche Personen sein, da es hier rein um die Liebe und das innewohnende Licht geht, das gelebt werden will.

In diesem Jahr lernte ich eine neue spirituelle Freundin kennen. Wir machten viele Ausflüge und hatten Spaß. In dem Bewusstsein, dass meine Zeit bald abgelaufen sein würde (sie wusste davon), wollte ich die Lebensfreude leben. Ich half ihr, verschiedene Lebensthemen aufzuarbeiten. Was mir komisch vorkam, war, dass sie negativ über meine Gesundheit und Zukunft gesprochen hatte. Ich sagte ihr, dass sie es sein lassen solle, da es keine dienliche Energie für den Gesundwerdeprozess sei. Sie antwortete, dass sie sich Sorgen mache. Sorgen sind auch keine positive Energie und kommen beim Empfänger an. An einem Tag bei einem Waldspaziergang sagte sie etwas, was mich sprachlos werden ließ. Sie erzählte mir, dass wir schon dreimal zusammen inkarniert hatten, und sie herausgefunden hatte, dass wir in der letzten Inkarnation Seelenanteile getauscht hätten. Ich fragte sie nach dem Warum. Ich suchte wissentlich seit über drei Jahren nach diesem Anteil, weil ich wusste, dass er mir fehlte. Ich konnte im Jahr 2017 einen zurückholen, den ich beim Autounfall verloren hatte. Und einige kleine schon vorher, die aus vorangegangenen Inkarnationen verloren gegangen waren. Da beschlich mich immer das Gefühl, dass ein entscheidender Anteil fehlte.

Als sie mir das sagte, wurde mir mit einem Schlag klar, warum ich in Herne gelandet war! Wegen dieses Seelenanteils und meiner Zwillingsflamme. Ich fragte die Geistige Welt schon seit vielen Jahren, warum ich überhaupt noch in Herne wohnte, und es kam immer nur, es diene meiner Entwicklung. Ich spürte ja, dass ich mich entwickelte, deshalb war es stimmig. An diesem Abend setzte ich mich hin und war sauer. Ich versuchte, herauszubekommen, warum wir diese getauscht haben sollten. Als wir uns die Woche darauf wiedersahen, fragte ich nicht, warum, sondern welchen Sinn es gemacht hatte. Das konnte sie mir nicht beantworten und wich aus. Sie schaute mich an und sagte mit einer überlegenen Stimme: „Es ist noch nicht die Zeit, sie wieder zurückzutauschen." Ich betrachtete sie und argwöhnte, wer das bestimme und warum. Sie konnte mir keine Antwort geben. An diesem Abend ließ es mir keine Ruhe. Warum konnte sie mir sagen, dass es noch nicht die Zeit sei, und die Engel nicht???? Das ließ mich stutzig werden. Ich ging in die Meditation und bat um meinen Seelenanteil, denn wenn ich Geistführerin werden sollte, war es wichtig, dass ich komplett war, und wenn ich morgen sterben würde, wäre ich es nicht. Das ließ mich noch stutziger werden. Ich bat Patrick um Rat, welchen Impuls oder welche Antwort er dazu bekomme. Er sagte nur, ich solle mehr meditieren, dann komme die Antwort. Ich ging in die Meditation und bekam den Impuls, ihr zu sagen, dass sie meinen Seelenanteil frei- und zurückgeben solle. Ich wollte meinen Anteil zurück. Warum sie ihren nicht??? Das ließ mich noch stutziger werden. Ich schrieb ihr am nächsten Morgen, dass sie mir bitte meinen Anteil frei- und zurückgeben solle. Sie weigerte sich mit der Aussage, dass noch nicht die Zeit sei und es würde auch nicht so ohne Weiteres gehen. Ich fragte einen anderen Heiler, der gab mir die Info, dass ich es mit der Energie eines Zeugen machen solle. So bat ich sie am Abend erneut, meinen Anteil freizugeben, ich würde es ebenso mit ihrem machen. Patrick konnte ich nicht fragen, ob er mein Zeuge sein konnte, er war nicht da. So kam ich auf die Idee, während der Meditation die höchste Energie dazuzunehmen, und sagte: „Gott ist mein Zeuge." Ich verspürte keinen Impuls dazu, dass ein Anteil von ihr in mir war, es ging nichts zu ihr rüber. Ich wusste ja, wie es sich anfühlte, wenn Anteile zurückkommen. So legte ich mich ins Bett und bat die ganze Zeit darum, dass mein Anteil zurückkomme. Dann auf einmal überkam mich eine Welle, wie eine Schallwelle, die in zwei Schwallen in mich über das Herz-Chakra hereinkam. Ich wusste, das war er, und ich konnte sagen, es war ein großer Anteil, der zurückkam. Ich hatte die ganze Nacht nicht geschlafen, denn jedes Mal, wenn ich die Augen schloss, war sie in meinem Energiefeld. Ich rezitierte die ganze Nacht mein Mantra, das Karma auflösende Mantra, und machte dreimal eine energetische Trennung mit Erzengel Michael, das funktionierte. Am nächsten Morgen rief ich sie an, bedankte mich bei ihr und fragte, was sie denn gespürt habe. Die Antwort: „Nichts." Ich hatte keinen Seelenanteil von ihr gehabt. Sie sprach vorher darüber, dass sie an meinem Sterbebett sitzen sollte, wenn ich sterben werde. Als ich die Geistige Welt daraufhin fragte, ob sie immer noch bei meinem Sterbevorgang dabei sein solle, bekam ich ein klares Nein. Sie wollte sich in Reiki einweihen lassen, sagte diesen Termin später ab. Ich fragte sie, ob sie die Woche später mit zum Mantra-Singen kommen würde, da kam keine Antwort mehr und sie meldete sich nie wieder.

Seit ich meinen Anteil zurückhatte, war meine Energie leuchtender und kraftvoller als je zuvor und ich fühlte mich vollkommen. Die Erkenntnis, die ich lernen musste, war, auf meine Intuition zu hören und nicht auf das, was andere Menschen versuchen, mir einzureden. Die Zeit war gekommen, dass wir alle vollkommen in die neue Zeit in Licht und Liebe eintraten.

Im Februar war die Ausbildung zur Sterbebegleitung zu Ende. Es war eine tolle und bewegende sowie erkenntnisreiche Zeit. Ich möchte sie nicht missen. Meinen ersten Einsatz bekam ich Ende März. Die Dame war an Demenz erkrankt, im Altenpflegeheim wohnend und 90 Jahre alt. Mit ihr hatte ich eine bereichernde Zeit, in der Tränen flossen und ebenso gelacht wurde. Da durfte ich Akzeptanz lernen, Mitgefühl fließen lassen und mit Nächstenliebe und Hingabe ihr die Liebe, Wärme und Geborgenheit schenken, das, wonach sie sich sehnte. Alles Eigenschaften, die in mir waren und nichts kosteten und sowieso mit keinem Geld der Welt zu bezahlen waren. Ich durfte sie direkt bis ins Licht hinüberbegleiten. Als Dank zeigte sie mir, nachdem ich zwei Stunden später auf die Terrasse gegangen war, einen kleinen Regenbogen, obwohl es nicht regnete.

Im April landete ich mit einem der heftigsten Rheumaschübe, die ich bis dahin gehabt hatte, in der Rheumaklinik. Ich kam nicht hoch und musste Patrick bitten, mich zu fahren. Es ging nichts mehr, mein ganzer Körper brannte im Inneren wie ein loderndes Feuer und schmerzte. Dort erklärten sie mir, dass wenn ich eine Grippe habe, ich sie nicht umgehen dürfe, da das Immunsystem nicht für mich, sondern wegen des Rheumas gegen mich arbeitete. Das wusste ich nicht, ich hatte eine schwere Grippe und hatte versucht, sie ohne ärztliche Hilfe in den Griff zu bekommen. Ich bekam Medikamente, die mir in den 14 Tagen, die ich da war, halfen, den Schub in den Griff zu bekommen. Es gab für mich keine Alternative. Ich fragte meine Bettnachbarin, die ebenfalls wegen eines Rheumaschubes dort lag, ob sie auch vergessen habe, ihr Leben zu leben. Sie schaute mich mit großen Augen an, ging eine Weile in sich und sagte: „Ja, woher wissen Sie das?" Ich begegnete dort einigen anderen, die alle das Gleiche sagten, obwohl wir alle unterschiedliches Rheuma hatten. Mir fiel in dieser Zeit auf, dass alle anderen Probleme mit sich herumschleppten und ich daraus die Erkenntnis zog, dass aus diesem Grund jedes Rheuma ein anderes war (ist nur eine Theorie). Dort bekam ich erst mal eine gute Aufklärung, worauf ich in Zukunft achten sollte, um so einen Schub zu vermeiden.

In dieser Zeit begegnete ich einer Frau (ich wurde von oben geführt, dass ich ihr die Hände auf das Herz-Chakra legen sollte), sie war Besucherin. Auf Nachfragen sagte sie sofort Ja, da sie an den Tagen davor öfter zu Besuch gewesen war und mich etwas kannte. Als ich die Hände auflegte, rief ich die Jesus-Energie an, da schossen ihr die Tränen in die Augen. Mir wurde gezeigt, welches Problem sie seit ihrer Jugend mit sich herumtrug. Ich rief den Engel der Heilung dazu, da sie auch mit den Engeln in Kontakt stand. Da erzählte sie mir, dass sie immer noch nachts wach werde und die Bilder von dem, was damals geschehen war, sehe. Sie hatte ein schweres Trauma nie verarbeitet und schwieg seit ihrer Kindheit darüber. Das war für mich ein entscheidender Hinweis, den ich bewusst wahrnahm. Da sie die Bilder immer wieder im Kopf abrief, hielt sie damit ihr Trauma aufrecht. Sie lebte in diesem Moment in der Vergangenheit, die nur unterdrückt und nicht aufgearbeitet war.

Ab diesem Tag war es wichtig, in mich zu gehen und zu schauen, woran ich nicht gearbeitet hatte, worüber ich etwas traurig war. Denn die Bilder der defekten Wirbelsäule hatte ich immer vor Augen. Jedes Mal, wenn neue gemacht wurden, schaute ich sie mir an und dachte, durch die Krankheit ging es meiner Wirbelsäule nicht gut und sie verschlechterte sich zunehmend. Das dachte ich nicht nur, sondern erzählte es auch. Ich hatte mir selbst unbewusst und unwissentlich nicht dienliche Energien zugeschickt. Worte und Gedanken sind Energie und finden immer, wie schon erwähnt, einen Empfänger. Dieser war in diesem Fall ich selbst. Die Ärzte gaben im Vorfeld ihren Rest dazu. Ich erzählte das einer Freundin. Sie meinte, dass ich versuchen solle, mir meine Wirbelsäule gesund vorzustellen, um sie so zu heilen, ich könne es. Ich antwortete, dass ich nicht wisse, wie. Die Geistige Welt informierte sie darüber, dass ich es bei den Menschen doch schon mache. Hmmm, ich überlegte, ja das stimmte, wann immer ich jemandem die Hände auflegte (manchmal wurde mir gezeigt, wie der Defekt im Körper aussah), realisierte ich es unbewusst so, dass das Gelenk oder Organ gesund war. Ich sagte zu ihr, dass ich es nicht könne, weil ich nicht wisse, wie meine Wirbelsäule gesund aussehen würde. Da kam mein Ego ins Spiel. Es flüsterte mir ein, dass ich es nicht könne. Das war eine einfache Aussage. Ich musste mich dem Ego widersetzen und suchte im Internet Bilder heraus, wie eine gesunde Wirbelsäule aussah. Das fiel mir zu Beginn schwer und es bedarf heute noch Übung. Ich betete wochenlang, dass bitte alle krankheitsbedingten Schattenanteile im Namen Jesus Christus meinen Körper, Geist und meine Seele verlassen und dass im Namen Jesus Christus durch alle meine Zellen Licht, Liebe und Heilenergien fließen. Selbst hier konnte ich einen Widerstand in den ersten Wochen feststellen. Es hatte sich wirklich in den Verstand eingebrannt. Und warum? Weil ich dem Körper und meinem Ego die Jahre zuvor keine Achtsamkeit geschenkt hatte!

Meine Erkenntnis ist hier, dass wir alle schnell und zügig lernen, unsere Achtsamkeit auf andere Personen zu lenken, z. B. auf den Lebenspartner. Was macht er? Wohin geht er? Oder was macht der Kollege oder wie benimmt sich der vor mir an der Kasse oder wie fährt der denn Auto etc.? Hier gibt es Tausende Beispiele. Ich war geübt, die Gedanken zum Stillstand zu bringen. Ich war geübt, Endorphine zu produzieren, und war geübt, festzustellen, wann das Ego mich negativ triggerte, und ich konnte ihm sagen, dass es aufhören solle. Indem ich Licht und Liebe aus meinem Herzen ins Ego schickte, war es möglich, negative Gedanken aufzulösen. Doch in Bezug auf die Krankheit nahm ich das nicht wahr, sondern nur hin, weil die Aufmerksamkeit auf meinen Körper fehlte. Heute versuche ich, die Wirbelsäule neu zu rekonstruieren, da ich glaube, dass es möglich sein könnte. (Das weiß ich bewusst erst seit August 2018.) Es braucht Zeit und keine Überanstrengung oder Überbelastung des Körpers. Hier kommt die Achtsamkeit ins Spiel. Ich lerne beides neu. Mein Lieblingsspruch an dieser Stelle: „Da wirst du alt wie 'ne Kuh und lernst immer noch dazu." Oft frage ich das Göttliche etwas und bekomme die Antwort: „Der Glaube versetzt Berge, alles ist möglich."

Im Mai wurde mir die Rente genehmigt. Hier gab es noch mal einen großen Test für mich. Da ich in der Rheumaklinik lag, musste ich die Krankmeldung zu einem anderen Rhythmus einreichen. Die Krankenkasse bekam vor mir die Nachricht über die Rente und sperrte daraufhin sofort das Geld, obwohl die Krankmeldung vorgelegen hatte (sie hätten auf jeden Fall noch vier Wochen bezahlen müssen). Die Rentenversicherung musste das Geld an die Krankenkasse für die Monate seit Antragstellung zurückzahlen. Ich verstand die Welt nicht mehr. Warum wurde ich so behandelt, obwohl ich als brave Staatsbürgerin mein Leben lang alle Beiträge gezahlt hatte. So stand ich im April und Mai ohne Geld da. Mir wurde im Juni anteilig von der Rente etwas gezahlt, was nicht dem Krankengeld entsprach.

Da ich anfing, das zu kündigen, was zu kündigen ging, hatte ich gerade zur rechten Zeit eine Rücklage. Das war ein großer Punkt, denn es bedurfte Überwindung, die Sicherheiten aufzugeben. Ich durfte lernen, alle Versicherungen/Sicherheiten loszulassen. Das war ein Gefühl. Erst kämpfte ich dagegen an, und als ich es getan hatte, war es eine enorme Erleichterung für mich, keinen Zwang mehr zu haben. Ich durfte lernen, die Wege Gottes im Vertrauen zu gehen und im Hier und Jetzt zu leben. Was nutzte mir die Sicherheit, wenn ich tot war? Nichts!

Im Mai 2018 sagte ein Heiler zu mir: „Wenn du deinen Schleier verlierst, wirst du klar sehen." Ich fragte, wie ich ihn wegbekommen würde. Er sagte nur: „Du sollst mehr meditieren, umso schneller wird er gehen."

Im Juni wechselte ein weiteres Mal der Erzengel, der mich begleitete. Zadkiel verabschiedete sich und dafür kamen die Erzengel Jophiel und Uriel an meine Seite. Jophiel ist der Engel der Erleuchtung, Weisheit und Beständigkeit. In seinem Wesen liegen Weisheit und aufopfernde Geduld. Uriel ist dem Element Erde zugeordnet und gilt als der Engel, der den Menschen göttliche Geheimnisse offenbart.

Ich hatte das Bedürfnis, meine Chakren weiter auszudehnen. So machte ich mich schlau und stieß wieder auf die 12 Chakren. Ich fand eine Meditation im Internet und führte sie aus. Als ich alle verbunden hatte, war es wie in einer goldenen Lichtkugel (ich hatte 2013 ein Buch von Diana Cooper gelesen: „Entdecke Atlantis. Das Urwissen der Menschheit verstehen und heute nutzen"). Ich hatte mich damals durch das Buch gearbeitet und war auf die 12 Chakren und unzählige Meditationen gestoßen, die ich durchgeführt hatte. Damals war noch nicht der richtige Zeitpunkt gewesen, um alle 12 Chakren zu verbinden. Es war jetzt in diesem Jahr der richtige Zeitpunkt, um von tief in der Erde bis hoch über das Sternentor hinaus alles zu verbinden.

In diesem Jahr wurde ich eins mit dem Bewusstsein von Amma und wenig später mit dem von Jesus. In dem morgendlichen Gebet verbinde ich mich bewusst mit dem Bewusstsein von Jesus, um so Licht und Liebe in alle Bereiche des Weltgeschehens fließen lassen zu können.

Im Juli musste ich aufgrund einer Entzündung im Rücken zur Schmerztherapie. Da wurde wieder Cortison unter einem Röntgenapparat gespritzt. Ich war knapp 14 Tage danach k. o., da das Cortison volle Wirkung zeigte. Es wurde festgestellt, dass aufgrund der ausgetretenen Bandscheiben über vier Etagen eine Entzündung der Nervenenden im Rücken entstanden war. Therapieansatz: alles weglasern, damit die Entzündung heilen konnte. Die Versteifung kam wieder ins Spiel. Da fragte ich den Arzt, was er glaube, wie lange die Schrauben in den morschen Knochen halten würden. Darauf konnte er keine Antwort geben. Es ging mir nach der Schmerztherapie besser, der Rheumaschub ließ nach und die Schmerzen im Rücken auch, wobei das nur für ca. drei Monate anhielt. Der Arzt meinte, ich könne alle drei Monate zur Schmerztherapie kommen (Cortison ist keine Dauerlösung). Eine Versteifung kam für mich nicht infrage, denn keiner wusste, ob es danach besser werden würde. Daher war es keine Alternative. Früher musste sich der Körper an meinen Lebensstandard anpassen, heute darf ich mich an den des Körpers anpassen, damit es mir gut geht.

Ende Juli kam Patrick auf die Idee, uns bei einem Dorn/Breuß-Seminar anzumelden. Dieter Dorn schaffte es auf schonende Art und Weise, die

Wirbel, das Kreuzbein, Darmbein und ISG-Gelenk mit leichtem Druck wieder in die richtige Position zu bringen. Rudolf Breuß entwickelte eine energetische Rückenmassage. In dem Seminar schaffte Antje es mit drei oder vier Handgriffen, mein Becken in die richtige Position zu bringen sowie weitere Bereiche am Rücken. Ich lernte die Dorn-Selbstbehandlung, die energetische Breuß-Rückenmassage und die energetische Körpertherapie. Patrick konnte mir in den Wochen danach gut helfen, die Bereiche, die sich im Rücken ständig verschoben, in die richtige Position zu bringen.

Die Schmerztherapie war eine gute Entscheidung gewesen, so konnte ich dem Ruf nach Avalon folgen, der mich seit dem Sommer ereilte. Wenn ich abends zu Bett ging, kam mir das Wort Avalon in den Sinn, und ich begegnete Menschen, die in unseren Gesprächen das Wort Avalon erwähnten. So begann ich, abends den Impuls zu geben, dass ich mit meinem Bewusstsein in der Nacht nach Avalon reisen möchte. Das reichte nicht. Es kam, dass ich selbst anwesend sein sollte. Gesagt, getan, ich schaute nach einem Flug. Von Avalon kannte ich nur die Sagen von der Ritterrunde, König Arthur und Merlin, und ich hörte von den weißen Priesterinnen. Der erste Flug, den ich fand, war definitiv zu teuer. So buchte ich ihn nicht und sagte der Geistigen Welt, dass ich einen günstigeren Flug zu einer für mich geeigneten Zeit brauchte. Drei Tage später fand ich einen, der einen Monat später und zweimal so günstig war und perfekt in mein Zeitfenster passte. Beim Buchen kam mir die Intuition, den Flug um zwei Tage zu verlängern. Als die besagte Woche des Fluges näher rückte, fingen die Piloten der Airline an, zu streiken. Der Flug, der am 10. August gehen sollte, wurde storniert. Ich bekam die Wahl, zu stornieren und das Geld zurückzubekommen, oder kostenlos umzubuchen, aber nur den Hinflug. Das war wieder ein Test und ich dachte mir, dass alles einen Sinn hatte. Gott sei Dank hatte ich ja zwei Tage länger gebucht. Ich buchte sofort um und konnte direkt einen Flug für Sonntag, den 12. August, bekommen. So nahm ich mir am Freitag, den 10. August, die Zeit und ging zur Sterbebegleitung, und genau zu der Zeit, als ich regulär mit dem Flug hätte starten sollen, verstarb die Begleitung in meinem Beisein. Jetzt ergab alles einen Sinn.

Sonntags, am 12. August ging der Flug nach Avalon. In Bristol gut gelandet, war von meinem Koffer weit und breit nichts zu sehen. Ich dachte nur, alles hatte einen Sinn. So kaufte ich mir eine Zahnbürste am Flughafen und fuhr mit dem nächsten Bus, mit drei Stunden Verspätung, nach Glastonbury. Dort angekommen wurde ich von einer der Damen, die im selben Haus wohnte, herzlich empfangen. Sie bot sofort Hilfe für Duschzeug und Toilettenartikel an, worüber ich dankbar war.

Am nächsten Morgen lief ich los, ungeachtet dessen, wo der Koffer war. Ich machte es wie in Israel und Indien. Ich bat morgens um göttliche Führung und ließ geschehen. Mein Weg führte am ersten Tag in die Glastonbury Abbey. Dort angekommen nahm ich direkt in der ersten Kapelle, die St. Patrick's Chapel, Platz, weil es anfing, fürchterlich zu regnen. Kaum saß ich, durchflutete mich schon eine wohlige Energie. Sie floss vom Kopf bis zu den Füßen. Ich weiß nicht, wie lange ich an jedem Ort war, da ich immer geschehen lasse, was geschehen darf. Nachdem der Regen aufgehört hatte, schlenderte ich vorbei am heiligen Weißdorn (hier sei gesagt, ich wusste nicht, welche Bedeutung er hatte). Ich fühlte eine uralte Kraft von ihm ausstrahlen, so schenkte ich ihm Licht und Liebe im göttlichen Bewusstsein. Weiter meines Weges stieß ich direkt auf die Lady Chapel, da führte eine Treppe nach unten und siehe da, dort stand ein Altar, der mich anzog. Da der Ort zu dieser Vormittagszeit gerade besucht war, musste ich einen Moment warten, bis ich an den Altar treten konnte. Ich wusste, hier sollte ich Licht und Liebe einfließen lassen. Ich legte meine Hände auf das Kreuz, das im Altar eingefräst war, und mich durchflutete eine wohlig warme Energie. Eine Schamanin war mit einer kleinen Gruppe vor Ort, von ihr konnte ich vernehmen, dass da die weiße Drachenlinie, oder weibliche Ley-Linie genannt, floss. Ich genoss die Energie, setzte mich noch für eine längere Zeit direkt neben den Altar und ging in eine tiefe Meditation. Nach einer ganzen Weile kam eine Frage in mir auf (die ich leider nicht mehr weiß), die in diesem Moment so eine enorme Wirkung hatte, dass, sobald die Antwort folgte, die alte Weiße Göttin von Avalon kam. Es war, als ob eine äußere Schutzhülle von mir weggesprengt wurde und mein wahrer Wesenskern zum Vorschein kam. Mich überkam das Gefühl, wie ein Stern nach allen Seiten zu leuchten. Als die Personen der Gruppe sich wieder am Altar zusammenfanden, stieß ein Mann dazu, der mich ansah und leicht zu mir rübernickte. Wir sahen uns für einen Moment an und ich erwiderte mit einem leichten Nicken. Da hatte ich das kurze Gefühl, er sei schon mal zu Arthurs Runde an diesem Ort gewesen. Nach der Meditation ging ich leicht und glücklich, voller Liebe und Harmonie, weiter durch Glastonbury Abbey. Es zog mich zu den Überresten der Kathedrale, wo das Grab von King Arthur war. Hier war die Energie eine andere, sie fühlte sich mächtiger und stärker an, und ich setzte mich direkt auf den Boden. Nach einiger Zeit kam mir dort zu Ohren, dass genau dort, wo ich saß, die rote Drachenlinie, auch männliche Ley-Linie genannt, verläuft. Ich setzte mich unmittelbar in die Mitte des großen Tores. Es kamen starke Winde auf, als ich die allgöttliche Liebe und das Licht in den Boden fließen ließ. Die Bäume in dem Park waren Jahrtausende alt, ich spürte die Energie. Mich zog es zu einer alten Eibe, sie erzählte Geschichten und hatte unwahrscheinliche Heilenergien in sich. Als ich auf sie zuging, kam mir der Herr aus der Lady Chapel erneut entgegen. Wieder trafen sich unsere Blicke und wir nickten uns ohne Worte zu. Ich setzte mich an den unteren Baumstamm und genoss die heilende Wirkung, die mir guttat (Eiben sind gut gegen Rheuma). Von dort ging ich zu den Seen im Park, machte Pause und hatte direkten Blick auf das Tor von Glastonbury, es zog mich magisch an. An bestimmten Orten ließ ich von Zeit zu Zeit Licht und Liebe in den Boden fließen, so wie ich es auch an anderen Orten mache. Als es schon gegen Abend wurde und der Park sich leerte, zog es mich noch einmal zur Kathedrale, das, was davon übrig war. Ich legte mich auf eine Bank und schlief kurz ein. Ich hatte das Gefühl, in einer anderen Energie weggetragen worden zu sein. Da der Park um 20:00 Uhr schloss, machte ich mich auf den Weg nach Hause. In Gedanken, was alles an dem Tag geschehen war, schloss ich am Abend die Augen und schlief tief und fest ein.

In den frühen Morgenstunden wurde ich wach und fragte mich, in welcher Sphäre ich unterwegs war. Im Schlaf hörte ich himmlische Engelsmusik. Eine Musik, die ich so noch nie gehört hatte. Sie war sehr fein, sanftmütig und hoch schwingend. Es war, als ob meine Seele in dieser Musik getragen wurde. Als ich die Augen öffnete und richtig wach wurde, um zu vernehmen, woher die Musik kam, war sie weg. So wurde mir bewusst, dass ich in einer anderen Sphäre unterwegs war.

An diesem Tag lief ich wieder mit göttlicher Führung los und ging zur Kirche, die auf dem Weg in die Stadt lag, die St. Johns Church. Dort verweilte ich einige Zeit, um zu beten. Es floss eine männliche Energie in der Kirche. Ich setzte mich rechts in das kleine südliche Querschiff. In dieser Gebetsecke fand ich Ruhe und Frieden. Ich hatte Zeit zum Nachdenken oder zum Beten. Das brennende Licht deutete hier an, dass da das Heilige Sakrament für jene verwahrt wurde, die nicht mehr zur Kirche kommen konnten und es deshalb zu Hause in Empfang nahmen. Hier füllte ich ein kleines Kärtchen für meine Schwester Heike aus (sie hatte mich am 30. Juli 2018 angerufen und erzählt, dass sie Krebs habe, und mich um Hilfe gebeten). So setzte ich mich zum Gebet und konnte den Geistführer dieser Kirche deutlich spüren. Beim Rausgehen fiel mir ein Flyer auf Deutsch in die Hand. Die Kirche wurde dem Heiligen Johannes dem Täufer gewidmet.

Mich zog es nach meinem Kirchbesuch in einen Hinterhof auf der gegenüberliegenden Straßenseite. Er war spirituell und mystisch, der Hof hatte etwas von Harry Potter, wo sich alle immer ihre Bücher zum Schulbeginn gekauft hatten. So stand ich mitten im Hof und mein Blick ging nach links oben. Dort erhaschten meine Augen das Schild „Goddess Temple". Ich fühlte in mich hinein, links oder geradeaus?. Als ich nach vorne schaute, stand auf einmal der charismatische Mann aus der Glastonbury Abbey vom Vortag vor mir. Er sprach mich auf Englisch an und ich erwiderte in deutscher Sprache, weil ich bemerkt hatte, dass er Schweizer war. Er fragte, ob ich in den Tempel nach oben oder weiter gehe. Mich zog es in diesem Moment zum Tempel. Sein Weg war ebenfalls dorthin. Wir betraten ihn gemeinsam und ich bemerkte nicht, wann er ging. Nichtsahnend betrat ich die Räume, erst als ich Platz nahm und die verschiedenen Göttinnen sah, wusste ich, wo ich gelandet war. Im Tempel der Göttin von Avalon. Es herrschte dort eine Magie, die ich nicht in Worte fassen konnte. Ich wusste nur, dass ich vor jeder Göttin Platz nehmen sollte, insgesamt waren es vier. Ich vergaß wieder Raum und Zeit und meditierte vor jeder so lange, bis etwas in mich einfloss. Bei der letzten Großen Göttin von Avalon nahm ich direkt vor ihr Platz und fing an, zu ihr zu sprechen: „Carry me home." Nach einer Weile passierte es dann, sie trug mich nach Hause zu der Perle in meinem Innersten, wo des Herzens reinstes Licht und reinste Liebe waren, und es erleuchtete in dem hellsten Licht der Regenbogenfarben. Die Regenbogenfarben waren so hell wie die Farben des Herzensweges von 2018. Alles schimmerte in Hellblau, Rosa, Lila und Perlmuttweiß. So ergriffen von dieser Energie ging ich beseelt raus. Am selben Abend rief mich der Aufstieg zum Tor. Im Übrigen war der Koffer zu dieser Stunde völlig vergessen. Die Airline schrieb nur, sie wisse nicht, wo er sei, und dass sie sich melden würden, wenn er gefunden werde. Ich hatte mir am Abend zuvor ein paar Schlüpfer, Hemdchen und zwei Pullover gekauft, im Glauben, dass er noch kommen werde.

So beseelt, wie ich war, lief ich durch die Felder (es gibt einen direkten Aufstieg zum Tor oder querfeldein, der etwas länger ist) hinauf zum Tor. Es waren viele Menschen am Tor. Dort oben überkam mich das Gefühl, in eine andere Sphäre einzutreten, als ich durch das Tor schritt. Instinktiv bat ich ein kleines Mädchen, ein Foto von mir zu machen, wie ich in dem Eingang des Tores stand. Ein Wind toste auf einmal auf, als ich das allgöttliche Licht und die Liebe anrief, sodass ich dachte, weggeweht zu werden. Das Foto, das sie machte, sah aus, als ob ich durch das Tor in eine andere Energie eingetreten war. Das Einzige, was ich zu diesem Zeitpunkt wusste, war, dass dort die männliche Ley-Linie verlief, dass dort das Herzzentrum von Erzengel Michael sein sollte, er dort das Schwert Excalibur im Boden versenkt haben und dies ein Tor zu einer anderen Ebene sein sollte. Ich setzte mich an eine Ecke, wo es nicht so fürchterlich zog, da der Wind doch schon sehr kalt war, obwohl die Sonne schien. Mich beschlich immer das Gefühl, dass die Götter der Winde dafür sorgen sollten, dass niemand zu lange dort oben blieb. Nach einiger Zeit umrundete ich das Tor, um eine Stelle zu finden, wo ich noch mal das allgöttliche Licht und die Liebe in den Boden schicken konnte. Ich fand eine und versuchte es. Es stockte, es sollte nicht nach unten fließen. *Na ja*, dachte ich, *die Ley-Linien sind kraftvoller.* Wer mich kennt, weiß, dass ich nicht so schnell aufgebe. So dachte ich mir, dass es der falsche Platz und die falsche Zeit sei und zu viele Menschen da seien. So wollte ich es an einem anderen Tag probieren. In dieser Nacht tat ich kaum ein Auge zu, da die Energie in meinem Körper pulsierte.

Der Energiepegel hielt die ganze Nacht an. Ich rezitierte immer wieder mein Mantra und in den frühen Morgenstunden, so gegen 04:00 Uhr, fing ich schon zu meditieren an. An diesem Morgen meditierte ich das erste Mal ohne Unterbrechung über vier Stunden. Ich wollte mich zwischendurch hinlegen, weil ja die Nacht so kurz gewesen war, doch da kam sofort ein Veto von der Geistigen Welt, dass ich unbedingt sitzen bleiben solle, so könne die Energie besser durch mich durchfließen. Ich hatte einen starken Druck auf dem Kopf, alles pulsierte und ich musste mich gegen Vormittag erst einmal lange erden. In dem Haus, in dem ich wohnte, gab es einen kleinen Garten mit einem Stück Rasenfläche, dort ging das Erden recht gut. Mein Weg führte mich am späten Vormittag zur Chalice Well („Kelchquelle"). Dies war eine Quelle, die sich am Fuß des Glastonbury Tor befand. Das Wasser der Quelle war sehr eisenhaltig und wies deshalb eine rötliche Färbung auf. Die Quelle war von Gärten umgeben. Um die rötliche Färbung des Wassers rankten sich zwei Legenden. Einer Legende nach verbarg der Heilige Josef von Arimathäa den Kelch mit dem Blut Jesu an dieser Stelle, woraufhin die Quelle entsprang. Der zweiten Legende nach wusch Josef den Gral im Quellwasser, woraufhin sich dieses rötlich färbte. Dem Wasser wurde eine Heilwirkung nachgesagt, das wusste ich alles nicht. Ich war ganz in Gedanken darüber versunken, was in den letzten Tagen alles geschehen war, als mir ein Passant auf dem Bürgersteig entgegenkam. Es war der Mann, der mir schon in den Tagen zuvor begegnet war, sein Name war Markus Sharanius. Wir umarmten uns herzlich und stellten mit Überraschung fest, dass ich genau dorthin ging, wo er herkam. Er lud mich für den Abend zum Essen ein. Mir war es unangenehm, da er mit einer Gruppe immer gemeinsam essen ging und ich nicht stören wollte. Ich nahm die Einladung gerne und dankend an, nachdem er meinte, dass es nichts mache. Als ich in dem wundervollen Garten ankam, drückte mir der Herr an der Kasse einen Lageplan in die Hand, mit dem ich nichts anfangen konnte, weil dort alles auf Englisch stand und meines nicht so gut war. Im Nachhinein war es gut so, denn so wurde ich wieder geführt. Als Erstes lief ich quer durch den Garten und steuerte auf den Brunnen zu, hier nahm ich sofort Platz. Das Symbol zog mich an und auch das, was ich aus dem Brunnen herauskommen fühlte. Dieses Symbol zweier ineinandergreifender Kreise war ein universelles, das die Vereinigung von Himmel und Erde, von Geist und Materie, bewusst und unbewusst, männlich und weiblich repräsentierte. Sie formten die Basis für eine ausgewogene Harmonie. Es war die Botschaft der Vision von Einheit und liebevoller Sorge für die Erde, mit allen Lebensformen in unserem alltäglichen Leben. Ich setzte mich in den Steinkreis am Brunnen, schloss die Augen und fing an zu meditieren. Ich fühlte die Baumgeister und einen Hauch von Elbenenergie. Durch meine Feinfühligkeit und Sensibilität nahm ich die äußere energetische Welt auf einer anderen Ebene wahr. Ich zog die Schuhe aus, um mich gleichzeitig gut erden zu können, weil ich zu diesem Zeitpunkt merkte, dass wieder eine enorme Energie durch mich floss. Nach einer langen Meditation kamen Worte, die ich nicht verstehen konnte, und vor meinem geistigen Auge erschien ein Symbol. Ich wurde von der Priestersprache in die Dimension der Liebe getragen und gehalten. Ich wusste, dass das noch nicht alles war, so meditierte ich weiter. Nach einer Weile kam die Göttin aus dem Brunnen aufgestiegen. Ich sah sie vor meinem geistigen Auge. Ein weißes helles Licht umgab sie. Ich war so fasziniert, dass ich es selbst kaum glauben konnte. Ich kannte ja nichts von Avalon oder von dem, was dort passiert war. Ich wusste nur, dass ich allein dort sein und viel Zeit an den Orten verbringen sollte. Auf dem weiteren Gang durch den Garten schickte ich an der einen oder anderen Stelle Licht und Liebe in die Erde. Ein Stein war besonders. Auf ihm ist ein altes Fossil, eine Schnecke. Dort stellte ich mich genau drauf und schickte Licht und Liebe in die Erde, welche hinunterging. Unter einem Apfelbaum meditierte ich wieder lange Zeit, da es die Frucht des Göttlichen und Weiblichen ist. Das Wasser füllte ich an einer Quelle ab, es schmeckte eisenhaltig. Es war erfrischend und reinigte meinen Darm, der sich mit Durchfall bemerkbar machte. Ich verbrachte den ganzen Tag im Garten. Als ich gegen Abend zum Ausgang schlenderte, schaute ich direkt auf die unteren zwei Becken, in denen das Wasser in zwei Kreise ineinanderfließt, und wer saß da auf der Bank? Markus Sharanius! Ich musste grinsen, denn seine Gruppe traf sich nochmals im Garten und es waren alle verstreut. Er saß allein da. Ich begrüßte ihn. Wir hatten Zeit für ein fünfminütiges Gespräch, dann musste er wieder zur Gruppe. Wir verabredeten uns für den nächsten Morgen zum Tee in einem Café und für eine Heilbehandlung für ihn. Als ich am Ausgang vorbeikam, zog es mich in den Souvenirladen, und siehe da, was fiel mir sofort ins Auge? Eine Postkarte mit einer Abbildung einer Göttin. Sie war es, die Göttin, die am Brunnen gewesen war. Es wurde mir somit bestätigt, dass es wahr war, was ich gesehen hatte.

Für den Abend hatte ich die Einladung zum Essen angenommen. Um 18:00 Uhr trafen wir uns und er stellte mich der Gruppe vor. Ich genoss die Geselligkeit und ging nach dem Abendessen mit der Gruppe hinauf zum Tor, da für die Gruppe ein Ritual abgehalten wurde. In der Zeit meditierte ich, um herauszufinden, wo der Platz war, um die allgöttliche Liebe und das Licht in die Erde zu schicken. Nachdem ich im Tor fertig war, setzte ich mich draußen auf einen Stein, auf dem beschrieben stand, in welcher Richtung was lag. Als ich darauf saß, durchfuhr es mich vom Kronen- bis zum Wurzel-Chakra wie ein Blitz. Ich dachte, *okay, das ist die Öffnung*, aber auch hier gingen das Licht und die Liebe nicht hinunter. Nach ihrem Ritual tanzte die Gruppe frei und ausgelassen zur Musik im Tor. Ich gesellte mich zum Tanz dazu, um das Leben zu genießen. Als es dunkel wurde, stiegen wir mit Fackeln den Berg hinab. Das war toll, ich fühlte mich in eine Zeit zurückversetzt und trotzdem im Hier und Jetzt völlig schwerelos. Unten trennten sich unsere Wege. Es war ein toller Ausklang für diesen Tag. Als ich in meiner Unterkunft ankam, war es schon spät. So öffnete ich die Tür leise, um niemanden wach zu machen. Stellt euch mal vor, was da meine Augen erblickten! Ja, zur Überraschung der längst vergessene Koffer. Ich freute mich, Jeans und andere Sachen zum Wechseln zu haben sowie eine Regenjacke. In dieser Nacht tat ich wieder kein Auge zu, ich stand unter Strom. So rezitierte ich lange mein Mantra und fragte die Geistige Welt, wann der richtige Zeitpunkt sei, am Tor oben das Ritual durchzuführen. Die Antwort war, Samstagmorgen in der Früh, und ich bekam gesagt, dass ich am Freitagnachmittag TheWhite

Spring (eine heilige Stätte) besuchen solle, um dort ein Bad zu nehmen, sodass ich reingewaschen am nächsten Morgen oben am Tor sein konnte. Mir kam dieses Ritual bekannt vor, denn zuvor hatte ich so etwas schon einmal erlebt, in Israel. Ich war aufgeregt und schlief erst in den frühen Morgenstunden kurz ein.

Am nächsten Tag, es war der fünfte Tag, war ich um 10:00 Uhr mit Markus Sharanius zum Teetrinken verabredet. Wir unterhielten uns darüber, wie wir spirituell unterwegs waren. Gegen Mittag nach der Heilbehandlung trennten sich unsere Wege, da ein Gruppentermin für ihn anstand. Ich ging noch mal zum Göttinnentempel von Avalon, um einfach die weibliche Energie aufzunehmen und dort geschehen zu lassen. Nach einem längeren Besuch des Tempels stöberte ich in den Läden umher, um mir einige Heilsteine zu kaufen und für meinen Sohn einen besonderen Stein auszusuchen. Im Dorf waren so viele spirituelle Läden mit Steinen, Schmuck, Kleidern der Schamanen, der Heilpriesterinnen, Ritualgegenständen, dass ich nicht wusste, wo ich anfangen und wo ich aufhören sollte. Das Angebot der Heiler und Kartenleger und Schamanen war hier grenzenlos, das ganze Dorf war spirituell. Die Cafés waren ein Mix aus Café und vegetarischem Lokal, um zu essen und zu chillen. Solche Läden dürften gerne mehr in Deutschland werden. Selbst die Bäckerei stellte vegane Kost her. Es war schön, so etwas zu sehen und zu fühlen. Als ich aus einem Laden herauskam und an der Straßenkreuzung fragte, wohin des Weges, erblickte ich auf der anderen Straßenseite wen? Natürlich ihn, unsere Blicke trafen sich. Wir mussten beide lachen. Welch ein Zufall, er hatte sich den Nachmittag von der Gruppe frei gesagt. Wir beschlossen, gemeinsam essen und danach eine Runde außerhalb von Glastonbury spazieren zu gehen. An diesem Nachmittag erwähnte ich in einem Gespräch, dass ich in ein Symbol eingeweiht war, das der Erdschwingung gleich war. Das Gespräch ließ einen Groschen bei mir fallen bezüglich meines Rituals für Samstag. Es gab eine Möglichkeit, dachte ich, um die allgöttliche Liebe und das Licht in der höchsten und reinsten Form in die Erde zu schicken. Mir fiel auf, dass um Glastonbury bis hin nach Bristol überall nur Grün und Felder zu sehen waren, die Luft war frisch, kein Vergleich zu unserer in Deutschland. Am Abend ging wieder jeder seines Weges, da ich merkte, meinem Körper etwas Erholung gönnen zu müssen. Nach einem kurzen Schlaf wurde ich mitten in der Nacht wach und musste meditieren. Es war unglaublich, mit zwei bis drei Stunden Schlaf auskommen zu können.

In den frühen Morgenstunden am sechsten Tag fing ich an zu meditieren. Nach einer über knapp acht Stunden gehaltenen Meditation, die dieses Mal bis zum Mittag ging, gönnte ich mir im Garten ein spätes Frühstück. Ich ließ die Seele baumeln und machte mich langsam für den Gang zu The White Spring fertig. Hiervon wusste ich nur, dass das Wasser direkt unterhalb des Berges aus einem Felsen entsprang, und dass ihm eine heilende Wirkung nachgesagt wurde. Gegen 16:30 Uhr war ich dort mit Markus Sharanius verabredet. Mein Gefühl sagte mir, dass ich mich um 14:00 Uhr auf den Weg machen sollte. Dort angekommen schaute ich mich erst in der Grotte um. Es gab zwei Becken, eines war oben links im Felsen, es war klein und tief. Ich sah, wie das Wasser oben aus den Felsen in dieses Becken lief, es sollte ca. 11 Grad kalt sein. Von dort lief das Wasser direkt hinüber in ein Becken, das groß, rund und flach war. In diesem Becken konnte man nur laufen, Wassertreten, und von da lief das Wasser raus. Draußen vor der Grotte konnte man das Heilwasser abfüllen, was die Menschen kanisterweise machten. Ich brauchte etwas Zeit, um dort anzukommen, und setzte mich mit meinen Kleidern in eine kleine Gruft, wo eine Art Meditationsplatz war, um die heilende Schwingung des Wassers, der Bergenergie und der Göttin aufnehmen zu können. Selbst ein Hund lag dort völlig entspannt neben seinem Herrchen. Ich vergaß Raum und Zeit, wurde dann durch die Musik eines Didgeridoo aus einer Art Trance zurückgeholt. Ein Schamane hielt für ein Pärchen ein Ritual ab, der Klang seines Didgeridoos lockte mich ins Wasser. Ich entblätterte mich und ging nackt direkt hoch zum oberen Becken. Nachdem mein Fuß im Wasser gewesen war und ich den zweiten dazu holte (hier sei gesagt, es war in der Grotte schon sehr kalt und das Wasser gefühlte 5 Grad), fragte ich mich, wie ich dort reinkommen sollte. Nun ja, die Götter meinten wohl, dass ich kneifen könnte, und schwuppdiwupp, da ich dachte, es kam noch eine Stufe, dem war leider nicht so, stand ich bis zum Kopf im Wasser. Nach einem kurzen Kälteschock und einem Köperlifting, ich glaube, so knackig war der Körper schon lange nicht mehr, sprang ich raus, um mich in das große Becken zu legen. Meine Hoffnung lag darauf, dass es wärmer war, dem war nun leider gar nicht so, ich musste raus. Als ich draußen stand, eingehüllt im Handtuch, bemerkte ich, dass die Zeit im Wasser zu kurz gewesen war. So ging ich mental in mich, betete und ging noch mal los. Erst das kleine Becken, hier sprach ich entspannt drei Gebete, dann rüber in das große Becken, auch da sprach ich drei Gebete. Danach zog ich mich an und setzte mich zurück in die kleine Gruft. Als ich mich gerade schlotternd angezogen hatte, sah ich auf einmal wen? Schmunzel, er war früher da, als es vereinbart war. Ich ging kurz auf ihn zu und sagte ihm, dass ich gerade im Wasser gewesen war. Als er merkte, dass ich fror, nahm er mich liebevoll in den Arm und teilte seine Herzenswärme mit mir, wofür ich dankbar war. Er gab mir immer zur richtigen Zeit am richtigen Ort von seiner Wärme ab. Hier dankte ich dem Göttlichen, das Timing war perfekt. Ich wartete auf ihn in der Gruft, bis er mit seinem Wassertreten fertig war. Gemeinsam gingen wir eine Runde spazieren und warteten im Café auf die anderen zum gemeinsamen Abendessen. Während dieser Zeit unterhielten wir uns angeregt. Als die anderen dazukamen, hatten wir ein geselliges und schönes Beisammensein. Da ich am nächsten Morgen früh zum Tor hochgehen wollte, um das Ritual zu halten, verabschiedeten wir uns in dem Bewusstsein, dass wir uns in Deutschland wiedertreffen werden. In dieser Nacht schlief ich noch weniger. Mantra rezitieren und meditieren war angesagt. Meine Energie war für mich gefühlt auf einem hohen, nicht zu beschreibenden Punkt, die Gedanken nicht mehr vorhanden, das Bewusstsein nicht zu erkennen. Dieser Pegel hielt die ganze Nacht an.

Früh am Morgen machte ich mich auf den Weg, da es einige Kilometer bis zum Tor zu laufen waren. An diesem Morgen schlief das ganze Dorf und die Luft war angenehm klar und ruhig. Es war schön, alles so selig zu spüren. Es hatte etwas Magisches, und es war Portaltag, das hatte ich beim Buchen meines Fluges nicht gewusst. Ich kam erst später auf die Idee, einmal zu schauen, wann Portaltag war. So begab ich mich beim Laufen in die Jappa-Meditation (Jappa heißt ein Mantra zu rezitieren), um frei von Gedanken zu sein. Beim Aufstieg überkam mich von Kopf bis Fuß eine dicke Gänsehaut, einfach so. Es kam mir ein Mann entgegen, der schon oben gewesen war. Fast oben angekommen kam mir ein weiterer Mann entgegen. Wir begrüßten uns herzlich, nein, es war nicht Markus Sharanius, er hatte an diesem Morgen seinen Heimflug, von der Geistigen Welt war alles so geführt. Oben angekommen war es bewölkt und angenehm von der Temperatur. Es sollten an diesem Tag 22 Grad werden. Ich sah das Tor, es war wieder magisch, eine ungeheure Stille lag in der Luft. Ich hielt einen Moment lang inne, lief eine Runde um das Tor herum. Ich war allein, die Geistige Welt hatte es zum wiederholten Male geschafft, dass ich für ein solches Ereignis allein war, göttliches Timing. *Cool*, dachte ich, *ist ja wie in Israel auf dem Berg der Seligpreisung.* Ich fühlte in mich hinein, um den richtigen Punkt zu finden. Ich ging los und legte meine Tasche ab, zeichnete automatisch das Symbol, in das ich von der Geistigen Welt Anfang des Jahres eingeweiht worden war. Bis zu diesem Moment hatte ich mich immer gefragt, warum ich in das Symbol eingeweiht worden war. Jetzt ergab es einen Sinn. Ich stellte mich hinein und rief: „Mit göttlicher Verfügung im Namen Gottes rufe ich die reinste weiße Lichtsäule des allgöttlichen Lichtes und der Christusenergie dazu auf, jetzt die allgöttliche Liebe des Christusbewusstseins hier zur Erde zu bringen, so sei es." Normalerweise reichte es, wenn ich es dreimal sprach. Ich bemerkte, dass der Wind stärker wurde und immer stärker. Ich hörte daraufhin nicht auf, die Energie anzurufen. Der Wind wurde unerträglich. Ich hatte das Gefühl, abzuheben, und ich konnte mich nicht mehr richtig im Stand halten. So wusste ich, ich musste weitermachen, ich durfte nicht aufhören, jetzt nicht aufhören. Eine immense Kraft tat sich auf, ich rief sie weiter an. Der Wind peitschte so stark, dass ich fast umfiel. Ich rief sie ein weiteres Mal an und auf einmal kam wie aus dem Nichts der Torwächter herunter. Er stand rechts neben mir. Er hatte einen großen Stock in der Hand, oben am Ende war der Stock in einem Bogen geschwungen, sein Haar und sein Bart waren weiß. Er trug ein weißes Gewand mit einer goldenen Schärpe. Er stampfte den großen Stock dreimal auf den Boden, klopf, klopf, klopf, beim dritten Stoß ging der Stock tief in die Erde, das Tor öffnete sich direkt unter meinen Füßen. Die ganze Energie schoss durch mich durch wie ein riesiger Tornado. Ein Strudel ging in die Erde hinunter, so lange, bis die komplette Energie aufgesogen war. Das Tor ging zu und der Torwächter flog nach oben Richtung Himmel. Ich war sprachlos und fassungslos, die Beine waren wie Watte, der ganze Körper fühlte sich wie Watte an. Ich hatte das Gefühl, über meinem Körper zu schweben, es gab keinen Raum und keine Zeit mehr. Mein Bewusstsein war auf einer anderen Ebene. Ich wollte mich draußen auf den Stein setzen, doch als ich loslief, merkte ich, dass die Beine gar nicht mitkamen. Ich versuchte es mit aller Kraft. Erst als ich nach vorne trat, bemerkte ich, dass es regnete. Während der Anrufung hatte ich das nicht mitbekommen. Ich hatte nur die peitschenartigen Winde gespürt. So setzte ich mich, in eine Decke gehüllt, in meinen Meditationssitz auf die Steinbank im Tor und meditierte eine Zeit lang. Erst nach einer ganzen Weile kamen die ersten Menschen hinauf. Sie gingen nicht wie gewohnt in das Tor und blieben stehen, sondern sie kamen, schauten und liefen durch. Ich glaube, nach ca. 1,5 Stunden saß mir auf einmal ein Chinese gegenüber. Ich spürte, wie er die Energie im Tor in sich aufsog. Ich fühlte es förmlich, wie er die Energie genoss. Ich öffnete das erste Mal die Augen und kam wieder zu mir zurück. Er hatte ein süßes Lächeln auf den Lippen, seine Augen waren geschlossen und seine Hände nach vorne hin ausgebreitet. Wenn die Hände mit den Handflächen in der Meditation nach oben zeigen, heißt das, es wird Energie empfangen. Ich fühlte wieder meinen Körper, die Beine schmerzten, mir war eiskalt. So setzte ich mich richtig hin. Da fiel mir auf, dass die Kleider, die Decke, Hose und Jacke nass waren von dem Sturm, der sich aufgetan hatte, als ich die Energie angerufen hatte. Mir war kalt und ich dachte nur: *raus, laufen, Sonne tanken, bewegen, das wird mir helfen*, und ging langsam den Berg hinab. Ich musste auf dem ersten Viertel Rast machen, da die Beine nicht laufen wollten, sie fühlten sich immer noch wie Watte an. In meinem Inneren brauste die Energie der Liebe. Mir wurde da erst bewusst, was ich vollbracht hatte. Das Tor war geöffnet worden. Es geschah Erdheilung mit der höchsten allgöttlichen Liebe. Wir sind in unserer Harmonie, wenn wir die göttliche Liebe in uns freilegen, wenn wir zur Ursubstanz unseres Bewusstseins, unseres göttlichen Daseins zurückfinden. Wir tragen sie alle in uns.

Nach einer Weile ging ich weiter den Berg hinab. Unten im Dorf angekommen brauchte ich einen Tee, um mich aufzuwärmen. In dem Café zog ich die erste Jacke aus. Als ich mich setzte, spürte ich eine enorme Energie in mir und um mich herum. Mir war so heiß, dass ich die zweite Jacke auszog. Das half nichts, am liebsten hätte ich mich nackig dahingesetzt, ich spürte da erst, wie viel Energie in mir brodelte. Mein Köper arbeitete auf Hochtouren. Deshalb das Frösteln, gleichzeitig die Hitze in mir. So machte ich mich auf den Weg nach draußen. Es war der letzte Tag und ich fuhr nach Wells, um die Kathedrale von Wells zu besichtigen. Auf der Busfahrt bemerkte ich, dass mein Körper vor Energie kochte und Erholung brauchte. Dort angekommen besuchte ich die Kathedrale. Es ging zu diesem Zeitpunkt nichts mehr durch und in mich. Da der Körper sich nicht so schnell an die neue Energieform anpassen konnte, fuhr ich wieder nach Hause und legte mich ins Bett. Richtig schlafen konnte ich nicht. Es tat einfach gut, zu liegen und zu regenerieren. Am nächsten Morgen ging es etwas besser. Die Energie war nach wie vor extrem spürbar.

Es war Sonntag und der Tag meiner Heimreise. Am frühen Morgen lief ich zur Bushaltestelle, in Gedanken an das, was an dem Tag zuvor passiert war. Ich verabschiedete mich in Demut von Avalon. In diesem Moment flog aus heiterem Himmel eine kleine weiße Feder direkt vor mir auf die Straße. Diese nahm ich als Andenken mit. Wenn ich kleine weiße Federn finde, weiß ich, dass die Engel bei mir sind. Bei manchen kann es auch ein Verstorbener sein, der sich so zu erkennen gibt, bei anderen wiederum ist es oft ein Rotkehlchen, das sich ihnen zeigt. (Bei vier Personen, die ich kenne, war es immer das Rotkehlchen).

Die Reise wurde vom Göttlichen geführt. Wochen später wurde mir erst bewusst, was da geschehen war. Erdheilung auf höchster Ebene, sodass die Erde und die Menschheit leichter in die Schwingung der fünf Dimensionen eintreten konnten. Dazu war nötig gewesen, die Erdschwingung anzuheben.

Josef von Arimathäa war der alten Sage nach in Avalon, um das Blut Jesu aus dem Kelch reinzuwaschen. Ich hatte das vor der Reise nicht gewusst. Meine Reise in Israel hatte rückwärts begonnen, ich war zuerst am Grab von Jesus gewesen und ging danach die Wege Jesu. Damals auf dem Berg der Seligpreisung war ich doch ganz unverblümt gewesen. Ich war auf die Petrusstatue geklettert, hatte den Schlüssel angefasst und gesagt: „Ich will den Schlüssel zum Tor, zum Himmelstor haben." An dieser Stelle sei gesagt, ich vergaß, was ich damals gesagt hatte. Meine Worte hatten jedoch unwissentlich einen Empfänger gefunden. Im Nachhinein wurde ich auf etwas Großartiges vorbereitet. Damals war ich erschrocken, weil eine mächtige Energie aus den Augen der Statue zu spüren war, so nach dem Motto: „Soso, du willst also den Schlüssel zum Tor – zum Himmelstor." In der rechten Hand hielt er den Schlüssel und in der linken den großen Stock mit dem geschwungenen großen Bogen am Ende. Der Torwächter, der jetzt zum Tor heruntergekommen war, hatte den gleichen Stock. Meine Reise zur Vollendung endete in Avalon, denn dort benutzte ich den göttlichen Schlüssel, um das Tor zu öffnen. Der Schlüssel, um die allgöttliche Liebe durch und aus meinem Bewusstsein fließen zu lassen, so geschah Heilung auf verschiedenen Ebenen. Die Reise war unbeschreiblich, auch heute noch fehlen mir die Worte. Ich wurde gelehrt, mit einem Minimum an Kleidung und weniger Gewicht auszukommen, deshalb kam der Koffer nicht. Heilung konnte durch Heilgebete, Kräuter, Bäume und Heilquellwasser geschehen. Meine Energie ist seitdem höher schwingend als jemals zuvor. Patrick holte mich damals vom Flughafen ab und als wir zusammen im Auto saßen, meinte er nur: „Mein Gott, was strahlst du für eine Hitze aus", und er musste sofort die Fenster öffnen. Einige Wochen später begegnete mir eine alte Bekannte, als ich sie umarmte, schaute sie mich verdutzt an und sagte: „Wow, es floss gerade Heilenergie aus deinem Herzen in mich hinein." Sie war in Trauer, wie ich später erfahren konnte. Ich kann jedem nur empfehlen: Wenn du den Ruf nach Avalon hörst, folge ihm.

Ich wünsche allen Menschen Kraft und Mut, ihren Weg zu sich selbst zu gehen, um den wirklichen tiefen Sinn des Lebens zu verstehen und zu wissen, warum sie überhaupt inkarniert hatten.

Nach der Rückkehr aus Avalon schlief ich weiterhin nur bis zu vier Stunden, wenn überhaupt. Denn in diesen vier Stunden befand ich mich im

Theta-Zustand (nicht schlafen und nicht wach). Vor Wochen hatte ich in den Meditationen angefangen, die Augen offen zu halten, wenn ich in die Stille gegangen war. Eine Woche nach meiner Avalonreise war es mir in einer der morgendlichen Meditationen, möglich, mein Bewusstsein ganz bewusst zu sehen und wahrzunehmen, das „Es". Ich nenne es „Es", da es keinen Namen hat. Mit einem Schlag wurde mir bewusst, dass alles Energie war. Ich sah so klar wie nie zuvor. Alles bestand aus Energie und war formbar. Der Körper, die Möbel, die Autos, meine Knochen. Das war der Punkt, den ich brauchte, um zu verstehen, dass es möglich war. Jetzt wurde mir klar, was der Heiler im Mai damit gemeint hatte: „Du wirst klar sehen, wenn du mehr meditierst." Ich hatte mehr meditiert und konnte klarer sehen. Mir wurde mit einem Schlag bewusst, wie mein „Es", das Bewusstsein, aussieht, wenn ich meinen Körper ablegen werde. Alles, was davon übrig blieb, war die Energie, mit gespeicherten Emotionen, das allgöttliche Licht und die Liebe.

In der zweiten Woche nach Avalon ereilte mich der nächste Ruf. Es war der Ruf, ein Buch zu schreiben. Der Auftrag kam vom Göttlichen und es kamen insgesamt vier Menschen zu mir, die im Gespräch verlauten ließen, dass es jetzt Zeit sei, das Buch zu schreiben. In der Meditation wurde mir gezeigt, zu welcher Zeit ich es schreiben sollte, und das Land genannt, der Platz mit dem Haus, wo ich es schreiben sollte. Mein Sohn konnte ergänzen, dass das Haus blau sei. Und ob ihr es glaubt oder nicht, das Haus hatte ich gefunden. In Dänemark auf einem Stückchen Erde, das von Wasser umgeben und blau war. Ich nahm die Herausforderung an, ohne zu wissen, was auf mich zukommen sollte.

Am 8. September 2018 floss im Beisein von zwei Personen eine Botschaft von der Geistigen Welt durch mich. Im ersten Moment dachte ich, dass es eine Botschaft für die anwesende Dame sein sollte. Es passierte öfter, dass ich Menschen Botschaften überbrachte, doch dem war nicht so. Mir wurde mitgeteilt, dass die Erde sich mit der Menschheit in einem großen Wandlungsprozess befinde. Die Energien waren so hoch wie in keinem anderen Jahr zuvor. Die Erde werde sich in den nächsten sieben Jahren energetisch so weit verändern, dass es möglich sei, die Erdachse für einen

Bruchteil des Momentes stillstehen zu lassen, sodass die Energiestruktur der gesamten Erde angehoben werden könne. Die DNA-Strukturen der Menschen würden sich verändern. Die Kinder, die in diesem Zeitraum geboren werden, werden in ihrem Energiesystem höher schwingen als es bis jetzt möglich war. Und sie werden mit neuer DNA-Struktur geboren. Es wird wichtig sein, dass die Eltern sich in dem entsprechenden Stadium befinden werden. Gemeint ist die energetische Ebene. Das geschieht durch die Ernährung, Lebensgewohnheiten etc. Sie sollen in Harmonie mit Körper, Geist und Seele sein, da diese Kinder sich nicht mehr an das jetzige Denk- und Verhaltensmuster des letzten Jahrhunderts anpassen können. Ihre Gaben sollen gefördert werden. Seit Ende Mai 2018 verändert sich die Menschheit durch die Zeit der langen Portaltage. Es wurde getestet, da diese Tage energetisch sind, wie sich die Menschen von der dritten Dimension zur fünften Dimension in schnellerer Geschwindigkeit entwickeln können. Es wurde extra das Venusjahr genommen, weil es für die Liebe steht. 5D heißt: „Bewusst Sein", mit seinem Bewusstsein Körper, Geist und Seele in Harmonie zu halten und im bewussten Zustand in Liebe zu sein. Die Menschen, die dieses Jahr im Frühjahr bemerkten, das sich im inneren Daseinsprozess etwas veränderte, wurden und konnten aufgrund des Venusjahres viele alte Themen und Wunden heilen, um mit in die fünfte Dimension aufzusteigen. Viele befanden sich im November im Zwischenstadium in der vierten Dimension. Die Mehrheit hatte sich aus Unwissenheit entschieden, in der dritten Dimension zu verbleiben. Das Jahr 2018 war das Jahr der Vergebung, Reinigung und des Loslassens.

Anfang September machte ich nochmals ein Vergebungsritual. Es kam ein offener Punkt zum Vorschein. Ich vergab in den letzten Jahren allen Menschen und bat um Vergebung. Doch Gott, ihn hatte ich vergessen. Ich bat ihn um Vergebung, weil ich seit einer meiner vielen Inkarnationen vergessen hatte, das Licht und die Liebe zu leben. Nach diesem Ritual spürte ich, dass hier eine Vollendung geschah. Dieses konnte nur geschehen, weil ich den Weg meiner Seele gegangen war und um göttliche Führung gebeten hatte.

Mitte September fasste ich mir ein Herz, um über meinen letzten freien Willen hier auf Erden zu entscheiden, und ließ alles nach meinen Vorstellungen bei einem Beerdigungsunternehmen festhalten. Ich brauchte dafür längere Zeit. Es war ein komisches Gefühl, sich den Sarg auszusuchen, wie und wo ich beerdigt werden möchte. Ich kann allen empfehlen, sich mal in der Stille damit auseinanderzusetzen. Es ist ein gewaltiger Akt, wenn die Angehörigen in ihrer Trauer alles allein erledigen sollen und gar nicht wissen, was der Verstorbene gerne hätte.

Ende September fuhren Patrick und ich nach Frankfurt, zum einen, weil unsere Mutter Geburtstag hatte und mein Bruder Michael aus Schweden zu Besuch kam, und zum anderen wollten und durften wir meine Schwester Heike besuchen. Sie lag zu diesem Zeitpunkt auf der Palliativstation. So konnten wir ihr besser alles an Heilung geben, was möglich war. An drei Tagen konnten Patrick und ich jeweils zwischen 3 bis 4 Stunden mit ihr arbeiten. Vergebungsrituale, Traumata lösen, alle Chakren reinigen, alle ihr nicht mehr dienlichen Emotionen lösen, mit dem Jesusbewusstsein Liebe und Heilung auf allen Ebenen fließen lassen und alle karmischen Themen auflösen, für den Fall, dass sie sterben würde. So könnte sie reinen Herzens und frei von Karma ins Licht gehen. Als wir uns von ihr verabschiedeten, sagte sie zu uns beiden: „Hätte ich vorher gewusst, was ihr für tolle Arbeit leistet, wäre ich früher zu euch gekommen." Ich hatte ihr drei Jahre zuvor meine Hilfe angeboten, da ich hatte sehen können, wie groß ihr Rucksack war, den sie hinter sich herschleifte und sie erdrückte. Sie war ihren Weg in ihrem Tempo gegangen und hatte damals andere Prioritäten gesetzt. Das sagte sie mir, weil ich sie gefragt hatte, warum sie sich nicht mehr gemeldet habe, was lange eine offene Wunde in meinem Herzen gewesen war. So konnte ich es verstehen und war froh, dass ich sie gefragt hatte.

Ich musste mit Patrick wieder zu Antje (Antje bildete Patrick aus), da der Rücken schlappmachte. Ihr erzählte ich von dem Autounfall und dass der Muskel, der zum rechten Bein runterging, über Jahre immer wieder dieselben Bewegungen machte. Wenn ich in Stress und Hilflosigkeit geriet, krampfte das Bein und knickte links rüber, der ganze Rücken sowie Nacken und Schultern verkrampften sich ebenfalls. Das fiel mir auf, als ich die Aufmerksamkeit auf das Bein gelenkt hatte, wenn ich in Stress geriet. Deshalb auch die Probleme auf der Arbeit, da dort Dauerstress angesagt war. Hier durfte jetzt das Trauma aus dem Muskel gelöst werden, das machten Patrick und Antje gemeinsam mit der Matrix.

Ich wusste erst seit 2018, dass sich der dauerhafte Stress und das schwere Trauma, das nicht gelöst war, negativ auf das Gehirn und den Körper ausgewirkt und Schädigungen verursacht hatten. Die Antwort erhielt ich von der Geistigen Welt, weil ich gefragt hatte, warum an manchen Tagen die Rheumaschübe so schlimm seien, dass ich mich kaum bewegen könne. Es passierte, wenn ich Stress ausgesetzt war, schlecht geschlafen oder mich überanstrengt hatte.

Im Oktober, als ich in Spanien war, durfte ich in einer Abendmeditation das Bewusstsein der Bäume, der Pflanzen, des Schiffes auf dem Meer und selbst das vom Meer und vom Universum sehen. Dort saß ich draußen am Meer. Es war ein sternenklarer Himmel und der Mond schien hell über das Wasser. Es gibt dafür keine Worte, die es beschreiben könnten. Ab da war klar, alles ist eins und besteht aus Energie und ist nur anders geformt. Egal ob Mensch, Pflanze, Baum, Auto oder Buch. Jetzt konnte ich verstehen, warum ich die Energien von Möbelstücken, Büchern, Menschen, Pflanzen, Obst und Bäumen wahrnehmen konnte.

Ebenso wurde mir bewusst, dass das Trauma meines Nackens und Kopfes noch gar nicht gelöst war. Durch Zufall traf ich in Spanien auf Roland Masin. Er stellte dort seine Arbeit der energetischen Atlaskorrektur (Wirbelsäulenlesung nach Friederike Jacoby) vor. Ich kam gar nicht auf die Idee, ihn zu fragen, ob er bei mir schauen könne, weil mein Atlas bis dahin schon zweimal korrigiert worden war. Eines Abends schlenderte ich durch die Hotelhalle, dort saß er mit seiner lieben Frau Nicole. Wir kamen ins Gespräch. Schicksal, denn in dem Gespräch durfte ich für ihn eine alte karmische Geschichte lösen, die aus vielen vorangegangenen Inkarnationen entstanden war. Ich fragte ihn, weil ich großes Vertrauen zu ihm hatte (was ich zu den Ärzten verloren hatte), ob er mal nach meinem Atlas fühlen könne. Er tastete und stellte fest, dass er wieder eine Fehlstellung hatte.

Wir vereinbarten einen Termin. In diesem korrigierte er ihn energetisch (ich spürte nichts davon) und er hielt danach instinktiv seine Hände auf die Stirn und den Hinterkopf. Als er das tat, sah ich eine Abfolge des Unfalls, welche Haltung ich beim Aufprall hatte. Ich weinte erst einmal ganz doll. Er nahm die Hände kurz weg, bis ich mich beruhigte, und legte sie erneut sanft auf, danach war es wie ausradiert. Danach machte er eine Wirbelsäulenlesung und löschte Themen heraus, die in der Wirbelsäule gespeichert waren. Er konnte anhand der Form oder der Position sehen, welche Probleme sich wo festgesetzt hatten. Es basierte alles auf energetischer Heilarbeit.

Mit Matrix, Reiki, der energetischen Atlaskorrektur und Wirbelsäulenlesung konnten meine Traumata, die ich bis jetzt wissentlich herausgefunden hatte, gelöst werden. Mit positiven Gedanken, mit Meditation, Achtsamkeit, Heilgebeten, Reiki, Dorn/Breuß, Muskelaufbautraining und etwas Yoga halte ich mich im Lot.

Diese Traumata konnten in keiner Schmerztherapie, keiner Physiotherapie, Krankengymnastik und unzähligen Arztbesuchen gelöst werden. Es wurde immer nur gesagt, ich hätte ein Trauma. Ja, das wusste ich bereits. Es war alles, so hoffte ich, mit energetischer Heilarbeit zu lösen, und das nur, weil ich meinen Fokus immer darauf gelegt hatte, welchen Schritt ich als Nächstes gehen könnte, damit es mir besser gehen und ich gesund werden könnte. Das Göttliche hatte alle Wege für mich vorbereitet, die ich im Vertrauen, in Gnade und Mitgefühl gehen durfte. Eine Reise war sogar bis nach Spanien, die ich intuitiv aus dem Bauch heraus entschieden hatte. Patrick war in Spanien dabei und konnte meinen Koffer tragen. Worüber ich sehr dankbar war, denn er wollte erst gar nicht mitkommen. Für uns beide war es eine bereichernde Reise, bei der wir neue Erkenntnisse und Freunde fürs Leben dazu gewinnen konnten.

Heute bin froh, auf meine Intuition gehört zu haben. Ich werde versuchen, die Wirbelsäule neu zu rekonstruieren, da ich, seit ich mein Bewusstsein gesehen hatte, weiß, dass alles Energie ist und man diese formen kann. Ich weiß nicht, wie lange ich dazu brauchen werde. Die Geistige Welt hat mir auf Nachfrage, warum meine Zeit abgelaufen sei, mitgeteilt: „Weil du deinen Körper so lange missachtet hast." Das ließ mich traurig werden, da ich meine Zeit und Gesundheit für die Arbeit geopfert hatte, um Geld zu verdienen und um später in der Rente viel reisen zu können. Darüber hinaus hatte ich vergessen, das Leben zu leben. Indien sollte mich wachrütteln, das war der zweite Ruf meiner Seele, der erste war die OP im Jahr zuvor. Die Jahre zuvor hatte ich unzählige Erkältungen und grippale Infekte, die abrupt aufhörten, seit ich mir Reiki gab. Der dritte entscheidende Ruf meiner Seele, den ich überhört hatte, war der Autounfall, der vierte und fünfte die darauffolgenden Operationen am Rücken. Erst die Nachricht, dass meine Zeit abgelaufen sei, hatte mich wachgerüttelt. Ich bin glücklich, meinen Bewusstwerdeprozess gegangen zu sein, denn so kann ich jeden Tag im Hier und Jetzt in Liebe verbringen.

Das Leben findet nur in diesem Moment statt, einen Atemzug lang. Das zeigte mir der Unfall, und obwohl dieser es mir damals aufgezeigt hatte, war ich nicht bereit gewesen, einen sofortigen Lebenswandel zu vollziehen. Das hatte ich mit Gesundheit bezahlt, um zu verstehen, was meine Seele mir sagen wollte.

Meine Schwester Heike verstarb am 14. Oktober 2018. Ihr wurde nach unserer Behandlung in der Nacht von der Geistigen Welt ein Lebensweg gezeigt, für den sie sich nicht mehr entscheiden konnte, da ihr das Vertrauen in die Menschen und die Kraft fehlte, diesen langen und beschwerlichen Weg zu gehen. Sie überbrachte Patrick die Botschaft, dass sie sich aus diesem Grund für die Chemo entscheide, da sie wusste, dass diese den sicheren Tod bedeutete, und sich bei mir melden würde. Das tat sie einige Tage nach ihrem Tod. Als ich ihr Licht und Liebe schickte, erwiderte sie dies. Ich konnte sie deutlich spüren und sie ließ bei völligster Windstille ein Blatt in meinen Schoß fallen. Sie hatte die Natur und die Bäume geliebt, sie hatten ihr immer Kraft und Halt gegeben. Ich saß durch Zufall in diesem Moment wieder auf meinem geliebten Balkon.

Am 27. Oktober 2018 trat ich die Reise nach Dänemark an, um dieses Buch zu schreiben. Und wenn ihr jetzt glaubt, dass das ohne einen Test ablief, kann ich euch an dieser Stelle sagen, dass dem nicht so war. Gott gab mir hier eine erneute Chance, einem Vogel das Leben zu retten (ihr erinnert euch an die Taube in Israel). Während ich das Buch schrieb, flog ein kleiner Vogel vor die Terrassenscheibe und lag flugunfähig auf dem Boden. Ich lief sofort zu ihm, nahm ihn in die Hände, der linke Flügel stand ab und war verbogen und das linke Beinchen war ziemlich krumm. Ich war im göttlichen Vertrauen, dass ich mit der Kraft Gottes, mit der Macht Jesu und mit meiner Liebe den Vogel heilen konnte. Ich ließ die all-göttliche Liebe in ihn fließen. Er legte ganz sanft sein Köpfchen und seinen Schnabel in meine Handfläche. Da ich ihn in beide Hände geschlossen hielt, konnte ich nur spüren, wie ein großer Energieschwall durch mich in den Vogel floss. Als ich die Hände öffnete, waren der Flügel und das Beinchen gerade. Ich hielt ihn noch, um ihm Energie zu geben, und küsste ihn sanft auf sein Köpfchen. Er öffnete die Flügel und flog zum nächsten Baum. Am 23. Dezember machte ich völlig unerwartet das Handy an, es war die ganzen Wochen über aus. Ich machte es nur an, wenn Botschaften für andere aus der Geistigen Welt durch mich flossen. Es gab viele Nachrichten von Patrick. Die erste lautete: „Mama." Die zweite: „Hilfe", es folgten weitere mit „H", „G", „S", „J", ich weiß nicht mehr, wie viele. Mir war heiß und kalt zugleich, denn ich wusste sofort, dass etwas Schlimmes passiert war. Ja, so war es auch. Patrick hatte einen schweren Verkehrs-unfall gehabt. Er wurde mit 170 km/h in einer leichten Kurve von einem Auto auf gleicher Höhe abgedrängt, als der Fahrer einfach die Fahrbahn wechselte. Patrick stieß gegen die Leitplanke, der Vorderreifen platzte und das Auto kam sofort ins Schleudern. Nach mehrmaligem Drehen fuhr das Auto unkontrolliert in den Gegenverkehr und kam in der Leitplanke zum Stillstand. Wie durch ein Wunder wurde er mit aller Kraft des Göttlichen abgefangen, denn hinter der Leitplanke ging es steil bergab. Im ersten Auto, das angehalten hatte, saß glücklicherweise ein Feuermann, der alle Notfallmaßnahmen einleitete. Das Jahr 2018 ging in Dänemark mit einem großen Schrecken zu Ende.

So viel kann ich an dieser Stelle schon verraten. Für 2019 folgte der Ruf zum Bodensee auf die Insel Mainau, nach Peru und nach Lourdes.

2019

Die Transformation

Das neue Jahr hatte begonnen. Patrick bat mich, dringend nach Hause zu kommen, da es ihm nach seinem schweren Autounfall schlecht ging. In der Stille verabschiedete ich mich in der Silvesternacht von Dänemark, von dem Haus, der Natur, der frischen reinen Luft, dem Meer und der Umgebung. Da ich über Bla Bla Car eine Anzeige für eine Mitfahrgelegenheit geschaltet und sich drei Personen gemeldet hatten, wollte ich pünktlich um 10:00 Uhr losfahren. Die Fahrt nach Hause verlief reibungslos und schnell.

In den darauffolgenden Tagen arbeiteten wir Patricks Trauma vom Unfall auf. Da wir zusammen schon einmal einen Unfall im Jahr 2014 hatten, wusste ich, worauf das Augenmerk zu legen war. Das Wichtigste war, die Seelenanteile zurückzuholen, ihn zu erden (Patrick stand völlig neben sich, das ist ein Anzeichen dafür, dass noch ein Teil von ihm im Unfall steckte), eine Reiki-Behandlung, um den Schock zu lösen, die Atlas- und Wirbelsäulenkorrektur, denn Patricks Kopf stand schief, und das Vergebungsritual. Er sollte dem Fahrer, der ihn von der Fahrbahn abgedrängt hatte, vergeben. Patricks Stresspegel war extrem hoch, diesen konnten wir nur langsam ins Lot bringen.

Ich hatte nicht damit gerechnet, dass ich fein- und hellfühliger und empathischer geworden war, da ich mehr als zwei Monate in Abgeschiedenheit ohne Kontakt zur Außenwelt, ohne Handy und TV, in Dänemark gelebt hatte. Das wurde zu einer Herausforderung für mich, wie sich in den nächsten Tagen herausstellen sollte. Das Gefühl, das ich bekam, wenn ich nach draußen ging, war unerträglich. Mir war es nicht möglich, in den ersten drei Wochen meinen gewohnten Spaziergang in der nahegelegenen Gartenanlage und am Kanal zu machen. Alles fühlte sich tot und dreckig an. So, als ob die Pflanzen, Bäume, Gräser, Steine und Mutter Erde keine Luft zum Atmen hätten. Mir war es nicht möglich, nur einen Spaziergang ohne Weinen zu beenden, da ich schlichtweg von diesem Gefühl überrollt wurde. Das lag auch an dem nahegelegenen Steinkohlekraftwerk. So fing ich an, zu Hause zu bleiben. Meine Freundin Martina kam in der dritten Woche zu Besuch. Ihr erzählte ich von dem Problem. Ohne zu überlegen, was sie sagte, sprach sie mit einer klaren und festen Stimme: „Du musst dir eine Art Firewall um deine Aura legen." „Hmm", erwiderte ich, schaute sie an und fragte, „und wie?" Sie zuckte mit den Schultern. Mir wurde in dieser Sekunde gezeigt, dass Fire gleich Feuer war, *Ja, klar*, dachte ich, *eine Art Feuerwand um meine Aura legen*. Es gibt einen aufgestiegenen Meister, sein Name ist Saint Germain, von dem man das violette Feuer anrufen kann. Dieses Wissen machte ich mir zunutze und: es funktionierte. Dennoch konnte ich mich nur schwer an den für mich niedrigeren Energiepegel der Umwelt anpassen.

Es war wieder mal Zeit, ein Buch zu lesen. So setzte ich mich vor den Bücherschrank und fragte, welches Buch jetzt dran sei, ich griff in den Schrank und war erstaunt, welches es sein durfte. „Übung der Nacht: Tibetische Meditationen in Schlaf und Traum" von Tenzin Wangyal Rinpoche. Das Buch stand schon seit ca. drei Jahren im Bücherschrank. Ich fing an, es zu lesen, und machte die Übungen in der Nacht. Das Ziel war, alle Träume auf der Bewusstseinsebene bewusst wahrzunehmen, zu lenken und im Schlaf bewusst zu bleiben. Warum? Wenn man stirbt, ist es wichtig, mit einem klaren Bewusstsein zu sterben, um zu wissen, dass man gestorben ist. Wenn man sich dessen nicht bewusst ist, kann es passieren, dass man eine lange Zeit braucht, um zu realisieren, dass man seinen Körper verlassen hat, obwohl das Bewusstsein weiterlebt. Knapp drei Monate lang übte ich nach dem Buch. Es traten Veränderungen ein, was zum Vorteil für mich war, allerdings auch einen Nachteil mit sich brachte. Der Vorteil war, dass ich bewusst meine Träume lenken konnte, das hatte ich vorher nur getan, wenn ein Traum immer wieder und wieder gekommen war. Da sagte ich mir am Tage, wenn dieser Traum noch einmal komme, werde ich bewusst den Traum so verändern, dass er sich zum Guten wenden werde. Das gelang mir, weil ich bewusst gefragt hatte, warum genau dieser eine Traum immer wiederkomme und was ich daraus lernen solle. Warum ist es so wichtig, die Träume bewusst wahrzunehmen? Die Antwort lautet, dass dein Unterbewusstsein unverarbeitete/verdrängte Emotionen abspeichert, diese kommen im Schlaf in deinen Träumen zum Vorschein, weil sie gelöst werden möchten. Der Nachteil für mich war, dass ich alle zwei Stunden bewusst eine andere Übung machen musste, eine andere Atemtechnik, eine andere Position beim Liegen und ein anderer Gedankenfluss. Das stresste meinen Körper, da er die benötigte Erholung, die er in der Nacht brauchte, nicht mehr bekam. Durch den Stress wurden das Rheuma und die Verkrampfungen der Muskeln wieder stärker. Die Übung war ein wichtiger Teil in meinem Lernprozess, um zu wissen, wie es war, im Schlaf bewusst zu bleiben. Zudem konnte ich davon mitnehmen, dass ich bewusst dem Unlicht begegnete. Hier kann ich klar sagen, dass es der Teufel persönlich war, als er mir im Traum begegnete, und ich ihn mit Licht und Liebe besiegen konnte. Wäre ich unbewusst gewesen, wäre ich schreiend weggerannt. Das war die zweite Herausforderung mit dem Unlicht. Die erste hatte sich ein Jahr zuvor im Sommer ergeben. Damals hatte ich im Schlaf Besuch von einem ungewöhnlichen Unlicht bekommen, das aussah wie ein Gnom mit Hakennase, kurzen Beinen und Armen, und sein Körper war kugelförmig. Seine Haut sah leicht grünlich, uneben, löchrig und schleimig aus. Als ich wach wurde und ihn vor mir sah, stockte mir der Atem und ich schrie vor Schreck auf. Das verscheuchte ihn und er tänzelte lachend mit einem „Hihihi" aus dem Zimmer über den Balkon hinaus. Die Balkontür stand offen, weil es draußen warm war. Vielleicht übe ich mich irgendwann länger in der Nachtmeditation, das weiß ich heute noch nicht. Wann immer ich bewusst im Schlaf bin, spreche ich mein Mantra. Das wurde im Übrigen in diesem Jahr eine neue Herausforderung für mich. Was ich zu diesem Zeitpunkt im Januar noch nicht wusste.

Ende Januar bekam ich familiären Zuwachs. Durch Schicksal wurde ich zu einer Familie nach Osnabrück geführt. Dort traf ich auf den kleinen Manju. Er wurde mein neuer Wegbegleiter. Erst einige Wochen später wurde mir bewusst, warum er jetzt genau zu dieser Zeit in mein Leben gekommen war. Im letzten Halbjahr 2018 hatte ich lapidar eine Aussage getätigt, die lautete: „Wenn ich bis Anfang nächsten Jahres keinen Mann an meiner Seite habe, hole ich mir einen Hund." Das zeigte deutlich, dass alle gesagten Worte und Gedanken einen Absender finden und schneller wahr wurden, als einem manchmal lieb war. So wurde mir wieder einmal mehr bewusst, genauer darauf zu achten, was ich äußerte. Also bewusst zu sprechen und zu denken. Viele Menschen auf der Erde reden den lieben langen Tag, ohne dass es einen Sinn ergibt. Diese Energie wird eins zu eins ins Quantenfeld des Universums geschickt. Wie viel mehr Liebe würde es auf der Erde geben und wie viel weniger Kriege, wenn anstatt des sinnlosen Geredes Licht, Liebe und Frieden ins Universum und in die Kriegsgebiete geschickt werden würden?

Mitte Februar machte ich mich mit dem 14 Wochen jungen Manju im Gepäck auf den Weg zu Freunden nahe Freiburg. In der ersten Nacht träumte ich von Geschehnissen in der Stadt, die aus der Römerzeit stammten. Roland bestätigte mir, dass an diesem Ort mal Römer gelebt hatten. Auf dem Programm stand ein Besuch der Wallfahrtskirche St. Landelin in Ettenheim. Dort gab es heilendes Quellwasser, die Kirche barg in sich eine tragende heilende Energie. In den Tagen darauf stand ein Besuch in Frankreich an, zum Odilienberg im Elsass, bei der Heiligen Odilia. Der Odilienberg wurde der Heilige Berg des Elsass genannt und ist zudem ein Wallfahrtsort. Die Heilige Odilia kam der Legende nach blind zur Welt und erlangte bei ihrer Taufe im Alter von 12 Jahren das Augenlicht. Sie wurde zur Schutzpatronin der Blinden und Augenkranken ernannt. Eine kurze Anmerkung: Vor meiner Reise zu Roland und Nicole wusste ich nicht, wo sie lebten oder welche heiligen Orte es dort gab. Wieder einmal mehr war ich umso erstaunter, welch göttliche Führung von oben kam. Als wir am Eingang des großen Klosterhofes standen, kam die Frage auf, wohin Manju könne, da keine Hunde erlaubt waren. Ich entschied kurzerhand, ihn während des Aufenthaltes auf dem Arm zu tragen. Er war ja ein Baby und wog wenig.
Dieser Ort hatte verschiedene Kapellen, die jeweils andere Energien in sich trugen. Am Mittag legten wir eine Pause ein. Während wir so dasaßen, zog es mich in einen Hinterhof. Manju blieb bei den anderen. Im Hinterhof stand eine große Statue von der Heiligen Odilia. Rechts von ihr ging es in

eine kleine Gruft. Ich ging ohne nachzudenken hinein, suchte mir einen Platz zum Beten, und tat das, was ich bei Jesus, Amma und anderen Heiligen in Gedanken machte. Das tat ich bei der Heiligen Odilia mit einer für mich überraschend tiefen Liebe und Hingabe, sodass ich auf einmal eins mit ihrem Bewusstsein werden durfte.

Nach dem Aufenthalt im Klosterareal gingen wir durch den anliegenden Wald zum Kraftort Mont Sainte Odile (Odilienberg). Er ist einer der heiligsten und mystischsten Kraftplätze Europas. Eine ca. 10 Kilometer lange Heidenmauer mitten im Wald, eine Heilquelle, uralte knorrige Bäume und Feenplätze versetzten uns in Staunen. Ein Drachenpfad führte uns vorbei an großen Felsquadern, riesigen Schalensteinen und Felsplatten. Wir genossen die Stille des Waldes, entdeckten die Wildnis und fühlten die heilende Energie der zauberhaften Kraftplätze. Aufgrund meiner Hellfühligkeit war es mir möglich, verschiedene Energielinien mitten im Wald entlang der Heidenmauer zu fühlen, es war, als ob wir durch Zeitportale geschritten waren. Zum Schluss kam der Feenwald, dort legte ich mich in einen Beckenstein. Der Stein sah aus wie eine Gebärmutter. Als ich in ihm lag, war es für einen Moment so, als würde Mutter Erde mich in ihrem Schoß aufnehmen. Der Tag war mit all seinen unterschiedlichen Energieformen magisch und bereichernd. Danke an Roland, Nicole und Thomas dafür, dass wir zusammen dort waren.

In der Morgenmeditation verband ich mich mit meinem höheren Selbst. Unter anderem schickte ich meinem verstorbenen Vater, meiner Schwester Heike und anderen Licht und Liebe aus dem Herzen. Seit geraumer Zeit verband ich mich mit der Ur-Zentralsonne und konnte, wenn das geschah, immer ein reines weißes Licht sehen, das meinen Körper durchflutete. An einem Morgen, in der Zeit, als ich bei Roland und Nicole war, passierte es. Ich verband mich mit der Ur-Zentralsonne, schickte Licht und Liebe zu meinem Vater, dabei schoss mein Seelenlicht durch die Ur-Zentralsonne durch. Als ich auf der anderen Seite ankam, war eine ruhige, selige und in Liebe gehüllte Atmosphäre zu spüren/sehen. Sie wurde durchflutet von einem hellen weißen Licht. In ihr flogen unzählige Lichtorbs / Bewusst

Seine. Diese glichen einer kleinen gelblichen Sonne. Mit Warp-Geschwindigkeit flog die Energie des Lichtes und der Liebe zu dem Lichtorb meines Vaters. Im ersten Moment wusste ich gar nicht, wo ich war. Ich wurde sogleich von einer höheren Macht aufgefordert, zurückzugehen. Erst, als ich wieder zurück im Körper war, fragte ich mich, was das eben gewesen war. Es folgte die klare Antwort, denn seit Jahren, seit mein Vater ins Licht gegangen war, fragte ich die Geistige Welt, wohin sein lichtvolles Bewusstsein gegangen sei. Das war die Antwort auf die Frage. Um auszutesten, wo das Bewusstsein meiner Schwester zu diesem Zeitpunkt war, schickte ich auch ihr Licht und Liebe. Diese Energie floss zu ihr, in eine Zwischenwelt, die nicht die Ur-Zentralsonne war. Es war eine andere, sie glich nicht der meines Vaters.

In den Tagen darauf besuchten wir eine Kapelle aus Holz, die den gefallenen Kriegsopfern zu Ehren erbaut worden war. Neben ihr war eine kleine Mariengrotte. In der Kapelle fühlte ich mich schlecht, was den gefallenen Seelen zuzuordnen war, die nicht ins Licht gegangen waren, und den Menschen, die hier ihre ganze Trauer zurückgelassen hatten. Hier installierte ich sofort eine Lichtsäule mit Licht, Liebe und Heilenergien, sodass die umherirrenden Seelen ins Licht gehen konnten. Diese Aufgabe erfüllte ich auf allen Friedhöfen, zu denen die Geistige Welt mich führte.

Zum Abschluss fuhr ich mit Nicole und Manju in den Schwarzwald zum Lindenberg. Dort stand die bekannte Wallfahrtskirche Maria Lindenberg. Seit vielen Jahrhunderten pilgerten Menschen auf den Lindenberg. Wenn du dem Himmel ein Stück näher sein möchtest, dann lädt dieser Ort mit seiner gigantischen Aussicht über den Schwarzwald dazu ein. Nach dem Kapellenbesuch gingen wir ein Stück des Weges durch den Wald. An einer Kreuzung wies Nicole mich daraufhin, dass an dem Schild die Jakobsmuschel hing. Ich wusste bis zu diesem Zeitpunkt nicht, dass wir ein Stück des Jakobsweges in Deutschland gelaufen waren. Die Reise bei den beiden endete hier für mich, denn die nächste Reise stand schon auf dem Plan.

Mit einem kurzen Aufenthalt zu Hause trat ich die nächste Reise Mitte März in die Schweiz an. Freunde hatten mich eingeladen. Der erste Besuch war bei Beatrice und ihrer Familie am Bodensee. Einige Wochen vorher hatte ich von der Geistigen Welt den Impuls bekommen, an einem bestimmten Tag an einem Ort am Bodensee zu sein. Die Information über den genauen Ort floss erst eine Woche vor Abreise in einer Meditation zu mir. Ich sollte am 21. März 2019 allein zur Insel Mainau kommen. Ich wusste bis zu diesem Tag nur, dass es eine Lichtkuppel über dem Bodensee gab. Am Bodensee angekommen besuchten wir Konstanz und die Blumenkohlinsel. Am 21. März sollte ich morgens um 08:00 Uhr auf der Blumeninsel Mainau sein. Als ich dort ankam, schlief alles und es war kalt. Die Sonne ging auf und erstrahlte in einem weißen strahlenden Licht direkt über dem See. Auf seiner Wasseroberfläche funkelten Tausende Kristalle. Ich schlenderte über die Insel in dem Wissen, dass ich zu einer Stelle gehen sollte, die mir in diesem Moment noch nicht bekannt war. Vorbei an den schon österlich geschmückten Blumenfeldern machte ich immer wieder eine kurze Pause, um die Sinneseindrücke der Insel aufzusaugen. Auf ihr herrschte noch eine unbeschreibliche Stille, nur die Vögel fingen langsam an, ihr Lied zu zwitschern, und die Gärtner liefen durch die Anlage, um alles für den morgigen Frühlingsanfang vorzubereiten. Im Palmenhaus wurde mit großer Sorgfalt die Orchideenausstellung vorbereitet. Vorbei an den Mammutbäumen gelang ich zum anderen Ende der Insel. Hier fragte ich die Geistige Welt, wo denn die besagte Stelle sei, an der ich mich zur Meditation niedersetzen solle. Ich holte den Lageplan heraus und wurde mit meinen Augen zu Feld Nr. 40 oder 41 geführt. Als ich dort ankam, sah ich ein eingezäuntes Beet, in das ich mich nicht setzen konnte. So ging ich direkt zum Wasser und fragte, ob da die richtige Stelle sei. Nein, war es nicht. Ich drehte mich um und sah vor dem großen Beet einen Baum stehen, der auf einer kleinen Rasenfläche stand. Ich fragte die Geistige Welt, ob das der richtige Platz für mich sei. Kaum hatte ich die Frage gestellt, drehte sich mein Kopf nach rechts zu einem Raben, der oberhalb von mir in einem Baum saß. Er schaute mich an und flog direkt zu dem Baum, auf den ich vorher geschaut hatte, und ließ sich auf dem Rasen nieder. Das war eine Antwort, die neu war. Als ich zu dem Baum lief, kam ein zweiter Rabe dazu, sie war das Weibchen, beide schauten mich an, hüpften zur Seite unter ein Gebüsch und fingen an, mich zu beobachten. Ich wusste, dass sie mir von der Geistigen Welt geschickt wurden, denn jeder andere Rabe wäre weggeflogen. So setzte ich mich und fing zu meditieren an. Nach einer ganzen Weile fragte ich, warum ich genau an diesem Ort an dieser Stelle meditieren solle. Es kam die Eingebung, mich mit der Lichtkuppel über dem Bodensee zu verbinden. Ja, wie konnte ich das vergessen? Die Lichtkuppel! Ich fing an, im Geiste etwas zu murmeln, um mich mit ihr zu verbinden. Nach einer ganzen Weile war es so weit. Ich befand mich in einer Lichtglocke, die aussah wie eine überdimensionale Blase, die aus kristallinem Licht bestand. Ich wurde von zwei Wesen empfangen, die aussahen wie eine menschliche Hülle, ohne Gesicht und Gliedmaßen, sie schwebten und glitten sanft ohne Geräusche von A nach B. Ich konnte trotzdem eine Wesensart erkennen. Sie kommunizierten telepathisch. Es waren Lichtwesen der Liebe, die die Energie des Friedens brachten. Ich war ca. eine Stunde mit ihnen verbunden, in dieser Zeit bekam ich ein Update und eine energetische Anhebung. Mir wurde währenddessen so heiß, dass ich trotz der kühlen Temperaturen meine Jacke ausziehen musste. Nach dem Update verweilte ich einige Zeit am Baum und setzte dann den Spaziergang fort. Mittlerweile war es 11:00 Uhr und die Insel füllte sich. Am Mittag war für eine Stunde eine erste kurze Besichtigung der Orchideenausstellung möglich. Ich verließ die Insel gegen ca. 17:00 Uhr.

An dieser Stelle merke ich an, dass es nach meinem Wissensstand 12 Erd-Chakren gibt. Das Erd-Chakra für die Schweiz steht für Einheit und Frieden. Das Chakra liegt demnach direkt über dem Bodensee.

Die Fahrt ging weiter nach Rapperswil, dort besuchte ich Markus Sharanius. Wir machten jeden Morgen einen Spaziergang zum Zürichsee. Der See trägt eine friedvolle Energie in sich. Die Berge im Hintergrund haben eine kraftvolle Ausstrahlung. Für mich sah es aus, als böten sie dem See Schutz. Markus Sharanius führte mich am See und fragte, wo ich mich von der Energie her hinstellen würde. Zielbewusst umrundete ich einen Platz (dort stand ein Denkmal) und zeigte ihm die Stelle. Er war erstaunt, denn genau dort hatten sie mit einer spirituellen Gruppe eine Lichtsäule installiert. Sehen konnte ich die Säule nicht, dafür fühlen. Die Energie an dem Ort veränderte sich für mich fühlbar. Das war eine Bestätigung für mich, dass ich die Energiefelder durch das Hellfühlen wahrnahm. An einem Morgen auf dem Nachhauseweg durch die Stadt sah ich im Boden die goldene Jakobsmuschel und fragte, welche Bedeutung sie hier mitten in der Stadt auf dem Bordstein habe. Markus Sharanius gab mir zur Antwort, dass wir uns ein Stück des Weges auf dem Jakobsweg befinden würden, denn er führe direkt durch die Stadt. Ich konnte es gar nicht glauben. Innerhalb von zwei Monaten war ich zweimal ein Stück meines Lebensweges auf dem Jakobsweg gegangen. Einmal in Deutschland und jetzt in der Schweiz. Die Muschel sollte mir noch ein drittes Mal in diesem Jahr begegnen, und zwar in Spanien. Meine Gedanken und Worte wurden schneller wahr, als ich mir es vorstellen konnte. Warum? Ich wünschte mir seit einiger Zeit, ein Stück des Jakobsweges zu gehen. Ich wusste nur nicht, wo, ob in Deutschland, Frankreich oder Spanien; dass er durch die Schweiz verlief, hatte ich nicht gewusst. Das Göttliche hatte mich so geführt, dass der Wunsch in Erfüllung ging, denn ich hatte nie gesagt, wie viel und wo ich von dem Weg etwas gehen möchte. Nach der Schweiz habe ich den Nachhauseweg angetreten. Die Energieanhebung vom Bodensee arbeitete im Körper nach. Ich merkte es wieder daran, dass ich wenig gegessen hatte und dass ich vermehrt Schlaf brauchte.

In einer der folgenden Meditationen wurde mir mitgeteilt, wohin die nächste Reise gehen solle. Ich hatte Ende Januar schon einmal den Impuls bekommen. Dort hatte ich mich auf dem Machu Picchu stehen sehen. Zu dem Zeitpunkte schaute ich das erste Mal nach Flügen und was sie kosteten. Für mich war es in diesem Moment eine unlösbare Aufgabe, das sagte mir mein Ego. So schob ich den Impuls, nach Peru zu fliegen, erst mal zur Seite, bis ich im April ein weiteres Mal gefragt hatte, ob ich wirklich nach Peru fliegen solle. Es kam wieder ein Ja, und es sollten 21 Tage sein, daraufhin fragte ich, wann diese sein sollten. Die Antwort lautete: „Vom 23. Juni bis zum 13. Juli 2019. Ich sprang auf, lief zum Kalender, um nachzuzählen, wie viele Tage das waren, und konnte es gar nicht glauben. Es waren exakt 21 Tage. Ich machte den Computer an und googelte nach Flügen. Es fiel mir sofort einer ins Auge, der vom Finanziellen ins Budget und vom Datum passte. Ich war unsicher, ob ich es wirklich mit drei Flügen und 26 Stunden schaffen würde. *Kann mein Rücken dem standhalten? Und wie soll ich mit dem Gepäck im Land reisen?* Ein Rucksack für einen Backpacker kam nicht infrage, da ich nur 5 Kilo tragen durfte. Also musste der Koffer auf Rollen mit. *Okay,* dachte ich, *wenn es vom Göttlichen kommt, dass ich nach Peru soll, und die Vision, die ich sah, wahr wird, dann muss ich dorthin, egal wie.* Ich wurde geführt. Das war mir nach der Angabe des exakten Datums bewusst. Mir wurde schlecht. *Soll ich wirklich den teuren Flug buchen?* Ich schaute nach anderen Reisedaten und stellte mit Verwunderung fest, dass alle anderen Flüge zwischen 500 und 1.000 Euro teurer waren. Keine Frage, ich buchte den Flug. Es kribbelte am ganzen Körper, die Vision kam seitdem immer wieder mal in einer meiner Meditationen vor. Dieses Mal las ich die Einreisebedingungen als Erstes durch. Brauchte ich Impfungen oder Visa? Nein, nichts von dem. Sie machten jedoch mit größter Sorgfalt darauf aufmerksam, dass man nur mit bestimmten Taxis und Buslinien fahren sollte, da die Kriminalität, Entführungen und der Drogenschmuggel extrem hoch seien. Na prima, die setzten Indien noch eins oben drauf. Ich bat schon in diesem Moment die Erzengel, Jesus und Gott Vater, mich auf dieser Reise zu führen, zu behüten und zu beschützen. So konnte ich mit einem Schlag alle Sorgen an das Universum abgeben. Die Vision vom Machu Picchu: Ich stand bei Sonnenaufgang auf dem Berg, breitete die Arme aus, in diesen Moment durchflutete die Sonne meinen Körper und schoss direkt in Mutter Erde hinunter.

Einige Tage später musste ich ein Telefonat wegen des Ehrenamts führen und gab an, dass ich für drei Wochen nach Peru fliegen würde. Hier kam wieder göttliche Führung ins Spiel, denn die Person am anderen Ende der Telefonleitung war auch schon mal dort gewesen und gab mir sofort den Tipp, das Ticket für die Bahnfahrt zum Machu Picchu sowie für den Eintritt von Deutschland aus zu buchen. Und ja, ich konnte feststellen, dass die Züge schon Wochen im Voraus ausgebucht waren. Der Eintritt auf den Machu Picchu fand im Stundentakt statt. So buchte ich für den 2. Juli, 06:00 Uhr, das Ticket. Die Zugfahrt dorthin buchte ich für einen Tag früher. Alles andere blieb erst mal offen.

Irgendwann an einem Vormittag im April fühlte ich mich nicht gut. Es war Portaltag. So legte ich mich hin und wollte etwas schlafen. Ich schlief nicht direkt fest ein, sondern war wieder in dieser bewussten Phase, nicht im Schlaf und trotzdem im Einschlafmodus, die Theta-Phase. Ich bemerkte, wie sich meine Seele wieder auf den Weg machte, ich weiß heute nicht mehr, wohin. Wenn ich mich abends zum Schlafen legte, sagte ich oft, wohin ich reisen wollte. Diesmal war es anders. Ich weiß nicht mehr, was passierte, ich weiß nur, dass es wunderschön war. Auf einmal bekam ich mit, wie zwei Lichtwesen an meinem Bett standen. Sie sahen aus wie die aus der Lichtkuppel vom Bodensee, nur dass ihr Licht etwas gelblicher war. Mein Körper war bewegungslos und leblos, so als ob er tot war. Da ich ganz viel Liebe und Frieden spürte, war mein Dasein außerhalb des Körpers selig und ruhig. Das Wesen an den Füßen holte meine Seele bis in die Füße zurück und verankerte sie mit einer Drehbewegung, das zweite Wesen stand links neben mir und verankerte meine Seele im Herz-Chakra. Ich spürte, wie ich versuchte, wieder aus dem Körper herauszutreten. Es ging nicht mehr. Auf Nachfrage, wieso sie das gemacht hätten, wurde mir nur gesagt, dass ich zu viel aus dem Körper heraus sei.

Ich bin hier, um mich auf Erden weiterzuentwickeln, da ist es wichtig, im Körper verankert zu sein. Ich wollte einfach den körperlichen Schmerz umgehen. Es gilt auch heute noch für mich, die Akzeptanz zu lernen. Nun, ich habe eine Aufgabe hier auf Erden, die ich nur vollbringen kann, wenn ich das Haus, den Körper, in dem meine Seele wohnt, mit Achtsamkeit und Liebe pflege.

Seit dieser Zeit war es mir nicht mehr möglich, mich zu dematerialisieren oder bewusst aus dem Körper zu treten. Es würde dem Körper nicht guttun. Mir ist aufgefallen, dass mich manchmal, wenn ich irgendwo sitze, die Menschen nicht sehen oder wahrnehmen können, obwohl sie für mich sichtbar in die Richtung geschaut haben, wo ich sitze.

Ende April kam ich auf Umwegen zu einer Mitfahrgelegenheit nach Bad Tölz. Dort fand wie jedes Jahr der „Tanz in den Mai" mit Glücklichmenschen statt. Hier bekam ich eine Wirbelsäulenlesung von Friederike persönlich. Sie erklärte mir, dass es wichtig sei, als Lichthüterin das Licht von oben nach unten zu holen. Das war ein Prozess, den ich 2019 lernen sollte, da ich zu viel außerkörperlich unterwegs gewesen war. Ich darf mit Lichtgeschwindigkeit dem einen oder anderen Heilung geben, Karma lösen, Seelenanteile zurückholen, Chakras reinigen oder/und öffnen. Das passiert schon im Gespräch mit den Personen. Ich frage jeden vorher, ob sie möchten, dass ich kurz meine Hand auflege. Das ist oberste Priorität. Niemals ungefragt in das Karma eines anderen Wesens einzugreifen. Ich brauche im Gespräch nur die Hand auflegen und alles fließt nach Impulsen in Lichtgeschwindigkeit. Das war mein Ziel, es in Lichtgeschwindigkeit zu lösen, so brauche ich weniger Energie durch meinen Körper fließen zu lassen. Selbst die Personen, mit denen ich gearbeitet habe, waren erstaunt. Ich selbst wurde von der Geistigen Welt zu einem Spiegelneuronenkreis geführt. Bis zu diesem Tag hatte ich nicht gewusst, was das war. Ja, eine überaus interessante Erfahrung für mich. Ich saß im Kreis und fragte, was wir machen sollten. Die Lehrerin des Kurses stellte sich in die Mitte und bat mich, Lebensfreude zu spiegeln. Ich schaute sie an und zuckte mit den Schultern. Wie? Sie erkundigte sich, ob ich denn nicht wüsste, wie sich Lebensfreude anfühle. „Nein", sagte ich ihr, „ich weiß es nicht mehr." Sie und die anderen schauten mich verdutzt an, mir kamen die Tränen. Sie stellten mich in die Mitte und alle spiegelten mir die Lebensfreude. Der eine mehr, der andere weniger, eben jeder auf seine Art und Weise. Mir liefen unendlich viele Tränen der Freude. Seit Monaten bat ich die Geistige Welt, mir zu zeigen, wie ich Lebensfreude leben oder fühlen konnte. Jetzt bekam ich ein Gefühl dafür. Da ich die Jahre zuvor nur wie eine Maschine funktioniert hatte, hatte ich jegliches Gefühl der Lebensfreude verloren. So ging ich mit ganz viel Spaß und Lebensfreude in den „Tanz in den Mai". Ich gab an diesen Tagen nur eine richtige Behandlung. Die Geistige Welt hatte den Mann zu mir geführt, weil es für ihn wichtig war, damit er sein Seelendasein als Mann hier auf Erden frei entfalten konnte. Er war ein Suchender. Alles hat einen Sinn, den man oftmals erst lange Zeit später erkennen kann. Für mich kam erst später heraus, dass er ein Seelenverwandter von mir war.

Am 18. Mai war Vollmond. Ein Freund war zu Besuch. Während des Abendessens kam mir in den Sinn, dass ich zum Tetraeder nach Bottrop möchte, um den Vollmond von dort oben zu sehen. So fuhren wir gemeinsam zum Tetraeder, es war schon gegen 23:00 Uhr. Dort war wenig los. Nachdem wir oben auf dem Dreieck waren, stellten wir uns in die Mitte unter die Dreiecksspitze. Ich rief die göttliche Liebe und das Licht an. Dabei sangen wir das OM, um uns zu erden. In diesem Jahr war es wieder ein wichtiger Bestandteil meiner Arbeit, Licht und Liebe in Mutter Erde zu schicken, oder an Orten, an denen sich viele Menschen aufhielten, Lichtsäulen zu installieren, durch die Licht, Liebe, Heilenergien, Harmonie und Frieden zu den Menschen gebracht wurde. Hierbei entschied ich intuitiv, was in die Säule installiert werden sollte. Beim Abstieg bemerkte der Freund einen Schatten vor uns. Als ich nach oben schaute, sah ich nichts und sagte trotzdem: „Hallo." Wie ich eben so bin. Der Freund betonte energisch, dass da jemand sei. Ich dachte, für einen kurzen Augenblick etwas im Augenwinkel gesehen zu haben. Was ich wieder beiseiteschob, da ich kein menschliches Wesen sehen konnte. So stellte ich mich vor den Freund, sah ihn an, und in diesen Moment passierte es. Eine Energie lief durch meinen Körper. Ich ermahnte den Freund und sagte, er solle es lassen, sich mit mir zu verbinden. Da meinte er: „Wieso? Ich habe nichts getan, allerdings habe ich auch etwas gespürt." Das Wesen, wie sich im Nachhinein herausstellte, war eines von den Plejaden. In solchen Momenten holte ich mir Rat bei Patrick, da er eins zu eins mit der Geistigen Welt sprechen konnte. Für mich war es vorgesehen, dass ich mich in der Lichtsprache und telepathisch mit den Wesen unterhielt. Um den Impulsen zu trauen, fragte ich manchmal bei Patrick nach. Als ich ihm erzählte, was passiert war, entgegnete er: „Tja, du sagst doch immer, dass du allen Wesen Licht und Liebe sendest, irdisch und himmlisch." „

Ja, das stimmt", gab ich zur Antwort.

„Der Plejader wollte wissen, wie es sich anfühlt, von einem Menschen Liebe zu bekommen." Ja, das hatte er gefühlt. „Warum hat er nichts gesagt?"

„Wieso?", wandte Patrick ein, „hat er doch. Er hat sich euch als Schatten gezeigt und als du ‚Hallo' gesagt hast, hat er sich gezeigt. Die Plejaden sind Wesen der Liebe, sie haben keinen Körper wie wir. Du siehst sie als weiße Lichtwesen, die sich telepathisch unterhalten und schweben." Ich muss dazu sagen, dass ich ungefähr seit August 2018 Licht und Liebe zu den Plejaden geschickt hatte. Ich habe den größten Respekt davor, dass einer so mutig war und sich hierunter auf die Erde traute. Das zeigt mir wieder einmal mehr, wir alle sind als Licht in Liebe aus der Urquelle geboren und wir alle gehen als Licht in Liebe dorthin zurück. Der eine früher, der andere später. Der eine macht seine Erfahrung auf der Erde, der andere bei den Plejaden und die anderen in der Zwischenwelt, so wie meine Schwester. Diese Geschichte vom Tetraeder beschäftigte mich noch einige Tage lang.

Die Vorbereitungen für Peru liefen. Die Geistige Welt war schon dabei, mich so zu führen, dass ich die richtige Unterkunft bekam. Ich hatte über Bocking.com ein Zimmer gebucht, das angeblich frei war. Doch zur selben Zeit hatte jemand das Zimmer für vier Wochen gebucht und somit wurde mir eine Absage geschickt. Ich dachte nur, dass es nicht das Richtige für mich gewesen sei. So suchte ich mir über Airbnb ein Zimmer. Zu diesem Zeitpunkt wusste ich nur, dass ich nach Cusco fliegen sollte, dort ein paar Tage zum Akklimatisieren bleiben müsse, um mich dem Höhenunterschied von 3.400 Metern anzupassen. Von dort aus sollte ich weiterfahren. Fest gebucht waren bis dahin nur die Zugfahrt am 01. Juli zum Machu Picchu und die Eintrittskarte für den 02. Juli. Die Korrespondenz zwischen dem Vermieter Martin und mir war außergewöhnlich. Da die Wohnung im vierten Stock lag, fragte ich vorab, ob er den Koffer hochtragen könne, das war kein Problem. Er war sogar so nett und bot von sich aus an, mir ein Taxi zu buchen, das mich vom Flughafen abholen sollte, um mich direkt vor der Haustür abzusetzen. Ich fühlte mich gut aufgehoben. Es ergab später einen Sinn, warum ich genau in dieser Wohnung ein Zimmer mieten sollte.

Seit ich in Bad Tölz war, hatte ich mir vorgenommen, wieder mehr Lebensfreude zu leben. Ich verabredete mich mit einem Freund zum Vespa fahren, Phantasialand stand auf dem Programm, eine Fahrt für ein Wochenende zur Mosel sowie eine Fahrt in die Nierderlande ans Meer, das war ein Geburtstagsgeschenk für Patrick. Wie lieben beide das Meer, es ist für uns immer Seelenbalsam, da reicht oftmals schon ein Tag aus, um wieder ins Gleichgewicht zu kommen.

Wir hatten schon Mitte Juni. Ich wurde langsam nervös und fragte mich, ob es das Richtige sei, so einen langen Flug zu machen, und überhaupt, wie Peru sein würde. Ich ging zum Arzt, um mir etwas für den Höhenausgleich mitzunehmen. Ich hatte im Vorfeld gelesen, dass die Kokablätter oder der Kokatee helfen würden, die Beschwerden beim Höhenausgleich in den Griff zu bekommen. Meine Kondition war nicht die eines Bergsteigers und körperlich war ich nicht auf dem Level eines durchtrainierten Sportlers. Bei zu viel Sport meldete sich immer sofort mein Körper. Die größten Sorgen bereiteten mir das rechte Knie und der Rücken wegen des langen Sitzens. Im Februar war ich umgeknickt und blöderweise direkt auf das Knie geflogen. Hier hatte der Arzt ein MRT gemacht und festgestellt, dass der Meniskus gerissen war und der Knorpel, naja, der war ja schon zerfleddert, dazu kam ein zystenartiges Gebilde, das an dem rechten Knieaußenband saß. Wir versuchten, alles mit Cortisonspritzen und Muskelaufbautraining in den Griff zu bekommen, da das rechte Knie nach zu viel Belastung immer wieder entzündet und angeschwollen war.

23. Juni 2019, 16:35 Uhr, auf geht's nach Peru

Meine lieben Nachbarinnen Sandra und Bianca fuhren mich zum Flughafen. Der Flug ging um 19:10 Uhr. Die beiden schenkten mir ein Reisetagebuch und eine Dose mit Gebetssprüchen. Im Auto zog ich die erste Karte. Auf ihr stand: „Steh auf und tritt in die Mitte!" *Wie passend*, dachte ich. Mein Herz schlug beim Check-in ungeahnte Rhythmen. Der Koffer war wieder zu schwer. Ich bat wie jedes Mal die Engel im Vorfeld, dass mir immer jemand half, den Koffer zu tragen. Die erste Zwischenlandung erfolgte um 21:30 Uhr in Madrid. Der Weiterflug nach Lima war um 00:00 Uhr. Die Zeit verging wie im Flug, denn es gesellte sich ein Mann zu mir, der auf demselben Flug von Düsseldorf nach Madrid war wie ich. Um 00:00 Uhr pünktlich ging der Flug nach Lima, Peru. Die Flugzeit betrug 12,5 Stunden. Da der Flug über Nacht ging, war es ruhig im Flugzeug. Der Service war nur eingeschränkt und mein Sitzplatz leider auch. Ich hatte den mittleren Sitz von drei Sitzen in der Mitte des Flugzeuges und meine Nachbarin zur linken und der Nachbar zur rechten schliefen beide zügig ein. Ich tat kein Auge zu. So fing ich an, das Mantra „Om

Mani Padme Hum" zu rezitieren, das für Liebe und Mitgefühl stand. Nach vielen Stunden, wir flogen über den Atlantischen Ozean und waren dem Himmel ganz nah, befand ich mich in einer ungeahnten Trance, die mich Raum und Zeit vergessen ließ. Die Ankunft in Lima war um 05:30 Uhr peruanische Zeit. Ich zog mich nach erneutem Einchecken in eine stille Ecke zurück und legte mich zum Dösen auf eine Reihe Stühle, da sich eine starke Müdigkeit breitgemacht hatte. An Schlafen war nicht zu denken, da sich die Abflughalle zunehmend füllte und ich meine Handtasche, das Handgepäck und den Rucksack im Auge behalten wollte.

Ankunft in Cusco war um 11:00 Uhr am 24. Juni. Der Taxifahrer wartete am Ausgang, worüber ich sehr froh war. Nach 26 Stunden Flug und Aufenthalte in Madrid und Lima war mir nicht mehr danach zumute, lange nach Fahrgelegenheiten zu suchen. Martin empfing mich schon unten auf der Straße, da das Appartement in einer kleinen Hochhaussiedlung im vierten Stock lag. Er trug meinen Koffer nach oben, ohne dass ich etwas sagen musste. Zur Begrüßung gab es gleich einen Mate de Coca-Tee, der ein wenig wie grüner Tee und Kräutertee schmeckte, dafür hatte er eine umso erstaunlichere Wirkung. Martins Frau Judith und er fragten mich, wieso ich nach Peru gekommen sei. Während des Gespräches wurden schon Teile der Visionen, die ich Wochen vor Peru in Meditationen hatte, ins Rollen gebracht. Judith war spirituell, sie wisse es jedoch nicht, sagte sie. Ich sah in ihre alten Inka-Vorfahren, mir wurden Bilder von ihren Ahnen gezeigt.

Es war kalt in Cusco, am Abend nur 4 Grad und am Tag 18 Grad, als ich ankam. Ich wusste nicht, dass es in Peru keine Heizungen gab und nachts sowie am Tage immer einige Fenster geöffnet waren. Ich trank einen heißen Mate de Coca-Tee, der dazu diente, sich dem Klima anzupassen, denn Cusco lag auf 3.400 Meter Höhe. Nach dem Tee, einer heißen Dusche und zwei Stunden Pause war es mir aufgrund der Zeitverschiebung von sieben Stunden (in Peru war Mittag) nicht möglich, zu schlafen. Meine Beine waren geschwollen und das rechte Knie hatte ein riesengroßes geschwollenes Ei an der Seite hängen. Nach einem Heilgebet und Arnikasalbe war ich neugierig auf die Stadt und machte mich auf den Weg dorthin. Martin hatte mir einen ausführlichen Stadtplan gegeben und einen, auf dem alle umliegenden Inkatäler aufgezeichnet waren. Mein Weg führte mich zum Sonnentempel, da ich schon in Deutschland die Info bekommen hatte, dass ich dort hingehen solle. Als ich vor ihm stand, wusste ich, dass es nicht der richtige Zeitpunkt war, um hineinzugehen. So lief ich weiter zum Plaza de Armas. Das war ein zentraler Marktplatz mit umliegenden Geschäften und Kathedralen. Auf dem Platz in der Mitte stand die Statue von Pachacutec aus Gold. Patchacutec, Sohn des Inka Viracocha, galt als der bedeutendste Inka-Herrscher. Seinen Ruhm begründete er mit dem legendären Sieg über die mächtigen Chanka, die Cusco überfallen hatten. Er widmete sich nach seiner Amtsniederlegung der Architektur und dem Ausbau Cuscos, einer neuen imperialen Hauptstadt. Diese sollte die Ideologie der Inka verkörpern, Ordnung in die Welt, in die menschliche Gesellschaft und in die Natur bringen. Als ich ein Foto machte und zu ihm hinaufschaute, ging eine enorme Energie von der Statue aus.

Auf dem Plaza de Armas war es voll und laut. Das Sonnenfest startete an diesem Tag, das hatte ich nicht gewusst. So schlenderte ich durch die Straßen, aß eine Pizza und schaute dem Treiben zu. Außerdem wurde ich unzählige Male von Straßenhändlern angesprochen, ob ich etwas kaufen wolle, was mich nach kurzer Zeit nervte. Gegen 20:00 Uhr war ich zu Hause und ging sofort ins Bett.

25. Juni 2019

Mein Geburtstag, ich wusste am Morgen und hatte es auch schon in Deutschland gewusst, dass ich an diesem Tag zum Sonnentempel gehen sollte. Das heutige Gebetssprüchlein war: „Wer viel gibt, wird auch viel bekommen." Martin erklärte mir beim Frühstück, ich durfte ihre Küche zum Frühstück machen und Tee kochen nutzen, wie ich am besten von A nach B komme. Er erklärte mir, wie ich z. B. zum Machu Picchu komme und von dort nach Ollantaytambo und wieder zurück nach Cusco. Mir war zu diesem Zeitpunkt nicht klar, wie lange ich wo bleiben werde. Während Martin mir die Karte und die Route durch das Tal der Inka erklärte, kamen schon Impulse, dass ich nach Ollantaytambo, Tipón und zum Mondtempel gehen sollte. Der Titicacasee war zu diesem Zeitpunkt überhaupt nicht klar, da er auf 4.000 Metern Höhe lag und viele Kilometer von Cusco entfernt war. Judith gesellte sich zum Frühstück dazu. Wir unterhielten uns über eine Google Übersetzungsapp. Das war klasse, so konnten wir uns auf Spanisch-Deutsch unterhalten. Martin und Judith wussten nicht, dass ich Geburtstag hatte. Sie luden ihre besten Freunde für den Nachmittag ein, da sie unbedingt wollten, dass diese mich kennenlernten. Nach dem Frühstück machte ich mich auf den Weg zum Sonnentempel, wo ich bis ca. 15:00 Uhr blieb. Es gab eine uralte Steinmauer im Sonnentempel, wenn man dort die Steine berührte, erhielt man Wissen und Energien aus Steinen, das erzählte mir Judith erst am Abend nach meinem Besuch im Tempel, da sie wissen wollte, ob ich die Steine der Mauer angefasst hatte. Ja, hatte ich, denn im Tempel wurde ich zu einer Stelle geführt, wo ich intuitiv die Hände auf die Steine auflegte. Eine sanfte Energie durchflutete meinen Körper. Dort konnte ich mit Viracocha, dem Sonnengott, in einer Meditation Kontakt aufnehmen. Ich fragte ihn, wer er sei, daraufhin zeigte er mir die Ur-Zentralsonne. Ich war erstaunt, denn seit Februar 2019 verband ich mich jeden Morgen mit der Ur-Zentralsonne. Erst in der Nacht wurde mir das bewusst und es ergab einen Sinn, denn die Sonnengöttinnen wurden vom Sonnengott geführt. Ich war in der Sonne geboren worden und war pünktlich zum Sonnenfest in Cusco. Auf der Reise durch die Schweiz im März 2019 war ich einer Frau begegnet, der ich von der Reise nach Peru im Juni und meiner Vision vom Machu Picchu erzählte. Sie schaute mich an und sagte: „Ja, weißt du, die Sonnengöttinnen können das Sonnenlicht in die Erde bringen. Du musst nur einmal in deinem Leben das Sonnenlicht in dir aktiviert haben." So erzählte ich ihr von einem Sonnenstein, den ich auf einer spirituellen Messe in Gelsenkirchen zum Ausprobieren um den Hals gelegt hatte. Sie erklärte mir, dass es reiche, den Sonnenstein am Körper getragen zu haben, denn so hatte sich das heilende Sonnenlicht in mir aktiviert. Ich solle es mit grünen Lichtstrahlen aus meinem Herz-Chakra aussenden, was ich daraufhin tat. Es bedurfte etwas Übung, um die Energie zu entfalten. Im Sonnentempel hatte ich Fotos gemacht, auf denen unter anderem ein großer Orb zu sehen war und ein Regenbogen, obwohl es trocken gewesen war und die Sonne geschienen hat. Zu meinem Erstaunen hing direkt links am Eingang des Sonnentempels ein großer dunkelhäutiger Jesus. Ich fasste ihn an den Fuß und verspürte die gleiche Energie wie sonst auch, eine tiefe Liebe und Barmherzigkeit.

Am Nachmittag, noch erschöpft durch den langen Flug und den Höhenunterschied, der beim Bergauflaufen deutlich zu spüren war, ging ich zum Markt und kaufte Obst, eine Rose für mich und einen Kuchen für die Gäste. Die Freunde von Judith und Martin kamen am späten Nachmittag. Esther und Tito, sie waren genauso herzlich wie die Gastgeber. Zu späterer Stunde kam Betzi aus Mexiko dazu. Sie war ebenfalls Gast im Appartement. Es war ein Nachmittag, mit dem wir alle nicht gerechnet hatten. In den Gesprächen durfte für Esther und Betzi etwas in Heilung kommen. Bei Judith geschah Heilung im Herz-Chakra, denn sie war in großer Trauer über den Verlust ihrer Mutter, die anschließend ins Licht gehen konnte. Ich fand total faszinierend, dass die Männer der beiden Frauen still danebensaßen und ihre tiefe Liebe während der Heilungen miteinfließen ließen. Sie bedankten sich als Erste, da sie spüren konnten, was mit ihren Frauen geschehen war. Nachdem sich die Gäste verabschiedet hatten, waren wir alle um ca. 20:00 Uhr in unseren Zimmern. Durch die Zeitverschiebung ging ich abends um 20:00 Uhr zu Bett, schrieb meine Einträge ins Reisetagebuch und postete auf Instagram und Facebook Bilder vom Tag. Kurz vor 22:00 Uhr ging jeder noch mal schnell zur Toilette, meistens mussten wir dabei lachen, da wir fast alle zur selben Zeit die Türen aufrissen. Die Wasserwerke stellten um 22:00 Uhr immer das Wasser für die ganze Nacht ab, um es zu reinigen. Für den Notfall stand neben der Toilette ein Kanister mit Wasser, da es erst morgens um 06:00 Uhr wieder angestellt wurde.

In den folgenden Nächten wachte ich gegen 03:00 Uhr morgens auf, rezitierte mein Mantra und meditierte. Die Energie brodelte in meinem Körper, an Schlaf war nicht zu denken. Ich wusste nicht, dass sich im Schlaf die Höhenkrankheit oftmals verschlimmern konnte. So machte ich mir in den frühen Morgenstunden den ersten Mate de Coca-Tee, um wenigsten das Gefühl des Betrunkenseins in den Griff zu bekommen. Nun wusste ich, warum die Engel mir gesagt hatten, dass ich in der ersten Woche vor Ort bleiben solle: um mich zu akklimatisieren.

26. Juni 2019

Jeden Morgen um 07:07 Uhr wurde wegen des Sonnenfestes ein Salut geschossen. Der Spruch des Tages war: „Seid Kinder des Lichtes", wie passend. Sonnentempel, Sonnenfest, Sonnengott, alles hatte mit Sonne bzw. Licht zu tun. Ich beantwortete die vielen Glückwünsche zum Geburtstag, machte in dem kleinen Zimmer Yogaübungen, das, was möglich war, um den Rücken zu stärken. Duschen war morgens immer eine Herausforderung, denn im Badezimmer gab es über der Dusche einen großen Fensterausschnitt ohne Fensterglas. Dieser Ausschnitt ging in die Küche hinüber, wo das Fenster immer offen stand, auch bei 4 Grad in der Nacht, da die Gastgeber in ihr die Wäsche zum Trocknen aufhängten und kochten. Es war in der ganzen Wohnung eisig. Die Vermieter trugen im Winter Winterjacken in der Wohnung. Wenn Besuch kam, wurde ein kleiner Gasofen angemacht. Ich hatte Glück mit meinem Zimmer, dort schien die Sonne den ganzen Nachmittag hinein. Ich ließ das Fenster geschlossen und hatte so abends ein warmes Zimmer. Gott sei Dank hatten sie warmes Wasser. Beim Buchen des Zimmers hatte ich darauf geachtet, dass es welches gab, denn es kam vor, dass es bei einigen Unterkünften keines gab.

Gegen 11:00 Uhr machte ich mich auf den Weg in die Stadt. Diese lag fußläufig ca. 12 Minuten entfernt. Der Straßenverkehr war in Peru eine Katastrophe. Der Verkehr wurde durch Polizisten geregelt, wenn keine Ampeln zur Verfügung standen. Das war nicht das Problem. Das Problem waren der Lärm und der Gestank der Abgase. Sie fuhren teilweise so alte Autos und Dieselbusse, die keinen Katalysator hatten und der Geräuschpegel dadurch so laut war, dass sie einem Panzer glichen. Des Weiteren waren die Bordsteine in der alten Stadt nur für eine Person geeignet sowie die Straße nur für ein Auto. Das hieß, ich musste schauen, dass ich nur auf der Seitenstraße ging, wo keine Abgase vom Auto rauskamen. Da viele Dieselbusse fuhren, war es eine hohe Belastung der Atemwege. Ich war den Lärm und Gestank nicht gewöhnt. Das änderte sich auch für die restliche Zeit in Peru nicht. Da ich mich in den ersten Tagen nicht anstrengen sollte, damit sich der Körper dem Höhenunterschied anpassen konnte, beschloss ich, Cusco zu erkunden. Für heute standen die Jesus Kathedrale und die große Kathedrale am Plaza de Armas an. Martin empfahl mir das Touristenticket, in ihm waren drei Kirchen, ein Tempel und zwei Museen enthalten. Die Jesus Kathedrale war nicht enthalten und durfte separat bezahlt werden. Jeder Eintritt in die Kirchen bzw. Kathedralen musste bezahlt werden, sofern keine Messe war. Der überwiegende Teil der Peruaner war streng katholisch, das hatte ich nicht gewusst. Unzählige Statuen in prunkvollen Kleidern schmückten die Kirchen. Mir gefiel das nicht. Ein erdrückendes Gefühl und eine eisige Kälte kamen in mir hoch. Ich setzte mich in eine kleine Gebetsecke, sprach zu Jesus und spürte eine Energie. Es war nicht die Energie, die ich sonst spürte. In der Kirche wurde ich von jetzt auf gleich traurig. Nach dem Verlassen der Kirche war ich froh, draußen zu sein, die Sonne zu sehen und durchzuatmen. Mir war kalt und ich musste mich erst an das Klima gewöhnen. Beim Abflug aus Deutschland hatten wir 30 Grad. Hier in Peru, wie schon erwähnt, nachts bis 4 Grad und am Tag bis ca. 15 Grad. In der Sonne war es am Nachmittag meistens gefühlte 20 Grad. Es war immer Zwiebellook angesagt, morgens wie ein Eskimo und am Nachmittag kam das Shirt zum Vorschein. Ab ca. 17:00 Uhr wurde es schon wieder kalt und dunkel. Nachdem ich mich in der Sonne aufgewärmt hatte, ging ich zur Kathedrale. Die Bankreihen waren zur Seite gestellt, da sie in der Mitte der Kathedrale für die Prozession am letzten Sonntag, den 24. Juni, alle heiligen Figuren auf Tragetischen mit Blumenteppichen und Gladiolen übersät hatten (Prozessionen verdeutlichen symbolhaft eine Kirche, die sich als pilgerndes Gottesvolk verstand, das sich auf dem Weg zur Vollkommenheit, zu Christus, befand.) Ich erwähne hier, dass ich keiner Kirche angehöre, da ich der Meinung bin, dass Gott nicht fragt, ob du katholisch, evangelisch oder muslimisch bist. Er schenkt jedem dieselbe Liebe. Meine Religion ist die Liebe.

In dieser Kathedrale war eine Tonne Silber für einen zweiten Altar verbaut worden, auf dem Mutter Maria stand. Jesus, was mich erstaunte, war farbig. In jeder Kirche war Jesus dunkelhäutig dargestellt. Ich hatte ihn auf dem Berg der Seligpreisung in Israel gesehen. Da war er hellhäutig, mit etwas längerem braunem Haar und einem Lichtschein, so hell wie die Sonne. Mir gefiel diese Kathedrale weniger als die erste, denn wie schon in der Jesuskirche überkam mich wieder das Gefühl von Traurigkeit und einer eisigen Schwere, so als wurde eine Zentnerlast auf mich gelegt. Hier sollte ich erst fast zum Ende meiner Reise eine Erkenntnis bekommen und eine viele Monate später, die ich noch beschreiben werde. Da es keinen ersichtlichen Grund für meine Traurigkeit gab, beschloss ich, die Kathedrale umgehend zu verlassen. Kaum draußen in der Sonne angekommen holte ich einen tiefen Atemzug, stellte mich in die Sonne und mir wurde sofort wieder wohler. Ich beschloss, erst mal einen heißen Kakao zu trinken, und wurde auf der Suche nach einem Café oder Restaurant so gelotst, dass ich in eines geführt wurde, das zum Mittag vegane Suppen anbot. Ich hatte Glück und konnte draußen auf dem Balkon sitzen, von dort hatte ich den besten Blick auf den Plaza de Armas, auf die Kathedralen und die dahinter liegenden Berge. Ich blieb lange sitzen, um die Ruhe zu genießen und Rast zu machen, denn sobald ich auf den Straßen unterwegs war, wurde ich unentwegt von den Straßenhändlern angesprochen. Sie verkauften ihre Bilder, Selbstgestricktes, Massagen, Souvenirs und Schmuck, um so ihren Lebensunterhalt zu verdienen. Nachdem ich durch die heiße Suppe und den Kakao aufgewärmt war, ging ich weiter zum nächsten Tempel, der geschlossen war. Als Nächstes stand auf dem Touristenticket ein Museum, das ebenso geschlossen war. Zum Schluss lief ich zur Kirche, die auf dem Rundgang durch Cusco lag. Sie war offen, klein und bot das gleiche Bild und Gefühl wie die anderen beiden am Mittag. Da es schon später Nachmittag war, ich mich nicht wohlfühlte und durchgefroren war, lief ich nach Hause. Die Engel führten mich auf Seitenstraßen, die wenig oder gar nicht von Autos befahren wurden, worüber ich dankbar war.

Im Zimmer war es wohlig warm. Tee und heißes Wasser standen im Appartement immer kostenlos zur Verfügung. Ich wollte über Airbnb nach einem Zimmer in Puno am Titicacasee schauen, doch es war mir nicht möglich, mit dem Handy eine Verbindung herzustellen. Gegen 20:00 Uhr war ich so müde, dass ich mich schlafen legte. Das erste Mal wurde ich gegen Mitternacht wach. Mich durchflutete wieder eine Energie, sodass mir heiß wurde. Gegen 04:00 Uhr wurde ich das zweite Mal von dieser Energie geweckt. In der Zwischenphase hatte ich Wachträume, denn in den Träumen wurde ich mit allem konfrontiert, was noch gelöst werden durfte, oder ich wurde mit Situationen getestet, wie ich darauf reagierte.

Von 04:00 Uhr bis 06:00 Uhr meditierte ich und legte mich nach einem Coca-Tee bis 08:00 Uhr wieder schlafen.

27. Juni 2019

Da ich mich am Morgen schlapp und müde fühlte, beschloss ich, eine Weile liegen zu bleiben. Zu einer Nasennebenhöhlenentzündung kam Nasenbluten hinzu, was ich dem Höhenunterschied zuschrieb. Die insgesamt 35 Stunden Anreise, die Klimaanlage im Flugzeug, der Höhenausgleich und die Kälte machten sich bemerkbar. Am Vorabend hatte ich den Unterschied beim Bergauflaufen zur letzten Kirche gemerkt, ich hatte immer wieder Pausen einlegen müssen. Ich schlief wieder ein, nicht fest und auch nicht wach, ich befand mich im Theta-Zustand. Es gibt fünf Hauptgehirnwellenfrequenzen: Beta, Alpha, Theta, Delta und Gamma. Diese Gehirnwellen sind ständig in Bewegung. Das Gehirn produziert ununterbrochen Wellen in allen fünf Frequenzen. Alles, was du sagst oder tust, wird von der Frequenz der Gehirnwellen reguliert. Wenn wir beispielsweise miteinander sprechen, ist unser Gehirn in Beta. Beta ist der Zustand, bei dem du aktiv und aufmerksam bist. Die Alpha-Welle ist ein geistiger Zustand von tiefer Erholung und Meditation. Alpha ist die Brücke zwischen Beta und Theta. Alpha-Wellen regulieren Tagträume und die Fantasie, deuten einen Zustand eines entspannten Unterbewusstseins an. Menschen, die Probleme mit dieser Gehirnwelle haben, haben Mühe, sich an Dinge zu erinnern. Wenn du dich zum Beispiel an einen Traum oder eine tiefe Meditation erinnern kannst, dir allerdings die Details nicht geblieben sind, kann dies bedeuten, dass du zu wenig Alpha-Wellen generiert hast, du hattest keine Brücke zwischen dem Unterbewusstsein und dem Bewusstsein. Der Theta-Zustand ist geprägt von einer tiefen Entspannung. Er tritt bei einer Hypnose und während des REM-Schlafs ein. Das ist der Grund, warum Menschen stundenlang meditieren, um diesen Zustand zu erreichen, um Zugang zu dieser absolut perfekten Stille zu haben. Diese Gehirnwelle kann als Unterbewusstsein betrachtet werden. Es ist der maßgebliche Teil zwischen unserem Bewusstsein und dem Un-Bewusstsein und beinhaltet Gedanken und Gefühle, ebenfalls leitet es unseren Glauben und unser Verhalten. Theta-Wellen sind immer kreativ, von Gefühlen der Inspiration gekennzeichnet und spirituell. Es wird angenommen, dass dieser Geistes-zustand erlaubt, hinter der Kulisse des Bewusstseins zu handeln. Theta ist der erste Moment der Traumphase. Um diese Frequenz auf eine einfache Weise zu verstehen, stell dir vor, wie es sich anfühlt, auf dem Gipfel eines Berges zu stehen, absorbiert von allem, was um dich herum ist, und zu wissen, dass es eine Energie gibt, die alles zusammenhält, eine Energie von allem, was ist, eine Schöpfungsenergie. In diesem Moment bist du in Theta. Der Theta-Zustand ist ein kraftvoller Zustand. Ein Beispiel vom Theta-Zustand ist das Laufen auf heißer Kohle, ohne sich dabei zu ver-brennen. Die Theta-Welle ist die Gehirnwelle, von der geglaubt wird, dass alles geschafft werden kann und die Realität augenblicklich verändert wird. Die Delta-Welle ist der Zustand, wenn du im Tiefschlaf bist. Das ist die Frequenz, die du benutzt, wenn das Telefon klingelt und du vorher weißt, wer dran ist. Gamma-Wellen scheinen in höhere Gehirnaktivitäten in-volviert zu sein, dazu gehören die Auffassungskraft und das Bewusstsein. Man glaubt, dass in einem Gamma-Theta-Zustand die Bedingung für eine Spontanheilung gegeben ist.

Gegen 12:00 Uhr schaffte ich es, duschen zu gehen und etwas zu essen. Anschließend legte ich mich wieder ins Bett. Meine Gedanken rotierten, z. B. welche Kleidung ich für die vier Tage zum Machu Picchu mitnehmen und ob ich den Berg hochlaufen sollte. Ich beschloss, auf meinen Körper zu achten, und ließ den Gedanken zu, mit dem Bus zum Machu Picchu hochzufahren. *Kann ich die nächsten Tage schon nach Ollantaytambo? Was mache ich überhaupt hier in Peru? Wo bekomme ich glutenfreie Haferflocken her? Wie komme ich zum Titicacasee und wie wird es dort auf 4.000 Meter Höhe sein?* Gedanken über Gedanken, das kannte ich doch. *Mhh, ja klar, in Israel in Tiberias hatte ich das schon mal, nur stärker.* Innerhalb eines Bruchteils von Sekunden beschloss ich, nur das zu denken, was ich möchte, um sofort aus diesem Gedankenkarussell herauszukommen. Kaum hatte ich mich entschieden, hörte es sogleich auf. Als ich mir am Nachmittag einen Tee holte, erzählte Martin mir, wie ich am besten zum Titicacasee kommen könne und dass ich meinen Koffer für die Tage, die ich in Peru unterwegs sei, bei ihnen lassen könne. Sie würden mir das Zimmer freihalten und ich brauchte mir keine Gedanken darüber machen, wohin mit dem ganzen Gepäck. Das war das Resultat der positiven Gedanken, hier merkte ich schnell, wie die göttliche Führung und positive Gedanken funktionierten. Mir war aufgefallen, dass mein Karma abgebaut war oder ich mich im Theta-Zustand befand, denn innerhalb kürzester Zeit manifestierten sich meine Gedanken und Wünsche. Mir wurde bewusst, dass ich wirklich nur Wünsche äußern sollte, die zum höchsten Wohle aller dienlich waren, um kein weiteres negatives Karma zu erzeugen. Nach dem Test der Geistigen Welt und einer Selbstbehandlung mit Heilgebeten fühlte ich mich wieder fit, um essen zu gehen. So bat ich die Engel, mich zu einem vegetarischen Restaurant zu führen, das weniger voll war, und ich einen Supermarkt fand, in dem ich Taschentücher, Haferflocken und Nudelsuppe bekam. Die Engel führten mich. Zu einem Restaurant, in dem ein übergroßer Bergkristall die Mitte des Lokales schmückte. In dem Restaurant waren auch viele andere Kristalle und Heilsteine. Das Essen war fantastisch. Nach dem Restaurantbesuch fühlte ich mich rund um wohl und sehr ausgeglichen. Mir war bewusst, dass der Bergkristall ein reinigender Stein war und mein Energiefeld gereinigt hatte. Auf dem Nachhauseweg führte der Weg über Nebenstraßen an einem Supermarkt vorbei, in dem ich alles bekam, was ich brauchte. Selbst ein Geldautomat stand davor. Unendliche Dankbarkeit kam dafür in mir hoch, dass es den Engeln möglich war, mich so durch Gottes Hand zu führen.

28. Juni 2019

In der Nacht wurde ich wieder um 03:50 Uhr geweckt. Bis 05:05 Uhr meditierte ich und bekam klare Einsichten zu dem einen oder anderen Thema. Eines davon war mein Sohn Patrick. Hier wurde mir gezeigt, dass ich klare Grenzen ziehen und nur für mich selbst einstehen musste. In verschiedenen Situationen im Trancezustand durchlebte ich nochmals die Situation, von dem die Geistige Welt wusste, wie ich jetzt damit umging und was ich gelernt hatte. Heftig, denn gerade als ich dachte, dass alles harmonisch lief, kam der nächste Test. Ich fühlte mich gut an diesem Morgen, machte Yoga und ging frühstücken. Judith gesellte sich zu mir und erzählte mir, dass Esther in der Nacht dem Jesuslicht begegnet war.

Sie wollte mit mir sprechen. So telefonierten wir mit ihr. Ich konnte ihr einige Tipps geben, wie sie damit umgehen könne. Es war ein wichtiges und bewegendes Telefonat, auf das ich hier nicht näher eingehen werde. An diesem Tag machte ich mich auf den Weg zum Tempel De San Cristobal. Da der Tempel oberhalb von Cusco lag, war es ein langer Fußmarsch quer durch die Stadt und steil bergauf. Auf halbem Weg machte ich auf einer Parkbank Rast und wurde sofort von einer Straßenhändlerin angesprochen. Ich bat sie, sich neben mich zu setzen, da sie ihren acht Monate alten Sohn Ferdinand im Tragetuch auf dem Rücken hatte. Als sie sich setzte, überbrachte ich ihr eine Botschaft von ihrem Großvater für ihren Sohn Ferdinand. Sie verstand etwas Englisch und so unterhielten wir uns. Ihre Tränen konnte sie kaum zurückhalten. Ferdinand, obwohl noch ein Baby, schaute uns mit seinen großen leuchtenden Augen an. Der Kleine hatte ein Leuchten in den dunklen Augen, wie ich es noch nie bei einem Kind gesehen hatte. Ich hielt Ferdinand für einen Moment, er stand auf meinem Schoß. Als wir uns in die Augen schauten, trafen sich in einem Bruchteil von Sekunden unsere Seelen. Ich spürte es im Solarplexus. Unsere Blicke waren so intensiv, dass selbst die Mutter die Magie spürte. Ich beugte mich zu ihm nach vorne und er beugte sich zu mir, sodass wir Stirn an Stirn verbunden waren. In diesem Moment wurden wir beide mit einem grünen Licht verbunden. Ich war so geflasht, als das passierte, dass mir die Worte fehlten. Als wir uns danach ansahen, funkelten seine Augen wie Sterne am Himmel. Die Botschaft von seinem Großvater war an seine Mutter gerichtet. Sie habe einen großen Schamanen geboren, der uraltes Wissen in sich trage, sie solle ihn in dieser Hinsicht unterstützen, denn es werde eine Zeit geben, in der ihr Sohn in den Bergen zu einem alten Mann in Ausbildung gehe und sein Großvater ihn führe. Sie war sichtlich berührt und konnte bestätigen, dass ihr Großvater damals ein alter Schamane gewesen war. Sie verkaufte Kürbisse, in die die alte Geschichte der Inkas geritzt war. Ich kaufte ihr einen ab. Anschließend konnte ich ohne Probleme den Berg hinauflaufen, was mir wiederum Mut machte, den Machu Picchu doch zu Fuß nach oben zu laufen. Oben am Berg angekommen ging ich in die Kirche. Sie war wie die anderen zuvor, ich setzte mich für einen Moment und fing an, im Namen Gottes Licht und Liebe in die Kirche fließen zu lassen. Mich durchflutete eine wohlige Energie, die wie ein Strudel in mich einströmte. Mein Energiefeld fing an, sich zu drehen, das passierte in letzter Zeit häufiger in den Meditationen. Als der Strudel fertig war, schwankte ich nach links und rechts. Mit einem Pendel bedeutet das, die Energie auszugleichen. Anschließend war ich auf dem Turm, um die Aussicht über Cusco und die dahinter liegenden Berge zu genießen. Beim Abstieg war mir wieder extrem kalt und so beschloss ich, da es anfing zu regnen, bei Einheimischen haltzumachen, um etwas zu essen. Ihre Blicke waren skeptisch und doch offen. Wir verständigten uns mit den Händen. Ich bekam eine heiße Suppe und ein Gericht, das aus Huhn, Reis und Gemüse bestand. Sie verstanden nicht, dass ich kein Fleisch aß, also aß ich nur das Vegetarische davon. Für das Essen inklusive Suppe und Saft zahlte ich 7 Sol, das waren umgerechnet ca. 2,20 Euro. Auf dem Nachhauseweg war es nach dem Regen kälter als sonst und so entschied ich, einen Kakao in dem vegetarischen Restaurant mit dem Bergkristall zu trinken. Heute beim Schreiben kommt mir der Impuls, dass ich hauptsächlich wegen des Kristalls dort war, da er wieder mein Energiefeld reinigte. Es lag wahrscheinlich an der Kirche. Am Abend im Bett dachte ich an Ferdinand, da wurde mir bewusst, dass wieder eine Vision wahr geworden war. In Deutschland hatte ich eine Vision gehabt, dass ich einem Schamanen begegnen und wir uns nur durch unsere Augen erkennen würden, ich hatte immer an einen Mann gedacht. Seine dunklen Augen funkelten wie Sterne am Himmel. Es war Ferdinand. Hätte mir jemand vorher erzählt, dass es ein Kind von acht Monaten sein würde, hätte ich es nicht für möglich gehalten. Die erste Vision war am Tag meines Geburtstages wahr geworden. Dort sollte ich im Sonnentempel sein und mich mit der Sonne verbinden. Das Gespräch mit dem Sonnengott, der Ur-Zentralsonne, war die Verbindung.

29. Juni 2019

Für heute stand die Tour Sacred Valley an. Eine Tour durch das Tal der Inka. Von 04:00 bis 05:15 Uhr hatte ich meditiert und mich danach fertiggemacht, da ich um 07:00 Uhr in der Stadt an einem Treffpunkt sein sollte. Der erste Ort war Pisaq, eine alte Inkastadt mit terrassenförmigen Anordnungen und Überbleibseln an Häusern und Ruinen aus der

Inka-Zeit. Nachdem Cesar, unser Guide, uns eine Führung gegeben und etwas zu dem Ort erklärt hatte, hatten wir Zeit, um die Gegend allein zu erkunden. Mich zog es auf einen kleinen Vorsprung, auf eine Empore, hinter dieser waren Kammern, in denen ein Mensch stehend Platz finden konnte. Auf dem großen Vorsprung rief ich automatisch die Liebe Jesu und das Licht an, um sie in Mutter Erde fließen zu lassen. Es kam viel Energie von oben, die direkt in die Erde weiterfloss. Hinter mir kamen Touristen mit einem Guide, der Fotos von seiner Gruppe machte. Sie stellten sich alle barfuß in die grabähnlichen Kammern, um dort die Energie zu empfangen. Der Guide meinte, ich solle es auch versuchen. Er schaute mir direkt in die Augen und sagte zu mir: „Ich sehe die reinste und klarste Energie in deinen Augen", und fragte, ob ich energetisch arbeite, da auch meine Aura sehr lichtvoll sei. Ich bejahte. Er lud mich daraufhin ein, mit seiner Gruppe weiter durch Peru zu fahren. Ich war perplex, denn das war die dritte Vision, die ich in Deutschland gehabt hatte. Mich würde jemand ansprechen und ich könnte im Auto mitfahren. Wir tauschten die Handynummern aus, um in Kontakt zu bleiben, da ich erst die Tagestour fertig machen wollte und der Termin für Machu Picchu schon feststand, bin ich nicht mitgefahren. Ehrlich gesagt spürte ich dort in der Kammer nicht mehr viel, außer dass meine Füße warm wurden. Es war letztendlich so, dass wir nicht mehr zusammenfanden, da seine Orte und Zeiten nicht mit meinen übereinkamen und wir uns nur irgendwo hätten begegnen können, wenn wir Hunderte Kilometer zurückgelegt hätten.

Danach ging es zum Markt von Pisaq und nach Urubamba. Mitten auf der Fahrt hielt der Fahrer an, weil Cesar uns die Delikatesse von Peru vorstellen wollte, das „Guinea Pig", gegrilltes Meerschweinchen. Die Mehrheit wollte es sehen. So hielt er an einem Straßengrillimbiss an, holte ein gegrilltes Meerschweinchen am Spieß ins Auto und fragte, wer es essen wolle. Die Menschen in Peru essen die Meerschweinchen wie die Deutschen die Grillhähnchen. Es wollte keiner, wir machten nur Fotos. Mir kam sofort in den Sinn, dass so viele Kinder in Deutschland diese Tiere als Haustiere hielten, undenkbar, überhaupt so etwas zu essen. Die Fahrt im Bus war interessant, da ich von Zeit zu Zeit in den Bergen Gesichter von Inka-Gottheiten sehen konnte. Auf der Fahrt merkte ich, dass wir immer höher fuhren. Die Luft war anders, das Atmen fiel mir schwerer und die Müdigkeit nahm rapide zu. Mir halfen die Kokablätter, welche ich mir ein paar Tage zuvor auf einer meiner Tagestouren gekauft hatte. Nach Urubamba, wo es ein leckeres Mittagessen gab, fuhren wir weiter nach Ollantaytambo. Darauf war ich am meisten gespannt, da sie die älteste Inkastadt war. Auch vor dem eigentlichen Bereich der Inkastadt herrschte Hochbetrieb an Souvenirständen, es waren viele Menschen und Hostels dort. Das Dorf war ein zentraler Knotenpunkt, da man von dort mit dem Zug weiter zum Machu Picchu und in die andere Richtung zu anderen Inkastädten fahren konnte. Es waren viele Touristen unterwegs, vor allem viele junge Menschen zwischen 20 und 30 Jahren, die Peru durchquerten. Cesar erklärte einiges zur Erbauung der Inkastadt, wie die Städte in den Bergen ausgerichtet wurden. Die Steinquader waren wie in Ägypten geformt und auch so transportiert worden. Von der Stadt schauten wir auf den gegenüberliegenden Berg, in den Viracocha, der Sonnengott, gemeißelt war. Keiner wusste, wie das geschehen war. Es hieß, nachdem er gestorben sei, habe sein Geist sich in diesem Berg verewigt. Ich habe hierzu keine genaue Info. Wir hatten Zeit zur freien Verfügung. So fragte ich die Engel, wohin ich gehen solle und bat um Führung, da die Zeit begrenzt war. Ich stand auf einer Terrasse und konnte von oben einen kleineren Raum erblicken, ich wusste sofort, dass ich da hinlaufen sollte. Gesagt, getan. Als ich den kleinen Raum/das Zimmer ohne Dach betrat, veränderte sich die Energie. Ich stellte mich in eine Ecke und betrachtete die Wände. Diese waren aus vielen kleineren Steinen erbaut worden. Der Raum war klein und hatte einen Türeingang. Ich fragte mich, was ich hier sollte. Meine Augen wurden daraufhin auf einen großen quadratischen Steinwürfel in der Wand gelenkt, der einen Durchmesser von ca. 1 x 1 Meter hatte und dessen Seiten alle gleichlang waren. *Wie konnten die Inkas so einen Stein erbauen? Und wie haben sie den Stein in diesen kleinen Raum in die Wand einbauen können?* Alle anderen Steine waren unförmig und so groß wie unsere Steine zum Mauern eines Hauses, nur rundlicher. Ich fragte die Engel, was ich tun solle. Mir wurde der Impuls gegeben, den Judith mir vorhergesagt hatte. „Fass die Steine in den Inkastädten an, es wurden Aufzeichnungen in ihnen gespeichert." Ich schritt an den Würfel und legte beide Hände auf den Stein. In Sekundenschnelle ratterten Abfolgen von Bildern mit altem Wissen in mein Bewusstsein hinein, dann sah ich vor meinem geistigen Auge einen Adler über das ganze Gebiet fliegen und dass der Inka-Gott über dieses Tal wachte. Er ließ seinen Geist in einem Adler über das Gebiet fliegen. Mein Körper war in diesem Moment nicht mehr spürbar, es war, als ob ich mitflog. Dann war die Vision zu Ende. Es kamen Touristen in den Raum und meine Zeit war schon vorbei. Ich musste mich beeilen, um die anderen der Gruppe am Treffpunkt zu treffen. Wir liefen alle gemeinsam zurück zum Bus. An diesem Ort machten die Einwohner immer noch Gebrauch von den oberirdischen Wasserkanälen, um das Wasser aus den Bergen in das Dorf fließen zu lassen. Die Stadt wurde so angeordnet, da sie die kühle Luftströmung der Berge genau errechnet hatten und das Tal im Sommer immer mit dem Geist des kühlen Windes belüftet wurde. Ein faszinierender Ort.

Wir fuhren weiter nach Chinchero, dies war für mich einer der schönsten Orte auf der ganzen Tour. Die Stadt lag auf 3.800 Metern Höhe. Auf dem Weg dorthin sahen wir die umliegenden Bergspitzen, die mit Schnee bedeckt waren. Der Himmel war strahlend blau und zum Greifen nah. Im Dorf oben auf dem Berg stand ein uralter Tempel, der dort schon vor Christus gestanden haben soll. Und ja, bevor ich das wusste, spürte ich eine jahrtausendealte Energie. Im Tempel, so wie überall, waren das Anfassen und Fotografieren verboten. Das Holz erzählte alte Geschichten. Obwohl ich keine Energie angerufen hatte, durchflutete mich eine, die wieder wie ein Strudel in mich einfloss. Mein ganzer Körper begann sich zu drehen und zu schwanken und pendelte sich ins Lot. Die Aussicht über die Berge und Täler war gigantisch. Nicht mit Worten zu beschreiben. Hier wäre ich gerne geblieben und hätte für einige Stunden meditiert und die Stille genossen. Da die Abenddämmerung eingesetzt hatte, mussten wir den Heimweg antreten. Zu Hause saßen Judith und Betzi am Tisch. Es war der letzte Tag von Betzi, sie verbrachte ihn zu Hause, da ihr Knie vom vielen Laufen wehtat. Ich fragte sie, ob ich meine Hände auflegen solle. Sie bejahte. Ohne nachzudenken ließ ich die heilende Sonnenenergie in ihr Knie fließen. Sie sagte, dass meine Hände ganz heiß geworden seien. Ich konnte das nicht mehr spüren, da sich mein ganzer Körper wie ein Atomkraftwerk anfühlte. Erschöpft und selig fiel ich ins Bett. Ein wunderschöner Tag mit tief greifenden Eindrücken und Bildern war zu Ende.

30. Juni 2019

In der Nacht schlief ich schlecht und unruhig. Der Spruch des Tages passte wieder wie die anderen Tage zuvor auch: „Freu dich des Lebens." Die Vorfreude auf Machu Picchu war ja schon seit Monaten in mir. Am Morgen erzählte mir Judith, dass sie mich die Nacht zuvor um 04:00 Uhr als Engel gesehen habe, zu dieser Zeit hatte ich meditiert. Am Morgen, um 06:00 Uhr, meditierte ich bis 07:10 Uhr. Wieder durchfloss ein Energiestrudel meinen Körper. Ich entschied mich, an diesem Tag nichts zu tun, da am nächsten Tag die Fahrt zum Machu Picchu anstand, und die Energie vom Vortag verarbeitet werden wollte. Ich machte die Einträge für Instagram, Facebook und das Reisetagebuch fertig und legte mich danach erneut hin. Bis 12:30 Uhr lag ich wieder im Theta-Zustand, nicht schlafend und nicht wach. Anschließend ging ich duschen und etwas essen. Judith meinte bei unserer Begegnung, dass viel Energie in mir sei, und Betzi sagte, dass ich heilende Hände habe. Ihr Knie war wieder in Ordnung und tat nicht mehr weh. Ich war froh, bei Martin und Judith zu wohnen. Mit Betzi konnte ich einen Erfahrungsaustausch machen, da sie bereits beim Machu Picchu und anderen Inka-Städten gewesen war. Jeder machte seine Erfahrungen in dem Bereich, in dem er wachsen durfte. Als Betzi weg war, Judith und Martin außer Haus gingen, genoss ich die Ruhe. In mir kam die Sehnsucht auf, die Reisen mit einem Partner an meiner Seite zu machen. So könnte ich mich über das zusammen Erlebte austauschen. Am Nachmittag packte ich den kleinen Rucksack für vier Tage. Am Abend ging ich kurz ins Internet, um die Buchung zu prüfen, und stellte fest, dass ich das Zimmer am Machu Picchu bis zum 4. Juli anstatt bis zum 3. Juli gebucht hatte. Ich wurde beim Nachschauen auf Umwegen auf einen Bericht geführt, dass am 2. Juli eine totale Sonnenfinsternis sein solle und sie in Südamerika zu sehen sei. *Wie cool ist das denn? Ich bin in Südamerika, auf dem Sonnenberg! Auf dem Machu Picchu vereinen sich am 2. Juli Sonne und Mond und ich kann es live sehen.* Hinzu kam die Vision, die ich über viele Monate gehabt hatte. Wie viele Monate im Voraus konnte die göttliche Führung planen? Ich sollte genau für den 2. Juli das Ticket buchen, unglaublich, aber wahr!

Es hieß, dass in Peru das Nabel-Chakra der Welt liegen solle! Ich fragte mich, wo es war und ob ich es finden werde.

01. Juli 2019

Ich wurde schon um 02:00 Uhr wach, hatte weniger als fünf Stunden geschlafen, wie so oft in den letzten Tagen, und meditierte bis 04:00 Uhr. Mein Körper war heiß, die Energie fühlte sich an, als hätte ich in eine Steckdose gegriffen. Der heutige Spruch des Tages lautete: „Seid mutig, seid stark!" Es passte, ich brauchte Mut und Stärke, um die Vision umzusetzen. Wenn ich es bis hierhin geschafft hatte, dann schaffte ich es bis auf den Berg. Die Erfüllung eines lang gehegten Traumes kam immer näher. Martin war hilfsbereit und hatte mir schon im Vorfeld ein Taxi für 05:00 Uhr zum Bahnhof bestellt, weil er wollte, dass ich da sicher ankomme. Am Bahnhof blieb mir eine halbe Stunde bis zur Abfahrt. Der Bahnhof war voll mit Menschen, die meisten standen an, um sich Kaffee und Brötchen zu kaufen. Mein Herz tat mir auf einmal richtig weh und mir war schummrig und schlecht zugleich. Durch den wenigen Schlaf der letzten Nächte hatte ich das Gefühl, das erste Mal seit Jahren einen Kaffee trinken zu müssen. Anscheinend war die Kombinationen wenig Schlaf, Höhenunterschied und Coca-Tee und Blätter und die vielen Energieschübe auf meinen Kreislauf geschlagen. Mir ging es immer schlechter, ich stellte mich trotzdem an, um mir einen Café Latte und ein Stück Kuchen für unterwegs mitzunehmen. Als ich den Kaffee hatte, mussten wir schon in den Zug steigen. Jeder hatte seine Platzreservierung, die im Vorfeld getätigt werden musste. Da die Zugfahrt über vier Stunden dauerte, gönnte ich mir den Panoramazug. In der Decke waren große Panoramafenster und die Seiten des Wagons bestanden komplett aus Glas. Es waren immer zwei Sitze nebeneinander mit zwei gegenüberliegenden Sitzen und in der Mitte war ein Tisch. Um 06:00 Uhr fuhr der Zug pünktlich ab, die Herzschmerzen wurden schlimmer. Ich aß zwei Kokablätter, was nichts half. Ich wusste nicht, ob ich mich gleich übergeben musste oder durch Luftnot zusammensacke. Als der Schmerz im Herz so unerträglich wurde, nahm ich die verschriebenen

Tabletten vom Arzt. Ich sollte sie mit Bedacht nehmen, da ich nicht wusste, wie die Nebenwirkungen sein würden. Nach einer halben Stunde wurde es langsam besser. Im Halbdelirium döste ich eine Stunde vor mich hin und konnte, nachdem es mir besser ging, die Zugfahrt genießen. Es war eine atemberaubende Panoramaaussicht, die ab Ollantaytambo durch enge Felsschluchten, Berge und Urwald hindurchführte.

Um 10:30 Uhr war die Ankunft in Aguas Calientes. Es lag etwa 1,5 Kilometer von Machu Picchu entfernt und war Ausgangspunkt für die Besichtigung. Der Ort war von Steilwänden aus Felsen, Nebel- und Urwald umgeben, war nur mit dem Zug von Cusco aus erreichbar, eine Straßenverbindung gab es nicht. Viele Jugendliche, die sich die Zugfahrt nicht leisten konnten, liefen ca. sieben bis acht Stunden von oder nach Ollantaytambo an den Gleisen entlang, da es die einzige Alternative war. Beim Aussteigen aus dem Zug stockte mir das erste Mal der Atem. Das Klima war subtropisch. Die großen Berge ringsherum und der Blick zum Machu Picchu waren für mich nicht in Worte zu fassen. Als ich aus dem Bahnhofsgebäude herauskam, sah ich ein Paradies vor Augen und stand mitten im Urwald. Niemals im Leben hatte ich es mir so schön vorgestellt. Das Wetter, obwohl es kälter sein sollte, war wärmer und angenehm feucht. Kein Vergleich zu Cusco. Am Ausgang wurde ich von Walter, einem Angestellten aus dem Hotel, erwartet und zu Fuß abgeholt. Das Zimmer hatte ich aufgrund der guten Bewertungen bei Booking.com gebucht. Es hielt, was es versprochen hatte. In Aguas Calientes gab es keine Autos, nur die Busse, die zum Berg hochfuhren. Das Städtchen war so klein, das ich es zu Fuß ablaufen konnte. Walter erklärte mir auf dem Weg zum Hotel, wo ich das Busticket kaufen könne und wo die Busse abfahren würden. Im Hotel gab er mir eine Karte von dem Städtchen. Darauf sah ich die Hot Springs (die hatte ich schon in Deutschland gesehen und dachte daran, da ein Bad zu nehmen). Einen Wasserfall und ein Museum gab es einige Kilometer weiter entfernt. Da es zu früh für den Check-in war, ließ ich meinen Rucksack im Hotel und ging schon mal das Busticket kaufen. Walter hatte mir in zwei Sätzen die Entscheidung schnell abgenommen, ob ich zum Machu Picchu hochlaufe oder nicht. „Wer nicht durchtrainiert und kein Bergsteiger ist, braucht ca. vier Stunden für den Aufstieg. Die, die einigermaßen fit sind, brauchen ca. drei Stunden. Die, die richtig fit sind, brauchen ca. zwei Stunden." Da ich ein Ticket für 06:00 Uhr hatte, kam kein Fußmarsch für mich infrage. Sie hatten für den Aufstieg zu Fuß Treppen in den Dschungel gebaut. Sie bestanden aus verschieden hohen Steinen und wurden zweckmäßig der Natur angepasst. Man musste vor dem Machu Picchu zur Toilette gehen, weil es auf dem ganzen Gelände nach dem Eingang keine weiteren gab. Wer Wasser oder einen Snack brauchte, musste es vor dem Eingang kaufen. Beim Busticketkauf entschied ich spontan, wenigstens vom Berg hinunterzulaufen, das sollte schneller gehen. Nachdem ich das Ticket gekauft hatte, schaute ich mir das kleine und übersichtliche Dörfchen an. Es bestand aus Restaurants, Hostels und Souvenirgeschäften, einer Kirche und den Hot Springs, mehr nicht. Ich ging zum Hotel zurück, um das Zimmer zu beziehen und ein wenig zu schlafen. Das ging nicht, da durch den Lärm des gegenüberliegenden Hostels, das umgebaut wurde, keine Ruhe zu finden war. Die Fenster standen in den Hostels aufgrund des Klimas Tag und Nacht auf. Ich beschloss, zu den Hot Springs zu gehen. Auf dem Weg dorthin sah ich zwei Läden, die Bademode für einen Euro verliehen. Ich konnte es gar nicht glauben, selbst an so etwas wurde hier gedacht. Ich verweilte ca. drei Stunden in den Hot Springs. Es gab vier Becken, eines mit 37 Grad, eines mit 36 Grad, eines mit 34 Grad und eines mit 14 Grad warmem Wasser. Das letzte war zum Abkühlen gedacht. Zu Beginn wusste ich nicht, dass in bestimmten Becken das Wasser extra mit Magnesium, Calcium und anderen Mineralstoffen für Menschen mit Rheuma und anderen körperlichen Beschwerden angereichert war. Ein Bademeister wies mich darauf hin, da ich nach zwei Stunden gehen wollte. Er sagte, bei Rheuma solle man mindestens drei Stunden in den Bädern bleiben. Das tat ich. Das Besondere an den Hot Springs war, dass die Becken unter freiem Himmel mitten im Urwald lagen. Ich schaute auf die Natur, den Urwald, die Berge, und konnte mir im Pool Cocktails oder andere Getränke bestellen. Ich vergaß Raum und Zeit und alle Wehwehchen. Vom Pool aus sah ich oben an der Spitze des Berges das Gesicht des Inka-Gottes. Nach dem Bad war ich so entspannt, dass ich um 19:00 Uhr zu Bett ging, weil am nächsten Morgen der Wecker um 04:00 Uhr klingeln sollte und ich fit sein wollte. Da es draußen so laut war und ich nicht schlafen konnte, schaute ich ein wenig im Internet. Auf Umwegen wurde ich auf eine Seite geführt, die einem Schamanen namens Puma gehörte. Er bat in seinem Bericht darum, dass ein Europäer ein Vergebungsritual stellvertretend für die Spanier machen solle, da so viele Inkas durch den Krieg mit Spanien getötet wurden. Ich überlegte keine Sekunde und sagte zu mir im Stillen: „Ja, das mache ich, am besten morgen auf dem Berg, da ich Europäerin bin." Nach dem Lesen des Berichts stöpselte ich meine Ohrenstöpsel in die Ohren und schlief selig und entspannt ein.

02. Juli 2019

Das Klima tat mir gut und das Bad in den Hot Springs war eine Wohltat für Körper, Geist und Seele. Ich fühlte mich so fit wie schon lange nicht mehr. Der heutige Spruch, den ich gezogen hatte, war: „Für Gott ist nichts unmöglich." Ja, der passte wieder. Da ich den Bus pünktlich bekommen wollte, ging ich schon um 04:40 Uhr nach unten zum Frühstück, doch es war niemand da. Der Bus fuhr um 05:30 Uhr zum Machu Picchu hoch. In weiser Voraussicht hatte ich eine Avocado und einen Soja-Eiweißdrink eingepackt, was an diesem Morgen dienlich war. So ging ich um 05:10 Uhr los und hatte Glück, denn dann stand das Frühstücksbuffet doch bereit. Ich packte schnell Bananen und Brötchen ein und nahm einen Coca-Tee mit. Beim Näherkommen an die Bushaltestelle sah ich, dass dort Menschen über Menschen standen. Selbst die zweite Schlange für 07:00 Uhr bildete sich schon. Das hatte ich nicht erwartet. Es war alles so gut organisiert, dass ein Bus komplett gefüllt wurde. Dieser fuhr ab und der nächste Bus kam, um die nächsten abzuholen, um sie dann nach oben zu fahren. Es ging schnell und unkompliziert. Beim Herauffahren war es noch dunkel. Dichter Nebel hing über den Bergen, wir sahen die Menschen, die nach oben liefen. Es waren viele junge Leute. Beim Hochfahren überkamen mich Emotionen der Freude, des Glücks, in der Bauchgegend kribbelte es. Eine Vision, die erst Ende Januar 2019 durch eine Meditation einge-troffen war, schien in diesem Moment greifbar nahe zu sein. Was hatte ich vollbracht? Ja, der Spruch von heute Morgen passte: Für Gott war nichts unmöglich. Man muss an sich glauben und daran, dass für Gott nichts unmöglich ist. Hätte mir jemand im Jahr zuvor gesagt, dass ich 2019 zum

Machu Picchu fahren werde, hätte ich wahrscheinlich geschmunzelt und abgewunken. Ich dankte Gott und den Engeln auf der Fahrt nach oben, dass sie mir in diesem Moment die unermessliche Kraft gaben, alles zu schaffen, um nach Peru zu fliegen und diese Reise zu bewältigen. Mir wurde in diesem Moment so vieles klar. Mein Leitspruch für das Leben, besonders nach dem Unfall, lautete: „Der Glaube versetzt Berge und Gott gibt mir die Kraft." Mir flossen im Bus die Tränen. Ja, ich fuhr auf den weltbekannten Berg, den ich nur vom Fernseher kannte. Oben am Berg bildeten sich Warteschlangen vor den Toiletten und am Eingang. Alle die, die hinaufgelaufen waren, waren völlig durchgeschwitzt und mussten sich erst mal frisch machen und umziehen. Ich lief mit der Masse zur ersten Aussichtsplattform. Von dort schaute ich direkt auf die Inka-Städte. Es war kalt und feucht, der Berg schlief in der Morgendämmerung, dichter Nebel machte sich breit. Ich konnte nur erahnen, wo die Sonne aufgehen würde und die alten Ruinen lagen. So setzte ich mich an das Ende des Plateaus und fing an, zu meditieren. Das gefiel der Security nicht, da die Menschen ihre Fotos machen und sofort weitergehen sollten. Ein junger Mann neben mir und ich mussten uns wegsetzen. Das wollte der Security-Mann auch erst nicht, wir sollten stehen bleiben, ein Foto machen und weitergehen, da bereits die nächsten Busse von unten hochkamen. Doch ich blieb hartnäckig und stellte mich taubstumm, setzte mich an den hintersten Rand, mittig vom Plateau, und meditierte. Während der Meditation fing ich an, das Vergebungsritual zu machen, welches ich stellvertretend für die Europäer/Spanier vollzog. Ich sagte zu Viracocha und zu Patchacutec, dass ich es für die Inkas, die getötet und von den Spaniern vertrieben worden waren, sprach. Erst als ich im Namen Gottes die Gnade und den göttlichen Segen sprach, erschien neben mir zu meiner linken Seite Patchacutec in einer Größe, die mich erschreckte. Ich sah in diesem Moment viele Seelen ins Licht gehen, nicht nur Männer, nein, auch viele Frauen- und Kinderseelen waren unter ihnen. Patchacutec faltete die Hände aus Dankbarkeit, und in diesem Moment sah ich die Seele des Schamanen Puma, derjenige, der übers Internet darum gebeten hatte, dieses Vergebungsritual zu machen. Es berührte mich im Herzen und mir flossen die Tränen. Da alles aus Energie bestand, und Gott das Unmögliche möglich machen konnte, war ich im festen Glauben, das es funktionierte, ohne eine Sekunde darüber nachzudenken, was ich da tat. Als meine Tränen getrocknet waren, erblickte ich die ersten Sonnenstrahlen über dem Berg aufgehen. Es war 07:05 Uhr. Der Nebel verschwand mit jedem Zentimeter, mit dem die Sonne aufging. Im Zeitraffer ging sie auf. Ich machte währenddessen einige Fotos. Dann kam der alles entscheidende Moment.

Die Sonne erstrahlte an diesem Morgen im reinsten und weißesten Licht. Ich schaute mit offenen Augen direkt in ihr Herz, breitete die Arme aus und schloss die Augen. Mit Lichtgeschwindigkeit schoss ein Sonnenstrahl in mein drittes Auge, durchflutete den ganzen Körper und trat mit Lichtgeschwindigkeit aus den Füßen direkt in den Machu Picchu ins Erdinnere ein. Ich war von Licht durchflutet und umgeben. Da viele Menschen in diesem Moment Fotos machten, konnte ich nicht länger stehen bleiben, der Security-Mann sprach wieder ernste Worte, die ich nicht verstand. Ich drehte mich um, bat einen kleinen Jungen, ca. 12 Jahre alt, darum, schnell ein Foto von mir zu machen. Er drückte den Auslöser, nahm die Kamera runter, schaute mich an, und sagte: „Ich habe dich gerade als Engel gesehen, du bist ein Engel." Wir schauten uns beide mit offenem Mund sprachlos an. Ich nahm meinen Rucksack und ging. Die Vision war wahr geworden.

Erst viele Monate später, im März 2020, las ich in einem Buch über Atlantis, dass die Hohenpriester von Atlantis dazu ausgebildet waren, die Sonne am Morgen und am Abend zu empfangen und direkt in die Erde zu schicken. Die Energie im Körper blieb so auf einem hohen und reinen Niveau und das Energiefeld in Atlantis. Ebenso taten es die Sonnengöttinnen von Griechenland. Als Atlantis unterging, wurden 12 Hohepriester ausgesandt, unter anderem nach Griechenland und Peru.

Ich suchte mir einen Platz, um mich kurz hinzusetzen und etwas zu trinken. Ich hatte eineinhalb Liter Wasser dabei, was zu Beginn schwer im Rucksack gewesen war. Der Zwiebellook war auch an diesem Morgen angesagt. Ich holte die Karte raus, die Walter mir im Hotel mitgegeben hatte, auf der die wichtigsten Punkte, die ich anschauen sollte, eingezeichnet waren. Er meinte, dass viele Menschen auf dem Berg seien und gar nicht die schönsten Stellen sehen würden, wegen Zeitmangel oder/und Gruppenzwang. Ich war von allem befreit. So beschloss ich, zum Sun Gate zu laufen, das ca. 3 Kilometer hoch lag. Das war auf der Karte für mich nicht ersichtlich. Hätte ich das vorher gewusst, wäre ich wahrscheinlich nicht dort hoch gelaufen, es ging nur bergauf und die Sonne wurde mit jeder Stunde immer heißer. Auf dem Weg dorthin sah ich einen großen Felsen, der wegen einer Absperrung nur aus der Ferne zu betrachten war. Er strahlte eine ungeahnte Energie aus. Ich lief bis zur Absperrung und blieb davor stehen. In dem Felsen waren auf einmal unzählige außerirdische Gesichter zu erkennen. Mir schoss ein Gedanke in den Kopf: *Vor Jahrhunderten waren die Außerirdischen an diesem Ort.* Ich schaute mich um und konnte mit Erstaunen feststellen, dass ich allein war. Ich fasste allen Mut zusammen, stieg über die Absperrung und legte beide Hände auf den Felsen, der jetzt noch viel größer erschien. Beim Auflegen hatte ich das Gefühl, dass meine Hände in den Felsen eintauchten, wir wurden eins. In diesem Moment rief ich die allgöttliche Liebe an, schickte sie in den Felsen und spürte die Verschmelzung beider Energien. Ich konnte sehen, wie der Felsen oben mit dem Universum verbunden war und ließ perplex den Felsen los. Es war zeitlos, auf einer Ebene, die sich wie Watte anfühlte, und doch war alles real. Jeder Stein, jede Pflanze und jedes Tier trug ein Bewusstsein in sich, wie wir Menschen, das wurde mir hier wieder einmal mehr bewusst. So drehte ich mich um, lief vor die Absperrung, und genau in diesem Moment kam die nächste Gruppe mit Touristen an. Ich bat einen Mann, ein Foto von mir und dem Felsen zu machen. Später zählte ich auf dem Foto fünf Gesichter, vielleicht waren es mehr. Diese fünf konnte ich auf jeden Fall klar und deutlich erkennen, das wurde von anderen, denen ich das Foto gezeigt hatte, bestätigt. Danach lief ich in meinem Tempo, wie es für mich möglich war, zum Sun Gate. Ich brauchte ca. eineinhalb Stunden. Oben gab es den schönsten und besten Ausblick über das ganze Inka-Tal. Viele blaue Kolibris schwirrten da oben herum. Ein Security-Mann hielt die Stellung. Er passte auf, dass man sich, wenn überhaupt, nur auf einige ausgewählte freie Steine setzte. Der Rest war zum Schutz des Weltkulturerbes gesperrt. Ich brauchte und machte eine lange

Rast, aß etwas und genoss die klare und weite Aussicht. Von da lief ich zur Inka-Brücke. Obwohl es jetzt erst 11:00 Uhr war, war die Sonne so heiß, dass ich ohne Sonnenschutz und Hut verbrannt wäre. Die Inka-Brücke lag im nördlichen Teil auf der Rückseite des Berges. Der Weg dorthin war angenehm schattig, kühl und dadurch gut zu laufen. Auf dem ganzen Machu Picchu wimmelte es von Touristen. Der Weg zur Inka-Brücke war ohne Absicherung. Da zur rechten Seite nur kleine Mauern waren, hinter denen es in eine tiefe Schlucht ging, musste ich am Kontrollpunkt vor dem Weg in ein Buch Name, Alter, Uhrzeit und Datum eintragen und unterschreiben. Auf dem Rückweg musste ich mich wieder am Kontrollpunkt melden und austragen. Dort gab es zwei Bänke, es waren, so glaube ich, die einzigen auf dem gesamten Areal. Da die hintere Bank etwas tiefer lag und frei war, nutzte ich die Gelegenheit, um auf dem Rückweg eine Pause einzulegen, und legte mich für eine halbe Stunde hin.

Mein Kreislauf spielte verrückt und der ganze Körper schien vor Überhitzung zu glühen. Die Energie vom Morgen musste im Körper verarbeitet werden. Auf dem ganzen Areal gab es fast keine Rastmöglichkeiten, nichts zu essen oder zu trinken und keine Toiletten. Da der Durchschnittstourist ca. 2 bis 4 Stunden auf dem Berg blieb, war das kein Problem. Für die, die länger verweilten, fand ich das etwas beschwerlich. Ich ging morgens um 06:00 Uhr rein und erst um 15:00 Uhr wieder raus, da ist es bei der Hitze und den Kilometern, die ich zurücklegte, unmöglich, nichts zu trinken bzw. einen Toilettengang zu vermeiden. Nach der Inka-Brücke folgte das Ruinendorf. Hier fragte ich mich, wie die in so kleinen Hütten oder Häuschen wohnen, geschweige denn schlafen konnten!

Die Inkas waren zwar von der Körpergröße eher klein, doch die Stufen, um von einer Ebene auf die nächste zu kommen, waren teilweise so hoch, dass selbst ich mit meinen 1,10 Meter langen Beinen Probleme hatte, sie zu besteigen. Das passte für mich nicht zusammen. Die Häuser sahen so aus, als wären sie nie bewohnt gewesen. Mir fehlte da jegliche menschliche Energie. Ich lief vorbei an dem astrologischen Platz, verschiedenen kleineren Stätten und merkte, dass die Energie und Hitze mir zusetzten. Da keine Rastmöglichkeit zu finden war und ich dringend eine Pause brauchte, lief ich hinter eine Absperrung. Dort legte ich mich in einer Ecke ins Gras, die weder von Touristen noch von der Security einzusehen war. Da es schattig und kühl im Gras war, ruhte ich eine Stunde und war verloren in Raum und Zeit. Auf einmal fühlte es sich an, als würde mir jemand auf die Schulter tippen und sagen, ich müsse jetzt los. Ohne zu überlegen packte ich alles ein, marschierte durch die restlichen Ruinen und stand auf einmal vor einem Fernseh- und Kamerateam sowie einigen Besuchern, die sich in einem etwas größeren Raum aufhielten. In der Ruine befanden sich im Boden zwei kreisrunde Tonschalen, die schon vor Jahrhunderten dort erschaffen wurden. Ich blickte mich um und sah, wie einige durch ein Dunkelglas oder Röntgenbild nach oben schauten. Mein Blick wanderte nach oben zum Himmel. Oh mein Gott, das hatte ich total vergessen, es verschlug mir die Sprache. Die Sonnenfinsternis war in vollem Gange. Mir wurde das Dunkelglas gereicht, sodass ich die Sonnenfinsternis sehen konnte. Da ich neugierig war, fragte ich das Kamerateam, was sie an den zwei mit wassergefüllten Tonkreisen filmten. Eine Frau erklärte mir, dass die zwei Metallrohre wie ein Fernglas zusammengeschweißt waren. Wenn ich dadurch schauen würde, könne ich in der Spiegelung des Wassers die Sonnenfinsternis sehen. Ich konnte im Wasser sehen, wie sich der Mond vor die Sonne schob. Jetzt wurde mir klar, warum die Geistige Welt wollte, dass ich genau am 2. Juli 2019 auf dem Machu Picchu sein sollte. Geboren im Mond, mit Aszendent Sonne, waren Sonne und Mond mit ihren Energien verbunden und vereint. So durfte mir diese Energie durch das dritte Auge zuteilwerden. Die Energie war in meinen Körper, nach der zweiten Energiewelle, nicht mehr spürbar. Ich merkte, dass es reichte und machte mich sogleich auf den Weg zum Ausgang. Es war 15:00 Uhr. Am Ausgang überlegte ich mir für einen Moment, ein Busticket nach unten zu kaufen. Doch in diesem Moment traf ich auf eine Familie mit zwei Kindern, die den Weg zu Fuß nach unten liefen und mir erzählten, dass der Abstieg höchstens eine halbe Stunde dauern würde, das hatte ich auch im Internet gelesen. Ich entschied, zu laufen, was ich schnell bitterlich bereute. Ich hätte auf meine Intuition hören sollen und nicht auf andere. Die Stufen, die querfeldein durch den Dschungel gebaut worden waren, waren keine Treppenstufen, wie wir sie kannten, sondern Steinblöcke, die alle unterschiedliche Größen und Höhen hatten. Nach einer halben Stunde bergab bekam ich fürchterliche Wadenschmerzen und Krämpfe und konnte die Stufen nicht mehr vorwärts nach unten laufen, sondern musste sie seitlich mal rechts, mal links und sogar rückwärts gehen. So brauchte ich für die Strecke knapp zwei Stunden. Bis zum Eingang des Dorfes waren es noch mal 30 Minuten. Jeder Schritt tat fürchterlich weh. Als ich am Eingang des Dorfes ankam, war es 17:30 Uhr. Auf dem Weg zur Stadt lagen ein Hotel und einige Restaurants. Eine Menschenmenge lief auf der Straße und viele Umherstehende jubelten einer Person zu, die von Polizisten umgeben war. Der Mann lief zu Fuß und winkte allen zu. Unsere Blicke trafen sich, er lächelte und ich neigte meinen Kopf mit einer leichten Bewegung der Dankbarkeit. Da er einen Anzug und eine Schärpe darüber trug, fragte ich die Person neben mir, wer das sei. Er war so aufgeregt, dass er fast kein Wort herausbekam. Es war der Präsident von Peru, Martín Vizcarra. Er war auf dem Machu Picchu, um die Sonnenfinsternis anzuschauen. Hmm, interessant, da stand ich in der Menschenmenge und hatte das große Glück, den Präsidenten von Peru zu sehen. Nachdem sich die Menschenmenge aufgelöst hatte, nahm ich sofort das erste Restaurant, bestellte etwas zu essen und zu trinken, um eine Pause einzulegen. Bis zu meinem Hotel waren es noch mal ca. 15 Minuten, die mir wir eine Stunde vorkamen, da ich durch das ganze Dorf bergauf laufen musste, bis ich am Hotel ankam. Dort kam ich um 19:00 Uhr an, nahm eine heiße Dusche, fiel erschöpft ins Bett und schlief bis zum anderen Morgen 06:00 Uhr durch.

03. Juli 2019

Spruch des Tages: „Gott ist unsere Zuflucht und Stärke, ein bewährter Helfer in allen Nöten." Nach der Morgenmeditation schickte ich Grüße und Bilder an liebe Menschen, die mich zu diesem Moment in meinem Leben aus der Ferne begleitet hatten. Beim Frühstück beschloss ich, zum Wasserfall zu laufen, da dieser mitten im Urwald liegen sollte. Walter erklärte mir den Weg. „Immer an den Bahngleisen entlanglaufen, es gibt keinen anderen Weg." Auf dem Weg dorthin musste ich durch das Dörfchen und kam am Bahnhof vorbei. Wie von einer Tarantel gestochen schoss mir ein Gedanke durch den Kopf. *Wie kommst du wieder zurück nach Cusco?* Ich hatte kein Rückfahrticket gebucht, da ich mir in Deutschland hatte offenlassen wollen, was am Machu Picchu passieren würde. Da hatte ich nicht gewusst, dass es nur die Möglichkeit mit dem Zug oder zu Fuß gab. So musste ich mir erst mal ein Ticket besorgen, was nicht so einfach war, denn die Züge waren alle ausgebucht. Nach einer halben Stunde wurde die Dame am Schalter fündig und verkaufte mir ein Zugticket für eine Spezialzugfahrt, die nur bis Ollantaytambo ging. Dort sollte ich umsteigen und mir ein neues Ticket für den anderen Zug nach Cusco kaufen.

Nach einer Stunde war ich an einem Ort, der dem Paradies glich. Ich musste den Weg langsam laufen, da meine Beine vom Vortag schmerzten. Für den Weg ins Paradies musste ich im Hostel, das direkt vor dem Eingang lag, Eintritt bezahlen. Auf dem Weg zum Wasserfall war alles gepflegt. Viele verschiedene Pflanzen, Blumen und besondere Vögel konnte ich entdecken. Am Wasserfall genoss ich die Ruhe und Einsamkeit. Langsam lief ich zum Ausgang zurück, wo ich auf den Volontär traf, der mir zuvor das Ticket im Hostel verkauft hatte. Seine Freundin kam hinzu. Keine Ahnung, was da passierte, wir waren innerhalb weniger Minuten in so einem tiefen Gespräch über Spiritualität, Chakren, Heilung und Engel vertieft, dass ich sagte, sie solle nach Brasilien fliegen und dort einige Zeit bleiben. Sie schaute mich erstaunt an, denn sie überlegte seit Monaten, ob sie noch mal nach Brasilien sollte, da sie schon einmal dort gewesen war. Allerdings war das in ihrer Sturm-und-Drang-Zeit gewesen und sie hatte in ihrer Freizeit nur Partys gefeiert. Sie trug eine tiefe Urangst in sich, die gerne transformiert werden wollte, das konnte ich deutlich spüren, als meine Hände auf ihrem Herz-Chakra lagen (sie bat mich darum, sie aufzulegen). In Brasilien lag ein Erd-Chakra – man sagt, Brasilien steht für Dankbarkeit, Transformation der Urängste und Wut. Das Gespräch dauerte über eine Stunde, mir kam es wie 15 Minuten vor. Am Abend nach dem Essen machte ich einen Spaziergang durch Aguas Calientes, da ich mir ein Souvenir mit nach Hause nehmen wollte, das mich an den Machu Picchu erinnern sollte. Mir fiel ein Steinladen auf, in dem ein Schamane seine Kristalle und Edelsteine bearbeitete. Ich hatte zwei Tage zuvor schon einmal vor seinem Laden gestanden. Er blickte auf, schaute mich lange an, lächelte und winkte mich in den Laden. Sein Name war Condor, er zeigte mir seinen Pass. Der Condor war das spirituelle Krafttier von Peru. Die Energie in dem Laden sowie seine Aura zogen mich in den Bann. Er holte einen Stein, hielt ihn verschlossen in der Hand, nahm meine Hand und legte mir ein Rosenquarzherz hinein. Er schaute mir tief in die Augen, unsere Seelen verschmolzen und dann umarmte er mich sehr lange. Wir ließen die Liebe fließen, sein Herz-Chakra war so rein und weit geöffnet, wie ich es bei keinem Mann bislang hatte fühlen dürfen. Er ließ mich seine Energie der Liebe spüren und ich ihn die meine. Das war ein Moment, der nicht mit Worten zu beschreiben war. Er bedankte sich mit gefalteten Händen und einer leichten Verbeugung. Ich kaufte mir drei Steine, die er im Laden mit einer tiefen Liebe bearbeitet, behandelt und verpackt hatte. Er sagte mir, sie seien das Gold von Pachamama, unserer Mutter Erde. Ich blieb eine Weile im Laden und schaute ihm bei der Arbeit zu. Bevor er mit dem Bearbeiten der Steine begann, sprach er zu ihnen, küsste sie mit einer Hingabe, so als lebten die Steine. Ich weiß, dass bei der Bearbeitung von Edelsteinen oder Steinen gesagt werden soll, dass sie ihr Bewusstsein zurückziehen sollen, wenn zum Beispiel ein Loch durch sie gebohrt wurde. So sollte man es auch mit den Bäumen oder Pflanzen machen, die gefällt oder gepflügt werden. Noch Wochen nach meiner Rückkehr konnten wir uns auf der Seelenebene verbinden. Heute, wenn ich es hier im Buch beschreibe, spüre ich wieder diese tiefe Liebe. Er war der einzige Peruaner, der mir mit so viel Liebe und einem offenen Herzen begegnet war. Auch sein Lächeln schien die Sonne und Liebe auszustrahlen.

Nach dem Bummel schlenderte ich zurück zum Hotel und schlief selig ein. Der Abend war zu Ende sowie die Zeit am Machu Picchu. Ich wäre gerne länger geblieben.

04. Juli 2019

Spruch des Tages: „Ertragt einander in Liebe! Seid zurückhaltend, friedfertig und geduldig." In den Nächten träumte ich immer wieder von Situationen, in denen es ums Loslassen eines Mannes ging. Das war interessant, dass ich es sofort verstand, worum es dabei ging. Denn am Tage war mein Verstand auf Loslassen programmiert und in der Nacht wurde ich im Traum getestet, ob ich wirklich bei mir mit der Liebe bliebe. Es gelang mir erst in der darauffolgenden Nacht, da ich am Tage hineingefühlt hatte, in welcher Situation ich Licht, Liebe, Heilung und Vergebung zum Loslassen schicken durfte.

Am Morgen fuhr der Zug um 10:55 Uhr nach Ollantaytambo. Die Zugfahrt war unterhaltsam, denn was ich bei der Buchung nicht verstanden hatte, war, dass die Dame mir ein Zugticket für eine Spezialfahrt mit nur einem Panoramawagon gebucht hatte. Diese Fahrt beinhaltete eine Modenschau und eine peruanische Tanzeinlage sowie Kaffee oder Softdrink und Kuchen mit Kaffee oder Tee. Ich bekam Platz Nummer 2 direkt vorne am Panoramafenster. Neben mir saß eine junge Frau. Wir waren glücklich und hatten viel Freude daran, die ganze Zugfahrt direkt vorne am Fenster zu sitzen und alles sehen zu können. Die Natur und die Berge lagen uns zu Füßen, im wahrsten Sinne des Wortes. Ich kam mir vor wie im Kino und auf der Leinwand vor uns wurde ein Film abgespielt. Um 12:30 Uhr kamen wir in Ollantaytambo an. Der Bahnhof war brechend voll. Hier tummelten sich Menschen über Menschen. Mir war das nach den entspannten Tagen zu viel. Am Bahnhof warteten Taxifahrer, die versuchten, den ankommenden Personen eine Fahrt zu verkaufen. Der erste wollte 40 Dollar bis nach Cusco haben. Im Vergleich dazu sollte der Bus nach Cusco ca. 10 Sol kosten, das waren umgerechnet ca. 3 Euro. Um zur Busstation zu gelangen, musste ich an den wartenden Taxifahrern vorbei. Erst als ich am Ende des Ausgangs war, kam einer der Fahrer auf mich zu, begrüßte mich freundlich und bot mir die Fahrt für 10 Euro an, was ich annahm, da der Bus erst um 16:00 Uhr gefahren wäre. Wir waren zu viert im Taxi, deshalb war der Preis günstiger, was mir nichts ausmachte. Die anderen waren Freunde und setzten sich nach hinten. Der Fahrer kurbelte sofort das Fenster herunter, weil er vor Hitze anfing, zu schwitzen, als er sich ins Auto setzte. Mir kam die Situation bekannt vor. Während der Fahrt wurde es nach fünf Minuten so ruhig, dass ich einen Blick nach hinten riskierte, um zu schauen, warum alle schwiegen, sie waren eingeschlafen. Das Taxi brauchte nur eine Stunde. Wir wurden alle in der Nähe vom Plaza de Armas ausgeladen. So lief ich die letzten eineinhalb Kilometer zum Appartement zu Fuß. Dort wartete eine Überraschung auf mich. Judith und Martin schenkten mir zwei Stiere, einen roten (der weibliche) und einen schwarzen (der männliche), die mir im Leben Schutz geben sollten. Esther und Tito hinterließen mir ebenfalls ein Geschenk mit einem Zettel, auf dem stand, dass sie sich für meine Liebe und Hilfe bedanken würden. Judith hatte das Bett mit einer schönen Bettwäsche in Rosa und Hellblau neu bezogen. In diesem Moment überkam mich tiefste Dankbarkeit dafür, dass das Göttliche mich zu dieser Familie geschickt hatte. Alle waren so herzlich, sie gaben mir ein Zuhause für die Zeit in Cusco. Da ich am Machu Picchu entschieden hatte, zum Titicacasee zu fahren, was ich Martin erzählte, durfte ich sofort seinen Computer nutzen, um ein Zimmer in Puno und das Busticket dorthin zu buchen. Am Abend ging ich etwas essen und um 21:00 Uhr zu Bett. Der Höhenausgleich machte sich wieder bemerkbar, denn Aguas Calientes lag niedriger als Cusco. Ich bekam Nasenbluten, Kopfschmerzen und starkes Herzklopfen. So konnte ich die erste Nacht zurück in Cusco erst gegen Mitternacht einschlafen.

05. Juli 2019

Ich wurde gegen 05:30 Uhr wach und meditierte in der Stille bis 06:30 Uhr. Irgendwie bekam ich den Impuls, mein Telefon einzuschalten. Es kam eine Nachricht von Beatrice aus der Schweiz. Sie fragte, ob ich schon die Feigenmeditation der Fülle in Peru durchgeführt habe. Nein, hatte ich nicht. Ich nahm das zum Anlass, es sofort in die Tat umzusetzen. In dieser Meditation war Jesus dabei und verteilte in den Nabel der Erde die Feigen der Fülle, und mir wurde gezeigt, dass sich das Nabel-Chakra der Erde im Titicacasee befand. Es ging während der Meditation wie ein Strudel, der nach unten vom See zu Mutter Erde ging, auf, wir schütteten körbeweise die Feigen der Fülle in das Nabel-Chakra der Erde. Fülle für alle Wesen auf dieser Erde, mögen alle Wesen immer genug Nahrung und Wasser haben. Als wir genug Körbe in das Nabel-Chakra gefüllt hatten, schloss es sich wieder. Es war eine Meditation der Fülle zum höchsten Wohle aller Wesen hier auf Erden. Der Spruch des Tages war: „Ihr seid Kinder Gottes!" Und in meinem Reisetagebuch stand: „Die größte Sehenswürdigkeit, die es gibt, ist die Welt, sieh sie dir an." (Kurt Tucholsky)

Nach der Meditation ging ich duschen und frühstücken. Da Martin außer Haus war, gesellte sich Judith zu mir. Wir führten ein langes Gespräch. Es gab viele Menschen hier auf der Erde, die das Gefühl hatten, fehl am Platz zu sein, so auch Judith. Da ich das von mir kannte, versuchte ich, ihr zu erklären, dass es wichtig sei, den Fokus daraufzulegen, was wir hier auf der Erde den Menschen geben dürfen, und herauszufinden, was die eigene Lernaufgabe war. Eine tägliche Erdung sei auch wichtig, um mit beiden Beinen fest im Leben zu stehen. Gegen 11:30 Uhr machte ich mich auf den Weg nach Tipón. Laut Geistiger Welt sollte ich diesen Ort besuchen. So nahm ich, ohne groß nachzudenken, den völlig überfüllten Stadtbus. Ich war die einzige Touristin und dazu noch hellhäutig. Die Einheimischen schauten mich irgendwie verwundert an. Die Fahrt dauerte ca. eine Stunde, da der Bus alle Stationen in der Stadt anfuhr. Das Gute daran war, dass ich erst bezahlen musste, als ich ausstieg. Ich zahlte lediglich für die Strecke, die ich im Bus saß. Das war nervig, da die Türen nicht mehr zugingen, und wie erwähnt, der Verkehr auf den Straßen Perus laut und stinkig war. In Tipón fragte mich ein Taxifahrer an der Busstation, ob ich ein Taxi nach oben wolle, was ich dankend ausschlug. Ich lief den Weg zum Berg nach oben, was ein Fehler war, denn ich vergaß, nachzuschauen, wie weit es bis dort oben war. Es führte ein Weg querfeldein, der über 2 Kilometer nur steil nach oben verlief. So brauchte ich bei stechender Sonne lange, bis ich oben ankam. Die Höhenkrankheit machte sich bemerkbar und mir zu schaffen. Ich musste öfter als normal eine Rast einlegen und genoss dabei die wunderschöne Aussicht der gegenüberliegenden Berge und der Natur. Die Geistige Welt gab mir genügend Energie für den restlichen Aufstieg. Der Legende nach ließ Viracocha, der achte Inka-König, in diesem riesigen Komplex königliche Gärten errichten. Es gab 12 Terrassen, die große Plattformen bildeten, ergänzt durch Steinmauern, Wasserfälle und Kanäle, damit das Wasser fließen konnte. Es ist einer der am besten erhaltenen Inka-Orte. Der Ort an sich ist schön und eine mit Aquädukten bebaute Stadt. Die Aquädukte ließen noch heute nach all den Jahrhunderten das Wasser aus den Bergen in die Terrassen fließen. Das Tal verfügte über verschiedene Abschnitte, unter anderem die Sonnenuhr, den Friedhof und den Tempel. Ich lief bis ganz nach oben, auf den höchsten Berg, der auf ca. 3.800 Metern lag. Die Aussicht von dort war spektakulär. Von dort oben konnte ich in der Ferne die malerische Stadt Opresa sehen. Beim Abstieg bemerkte ich, dass es doch anstrengend war. Ich hörte auf meinen Körper und nahm ein Taxi nach unten zur Busstation, was gut war, denn als ich dort ankam, stand der Bus nach Cusco zur Abfahrt bereit. In der Nacht schlief ich sehr unruhig, ich musste um Mitternacht zur Toilette, war um 03:00 Uhr wieder wach und meditierte bis ca. 04:30 Uhr. In dieser Meditation bekam ich den Impuls, allen Planeten, die um unsere Erde herumflogen, Licht und Liebe zu senden. Danach schlief ich noch mal bis 07:30 Uhr. Seit die Sonne und die Mondenergie am Machu Picchu durch mich geflossen waren, spürte ich eine Veränderung in mir.

06. Juli 2019

An diesem Morgen beschloss ich, zu Hause zu bleiben, da am Abend die Nachtfahrt zum Titicacasee anstand. Ich schrieb das Tagebuch und packte den Rucksack für die drei Tage. Gegen Mittag wollte ich duschen gehen und etwas essen. Während ich unter der Dusche stand, war der Wasserdruck in der Dusche so schwach, dass kein heißes Wasser kam, dann war es auf einmal ganz weg. *Hmm, und nun?* Ich zog mich wieder an und frühstückte. Jeder Toilettengang wollte nun gut überlegt sein, da der Wasserkanister neben der Toilette nicht voll war. Martin und Judith waren außer Haus, sie konnte ich erst am späten Nachmittag fragen, warum es kein Wasser gab. Laut Aussage von Martin mussten Rohre repariert werden. Sie stellten dann einfach das Wasser ohne Vorwarnung ab. Ich legte mich nach dem Frühstück ins Bett, um zu schlafen, da mein Herz wehtat und die Nase blutete. Danach schrieb ich bis zum Abend in mein Tagebuch. Ab 19:00 Uhr war das Wasser wieder da. So ging ich duschen, machte mir eine Nudelsuppe und räumte das Zimmer auf. Ich verstaute alles im großen Koffer. Martin wollte auf Nummer sichergehen, dass ich heile am Busbahnhof ankomme und bestellte mir für 21:30 Uhr ein Taxi dorthin. Er brachte mich sogar runter und schaute, dass ich in das richtige Auto einstieg. Martin war sehr hilfsbereit und im Umgang mit mir fürsorglich und achtsam, dafür war ich jeden Tag dankbar. Der heutige Spruch war: „Seid nicht hochmütig und eingebildet!"

Während der Tage vor meiner Abreise nach Peru waren mir sehr oft die Ziffern 77 oder 777 begegnet. Der reservierte Platz im Bus hatte die Nummer 7. Am Schalter beim Einchecken sagte mir die Dame, dass der Bus von Gate Nummer 7 abfahren würde. Hier hatte ich wieder die 77. Die Engel schickten mir auch in den Tagen zuvor in Peru oft die 77, so googelte ich danach, was die Bedeutung von der 7 und 77 war. Engelszahlen hatten eine für uns Menschen wichtige Bedeutung und eine bestimmte Engelsenergie. Als ich morgens am Titicacasee ankam, hatten wir den 7.7. Das war alles kein Zufall mehr, es war göttliche Führung. Der Bus war bequem, da wir alle unsere Sitze in Liegeposition schieben konnten und extra Beinstützen hatten. Es war geräumig und bequemer als im Flugzeug, was mich wirklich überraschte. Für die Nacht bekamen wir alle eine Decke, um uns warmzuhalten. Diese Busse waren extra Langstreckenbusse, die ich empfehlen kann.

07. Juli 2019

Ankunft war um 06:20 Uhr am Titicacasee. Die Sonne ging gerade auf und blinzelte mit ihren ersten Strahlen am Horizont. Von der Busstation sah ich schon den See. Ich lief, so weit es ging zum Zaun, um zu schauen, wie sich der See anfühlte. Eine selige Ruhe lag in der Luft. Die Stadt schlief noch. Es waren nur 4 Grad an diesem Morgen. Für mich definitiv zu kalt. Da ich sehr wenig im Bus, trotz allem Komfort, geschlafen hatte, beschloss ich, erst einmal zum Hostel zu laufen, um nachzufragen, ob ich meinen Rucksack dort lassen könne, da ein Einchecken erst ab 12:00 Uhr möglich sein sollte. Auf dem Weg holte ich mir im Bahnhof einen heißen Tee und etwas zu essen, es herrschte dort schon reges Treiben. Das Hostel lag keine 1.000 Meter vom See entfernt. Die Dame nahm mein Gepäck in Obhut und teilte mir mit, dass ich ab 09:30 Uhr einchecken könne. Ich freute mich und lief erneut zum See. Auf dem Weg dorthin fragte ich die Engel, warum ich hier sei und wohin ich gehen solle. Ich wusste mittlerweile, dass alle Wege, die ich ging, vom Göttlichen gelenkt wurden. So war es auch hier. Auf dem Weg, direkt in der Straße, in der das Hostel lag, gab es an der Ecke ein Touristenbüro, das in dem Moment, als ich vorbeilief, öffnete. So ging ich hinein, fragte den Mann, was es alles am Titicacasee zu besichtigen gebe, und ließ mir eine Karte zeigen. Meine Augen wurden da schon auf das entsprechende Ziel gelenkt. So entschied ich für diesen Tag, am Nachmittag von 14:00 bis 18:00 Uhr eine Tour nach Sillustani zu buchen. Für den nächsten Tag buchte ich eine Fahrt mit dem Boot zur Insel Uras und von dort weiter nach Isla Taquille. Das wurde als Tagestour mit Mittagessen angeboten. Die Insel Isla Taquille war eine der größten im Titicacasee. Ich hatte bis 13:30 Uhr Zeit, die Gegend zu erkunden. Der See lag ca. zehn Minuten vom Hostel entfernt. So schlenderte ich zum Hafen, schaute mir alles an, lief die Strandpromenade bis zum Ende und setzte mich in die Sonne, um mich aufzuwärmen. Gegen 09:15 Uhr stand ich auf, um zum Hostel zurückzulaufen. Doch in diesem Moment sagte mir eine Stimme: „Warte noch etwas." Oh, da war wieder die eine Stimme, die ich schon lange nicht mehr gehört hatte. Ich setzte mich erneut hin und rezitierte mein Mantra in der Morgensonne.

Etwa 15 Minuten später sagte mir die Stimme: „Jetzt kannst du los." Ich merke hier an, dass ich seit Monaten keine Stimme mehr hören durfte, sondern alle Wege intuitiv gehen musste, da die Geistige Welt alles auf telepathischer Ebene lenkte. So schlenderte ich die Strandpromenade zurück und blieb am Pier direkt vor einer großen Statue stehen. Am Pier war schon reges Tummeln, da die Bootsführer auf ihre unterschiedlichen Reisegruppen warteten. Mich sprach ein älterer Herr an, neben ihm stand ein Junge von 18 Jahren. Ich fragte auf Englisch, wer der Mann auf dem Sockel sei. Da sie nur spanisch und wenige Brocken englisch sprachen, sagten sie mir den Namen des Mannes auf Spanisch. Der Mann musterte mich und fragte, was ich beruflich mache. Ich antwortete, dass, wo immer Gott mich hinführe, ich den Menschen Licht, Liebe und Heilenergien überbringe. Er fragte, ob ich ein Doktor sei. Ich verneinte und zeigte, dass ich es einfach mit den Händen und dem Herzen überbringe. Der Mann verstand es nicht, der Junge schon. Er fragte mich auf Englisch, ob ich geistige Heilung mit den Händen geben würde, ich nickte. Ob ich spirituell sei? Ich bejahte. Als er das für den alten Mann übersetzte, zeigte und sagte er gleichzeitig, dass ich seinem Sohn die Hände auflegen solle. Ich fragte den Sohn, ob er es möchte, er bejahte. Ich fühlte schon in seiner Aura tiefe Trauer und in seinem Herzen noch viel mehr. So legte ich meine Hände auf, reinigte sein

Herz-Chakra, ließ die Liebe fließen und bemerkte, dass hinten im Nacken bei ihm eine Seele Energie von ihm abzog. Seine verstorbene Mutter zeigte sich mir. Ich sagte ihr, dass sie ins Licht gehen müsse. Ich reinigte seinen Solarplexus und öffnete das Tor. Alles geschah innerhalb von wenigen Minuten, direkt auf dem Platz am Pier. Ich versuchte, dem Jungen zu erklären, dass seine verstorbene Mutter eine Botschaft für ihn habe, doch unser Englisch reichte nicht aus, um zu kommunizieren. Es kam ein Passant namens David auf mich zu und fragte, ob ich Verständigungsprobleme habe und er mir helfen könne, da er spanisch spreche. Er könne mir alles übersetzen. Es war göttliche Führung. Warum, erzähle ich gleich. Ich erklärte David, was geschehen war und er übersetzte es auf Spanisch. Der Vater und der Sohn bejahten und stimmten zu, dass die Mutter verstorben sei und beide in Trauer seien. Der Junge war so perplex, dass es ihm die Sprache verschlug. Ich überbrachte ihm noch eine Botschaft, worauf er seine Achtsamkeit in Zukunft richten solle und was er daraus lernen würde. Auf Nachfrage, wie es ihm jetzt gehe, erklärte er, dass es ihm viel besser gehe und er sich leicht und frei fühle. Der alte Mann wollte, dass ich meine Hände nun bei ihm auflegte, was ich daraufhin tat. Sein Herz-Chakra war voller Trauer und im Sakral-Chakra saß Wut. Mir wurde gezeigt, dass sein Darm bereits durch diese Wut schon in Mitleidenschaft gezogen worden war. Ich sprach, während meine Hände auf seinem Körper lagen, wenig. Danach sagte ich David, was ich wahrgenommen hatte und er fragen solle, ob der Mann oft Magen-Darm-Probleme habe. Der Mann war so perplex, als David ihm das sagte, als ob er von einem Wunder sprechen würde. Ihm ging es anschließend viel besser. In dieser Zeit sammelten sich viele Menschen um uns herum und waren über die Worte von Vater und Sohn erstaunt. Ein weiterer Mann schob seine alte Mutter zu mir vor und bat darum, auch ihr zu helfen. Sie war dreckig und hatte einen erbärmlichen Geruch an sich. Die Fingernägel waren schwarz und verschlissen vom Straßenverkauf und sie lief mit einem krummen Buckel herum. Ihre Energie war so negativ, dass der Teufel persönlich sich dort am wohlsten fühlte. Am liebsten hätte ich Nein gesagt, doch ich schaute ihr tief in die Augen und ließ mein tiefstes Mitgefühl für sie fließen. In diesem Moment wurde mir ein kleines Leuchten ihres Herzes gezeigt. Ihr Blick war hilfesuchend und flehend, denn sie trug diese Last schon ihr ganzes Leben mit sich herum. Sie suchte Erlösung, ich konnte und wollte so kein Nein aussprechen. Wenn Gott sie zu mir führte, dann ließ ich das geschehen, was geschehen durfte. Da ich wusste, dass es etwas länger dauern würde, bat ich darum, dass wir uns setzten. David stimmte zu und übersetzte während der Behandlung alles dem Sohn, der wiederum seiner Mutter erneut übersetzen musste, da am Titicacasee auch eine einheimische Sprache namens Quechua gesprochen wurde. Es bedurfte einer großen Reinigung des ganzen Körpers, des Geistes und der Seele mit dem violetten Feuer von Saint Germain. Ich ließ die Liebe und das Licht in sie fließen und machte gleichzeitig ein Vergebungsritual. Mir wurde gezeigt, dass sie in einigen Vorleben Menschen schlecht behandelt hatte und deshalb jetzt in diesem Leben Karma abtragen musste. Ich rief Jesus und Mutter Maria dazu und bat um Hilfe, die sie gewährten. Ich weiß nicht mehr, was alles geschah. Ich weiß nur noch, dass die Frau ab diesem Tag nicht nur beten, sondern jeden Tag um Vergebung bitten sollte, dann werde ihr restliches Leben besser. Sie verstand alles und es ging ihr viel besser. Sie verneigte sich vor mir, was mir unangenehm war, denn Gott hatte durch mich das geschehen lassen, was sein durfte. Sie nahm meine Hände und küsste sie, tiefe Dankbarkeit breitete sich aus. Als die alte Frau weg war, fragte ich David, was er hier mache. Er schaute mich an, zuckte mit den Schultern und sagte, dass er es gar nicht wisse. Er erzählte, dass sein Knie schmerze und er es deshalb an diesem Tag alles etwas ruhiger angehen lassen wolle. Ich bot ihm an, für die Schmerzen die Hände auf das Knie zu legen. Er nahm es dankend an. Intuitiv griff ich nach seinem rechten Knie. Er fragte, woher ich wisse, dass es das rechte war. Ich fühlte seinen Schmerz, das sagte ich ihm. Als die Hände auf dem Knie lagen, sah ich seinen Vater vor meinem geistigen Auge. Da deutete ich ihm, dass sein Vater hier sei und er ihn hier hingeführt habe, da ich ihm eine Botschaft überbringen solle. Er fing an zu weinen und erzählte mir von dem Tod seines Vaters, der erst vor drei Monaten war, und von all dem, was ihn belastete. Ich überbrachte die Botschaft, hielt währenddessen die Hände auf dem Knie, reinigte das Herz-Chakra, öffnete es hinten und er entfaltete seine übergroßen blauen Flügel an Ort und Stelle. So bekam er Mut und Kraft in seinem Seelendasein, um seine weitere Reise zu gehen. Ich sagte ihm, dass Jesus sein Wegbegleiter sei und sein Vater gerne weiter in die nächste Zwischenebene reisen würde. Er bejahte das mit Jesus, denn er kam aus Israel, und auch, dass sein Vater weiter gehen dürfe. Ich zeigte ihm, wie er sich mit dem höheren Selbst und Mutter Erde verbinden konnte, was er ohne Probleme konnte. Eine enorme Kraft ging von ihm aus, worüber er erstaunt und verwundert war, denn so hatte er sich noch nie gespürt. Mir wurde gezeigt, dass er eine größere Aufgabe in Israel habe, was ich ihm nicht sagen durfte. Ich sollte ihm sagen, dass er mit Jesus zusammenarbeiten solle. Während ich mit David zugange war, kam der ältere Mann, der zu Beginn da gewesen war, mit einem weiteren Sohn auf uns zu und fragte, ob ich auch hier helfen könne. Sein Sohn habe ein ca. dreijähriges Kind zu Hause sitzen, das seit einer Meningitis (Hirnhautentzündung) behindert sei und nicht spreche. Das Kind sei seitdem halbseitig gelähmt und bekomme ab und zu einen epileptischen Anfall. Der Kleine war der einzige Enkelsohn des älteren Mannes. Ich fragte David, ob er mitkommen möchte, da ich ihn als Übersetzter bräuchte. Da es Heilgebete für Epilepsie gab, stimmte ich zu und ging mit dem jungen Mann und David nach Hause. Der ältere Mann fragte mich, was ich für die Behandlung bekomme, ich erklärte ihm, dass ich das auf Spendenbasis machen würde, um den energetischen Ausgleich im Gleichgewicht zu halten. Der Weg zum Haus des Mannes war kurz, wir brauchten nur fünf Minuten. Es war angenehm, in der Sonne zu laufen und mich zu wärmen. Der junge Mann nahm uns mit in sein Haus. Er wohnte in der Nähe vom Hafen. Sie waren modern eingerichtet. Wir gingen ins Wohnzimmer, der Kleine saß mitten im Wohnzimmer auf dem Boden im Lotussitz. Er spürte, dass wir in der Tür standen, drehte seinen Kopf zu mir, unsere Blicke und Seelen trafen sich. Mein erster Gedanke war: *Was soll ich hier? Der kleine Junge ist eine uralte inkarnierte Seele, ein Meister.* Er saß da wie ein kleiner Buddha. Seine Chakren waren komplett offen und er erfüllte den Raum mit Liebe. Wir, der Vater, David und ich setzten uns neben ihn auf den Fußboden. Seine Mutter setzte sich links neben uns aufs Sofa mit der jüngeren Schwester (ca. ein Jahr alt). Der Kleine schaute und fühlte, ich habe seinen Namen vergessen. Der Vater erzählte uns von der Krankengeschichte. Ich setzte mich hinter den Kleinen und hielt nur meine Hände in ca. 15 cm Abstand hinter seinen Rücken. Langsam bewegte ich die Hände nach oben. Im Reiki hieß das das Boysen: die Aura abscannen und fühlen, wo etwas nicht im Lot war. Ich schloss die Augen und verband mich mit seiner Seele, währenddessen glitten meine Hände nach oben zum Kronen-Chakra. In dem Moment, als ich ca. 20 cm über seinem Kopf war, ich ließ in dieser Zeit nur Liebe fließen, fragte ich auf Seelenebene, ob er Heilung haben wolle. Sein Kopf schoss herum, er schaute mich an und sagte mit einer kräftigen und bewussten Stimme: „NO." Erschrocken schauten wir uns alle an. Daraufhin sagte ich den Eltern, dass es eine klare und deutliche Antwort war und ihr Sohn keine Heilung möchte. Ich zog meine Hände zurück. Die Eltern schauten mich irritiert an. Hier flossen Worte oder Gedanken durch mich und ich sagte den beiden, dass er eine alte weise Seele sei. Er war feinfühlig, sensibel, verstand und bekam mehr mit, als sie dachten. Da bekam ich den Impuls, dass ich der Mutter die Hände auflegen sollte, da nicht der Kleine der Leidende, sondern die Mutter diejenige war, die Heilung benötigte. Sie bejahte. Sie trug große Trauer über ihr behindertes Kind in sich. Ihr Herz-Chakra war so voller Leid und Trauer, dass es einer Reinigung und Öffnung bedurfte. Der Kleine saß die ganze Zeit mit dem Rücken zu uns und konnte nicht sehen, was ich mit seiner Mutter machte. Nach der Reinigung bat ich sie, ihrem Sohn Liebe zukommen zu lassen, anstatt Leid und Trauer. Sie probierte es aus. Sie ließ ihre tiefste Mutterliebe zu ihm fließen. Der Kleine drehte sich um, sah seine Mutter in die Augen und schickte ein strahlendes Lachen wie eine Sonne zurück. So konnte ich den Eltern begreiflich machen, dass er diese unendliche Liebe spüre, aber ebenso die Trauer und das Leid (negative Energie) empfange. Das hielt seine Seele klein und sie konnte sich nicht weiterentwickeln. Sie verstanden es sofort. Es war eine karmische Aufgabe der Eltern, Akzeptanz zu lernen, um aus dem Leid herauszukommen. Nicht nur sie schickten dem Jungen Trauer und Leid, sondern auch der Opa. Der Vater erzählte uns, dass er seinen Vater (der Opa von dem Kleinen) Stolz machen wollte, da er der einzige männliche Nachfolger war. Ich bekam in diesem Moment eine Vision gezeigt, in der sich der Kleine im Alter zwischen 20 und 30 Jahren selbst heilen würde. So sagte ich den Eltern, dass sie nur positive Gedanken in die Zukunft schicken sollten, sodass ihr Kind die Kraft bekomme, sich selbst zu heilen. Denn hier zeigte sich deutlich, dass sie nur negativ gedachten und sich unendlich viele Sorgen gemacht hatten, z. B., dass der Junge zur Behindertenschule musste, er nicht sprechen konnte und was aus ihm werden sollte. Ich sagte ihnen, dass sie nur denken sollten, was sie sich wünschten, z. B. dass er sich irgendwann allein anziehen könne, dass er sprechen werde und dass er seiner Berufung nachgehen dürfe. Ich beendete den Besuch, da für mich alles klar war. Beim Aufstehen hatte der Vater große Schmerzen im Rücken, er versuchte, es nicht zu zeigen. Der Junge fühlte es und verzog sein Gesicht. Was mir noch bewusst auffiel, war, dass der Kleine mit seiner jüngeren Schwester über Telepathie kommunizierte, denn sie saßen zusammen auf dem Boden und spielten mit Bauklötzchen. Der Kleine teilte ihr verschiedene Klötzchen telepathisch mit. Sie legte und steckte sie exakt mit ihren 12 Monaten in- und aufeinander. Den Vater wies ich darauf hin, dass sein Sohn die Schmerzen sowie auch alles andere wahrnehme und fühle. Dem Vater war das nicht bewusst. Als wir gingen, hielt er uns Geld hin. Wir schlugen das Geld aus, denn wir hatten das Gefühl, dass es mit den zwei Kindern schon schwierig genug war. Beim Rauslaufen fragte ich David, wie er den Jungen wahrgenommen habe. Er bestätigte das, was ich wahrgenommen hatte, und sagte, er müsse das erst mal alles verarbeiten, was an diesem Vormittag geschehen war. Wir verabschiedeten uns vor dem Haus und jeder ging seines Weges. Erschrocken schaute ich auf die Uhr, es war 12:30 Uhr. So checkte ich schnell im Hostel ein, packte die Tasche aus und machte mich auf den Weg zum Treffpunkt für die Fahrt nach Sillustani.

Erst als ich wieder in Deutschland war, schaute ich nach, was die Engelszahl 77 und 777 bedeutete. Die 77 war die Schwingung des Himmels. Sie lud mich ein, mit meinem höheren Selbst im siebten Himmel zu leben, und forderte mich auf, mich so oft wie möglich mit der Erde, den Engeln und Meistern und dem ganzen Kosmos zu verbinden. Die 77 war ein Ruf zur höchsten Erleuchtung. Die 777 war ein Zeichen, das mir sagte, dass ich die Lektion gelernt hatte. Es war ein Zeichen der Anerkenntnis und Vollendung. Ich meisterte die Aufgabe, die mir mein Geistführer aufgegeben hatte.

Vom Treffpunkt aus, der schwer zu finden war, da er mitten in der Stadt lag und dort umgebaut wurde, waren es ca. 30 Minuten bis Sillustani. Während der Fahrt war ich so müde, dass mir die Augen zufielen und ich sie beim besten Willen nicht aufhalten konnte. An dem Ort fühlte ich mich nicht wohl. Da alle außer mir spanisch sprachen, wurde die Führung auf Spanisch geleitet. Ohne zu wissen, was es für ein Ort war, installierte ich intuitiv eine Lichtsäule mit Licht, Liebe und Heilenergien. Als wir einen Moment Zeit für uns hatten, fragte ich den Guide, was diese komischen Gebilde seien, die wir uns anschauten. Es waren Chullpas (Turmbauten). Die eindrucksvollste Sammlung dieser Chullpas war hier bei Sillustani zu finden, was rund 30 Kilometer nordwestlich von Puno am kleinen Umayo-See lag. Wann diese Grabstätte errichtet wurde, ist nicht bekannt, Forscher schätzten ihre Entstehung um etwa 1000 nach Christus. In den Chullpas wurden die sterblichen Überreste von Königen und anderen Würdenträgern begraben. In Pflanzenfasern eingeschnürt wurden die Verstorbenen in fötaler Haltung auf ihre letzte Reise geschickt. Ihre Körper blieben aufgrund der trockenen und kalten Luft über Jahrhunderte erhalten. Oft wurden die Habseligkeiten des Verstorbenen, Nahrung für das Leben nach dem Tod und sogar Diener mit in die Chullpas eingemauert. Erschrocken und erstaunt konnte ich es mir nicht nehmen lassen, meine Hände auf das größte Grab zu legen, das erstaunlich gut erhalten war. Es kamen starke Winde auf und ich vernahm einen Energiestrudel, der nach oben in eine andere Welt ging. Da die Besichtigung für mich hier beendet war, setzte ich mich auf einen Stein und genoss die schöne Aussicht auf den Umayo-See. Am Abend fiel ich erschöpft und müde gegen 20:00 Uhr ins Bett.

08. Juli 2019

Spruch des Tages: „Die, die mich suchen, werden mich finden." Ich musste um 05:00 Uhr aufstehen, da die Abfahrt nach Uras und Isla Taquile um 07:00 Uhr war. Glücklicherweise hatte ich ein Hostel mit Heizung und Frühstück ausgewählt, denn es waren an diesem Morgen nur 2 Grad. Mir war eisig kalt und so kam die Heizung zum vollen Einsatz. Ich freute mich auf den Tag, denn nach der Meditation der Fülle wusste ich, dass das Nabel-Chakra direkt im Titicacasee lag. Die Floating Uros, die schwimmenden Inseln, wurden von Menschenhand erschaffen und liegen auf der Grenze von Peru und Bolivien, mitten im Nirgendwo auf dem Titicacasee. Die schwimmenden Inseln, auf denen die Uro-Indianer wohnten, bestanden aus vier Bojen, die aus Torf erschaffen wurden. Darauf legten sie viele Schichten Reet, das sie im nahegelegenen niedrigen Wasser anbauten. Das Reet war frisch und grün. Wir wurden herzlich vom Häuptling der Insel empfangen. Der Boden, das Reet, war von der Nacht gefroren, was ihnen augenscheinlich nichts ausmachte, denn sie liefen immer barfuß. Ihre Hütten waren aus Spanplatten zusammengezimmert. In ihnen gab es nur eine Matratze auf dem Boden sowie Decken und ihre Kleidung. Gekocht und gegessen wurde draußen an der Hauptfeuerstelle, die mit Steinen ausgelegt war, da sonst die Insel abbrennen konnte. In ihrer freien Zeit bastelten sie alle ihre Souvenirs für die Touristen, die zum Verkauf angeboten wurden. Einige hatten auf dem Dach ihrer Hütte ein Solarpaneel und eine Batterie in der Hütte, um Strom fürs Handy zu haben. Es gab nur eine Dusche und eine Toilette für alle. Ich glaube, auf jeder Insel wohnten drei oder vier Familien mit Kindern. Sie lebten wie Ur-Indianer, nur ein wenig moderner und auf einer schwimmenden Insel. Wenn das Wasser irgendwann von unten her das Reet verfault hatte, musste eine neue Insel gebaut werden, und alle mussten umziehen. Nahrungsmittel und andere Sachen kauften sie in Puno. Hierhin fuhren sie mit einem Motorboot. Es ging weiter mit dem Boot nach Isla Taquile. Als wir alle zurück in das Boot stiegen, bekam ich den Impuls, draußen sitzen zu bleiben, obwohl es so kalt war. Die Sonne schien und es gab einen weißen Plastikstuhl, den ich mir nahm. Ich blieb draußen auf der linken Seite sitzen. Eine unfassbare sanfte Energie schwebte in der Luft. Wir fuhren keine zehn Minuten, da wurden meine Augen ganz schwer. Ich bemerkte, dass der Guide sich rechts von mir auf den Boden legte und einschlief. Ich verfiel in einen Dämmerschlaf. Ich konnte die Augen nicht öffnen, war allerdings auch nicht ganz weggetreten, irgendwie saß ich wie gelähmt auf dem Stuhl, mein Kopf fiel nach vorne. Durchgefroren wurde ich nach ca. einer Stunde wach und meine Augen ließen sich öffnen. Der Guide wurde auch wieder wach. Ich fragte ihn, wie lange wir überhaupt zur Insel fahren würden. Er sagte, dass es ca. 2,5 Stunden dauere und wir jetzt noch 1,5 Stunden fahren würden. Ich war überrascht, denn mir war nicht bewusst, dass der Titicacasee so groß war und wir so lange über den See fahren würden. Da mir zu kalt war und wir so lange unterwegs sein würden, beschloss ich, reinzugehen. Langsam stieg ich die Stufen ins Bootinnere herab und war erstaunt, welches Bild sich mir bot. Alle, bis auf den Bootsführer, schliefen oder befanden sich im Dämmerschlaf. Wir waren ca. 20 bis 25 Personen an Bord. Ich kam mir vor wie in einem Traum. Auf der Insel hatten wir das Mittagessen. Wir konnten von oben, wir mussten über 20 Minuten steil bergauf steigen, die wunderbare Aussicht über den Titicacasee genießen. Nach dem Mittagessen mussten wir schon wieder zurück zum Boot. Die gesamte Rückfahrt dauerte drei Stunden. Auch auf dem Rückweg schliefen wieder viele oder befanden sich im Dämmerschlaf. Erst in den letzten 45 Minuten kam Regung ins Spiel. Am Abend war ich so müde, dass ich nur noch schnell etwas Obst auf dem Markt kaufte und danach total erschöpft ins Bett fiel. Die Heizung ließ ich in der Nacht an und schlief das zweite Mal in Peru knapp 11 Stunden. Für mich hieß das immer, die Energie des Tages zu verarbeiten, um so den Körper auf eine lichtvollere Ebene anzupassen.

09. Juli 2019

Am Morgen bemerkte ich, dass ich Erholung brauchte. Ich hatte Nasenbluten und fühlte mich erschöpft. Die Rückfahrt nach Cusco war erst um 22:30 Uhr, und da es abends kalt war, beschloss ich, das Zimmer bis 21:00 Uhr zu buchen. Das war gegen einen kleinen Aufpreis möglich. Nach der Zusatzbuchung ging ich etwas frühstücken. Im Frühstücksraum gab es keine Heizung und alle Türen standen offen. Da mir so kalt und ich etwas müde vom Vortag war, beschloss ich, alles langsamer an diesem Tag anzugehen. Nach einer heißen Dusche schlenderte ich gemütlich zum Hafen (die Stadt war mir zu voll und zu laut). Ich setzte mich in die Sonne und genoss den See. Am Nachmittag machte ich es mir in einem Restaurant bequem. Den Abend verbrachte ich im Zimmer, da am Hafen alles schloss, sobald es dunkel wurde. Beim Anschauen des Bustickets fiel mir auf, dass mein Sitzplatz im Bus die Nummer 9 hatte, es der 9. Juli war und, was ich noch nicht wusste, dass ich an Gate Nummer 9 in Cusco ankommen werde. Die Engelszahlen hatten sich geändert, so wusste ich, dass meine

Aufgabe hier am Titicacasee abgeschlossen war und etwas Neues auf mich wartete. Leider war der Bus auf der Rückfahrt nicht so wie der auf der Hinfahrt. Es funktionierte keine Lüftung, keine Klimaanlage, keine Heizung und in der oberen Etage, wo überwiegend alle Sitzplätze des Busses waren, stank es fürchterlich nach Schimmel. Ich konnte nicht ein Auge in der Nacht zumachen und rezitierte mein Mantra als Ablenkung, um mich nicht übergeben zu müssen.

10. Juli 2019

Ankunft war um 06:30 Uhr an Gate Nummer 9 in Cusco. Ich fuhr mit dem Taxi zum Appartement und nahm erst mal eine heiße Dusche. Ich schlief bis mittags, aß etwas Obst und schrieb Tagebuch bis 17:00 Uhr. Danach ging ich bummeln und essen. Die Höhenunterschiede machten sich in der Nacht wieder bemerkbar. Ich wachte um 02:00 Uhr und um 04:00 Uhr auf. Obwohl der Titicacasee auf 4.000 Meter Höhe lag und es mir da besser ging, bekam ich immer in Cusco die größeren Probleme mit der Atemluft. In der Nacht hatte ich wieder Herzrasen, Nasenbluten und Kopfschmerzen. Beim Nase putzen machte sich gelbes Sekret bemerkbar. Spruch des Tages: „Seid froh und glücklich, euer Lohn im Himmel wird groß sein."

11. Juli 2019

Spruch des Tages: „Bleibe bei dem, was dir dein Herz rät." Ich meditierte am Morgen für ca. eine Stunde und bekam währenddessen neue Impulse. An diesem Morgen war ich es leid, allein durch die Welt zu tingeln, und ich fragte, wann endlich der richtige Mann in mein Leben komme. Das Universum gab mir eine schnelle Antwort, die ich schon kannte. Sie lautete: „ABWARTEN." Das Duschen fiel heute aus, da es kein Wasser gab. Bis 18:00 Uhr blieb es abgestellt. Ich ging am Nachmittag in die Stadt, um meine Wäsche aus der Wäscherei abzuholen und die letzten zwei Museen von dem Touristenticket zu besuchen. Das erste hatte nur Kunstbilder, die mir nicht gefallen hatten, da blieb ich keine zehn Minuten. Das zweite Museum war anspruchsvoller, da es viele Artefakte von Cusco und Tipón aus führen Zeiten gab. Mir wurde die Geschichte von den Spaniern und

Inkas gezeigt und wie die Inkas im Krieg gedemütigt, geknechtet und getötet wurden. Da wurde mir ein anderer Blickwinkel auf den Plaza de Armas und Cusco eröffnet. Die Inka-Städte wurden im 16. Jahrhundert von den Spaniern erobert. Aus diesem Grund gab es viele Tote und Leidende in Cusco, was mir wiederum erklärte, warum ich mich an verschiedenen Orten nicht wohlfühlte. So auch in den Kirchen und Kathedralen im ganzen Umkreis. Die Inkas verehrten Mutter Erde Pachamama und sahen die Sonne (Viracocha) als ihre Gottheit an. Die Spanier versuchten, ihre Weltanschauung durch Jesus, die Bibel, heilige Ikonen und durch das Kreuz zu ersetzen, was ihnen zum größten Teil gelungen war. Die dort Lebenden waren zu 75 % Katholiken. In Cusco sah ich Bauten und Mauern aus der Inka- und der Kolonialzeit. Jetzt wurde mir mit einem Mal bewusst, warum mir immer eisige Schauer über den Rücken liefen und tiefe Traurigkeit über mich kam, wenn ich in die Kirchen gegangen war. Viele verstorbene Seelen waren dort irdisch gebunden, da sie leidvoll gestorben waren. Ebenso hingen das Leid und die Trauer der Betenden in den Kirchen bzw. Kathedralen fest. Deshalb rief ich automatisch die allgöttliche Liebe an und installierte eine Lichtsäule, damit die Seelen, die in den Kirchen festhingen, ins Licht gehen konnten. Ich ging gegen 21:30 Uhr zu Bett. In der Nacht wachte ich wieder öfter auf und begann in den frühen Morgenstunden mit der Meditation.

12. Juli 2019

Spruch des Tages: „Wo zwei oder drei in meinem Namen versammelt sind, da bin ich unter ihnen." Damit war Jesus gemeint. Für den Tag stand Templo de la Luna (der Mondtempel), Cristo Blanco (der weiße übergroße Jesus), ihn konnte ich von unten aus der Stadt sehen, und die Inka-Stadt Sacsayhuamán auf dem Plan. Da es für mich eine Tagestour werden würde, beschloss ich, mit dem Bus zur letzten Bushaltestelle oben auf dem Berg über Cusco zu fahren, da sie in der Nähe des Mondtempels lag. Zu Beginn meiner Perureise hatte ich mir das „Boleto Turistico" gekauft. Ich stellte an dem Tag fest, dass drei Wochen in Peru für mich zu kurz waren, um alle darauf genannten Inka-Städte zu besuchen. Um die Visionen in Erfüllung gehen zu lassen, waren die Tage ausreichend. Martin war so nett gewesen und hatte mir auf dem Lageplan gezeigt, an welcher Busstation ich einsteigen sollte, was für mich hilfreich war. Die Fahrt dauerte nur knapp 30 Minuten und der Bus war nicht überfüllt. Von der Haltestelle lief ich durch die wunderschönen Weideflächen, wo ich Einheimische sah, die sich um Schafherden und Alpakas kümmerten. Die Pferderanch, wo Pferde für einen dreistündigen Ausritt rund um die Inka-Stätten gebucht werden konnten, befand sich ebenfalls dort. Der Tempel war eine alte Ruine, die zu einer der wichtigsten archäologischen Stätte der Inka gehörte. Oben auf dem Tempel setzte ich mich in eine Steinmulde und meditierte dort für eine ganze Weile. Ich spürte, wie Energie durch meinen Körper floss. Nach der Meditation schaute ich mir den Tempel etwas genauer an und wurde mit den Augen zu einem gegenüberliegenden Berg geführt, in dem sich eine Art Höhle befand. Der Weg führte durch die Weidelandschaft und ging auf einem schmalen geheimen Trampelpfad steil bergauf. Oben sah ich eine alte Feuerstelle. Die Stelle sah aus, als würde sie für Rituale genutzt. Ich rief die allgöttliche Liebe an und spürte, wie starke Winde aufkamen, und legte für den Moment meine Hände auf den Berg. Ich genoss die kühle Brise der Winde und fühlte mich, als würden sie mich hoch hinauftragen, in eine Sphäre, die nicht zu beschreiben war. Später stand ich beim Abstieg lange auf einem kleinen Berg, der unterhalb der Höhle lag. So genoss ich einen fantastischen Panoramablick über die Felder und die umliegenden Berge. Peru war ein wunderschönes Land, das abwechslungsreich an Flora und Fauna war. Danach machte ich mich auf den Weg zum Cristo Blanco. Die Figur war so groß, dass ich mich sofort an die von Brasilien erinnerte, obwohl ich nie dort war. Von dort hatte ich den besten Ausblick über Cusco und alle Täler, die drum herum lagen. Die Mittagssonne stand zu dieser Zeit schon hoch und war sehr heiß. Ich brauchte eine Pause von der langen Strecke, doch es fand sich kein schattiges Plätzchen, so lief ich gleich weiter zum Sacsayhuamán. Sacsayhuamán bedeutete in Quechua „gesättigter Falke." Es wurde vermutet, dass es sich um eine Festung handelte, es wurde jedoch auch angenommen, dass es sich um ein Zeremonienzentrum gehandelt haben könnte, da es einen in den Berg gemeißelten stufenförmigen Thron gab. Die alte Inkastadt verfügte über ein beeindruckendes Inka-Design und über Kunstwerke mit massiven Steinen, die über 9 Meter hoch und bis zu 125 Tonnen schwer waren. Viele der Steine hatten eine besondere Platzierung und Gestaltung, beispielsweise wie der Kondor, Puma und die Schlange, die die drei Inka-Welten repräsentierten. Für mich war es neben Ollantaytambo die am meisten beeindruckende Stadt. Erst viele Monate später wurde ich zu einem Film geführt, in dem bekannte Orte und Stätten gezeigt wurden, wo die Ley-Linien entlanglaufen. Unter Sacsayhuamán lief eine entlang, was mir wiederum erklärte, warum ich dort so viel Energie gespürt hatte.

Ein Guide fragte mich am Eingang, ob ich eine Führung wolle, ich schlug sie aus, da ich wusste, dass ich an diesem Ort geführt werde. Der erste Gang war zu einem schattigen Baum, um darunter Rast zu machen. Davon gab es nur zwei oder drei auf dem ganzen Areal. Es war schon Nachmittag und mein Magen meldete sich. Nach der kleinen Pause und Stärkung zog es mich zum Thron, der in die Felsen gemeißelt war. Irgendwie sah ich alte Bilder vor meinem geistigen Auge, die mir gezeigt wurden. Ich musste hoch auf den Berg und mich dort an eine bestimmte Stelle setzen. Ich setzte mich mit dem Rücken zur Sonne und meditierte. Es fühlte sich an, als hätte ein Kondor meinen Geist emporgehoben und mit Energie umworben. Ja, der Kondor war mir einige Male in Peru begegnet. Er sollte Botschaften und den Willen der Götter an die Menschen übermitteln. Wie kein anderer wandelte er zwischen den Welten, kannte weder Raum noch Zeit und flog die Seelen der Verstorbenen zurück zu den Bergen. Zog der Kondor als Krafttier seine Kreise über dein Leben, dann kündigte er Wandlung, Erlösung und Erwachen an. Leben und Tod standen dicht beieinander, sie waren beide Anfang und Ende.

Nach der Besichtigung trat ich den Heimweg an. Es gab einen Fußweg, der direkt in die Stadt führte. Ich wusste nicht mehr, wie lange ich unterwegs war. Am Plaza de Armas legte ich eine letzte Rast ein. Als ich mich an einen Stein direkt an der Kirchenmauer lehnte, steuerte ein gebrechlicher Hund auf mich zu. Er schaute mich an und ich fragte ihn, was er brauche, und sagte ihm, dass ich sehen könne, dass er bald in den Himmel gehe. Er senkte den Kopf. Ich fragte, ob er Heilenergien brauchte, um von dieser Welt gehen zu können. Er drehte sich um und hielt mir sein Hinterteil hin, wo sich das Wurzel-Chakra befand. Ich legte meine Hände so lange auf, bis er von allein die Übertragung beendete. Er schaute mich ein letztes Mal mit einem dankenden Blick an und ging in Zeitlupe zurück zu seinem Platz. Heute weiß ich, dass viele Seelen aus der Zwischenwelt direkt als Tiere inkarnieren, davon sind viele Hunde, um den Instinkt zu erlernen und bedingungslose Liebe zu geben. Es kann vorkommen, dass Tiere von verstorbenen Seelen besetzt sind. Auf jeden Fall gab es Massen an Hunden, die nicht nur erbärmlich aussahen, sondern total verhungert, verwahrlost und abgemagert waren. Das war ein Punkt, der mir überhaupt nicht an Peru gefallen hatte. Niemand half oder kümmerte sich um die streunenden Hunde, auch nicht, um die Überflutung von ihnen einzudämmen. Am Tage schliefen sie und in der Nacht plünderten sie alle Müllsäcke der Stadt, um etwas zum Überleben zu finden. Zurück im Appartement musste der Koffer gepackt werden, da am nächsten Tag der Heimflug anstand. Die Verabschiedung von Martin und Judith war sehr herzlich und lang. Martin hatte mir für den nächsten Morgen für 04:30 Uhr ein Taxi zum Flughafen bestellt.

13. Juli 2019

Spruch des Tages: „Für jeden bleiben Glaube, Liebe, Hoffnung, diese drei; doch am größten unter ihnen ist die Liebe." Martin brachte mich am Morgen zum Taxi. Er hatte extra sein Handy über Nacht angelassen, weil er wollte, dass sich der Taxifahrer meldete, wenn er da war, damit ich nicht zu lange draußen in der Kälte stehen musste. Der Abflug von Cusco war um 06:29 Uhr. Der Weiterflug von Lima nach Madrid war um 10:40 Uhr mit Air Europa. Ich saß in der Mitte vom Flugzeug, allerdings hatte ich einen Außenplatz, so konnte ich immer wieder aufstehen und öfter eine Runde laufen. Da wir vom Tag in die Nacht flogen, war mehr Service an Bord. Immer nach einer Stunde wurde nachgefragt, ob ich Wasser trinken wolle. Auf dem Flug konnte ich nicht schlafen. Ankunft in Madrid war um 05:10 Uhr am 14. Juli 2019 bei ca. 30 Grad Hitze. Als wir alle ausgestiegen und im Gate angekommen waren, haute mich die Luft von den Füßen. Mir war schwindelig und ich spürte, dass meine Seele überhaupt nicht zentriert im Körper war. Ich kam ins Schwanken, mir wurde übel und ich musste mich erst mal an die Wand lehnen. Einige Tage später hörte ich einen Bericht, in dem eine Frau erklärte, dass es nach solchen langen Flugstrecken durch den Über- und Unterdruck passieren könne, dass die Energie sich nicht schnell genug in den Körper zurückziehe. Hier war eine ausreichende Erdung nötig. Dennoch musste ich weiter, um für den nächsten Flug durch die Passkontrolle zu gehen. Winterlich angezogen überschwemmte mich ein Schweißausbruch nach dem anderen. Ich zog alles bis aufs untere Shirt aus, fühlte mich allerdings trotzdem schlecht. Die Menschenschlange an der Passkontrolle schlich nur so dahin. Meine Beine wollten nicht laufen, sie fühlten sich wie Wackelpudding an, und ich hatte richtige Beklemmungen beim Atmen. Der Weiterflug war noch nicht angeschrieben, so nahm ich den nächstbesten freien Platz in der nächsten Abflughalle sowie ein Wasser und setzte mich. Mir fiel das Atmen unglaublich schwer, die Luft stand, eine Klimaanlage war nicht zu spüren. Die Frauen liefen alle in Minikleidern herum und die Herren in Shorts und T-Shirts. Der Weiterflug war um 07:05 Uhr. Kaum hatte ich in der Maschine Platz genommen, konnte ich meine Augen nicht mehr aufhalten. Mein Kopf knickte immer wieder nach vorne, in der Maschine war gefühlt keine bessere Luft. Ich dachte, dass es zum Teil an der Rückakklimatisierung sowie an dem Temperaturunterschied von 4 Grad auf 30 Grad und dem mehr als 24-Stunden-Flug und der Reisezeit lag. In Düsseldorf landete ich um 09:40 Uhr, mein Sohn Patrick holte mich ab, worüber ich mehr als nur froh war. Er freute sich, mich wiederzusehen.

Der letzte Spruch für den 14. Juli lautete: „Alles kann, wer glaubt." Es war eine faszinierende Reise nach Peru gewesen. Alle Visionen, die mir im Vorfeld in Meditationen gezeigt worden waren, waren wahr geworden. Ich hatte tolle Menschen kennengelernt und ein wunderschönes Land auf unserer Erde dazu. Ich war dankbar, dass das Göttliche mir all die Kraft gegeben hatte und dass die Engel und Jesus während der ganzen Reise bei mir gewesen waren. Die Hoffnung und der Glaube, dass ich es schaffen konnte, gaben mir den Mut, diese Reise in tiefer Dankbarkeit und Liebe bis zum Nabel der Welt zu gehen. Dankbar war ich auch für die vielen

Energieanhebungen und Übertragungen, in denen Wissen und Weisheit gesteckt hatte.

Nach der Reise wurde ich krank. Zehn Tage lang lag ich fast nur im Bett mit einer schweren Grippe und einem Infekt der Atemwege. Ich musste zum Arzt, da die Grippe an die Substanz des Körpers ging. Ich hatte wieder das Gefühl, innerlich zu verbrennen, und musste Antibiotika nehmen. Das erste Mittel zeigte keinerlei Wirkung, deshalb verschrieb der Arzt ein zweites Antibiotikum, was mir half. Ich gönnte mir Ruhe. So konnte ich die Eindrücke und die Energie von Peru verarbeiten, was sehr viel war. Ich hatte auf der Reise und durch die Grippe erschreckend abgenommen. Wenn es nach mir ginge, könnte ich mich einfach nur noch von Licht und Liebe ernähren. Nur langsam erholte ich mich von der Grippe. Es war wichtig, dass ich wieder zu Kräften kam, da die nächste Tour ab dem 28. August bis zum 9. September nach Schweden mit einem Freund geplant war und ich dort für meinen Bruder Dogsitting machen sollte. Sein Haus war am Meer und Wald gelegen. Für mich war Schweden ein Land der Einkehr und Ruhe. Doch dieses Mal sollte es anders werden.

Wir schrieben den 8. August und durchschritten das Löwentor, es fand eine Energieanhebung für alle statt. Mir war seitdem öfter schwindelig. Am 9. August erhielt ich eine letzte Salbung von Jesus, es war die sechste seit 2012. Auf Nachfrage, wie viele Salbungen ich erhalte, kam die Zahl sechs, deshalb wusste ich, dass es die letzte war. Immer, wenn ich die Leiter im spirituellen Aufstiegsprozess vorangeschritten war, bekam ich eine Salbung. Ich wurde in solchen Momenten in der Meditation schwer und mein Kopf war so ausgeknockt, dass er nach vorne fiel. Die Salbung fand über den ganzen Rücken statt, es wurde das Kreuz auf ihm gezeichnet im Namen des Vaters, des Sohnes und des Heiligen Geistes. Ich fragte mich, was das Kreuz an sich bedeutete. Das Kreuz verkörperte die Verbindung zwischen allem Irdischen und dem Himmlischen. Die waagerechte kürzere Achse des Kreuzes stand für das Irdische, die senkrechte längere Achse für das Himmlische, auch Göttliche genannt. Wenn man ein Kreuz mit sich trägt oder zu Hause aufhängt, sollte es immer ohne Jesus sein, denn Jesus ist auferstanden.

In den frühen Morgenstunden dem 12. August ging ich wie immer mit Manju eine große Runde spazieren und machte ein Morgenritual am Wasser. Ich bat meine Monade zusammen mit der Quelle um Führung. Ich verband mich zum Erden mit Mutter Erde. Hier konnte ich feststellen, dass nach einigen Tagen bereits ein energetischer Punkt entstanden war, da ich Licht und Liebe immer an derselben Stelle in die Erde geschickt hatte. Dann rief ich die allgöttliche Jesusliebe an und schickte sie zum höchsten Wohle aller Wesen, irdisch und himmlisch, und auch in Mutter Erde durch alle Ley-Linien rund um die Erde, sodass alle Wesen in Frieden, Harmonie und Glückseligkeit leben konnten. Danach verband ich mich mit der unendlichen Weisheit des Kristallschädels aus Atlantis, darin übte ich mich schon seit mehr als eineinhalb Jahren. Mein Spruch für mich seit Jahren: „Meine innere Weisheit bringt mich zu Reichtum und Fülle auf allen Ebenen." Vielleicht kam ich deshalb auf den Kristallschädel von Atlantis, denn in, dem 13., war das gesamte Wissen aus der Zeit von Atlantis abgespeichert. Ich stand also am besagten Punkt, Manju saß immer neben mir auf einer Bank, schaute mir dabei zu und blieb ganz ruhig. Ich fing an, das Ritual zu zelebrieren. In diesen Moment, als ich mich mit der unendlichen Weisheit des Kristallschädels verband, bekam ich eine Einweihung in den Kristallschädel. Ich sah ihn symbolisch in meinem Kopf fließen. Er war genauso groß wie mein Kopf und er sah aus wie der Kristallkopf von Atlantis. Perplex lief ich nach Hause und fragte mich, was das für eine Einweihung gewesen sei. Ich erhielt keine Antwort. Tief im Inneren wusste ich, dass es der Kristallschädel war.

Am nächsten Morgen machte ich wie gewohnt draußen am Wasser wieder das Ritual und sah auf einmal die 12 Priester und Priesterinnen von Atlantis vor meinem dritten Auge. Sechs Frauen standen zur Rechten und sechs Männer zur Linken. Praktisch war ich die 13. Person und durfte mich mit je einer Priesterin und einem Priester der Reihe nach über das dritte Auge verbinden. Jeder überspielte mir ein anderes Wissen. Ich sah, dass die Priesterinnen einen violetten Umhang mit Kapuze trugen und an den Rändern goldene Bordüren oder Ornamente aufgenäht waren. Die Umhänge glänzten und die Priester/-innen hoben den Kopf, wenn ich direkt vor ihnen stand, um sich mit dem dritten Auge zu verbinden. Sie hatten das Wissen teleportiert. Als ich nach Hause ging, fragte ich mich, wie ich das Wissen abrufen könne. Es war alles so schnell gegangen, dass ich gar nicht wusste, was sie mir überspielt hatten. Ich wusste nur, dass jeder eine andere Weisheit in sich trug. Eine davon war die Kristallenergie. Es war ungefähr wie ein Download aus dem Internet, wenn du dir z. B. ein Buch heruntergeladen hast. Ich weiß heute nur noch, dass ich nach Damanhur fahren sollte. Kommt Zeit, kommt Rat. Wahrscheinlich werde ich Ende 2020 hinfahren. Damanhur liegt am Fuß der italienischen Alpen, im Norden von Piemont, Italien.

Vom 13. auf den 14. August hatte ich eine Nacht, die ich nicht so schnell vergessen konnte. In dieser Nacht hatte ich eine Besetzung von einem Unlicht, ein Unlicht, wie es mit keinen Worten zu beschreiben war. Ich spürte im Schlaf eine unerträgliche Schwere und schwarze Masse auf und in meinem Körper, sie lähmte mich und entzog mir fast die ganze Lebensenergie. Ich wollte um Hilfe schreien, doch aus meinem Mund kamen nur verstümmelte Laute. Bisher hatte ich nur davon gehört, doch dieses Mal betraf es mich selbst. Ich konnte nicht sprechen und mich nicht bewegen, ich war gelähmt, das war grauenvoll. Die unerträgliche Schwere auf und im Körper zu spüren, fühlte sich so an, als würde ich von einer Zementdecke erdrückt. Es kam ein weibliches göttliches Wesen zur Hilfe. Ich wusste nicht, wer sie war. Sie rief meinen Namen mehrmals, bis ich die Augen offen hielt. Das Unlicht zog sich zurück. Ich spürte, wie die schwere Energie aus meinem Solarplexus zurückwich, wie ein Sog zog es nach oben. Ich wusste nicht, was für eine Macht die göttliche Priesterin hatte, doch das Unlicht war weg. Ich fühlte mich leer und elendig. Für diese und auch weitere Nächte tat ich kein Auge zu. In den Tagen nach dem Übergriff fühlte ich mich kraftlos und ausgelaugt. Glücklicherweise traf ich auf Brigitta, ein Medium und eine Heilerin aus Dortmund. Sie gab mir eine kurze Behandlung, weil sie mir angesehen hatte, dass es mir wirklich schlecht ging. Sie sagte, dass eine Priesterin aus Atlantis zur Hilfe gekommen sei und dass ich durch die Geistige Welt beschützt werde. Das gab mir etwas Ruhe. Auf Nachfrage an das Göttliche wurde mir gesagt, dass es sich hierbei um keinen Test gehandelt habe. Das Unlicht wurde gerne vom Licht angezogen, um sich davon zu nähren oder es auszulöschen. Ich brauchte nach dieser Erfahrung einige Zeit, um mich zu regenerieren und um wieder Vertrauen in den Schlaf zu finden. Die Aussage, dass ich göttlich beschützt werde, half mir dabei.

28. August 2019, Schweden

Wir hatten schönes Wetter, die Sonne schien fast jeden Tag. Da der Freund, der dabei war, noch nie in Schweden war, fragte er, was wir alles besichtigen könnten. Als wir die einzelnen Möglichkeiten durchgegangen waren, kam mir in den Sinn, zum Nordpolarkreis zu fahren. Ein kurzer Blick in Google Maps verriet uns, dass wir ca. 3,5 Stunden dorthin brauchten. Mir kam sofort der Impuls, an welchem Tag und um wie viel Uhr wir hinfahren sollten. Der nördliche Polarkreis war in Schweden oder Lappland an verschiedenen Stellen zu überqueren. Es gab sogar mehrere Orte, die direkt auf ihm lagen. Wir hatten uns für Jokkmokk entschieden, da dies die kürzeste Strecke von Skellefteå aus war. Die Stadt lag in Lappland. Nachdem wir entschieden hatten, dorthin zu fahren, sendete ich den Wunsch aus, ein Nordpolarlicht zu sehen. Mein Bruder sowie einige andere Personen, denen wir auf der Fahrt begegnet waren, sagten alle, dass wir keines sehen würden, da es zu warm und der falsche Monat für ein Nordlicht sei. Nordlichter seien erst ab September in kalten Nächten zu sehen, so die Aussage. Ich blieb in meinem Gedanken stur, denn es war ja Anfang September, und ich impfte den Freund, dass er auf jeden Fall auch positiv denken solle. Entlang des nördlichen Polarkreises gab es in Schweden vor allem Berge, Wälder und Wildnis. Wir machten Rast am Storforsen, das ist ein riesengroßer Wasserfall in einer tollen unberührten Landschaft mitten im Nirgendwo. Kann ich an dieser Stelle sehr empfehlen. Übernachten kann man im Hotel oder mit dem Wohnmobil direkt neben dem Hotel auf einer kleinen Campinganlage. Auf dem letzten Stück der Strecke hatten wir das seltene Glück, dass wir zwei Rentiere auf der Straße sahen, eines davon lief eine Zeit lang vor dem Auto her. Ich musste an die Sage von Nikolaus denken, die wir alle als Kinder erzählt bekommen hatten. Die Rentiere zogen da durch das Land, unterwegs auf ihren Sommer- oder Winterweiden. Während der Fahrt überkam mich ein seltsames Gefühl, es war, als würde ich nach Hause fahren. Mir kamen die Tränen. Ich wusste gar nicht, wir mir geschah. Das Gefühl wurde immer stärker, je näher wir dem Nordpolarkreis kamen. Ich erklärte dem Freund, dass ich das Gefühl habe, als würde sich dort die Erde erschließen. Er googelte etwas über den Nordpolarkreis und fand heraus, dass dort der Punkt sein solle, an dem die Energie in die Erde eintrete und von dort einmal im Breitengrad um die Erde fließe, deshalb Nordpolarkreis. Das passte zu meiner Aussage, dass sich dort die Erde erschließe. Ja, und ich hatte das Gefühl, nach Hause zu fahren, da dass Sternzeichen Krebs dem nördlichsten Breitengrad zugeordnet wurde. Das hatte ich nicht gewusst. Nachdem ich es gehört hatte, ergab es einen Sinn. Es war schon Nachmittag, ca. 15:30 Uhr, als wir ankamen. Für meine Begriffe zu spät, doch es sollte einen Sinn haben, warum wir so spät waren. Wir erkundeten die Stadt, machten Rast und aßen etwas zu Abend. Ich guckte nach dem Essen auf die Landkarte und fragte die Engel, wo der für uns richtige Platz an diesem Ort sei. Mir wurde ein See gezeigt. Nach dem Essen fuhren wir dorthin. Es gab ein Hotel und der See vor dem Hotel war so groß angelegt, dass wir mit dem Hund bequem eine Runde um den See spazieren gehen konnten. Als wir ca. die Hälfte gelaufen waren, stießen wir auf eine Reihe großer Heilsteine. Jeder Stein hatte eine besondere Wirkung. Ich fühlte mich von zwei Steinen anzogen. Einer davon stand in einem Steinlabyrinth, er war grün mit weißen Punkten, die etwas glitzerten. An dem Stein hing ein Schild in englischer Sprache, das übersetzt lautete: „Der Name bedeutet ‚Gast' und bezieht sich auf den Stein, der aus Kautokeino gebracht und in Jokkmokk platziert wurde. Die meisten Menschen erleben diese Erfahrung eines Gastes, eines Fremden, der nicht dazugehört. Aber dieser Gast, dieser Stein, steht in der Mitte von etwas, so wie jede Person im Zentrum ihrer Existenz steht. Die Skulptur führt zu einer Suche, zu einer Pilgerreise, und kann als Neuanfang der Suche nach sich selbst oder nach einem bestimmten Gedankengang verstanden werden. Die Form des Labyrinths erinnert an die Form der Sami-Trommel, das Werkzeug der Schamanen."

In dem Moment, in dem wir unsere Hände auf den großen Stein, der wie eine Säule dastand, legten, strömte eine Energie aus uns in den Stein, um etwas zu transformieren, und er sendete neue Energie zurück. Wir schickten unsere Wünsche in ihn, der Freund war hin und weg und fühlte sich leicht benommen. Der zweite Stein war ein Molybdate. Er bestand aus einem weichen Sulfid-Mineral mit einem charakteristischen bläulichen silbernen Glanz. Häufig kam er in Graniten und Pegmatiten vor. Ich weiß bis heute nicht, warum, aber dieser Stein zog mich magisch an, auf ihn musste ich mich so lange setzen, bis es im Wurzel-Chakra brodelte. Nach der Seeumrundung legten wir im Hotel eine Pause ein und tranken auf der Terrasse einen Tee, um vielleicht doch von hier aus ein Nordlicht über dem See zu sehen. Gegen 22:00 Uhr machten wir uns auf den Weg nach Hause, ohne Nordpolarlicht. Um kurz nach Mitternacht wurde der Freund auf der Fahrt auf einmal so müde, dass er mitten im Nirgendwo auf der Straße eine Pause machen musste. Er stieg aus, ich blieb im Auto, da es mir zu kalt war. Nachdem er das Auto halb umrundet hatte, rief er mich, dass ich gucken kommen solle. Ich stieg aus und sah in seine Blickrichtung. Seine Augen schauten nach oben. Ich tat es ihm gleich. Und was sahen unsere Augen? Ein Nordpolarlicht. Es tanzte am Himmel in den schönsten Farben. Es färbte sich von grün in violett und weiß. Ich fragte, ob das Göttliche seine Finger im Spiel habe. Als Reaktion auf meine Frage fing das Licht wie eine Orgelpfeife in freudigen Höhen und Tiefen zu tanzen an. Nie zuvor hatte ich so etwas Schönes am Himmel gesehen. Unendliche Dankbarkeit und Freude machten sich in uns breit. Der Glaube versetzte Berge, immer und immer wieder. Hier wurde mir wieder einmal mehr bewusst, wie wirkungsvoll positive Gedanken und Worte waren. Das Relevante an den Worten, die wir benutzten, war die Schwingung, die sie aussandten. Das bedeutet, dass die Gefühle, die wir mit den Worten verbinden, die maßgebliche Wirkung haben. Es ist deshalb sehr wichtig, dass du Worte benutzt, die ein gutes Gefühl in dir hervorbringen, wenn du sie aussprichst. Durch sie fühlst du dich besser. Ich schreibe hier einen Satz, durch den ich mich viel besser fühle: „Alles wird am Ende immer gut." Alles ist gut. Ich hatte an den Tagen zuvor positiv gedacht und gesagt, dass ich ein Nordpolarlicht sehen werde, und ich habe dazu die Freude in die Zukunft gesendet, so, als ob ich es bereits sehen würde. Es war ein wunderschöner Tag mit einem schönen Ausklang.

Der Freund entschied sich für eine Fahrt nach Finnland. Auf dem Weg wollte er einen Stopp in Luleå einlegen, um zu schauen, wo der Film: „Wie im Himmel" gedreht worden war. Diesen Film kann ich jedem ans Herz legen. Die Geschichte handelt von einem Mann, ein Stardirigent, der bedingt durch einen Herzinfarkt zu einem Sinneswandel kam. Er wollte immer die Musik in die Herzen der Menschen bringen. Der Schauspieler Mikael Nyqvist ist 2017 an Lungenkrebs gestorben, was ich auf dem Weg nach Luleå noch nicht wusste, das erzählte mir der Freund erst auf dem Weg dorthin. In Luleå waren wir in einer schönen Kirche und wurden von da auf Nachfragen hin zu einem anderen Dorf geführt, wo der Film angeblich gedreht worden war. In dem Dorf konnten wir keine Details finden, so fragte der Freund Einheimische, ob sie wüssten, wo der Film gedreht worden war. Ich blieb während der Zeit im Auto sitzen. Wie durch ein Wunder sprach ich auf einmal den Namen Mikael aus und fragte, ob er da sei. Innerhalb von Sekunden kam die Antwort, dass er da sei und Heilung brauche. Ich sprach für ihn das Heilmantra und das Lichtmantra des reinen Herzens. Das Heilmantra sprach ich im Auto und schickte ihm die allgöttliche Liebe, währenddessen rannen mir Tränen aus den Augen. Es waren nicht meine Tränen, ich weinte seine aus, denn ein Gefühl tiefster Dankbarkeit machte sich in mir breit. Mikael war mit Traurigkeit gestorben, und ich bekam den Impuls, „viel zu früh, viel zu früh", sagte er immer wieder. Einen Tag oder zwei Tage später sprach ich das Lichtmantra für ihn. Heute, im Juni/Juli 2020, stellte ich fest, dass er noch da war und er etwas von mir haben wollte. Ich setzte mich hin und fragte, was er brauche, sodass er ins Licht gehen könne.

Jede Seele kommt an ihrem Geburtstag, solange sie in der Zwischenwelt verweilt, für einige Momente zur Erde, um den Verwandten nahe zu sein, da sie sich meistens an solchen Tagen besonders mit ihnen verbinden und an sie denken. Jede Seele braucht manchmal Zeit in der Zwischenwelt, um zu verstehen, dass es wichtig ist, zu lernen, weiterzugehen. Es gibt verschiedene Zwischenwelten, entsprechend den Dimensionen. Das durfte ich bei meiner Schwester und bei Manfred feststellen.

Als ich 2020 während der Corona-Zeit anfing, die verstorbenen Seelen in der Zwischenwelt zu befreien und ihnen Heilung zu geben sowie im Namen Gottes den Segen und die Gnade fließen zu lassen, wurde mir bewusst, dass es die verschiedenen Dimensionen gab. Viele Seelen bleiben, weil sie festgehalten werden oder weil sie selbst festhalten, an einer Liebe oder den Kindern. Viele sind dort oben gefangen, weil sie sich nicht trauen, weiterzugehen. Andere wiederum hängen dort fest, weil sie durch einen plötzlichen Tod oder während des Einschlafens nicht wahrgenommen haben, dass sie verstorben sind. Am meisten hat es mich schockiert, als ein Ritter in seiner Rüstung auf mich zukam. Ich fragte ihn, was er hier noch mache und warum er die Rüstung nicht ablege. Ich sagte ihm, er solle die Rüstung ablegen, denn wenn er jetzt weitergehe, bekomme er ein schönes neues Gewand und sei befreit von dem, was ihn hier festhalte. Er war sichtlich erleichtert. Viele brauchten den göttlichen Segen, die Gnade und Vergebung. Die Täter baten um Vergebung bei den Opfern, und die Opfer vergaben den Tätern. Da konnte ich sehen, wie die Seelen durch verschiedene Lichttore gegangen sind. Das waren die verschiedenen Dimensionen. Viele Kriegsopfer und Täter von verschiedenen Kriegen, Blauröcke, Rotröcke, Indianer, SS sowie die Marine waren vertreten. Viele Opfer und Täter. Auch Opfer von der Titanic waren noch unter ihnen. Ich arbeite daran, viele Seelen weiterreisen zu lassen. Amma hatte mich in den ersten drei Tagen begleitet, ab da sollte ich allein weitermachen. Im Schnitt gehen zwischen 180 bis 400 Seelen in einer Sitzung ins Licht. An guten Tagen oder Portaltagen sind es viele. Es ist wichtig, dass die Zwischenwelt bereinigt wird, da die Energien bzw. Elementale wie Wut, Hass, Neid, Trauer und Angst über uns festhängen.

Zurück zur Geschichte. Wir fuhren zu einem weiteren Ort, der uns genannt wurde. Auch hier wurden wir nicht fündig. Wir fuhren nach Finnland weiter. Vor der Grenze gab es IKEA, wo wir aßen. Ich muss lachen, während ich das schreibe, denn wir fuhren bis ans Ende von Schweden und aßen dann in einem IKEA-Laden Lachs. Im letzten Ort vor der Grenze gab es nichts, was wir hätten anschauen können. Es war einfach nur tote Hose, außer bei IKEA, dort war es gerappelt voll. Man hätte meinen können, dass sich alle Einwohner dort versammelt hatten. Wir fuhren nach dem Essen über die Grenze. Ich fragte die Engel, wohin wir fahren sollten, denn auf der anderen Seite war noch weniger los. Google Maps zeigte mir einen Weg, der zu einer Kirche führte, den nahmen wir. An der Kirche war ich wieder erstaunt, wie die Geistige Welt es doch fertiggebracht hatte, mich bis ans andere Ende der Welt fahren zu lassen, um Heilung auf einem Friedhof zu vollziehen. Auf dem Friedhof konnte ich lesen, dass es einen Krieg zwischen Finnland und der Sowjetunion gegeben hatte und dort viele Kriegsopfer lagen. So installierte ich eine Lichtsäule, machte mein Ritual, sodass die Seelen ins Licht gehen konnten. So wie an anderen Orten und Ländern schickte ich auch in Finnland Licht und Liebe in Mutter Erde. In dieser Angelegenheit werde ich so intensiv von der Geistigen Welt geführt, dass ich oftmals alles automatisch mache. Wir fuhren danach nach Hause.

In diesem Urlaub hatte ich mit dem Freund ein Skript durchgearbeitet, in dem es auch über Wunscherfüllung und Anziehungskraft ging. Da wir alle die Schriftsteller unserer eigenen Lebensgeschichte waren, stellte ich eine neue Wunschliste zusammen. Der Urlaub ging vom 25. August bis zum 9. September (09.09.). Hier war wieder die 99. Nun war ich neugierig und schaute nach, was die 99 bedeutete. Sie bedeutete, dass es Zeit war, auf einen Weg zu gehen, um den göttlichen Lebenszweck zu verfolgen. Es war an der Zeit, sich seinem Schicksal zu widmen – der Arbeit, die du zum Wohle der Menschheit leisten sollst. Großzügigkeit und Selbstlosigkeit sind die Schlüsselbotschaften in der Engelszahl 99. Die Engel lenken deine Aufmerksamkeit auf einen humanitären Weg. Diese Zahl steht dafür, die Ewigkeit, universelle Liebe, spirituelle Erleuchtung, Charakterstärke, Freiheit, Selbstlosigkeit, die mit gutem Beispiel vorangeht, Verantwortung, Mitgefühl, Pflicht, Humanismus, Vergebung, Mystik, Sympathie und Optimismus in die Welt zu bringen.

Die Buchungen für Spanien und Lourdes im Oktober hatte ich getätigt. Mit Lourdes hatte ich lange überlegt, ob ich den Ort in Frankreich noch in diesem Jahr besuchen sollte. Da er nahe an Spanien lag, dachte ich, dass es gut sei, alles in einem Rutsch zu machen. Eine zweite Anreise wäre zeitaufwendiger und kostspieliger gewesen, aus diesem Grund entschied ich, Lourdes im Oktober zu besuchen. Ich hatte das erste Mal das Gefühl, dass ich Zeit für mich brauchte. Die Energien, die aus dem Universum kamen, waren für alle Menschen lichtvoll. Es war bis jetzt ein aufregendes Jahr, was noch viel aufregender werden sollte. Es ist das Jahr der Transformation. Oftmals ist es gut, NICHT zu wissen, was kommt.

Irgendwann im September kam ich nicht mehr aus dem Bett. Mein Rücken machte schlapp. Es war wie damals mit dem Bandscheibenvorfall. Ich quälte mich aus dem Bett und versuchte, einen Termin beim Arzt zu bekommen. Ich konnte zur Notfallsprechstunde kommen. Der Arzt gab mir zwei Spritzen, die kaum halfen. Die Schmerzen waren so stark und strahlten ins linke Bein aus. Ich bat Roland um Hilfe, wir telefonierten und machten dabei seine Meditation. Da ich mit dem höheren Selbst verbunden war, bat ich um Heilung der DNA und schickte Licht, Liebe und Heilenergien hinein. Ich sah, wie die Energie in die DNA floss, sie sah verkrümmt und klein aus. Sie sog die Energie förmlich auf und veränderte sich dadurch. Roland gab den entsprechenden Impuls dazu, für den ich sehr dankbar war. In den darauffolgenden Tagen schickte ich immer wieder Licht, Liebe und Heilenergien in die DNA-Stränge. Es begann eine Transformation in meinem Körper. Ich ging ohne jegliche Ängste vor, denn alles wurde von oben geführt, auch die große Transformation ins Licht.

Ich fragte Patrick einige Tage später, ob er mir ausnahmsweise helfen könne, da ich die Reise nach Spanien schon für den 5. Oktober gebucht hatte, mir es nicht besser ging, aber unbedingt nach Spanien wollte, da die Weiterfahrt nach Lourdes daran hing. Patrick gab mir eine Behandlung, da er merkte, dass ich mich kaum bewegen konnte. Er rief Amma mit dazu. Es bewegte sich etwas an der Wirbelsäule und im Becken. Mir flossen unendlich viele Tränen. Sie sagte, ich solle meine Wege entspannter gehen und mein Mantra wieder mehr und weiter sprechen. Ja, sie hatte recht, denn ich spürte, dass sich jeglicher Stress auf den Körper und die Gesundheit auswirkte. Und ja, es stimmte, ich hatte das Mantra in den Monaten nach Peru immer weniger gesprochen, da das Gefühl nicht mehr so stark zum

Mantra war und jedes Mal meine Konzentration nachließ, während ich es rezitierte. Das war vorher nicht so gewesen. Ich wusste nicht, dass dies eine weitere Stufe in der spirituellen Entwicklung war, das sollte ich erst Wochen später herausfinden. Mir ging es nach der Behandlung um einiges besser. Ich rezitierte das Mantra wieder jeden Morgen 9 x 108 Mal. Um mit der Konzentration achtsam zu bleiben, setzte ich mich gedanklich in den Tempel von Amma, vor Kali. Da ich schon mal eins mit ihr werden konnte und sie die Zerstörerin des Egos war, dachte ich, dass es gut sei, wenn ich vor ihr sitze. Die Konzentration, das Mantra zu rezitieren, wurde so wieder besser. Einmal saß Amma neben mir und lächelte mich an, sie hielt in diesem Moment ein Satsang (Zusammenkunft von Menschen) im kleinen Tempel ab. Es gab mir Mut, weiterzumachen. Nach einigen Wochen wurde ich wieder eins mit Kali, danach mit Amma, mit dem Dalai Lama und Sathya Sai Baba. Nichts war mehr getrennt.

Am 21. September verband ich mich in einer Meditation das erste Mal wissentlich mit der Matrix. Ich packte meine Träume und Wünsche in die Matrix, manifestierte sie in ihr und sah, wie sie alle eine Form annahmen, so, als könnte ich direkt hineingreifen und sie im Hier und Jetzt benutzen. Ich wurde eins mit ihnen. Eine ungeahnte Kraft durchflutete mein Bewusstsein. Alle Träume und Wünsche waren absolut real. So real, als würden sie hier auf der Erde bereits existieren. Ich blieb lange in der Matrix und genoss Leichtigkeit. In der Matrix war alles schwarz, nur das, was ich manifestierte, nahm eine Form und Farbe an. Hammer, das war ein unglaubliches Erlebnis. Es galt, mit Leichtigkeit und Achtsamkeit in die Matrix zu gehen. Einmal saß ich da und verbreitete in ihr weiße Herzen, die mit Licht und Liebe gefüllt waren. Die Herzen flogen wie Schallwellen in eine Unendlichkeit hinein. Ein anderes Mal sendete ich den unendlichen Frieden in die Matrix. Ein weiteres Mal die Lebensfreude, die bei vielen Menschen fehlt. Einmal ging es über die Erde hinaus ins Universum. Was ich da fühlte, kann ich nicht mit Worten beschreiben. Es war Wohlstand und Fülle für alle da, selbst das konnte ich fühlen und aussenden. Ich saß mit meinem Energiefeld in einem schwarzen Nichts und doch war es alles, alles, was uns formte. Bitte, wenn du dich mit der Matrix verbindest, bleibe stets positiv, denn auch alles Negative wie Gedanken und Gefühle manifestieren sich dort. Deshalb sollte man nur in ihr verweilen und aussenden, wenn alles positiv ist, denn du bist die Matrix, mit jedem Gedanken, jedem Wort und jedem Wunsch, der ein Gedanke ist. Ich sehe die Matrix als die Gebärmutter, in und aus der alles entsteht.

Bereits am 23. September waren schon vier von den vielen Wünschen, die im Wunschbuch standen, in Erfüllung gegangen. Ich wurde teilweise so intensiv geführt, dass sie in Erfüllung gehen konnten. Eine neue Erfahrung tat sich im bewussten Zustand auf. Das Universum bietet verschiedene Gelegenheiten an, sodass die Wünsche erfüllt werden können. Es ist wichtig, jede Gelegenheit, die das Universum bietet, zu erkennen, bewusst zu erkennen, da es sich dabei um die eine Gelegenheit handelt, das anzunehmen und um sich die Zeit dafür zu nehmen, bzw. den Weg dafür zu gehen, sodass der Wunsch in Erfüllung gehen kann.

Am 5. Oktober war der Flug nach Spanien ins Camp. Ich freute mich, meine Freunde aus der Schweiz und viele andere wiederzusehen. Ich packte zu Hause die Vergebungsmeditation ein und wusste nicht, warum. Ich bat vor der Reise um Führung und Kraft. An einem Morgen floss die Information zu mir, dass die dritte Atlantis-Einweihung abgeschlossen sei und ich das Wissen des Kristallschädels abrufen könne. Wenn ich mich anstrengte, rauszufinden, wie das funktionierte, passierte nichts. Ich konnte es einfach nur fließen lassen.

Im Camp bekam ich den Impuls, die Vergebungsmeditation und das Lösen von Eiden, Schwüren, Gelübden, Abmachungen und Versprechungen anzubieten. Ich sollte den Workshop dreimal anbieten. In der Meditation ging es um:

1. Vergebung von anderen erbitten
2. Vergebung für sich selbst
3. Vergebung für all jene, die dir geschadet oder dich verletzt haben

Um im Hier und Jetzt befreit leben zu können, ist es wichtig, die Vergangenheit loszulassen, um mit positiven Gefühlen und Emotionen in der Gegenwart zu leben. Bei dieser Meditation wird auch Vergebung durch deine Worte und Gedanken geschehen, da nicht nur die Taten vergeben werden. Du vergibst, um dich freizusprechen, die andere Person bleibt erst mal da, wo sie steht, denn sie hat ihre eigenen Erfahrungen zu machen. Was dir hilft beim Vergeben: Stelle dir vor, dass die andere Person auch mal vollkommen in Licht und Liebe, so wie du, zur Welt gekommen ist. Du weißt nicht, durch welche Erfahrungen die andere Person so geworden ist. Und wichtig ist zu wissen, wenn du vergibst, so ist es dir möglich, wieder in der Gegenwart in Liebe zu leben. Wir alle sind in unserer Ursubstanz Licht und Liebe.

Da wir das Camp zum Üben nutzen konnten und daran wuchsen, ging ich mit einer Leichtigkeit daran. Was sein darf, wird sein. Die Workshops waren sehr gut besucht und zeigten Erfolg. In der ersten Woche ging es mir gut und ich war glücklich, die Lebensfreude mit den anderen zu genießen. Das änderte sich von einer Minute auf die andere, als wir, Nicole, Alwina und ich, am Mittwoch, den 9. Oktober, nach Perpignan in Frankreich fuhren, um die Kathedrale Saint-Jean-Baptiste (Johannes der Täufer) zu besuchen.

In Deutschland war ich einige Wochen vor der Reise bei einer Freundin gewesen. Wir unterhielten uns über dies und das. Auf einmal sagte ich ihr, dass ich wisse, dass ich noch einen bestimmten Ort besuchen solle. Warum, war mir zu diesem Zeitpunkt nicht bewusst, und auch der Ort war zu diesem Moment nicht klar zu erkennen. Brigitta sagte mir, dass sie eine große Kathedrale sehe, die in Frankreich liege. Am Abend, beim Zähneputzen, fragte ich die Engel, wohin ich reisen solle. In einem Bruchteil von Sekunden kam es mir in den Kopf geschossen, Lourdes. Ja, das hatte ich total vergessen. Drei Jahre zuvor, als ich im Krankenhaus gelegen hatte, schaute mich die Mutter des Mädchens an, die neben mir lag, und fragte, ob ich Bernadette aus Lourdes kenne. Sie gab mir einen Zeitungsausschnitt und meinte, ich müsse dort auf jeden Fall hinfahren. Mir fiel ein, dass ich das Jahr davor von der damaligen Freundin Cornelia gefragt wurde, ob wir zusammen nach Lourdes fahren könnten. Ich war da bereit, mit ihr zu fliegen, doch sie sagte kurzerhand die Reise ab, da sie meinte, dass es zu weit für mich sei. Ich erzählte Brigitta am nächsten Morgen davon, dass ich schon zweimal Lourdes in den letzten zwei Jahren als Impuls bekommen hatte. Sie schaute hinein und sagte, ja und dass sie noch eine andere Kathedrale sehe, die in Frankreich an der spanischen Grenze liege. Ich solle zu dieser Kathedrale fahren. Das ist die Kathedrale in Perpignan. Ich googelte und war erstaunt, dass sie gar nicht weit entfernt von dem Hotel in dem Camp lag. In den ersten Tagen nach meiner Ankunft im Camp fragte ich drei Frauen, ob sie mit zu dieser Kathedrale wollten. Zwei von den dreien sagten spontan Ja, die dritte war sich nicht sicher und sagte die Fahrt ab. So fragte ich die Geistige Welt, wann der beste Tag für Perpignan sei. Es kam Mittwoch, der 9. Oktober 2019.

Nicole hatte die Adresse ins Navi eingegeben und fuhr los. Im Vorfeld hatte ich mir eine Kathedrale im Internet angeschaut, die in Lourdes. Das Interessante an dieser Geschichte war, als wir in Perpignan ankamen, sagte ich zu Nicole, dass wir falsch seien. Sie verneinte und erwiderte, dass wir richtig seien, es sei die Kathedrale von Perpignan. „Okay", antwortete ich, „dann habe ich eine andere im Kopf oder nach der falschen geschaut." Hätte ich nach der richtigen geschaut, wäre ich wahrscheinlich nicht hingefahren, da ich auch anhand von Bildern die Energie wahrnehmen konnte.

Wir suchten einen Parkplatz, der ca. sieben bis zehn Minuten zu Fuß von der Kathedrale entfernt lag. Ich öffnete die Autotür, setzte einen Fuß auf die Straße, ab diesem Moment überkam mich ein schlechtes Gefühl. Wir liefen die kleinen Gassen entlang, dabei wurde mir immer schlechter. Ich fühlte mich elendig und sagte das den beiden anderen. Sie meinten, dass sie sich ebenfalls nicht wohlfühlten. An der Kathedrale gab es einen großen Hof zur rechten Seite, der Platz fühlte sich schauerlich an. Direkt daneben lag eine kleine Kapelle, in die wir gingen. Alwina und Nicole drehten sich postwendend um und liefen wieder raus, weil sie meinten, dass sie sich nicht gut anfühle. Ich musste eine Lichtsäule mit Licht und Liebe in die kleine Kapelle setzen. Wir liefen außen herum und kamen an die Eingangstür. Wir öffneten die Tür, traten ein, und in diesem Moment stockte uns der Atem. Mir wurde schwarz vor Augen und atmen war kaum möglich. Den anderen beiden erging es fast genauso. Die Kathedrale war dunkel und eine erdrückende Energie lag in ihr. Ich lief zielgerichtet zur linken Flanke der Kathedrale. Dort stand das Grab des Königs. Ich küsste die Figur auf den Kopf und spürte eine unendlich tiefe Liebe. Das Bewusstsein des Königs war innerhalb von Sekunden eins mit meinem geworden. Mir wurde schummerig und Tränen stiegen mir in die Augen. Viel Elend war hier geschehen. Ich konnte eine tiefe Ergebenheit und Liebe spüren. Wir drehten weiter unsere Runde, nichts in dieser Kirche war für mich so, dass ich hätte sagen können, dass ich hier länger sitzen und beten möchte. Vorne am Altar war es kaum auszuhalten, und die ganze rechte Flanke, in der auch überall Nischen waren, wurde nicht besser, bis ich an die letzte kam. Da war es so, dass ich Platz nehmen konnte. Es war die Nische der Mutter Maria, vor ihr brannten die meisten Kerzen. Es musste einen Grund geben, warum wir uns so schlecht fühlten, und ich fragte das Göttliche, warum wir zu dieser Kathedrale kommen sollten. Es kam der Impuls von einer grausigen Vision, in der Ketzerei, Vergewaltigung, Demütigung bis hin zur Kreuzigung gezeigt wurden. Die anderen zwei waren schon draußen, da sie es nicht mehr länger in der Kirche aushalten konnten. Nicole kam wieder rein, um mir zu sagen, dass sie draußen auf mich warteten. Ich sagte ihr, dass sie Alwina wieder reinholen müsse, da wir hier zu dritt ein Karma auflösen müssten. Nur zu dritt hatten wir die Kraft. Sie saßen beide neben mir, Alwina zur Rechten und Nicole zur Linken. Zu Beginn sagte ich den beiden, dass ich sie an die Hand nehmen solle, was mich verwunderte. Ich rief die allgöttliche Liebe von Mutter Maria an und bat darum, uns zu zeigen, was an diesem Ort bzw. in dieser Kathedrale passiert sei. Kaum ausgesprochen fing Nicole zu würgen an. Die Nonnen wurden zu einer Zeit an diesem Ort schlecht behandelt. Ich sah Nicole und mich am Kreuze hängen. Alwina war zu dieser früheren Inkarnation ein Mann, der Verrat verübte. Wir bekamen alle drei Bilder gezeigt, auf die ich hier nicht mehr weiter eingehen werde, da es Vergangenheit ist. Den unsagbaren körperlichen Schmerz durch die Ketzerei, Demütigungen und Vergewaltigungen und andere Sachen nahm ich am Kreuze mit in den Tod. Ich fühlte in diesem Moment alles, alles kam hoch, der emotionale und der körperliche Schmerz. Jetzt verstand ich auf einmal, warum ich beim Autounfall wieder aus meinem Körper wollte. Dieser körperliche Schmerz, den ich nach dem Unfall fühlte, war der gleiche, den ich dort in der Kirche fühlte. Den Schmerz nahm ich durch einige Inkarnationen mit, um ihn jetzt aufzulösen. Wir machten direkt mit der Energie von Mutter Maria ein Vergebungsritual. Vergebung für alle Tätern und alle Opfer. Mutter Maria wurde eins mit mir, und da ich die Hände der beiden anderen festhielt, floss die Energie in sie hinüber. Wir alle schickten Licht und Liebe in die Kathedrale. Ich hätte schreien können, doch ich musste mich zurückhalten, da auch andere Menschen vor Ort waren. Ich spürte, dass dieser Schmerz viel tief sitzender war, als dass er in diesem kurzen Moment hätte aufgelöst werden können. So gingen wir raus und sagten fast identisch, als wir auf dem Vorplatz standen, dass es jetzt alles viel lichtvoller sei, und Nicole ergänzte, dass sie die Engel singen höre.

Wir mussten uns erst einmal in ein Café setzen und etwas Warmes trinken, da wir total durchgefroren waren. Wir konnten gar nicht glauben, was da passiert war. Wir liefen wieder durch das Armenviertel zurück zum Auto. Nach den Bildern zu urteilen, ergab es jetzt einen Sinn, warum es sich dort schlecht angefühlt hatte. Im Hotel fühlte ich immer noch diesen unsagbaren Schmerz und zog mich auf mein Zimmer zurück. Den beiden anderen ging es wieder besser. Ich lief auf und ab und fragte mich, wie ich diesen emotionalen und körperlichen Schmerz auflösen konnte. Der Impuls war klar und deutlich, Selbstheilung. Befangen, wie ich war, lief ich erst mal Wasser holen, da ich das Gefühl hatte, im Inneren zu verbrennen. Auf dem Weg begegnete mir Undine, die merkte, dass mit mir etwas nicht stimmte. Sie fragte, was los sei, und begleitete mich ins Zimmer, da ich ihr sagte, dass ich mich durchheilen müsse, mir dazu allerdings die Kraft fehle. Sie fragte, ob ich wüsste, wie ich es machen solle. Ja, das wusste ich, mit meiner eigenen Heilenergie aus dem Herz-Chakra sollte ich es machen. Sie hatte mir angeboten, mich währenddessen zu unterstützen, indem sie eine Hand hinter meinen Rücken hielt. Das half mir und gab mir die Kraft, mit der Heilung zu beginnen. Ich fing oben am Kopf an und ging systematisch Stück für Stück den Körper durch. Zu jedem Schmerz, der aufkam, wurde mir ein Bild gezeigt. Am schlimmsten waren der Unterleib und die Füße, die unter den Sohlen ausgepeitscht wurden. Ich sagte mir immer wieder: „Mit der Kraft Gottes und im Namen Gottes habe ich die Kraft, mich selbst zu heilen." In jeder der Situationen machte ich gleichzeitig ein Vergebungsritual, in dem ich den Tätern vergab. Ich brauchte ca. eineinhalb Stunden für die Heilung, fühlte mich danach total erschöpft und mit Licht durchflutet, da ich nach jeder Heilung Licht und Liebe hinterherschickte. Als ich mich zu Undine umdrehte, schaute sie mich an und sagte, dass sie mein lichtvolles Dasein sehe. Der Raum war mit weißem Licht durchflutet und sie konnte meine großen Flügel sehen, die an die Decke stießen, aus denen oben viele Kristalle funkelten und sprudelten.

In einem Gespräch am Abend erzählte mir Henrik, dass es in Perpignan Krieg gegeben und es früher zu Spanien gehört habe. Und ja, er hatte recht, es waren nicht nur Kriege gegen König Aragon, sondern die schwarze Pest hielt dort ebenfalls Einzug. Das erklärte mir sofort, warum der ganze Ort sich so schlecht angefühlt hatte. Zum Abendessen ging ich zwar, doch wirklich essen konnte ich nichts, nur etwas Obst war möglich. Nach dem Essen legte ich mich bis zum nächsten Morgen schlafen. Mir ging es besser, doch meine Muskeln fanden das nicht so prickelnd. So legte ich am Donnerstag einen Saunatag ein und schlief viel. Freitags ging es mir wieder gut, sodass ich mit den anderen zusammen einen Ausflug zum Markt machen konnte.

Am Samstag hatten wir ein Tischtennisturnier und saßen währenddessen alle um den Pool herum. Gegen Mittag wurde mir ganz komisch im Inneren. Ich bekam fürchterliche Halsschmerzen, fühlte mich benebelt und fröstelte am ganzen Körper. Im selben Moment knickte eine Frau um und das Turnier wurde unterbrochen. Da mir so kalt war, ging ich direkt in die Sauna. Nach der Sauna spürte ich kaum mehr meine Beine und legte mich sofort ins Bett. Am Abend war kein Abendessen möglich, ich kam nicht mehr aus dem Bett. Eine Grippe war im Anzug. Die Halsschmerzen in der Nacht waren unerträglich. Ich fing mitten in der Nacht an, Heilgebete für Entzündung und Schmerzen zu sprechen, es linderte nur minimal etwas. Durch die Halsschmerzen war kein Schlafen möglich. So begann ich zu sprechen: „Ich bin Licht, ich bin Liebe, ich bin Licht, ich bin Liebe", und rief die allgöttliche Liebe an, schickte das Licht und die Liebe durch meinen ganzen Körper und durch die DNA-Stränge. Das ging die ganze Nacht. Erst in den frühen Morgenstunden konnte ich kurzfristig einschlafen. Gegen 10:00 Uhr fragte Markus Sharanius, wo ich sei und ob alles okay sei. Ich schilderte kurz die Situation. Er war so nett und brachte mir etwas zu essen. Ich hatte keinen Appetit, außer auf Obst. Er brachte Melone, Banane und heißes Wasser, das ich mit einer Kräutersalbe vermischte, da ich das Gefühl hatte, dass ich mich von innen her reinigen musste. Da der Körper schmerzte, rieb ich diesen auch mit der Kräutersalbe von oben bis unten ein. Das Töpfchen mit der Salbe, das jemand selbst hergestellt hatte und ich zwei Wochen vor der Abreise geschenkt bekommen hatte, hatte ich intuitiv im letzten Moment am Tag der Abreise in meiner Handtasche mitgenommen. Eigentlich war die Kräutermischung nur zur äußeren Anwendung gedacht. Ich dachte aber, wenn das alles Kräuter waren, dann konnte ich sie auch im heißen Wasser trinken. Als Markus Sharanius mir etwas zu essen brachte und mich sah, fragte er mich sofort, ob ich eine Behandlung brauche. Ich nahm sein Angebot an. Nach der Behandlung legte ich mich wieder ins Bett und schlief etwas. Immer wieder, wenn ich wach wurde, schickte ich Licht und Liebe durch den Körper, in alle Organe, Adern, Venen, Muskeln, Knochen und Zellen und in die DNA. Ich wusste, dass ich es machen sollte, nur in diesem Moment war es mir nicht möglich, darüber nachzudenken, warum. Ich transformierte mich weiter bis ca. 22:00 Uhr. Da bekam ich den Impuls, jetzt zum Meer zu gehen und mich mit den Beinen ins Wasser zu stellen. Die Anweisung war so laut und deutlich, dass ich mich aus dem Bett raffte, nur eine Jogginghose drüber zog und zum Strand lief.

Es war ein langer Weg und eine sternenklare Nacht. Um durchzuhalten, sprach ich immer wieder: „Ich bin Licht und ich bin Liebe." Der Himmel war ohne eine Wolke, dafür stand am Himmelszelt der Mond, es war Vollmond, der in seiner vollen Pracht erstrahlte. Er war so groß und leuchtend, dass er zum Greifen nahe war. Ich stellte mich, wie gesagt, ins Wasser, bis zu den Knien. Ich schaute direkt in den Mond, wiederholte dabei, dass ich Licht und Liebe sei. In diesem Moment war es wie in Peru mit der Sonne. Das Mondlicht schoss durch mein drittes Auge, durch meinen Körper, durch die Beine, direkt ins Herzzentrum von Mutter Erde. Ich fragte mich, was das soeben gewesen war. Die Antwort folgte auf dem Fuße: „Transformation der Schattenanteile für Mutter Erde. Alles muss transformiert werden. Der Mond ruft alle Schattenanteile hervor, deshalb kann man gute Vollmondrituale machen, um Altes loszulassen und um Neues entstehen zu lassen. Nicht nur wir Menschen transformieren uns, sondern auch Mutter Erde."

So perplex, wie ich da stand, fragte ich die Geistige Welt, ob das normal sei, was ich da tue. Vor allen Dingen die Transformation zu Licht und Liebe im Körper. In der nächsten Minute bildete sich eine Wolke direkt neben dem Mond. Die Wolke formte ein Gesicht und blickte den Mond an, es kam der Impuls: „Licht zu Licht." Das Gesicht sah aus wie mir aus dem Gesicht geschnitten, da wusste ich, dass alles richtig war. Viele Schattenanteile wurden in Mutter Erde aufgelöst, jedoch nicht alle. Intuitiv machte ich schnell ein Foto von dem Gesicht, wie es den Mond anschaute. Im Schneckentempo lief ich zum Zimmer zurück und legte mich ins Bett. Da am nächsten Tag der zweite Workshop anstand, sagte ich zu Gott: „Wenn du wünschst, dass ich für die Menschen morgen den Workshop gebe, dann muss es mir so gut gehen, dass ich ihn abhalten kann", danach schlief ich selig ein.

Am Morgen, als ich erwachte, ging es mir besser. So wusste ich, dass der Workshop stattfinden sollte. Nach der Morgenmeditation entzündete ich zum Gedenken an meine liebe Schwester Heike, die ein Jahr zuvor am 14. Oktober an Krebs gestorben war, eine Kerze. Es war eine Kerze aus der Kathedrale von Perpignan mit dem Bild von Mutter Maria. Ich schickte ihr Licht und Liebe und lud sie ein, da ich wusste, dass uns Verstorbene an ihren Todestagen besuchen kamen, mir beim Vergebungsritual im Workshop behilflich zu sein. Sie nahm die Einladung an. Es waren fast 40 Menschen bei dem Seminar, und meine Schwester war mit ihrem Seelenlicht hinter mir. Es geschahen in beiden Workshops wunderbare Dinge, was mich dazu ermutigte, ihn ein drittes Mal abzuhalten. In den darauffolgenden vier Tagen ließ ich alles etwas ruhiger angehen. Allerdings hielt das Göttliche doch noch einen Test für mich parat, ich muss gerade darüber lachen, denn so etwas hätte ich mir im Traum nicht einfallen lassen, zu machen. Ich bekam den Impuls, dass ich zur Karaoke gehen sollte. Wir durften uns alle ein Lied aussuchen und es auch probesingen. Da ich in den Tagen zuvor so viel mit mir und dem Workshop zu tun gehabt hatte, schob ich es bis auf den letzten Tag hinaus. Da lief ich durch Zufall oder Führung durch den Saal, als geprobt wurde. Ich fragte den DJ, wo die Mappe mit den Liedern liege, setzte mich hin und blätterte Seite für Seite durch. Bei jeder Seite fragte ich, ob das Lied dabei sei, das ich singen sollte. Sechs Seiten lang kam Nein, auf der siebten kam ein Ja. *Okay, es sind ja nur 20 Lieder auf der Seite, welches soll es sein?* Ich ging jedes einzeln durch und bei einem kam: „Ja, das ist es." Es war das Lied: „You Raise Me Up." Ich kannte es vom Namen und vom Hören, doch gesungen hatte ich es nie, und den Inhalt des Liedes kannte ich bis dahin auch nicht. Ich nahm den Text, stellte mich ans Mikrofon und übte es genau ein einziges Mal, dann war die Probe zu Ende und am Abend schon das große Karaokesingen. Ich dachte, *dass kann nicht wahr sein kann, wie soll ich innerhalb von drei Stunden das Lied lernen?* Im Zimmer stellte ich mich auf den Balkon und übte das Lied. Nach einer Weile dachte ich, dass ich unbedingt den Inhalt komplett verstehen musste, um die Gefühle und Emotionen des Liedes ans Publikum weitertragen zu können. So googelte ich nach einer Übersetzung und war erstaunt, zu welchem Lied Gott mich führte. Beim Singen sah ich mich auf dem Berg Machu Picchu und in Israel auf dem Berg der Seligpreisung stehen. Aus meiner schlimmsten Not heraus, als meine Seele ganz unten war, fing ich mit den Heilgebeten an, und über die Erzengel und Jesus konnte ich den Weg zum Göttlichen und meinem Selbst finden. Wenn ich Hilfe brauchte, waren die Engel, Jesus, Mutter Maria, Amma und Gott Vater immer für mich da. Und er war es, der mich zu mehr aufbaute, als ich je sein konnte. Für mich war dieses Lied der bewegende Abschluss in Spanien, der mich zutiefst im Herzen berührte, denn es war der Beweis und eine Botschaft von ihm, Gott Vater, dass er mich führte und ich die richtigen Wege ging. Am Abend beim Auftritt schlug mir das Herz bis zum Hals. Nach den ersten zwei Sätzen kam ich in den Takt und konnte es in meiner Stimmlage singen. Das Publikum war supergut drauf und sang den Refrain tobend mit.

Die letzten Tage im Camp verbrachte ich ruhiger. In der ersten Woche im Camp hatte ich Nicole gefragt, ob sie Lust habe, mit nach Lourdes zu kommen. Da sie nur eine Woche im Camp war und zurück nach Deutschland musste, überlegte sie kurz und sagte zu. Wir verabredeten uns für den 19. Oktober am Flughafen in Barcelona. Dort hatte ich ein Auto für die Weiterfahrt gemietet. Es war für uns der einfachste Weg, da der Rückflug nach Deutschland von Barcelona aus ging.

19. Oktober 2019, Spanien – Frankreich

Die Fahrt nach Lourdes über die Pyrenäen von Spanien nach Frankreich war schon die Reise wert. Die Pyrenäen sind eine Bergkette, welche die Iberische Halbinsel vom Rest Europas trennt. Sie erstreckt sich über mehr als 430 Kilometer zwischen Spanien und Frankreich und ihre Gipfel erreichen eine Höhe von über 3.400 Meter. Wir hatten eine atemberaubende Aussicht während der Fahrt. Als wir über die Grenze nach Frankreich durch die Berge fuhren, tat sich ein großer Regenbogen am Horizont auf. Da wir bergauf fuhren, sah es so aus, als würden wir in den Regenbogen hineinfahren. Wir kamen erst am Abend in Lourdes an, es war schon dunkel, so bezogen wir nur das Hotel, redeten ein wenig und gingen zu Bett. Als ich im Bett lag, bekam ich richtig große Sehnsucht danach, zur Grotte zu gehen, und sah mich in einer Zeit, in der ich schon mal als Kind hier gelebt hatte und jeden Tag an der Grotte gewesen war. Mir kamen unendlich viele Tränen, ich spürte die Energie von Mutter Maria, sie hieß uns willkommen.

Am nächsten Morgen liefen wir direkt zur Kathedrale und zur dahinter liegenden Grotte. Wir hatten nur knapp 15 Minuten Fußweg. Von den umliegenden Hotels rund um die Grotte war alles gut zu Fuß zu erreichen. Wir entschieden, zuerst in die Kathedrale zu gehen, in der, was wir nicht wussten, gerade eine Messe abgehalten wurde. Wir schritten durch das „Porte de la Lumière" – „Das Tor des Lichtes." Die Kathedrale war voll. Trotzdem zog es uns magisch nach vorne in die ersten Reihen. Mutter Marias Energie war so stark zu spüren, dass uns beiden unerwartet die Tränen liefen. Stillschweigend ließen wir es zu, so von dieser mütterlichen Liebe und Sanftmut berührt zu werden. Ich schaute mir während der Messe die Wandmalereien an, welche in der Tat aussagekräftig waren. Erst da wurde mir bewusst, was Christi Himmelfahrt und Maria Himmelfahrt überhaupt bedeuteten. Wie gesagt, ich gehöre keiner Kirche an und ich hatte bis zu diesem Zeitpunkt wenig Kontakt mit Mutter Maria. Nur in Perpignan war sie für mich das erste Mal so intensiv wie hier in Lourdes zu spüren. Selbst in Israel war der Besuch an ihrem Grab nicht so bewegend wie in Lourdes. Hier an dieser Wallfahrtsstätte ist Bernadette Mutter Maria in der Grotte erschienen und es entstand eine heilende Quelle. Nach der Messe liefen wir zur Grotte. Wir mussten uns einreihen und warteten, bis wir in die Grotte laufen durften. Der Felsen kam immer näher, ich legte meine Hand auf ihn, er fühlte sich glatt an, an verschiedenen Stellen tröpfelte es aus dem Gestein. Die Quelle war mit einer Glasscheibe abgesperrt. Wir liefen von links nach rechts durch. Intuitiv nahm ich immer wieder während des Laufens einen Tropfen auf die Fingerspitze und leckte den Tropfen mit der Zunge ab, bis ich an diese eine Stelle kam. Die Tropfen fühlten sich auf der Zunge wie sanfter weicher Honig an. Auf der rechten Seite entsprang dem Felsen etwas mehr Wasser. Es gab eine bestimmte Stelle, dort legten die meisten ihre Hände auf. Erst später sah ich, dass oben drüber die heilige Maria als Statue stand. Ich legte beide Hände auf die Stelle, nahm die nassen Hände und legte sie auf meinen Kopf, in diesem Moment hörte ich den Satz von Mutter Maria: „Du bist gesegnet, mein Kind." Ich fing fürchterlich zu weinen an, nichts wollte mehr in mir bleiben, unsagbar viel löste sich im Inneren. Eine nie da gewesene mütterliche Liebe durchflutete mein Herz. Ich schickte ihr meine unendliche Liebe und tiefe Dankbarkeit zurück. Nicole war hinter mir, auch sie musste weinen, sie kam mit einem bestimmten Thema nach Lourdes und hatte schon seit längerer Zeit eine tiefe Verbindung zu Mutter Maria, durch die Wallfahrtskirche in Ettenheim. So berührt setzten wir uns eine ganze Weile auf die Bank vor der Grotte. Auf einmal schaute ich Nicole an und sagte etwas völlig Unerwartetes: „Ich musste hierherkommen, um jetzt zu bestaunen, was aus der Grotte und dem Ort geworden ist, und ob sich die Mühe von damals gelohnt hat." Wir schauten uns verdutzt an, ich zuckte mit den Schultern und meinte nur, dass ich nicht wisse, warum ich das gesagt habe. Es war einfach da, das Gefühl, dass ich lange an diesem Ort gelebt hatte und ja, die Mühe hatte sich gelohnt, das war mein Empfinden. Am nächsten Tag wollte Nicole gerne in der Quelle baden gehen. Ich hatte nicht gewusst, dass man in ihr baden konnte. Ebenso wussten wir auch nicht, dass man in ihr nackt baden ging. Ich bat die Engel, uns zur rechten Zeit zur Quelle zu führen. Am Vormittag zündeten wir jede nach ihrem Empfinden und Wunsch in der Kerzengedenkstätte eine Kerze an. Diese konnten wir vorher je nach gewünschter Größe vor Ort kaufen. Die größte Kerze, die käuflich zu erwerben war, brannte für ca. sechs Monate. An der Quelle wurden wir, nachdem wir lange im Schweigen in der Schlange anstehen mussten, mit einer Warmherzigkeit in die Sammelumkleide gebracht und jede bekam eine Hospitantin zur Seite gestellt. Die Hospitantin legte mir einen Umhang um, als ich anfing, mich zu entkleiden. Es wurde alles in der Stille mit einer Wärme und Hingabe vollzogen, wie ich es nirgendwo bis jetzt gespürt hatte. Die Hospitantin, die mir zur Seite gestellt wurde, sprach deutsch. Sie war erst um die 20 Jahre alt. Wir verstanden uns auf Anhieb, auch wenn wir wenige Worte sprechen durften, die mehr geflüstert waren. Ich wollte wissen, wie es sei, wenn wir aus dem Wasser kommen würden, da es keine Handtücher gab. Sie erklärte mir, dass das Wasser auf der Haut bleiben solle, da es eine heilige Quelle sei, und man sich einfach wieder anziehe, so nass wie man sei. Die Temperaturen draußen waren ca. 13 bis 15 Grad, es war regnerisch und schon recht kühl für Oktober. Viel kühler als in Spanien. In Spanien war es um die 22 bis 25 Grad und die Sonne schien. Die junge Dame erzählte mir noch von ihrem Vater, der ein Buch über die Engel von Lourdes geschrieben hatte. (Damit sind die Hospitantinnen, Nonnen und Helfer gemeint.)

Da Nicole vor mir war und ihre Umkleide bereits voll war, wurde ich in eine andere Kabine gebracht. Wir sollten vorher in uns gehen, beten und um das bitten, wofür wir hier waren. Ja, seit Monaten wusste ich, um was ich bitten wollte. Ich saß mit dem Umhang auf dem Stuhl und wartete, bis die Dame vor mir herausgeleitet wurde. An der Umkleide befand sich ein großer Vorhang. Hinter dem Vorhang warteten drei Nonnen. Sie empfingen mich mit offenen Herzen. Es war ein Marmorbad, das in den Boden eingelassen war und mit drei Stufen hinunterging. Die Nonne zur Rechten nahm den Umhang ab und im selben Atemzug banden die zwei anderen ein weißes nasses Leinentuch, das vorher in dem Bad getränkt worden war, um meinen Leib. Jede von ihnen hielt einen meiner Arme fest und so geleiteten sie mich in das kalte Bad hinein, welches ich bis zum Ende lief. Es glich einer viereckigen Badewanne. Regulär sollte man das Ave Maria aufsagen, doch ich kannte es nicht. So sprach ich das aramäische Vater Unser, während sie mich nach vorne geleiteten. Mit einem Schwung legten sie mich rückwärts bis zum Hals ins Wasser, währenddessen sprach ich das Gebet. Zum einen, da ich dachte, es war im Namen ihres Sohnes Jesus, und um mich von der Kälte abzulenken, was mir gelang. Beim Eintauchen in das Wasser hatte ich das Gefühl, in pure bedingungslose Liebe eingetaucht worden zu sein. Alles wurde warm und war hell erleuchtet. Mit einem Schwung hoben sie mich hoch, schauten mich verdutzt an und fragten, was ich gesprochen habe. Ich sagte ihnen, dass ich von Mutter Marias Sohn, dass aramäische Vater Unser auf aramäisch gesprochen habe und ich das Gefühl hatte, das Mutter und Sohn in diesem Moment des Eintauchens beide vereint ihre Liebe haben fließen lassen. Die Hospitantin hinter dem Vorhang empfing mich wieder. Wir sahen uns in die Augen. Meine Freude und Liebe sprühte aus allen Poren. Ich küsste sie auf die Stirn und umarmte sie. Sie nahm es herzlich an. Ich musste mich schnell anziehen, da viele weitere Frauen draußen warteten. Nicole war schon draußen und wartete auf mich. Ich weiß nicht, wieso, doch die älteste Nonne gab mir die Hand, richtete wie eine Mutter meinen Schal und zupfte an meiner Jacke, sodass sie gerade saß. Ich fühlte mich in diesem Moment wie ein kleines Kind, das auf den langen Weg des Lebens geschickt wurde. Wir schauten uns lange ohne Worte an und umarmten uns mit aller Liebe, die in uns wohnte. Sie sagte: „Gott segne dich", und schickte mich raus. In tiefer Dankbarkeit bedankte ich mich bei jedem Helfer für die wundervolle Arbeit, die sie alle an der Quelle mit einer Hingabe, Würde, Sanftmut und mütterlichen Wärme leisteten. Nicole erzählte mir ihre Erfahrung. Zusammen füllten wir uns noch Wasser ab und gingen zurück zum Hotel, da es recht kalt und regnerisch war. Am Abend hatte Nicole das Bedürfnis, an einer Prozession teilzunehmen. Da ich für alles offen und neugierig war, stimmte ich dem zu. Ich wusste zu diesem Zeitpunkt nur, dass ich unbedingt in das Haus von Bernadette gehen sollte und dass wir am Dienstagmorgen um 08:00 Uhr an der Grotte sein mussten. So zogen wir los, aßen etwas, kauften uns eine Kerze und einen Papierkranz (als Windschutz), auf dem das Ave Maria in verschiedenen Sprachen stand, auch auf Deutsch. Es war schön, all die Lichter zu sehen und zu hören, wie die Menschen zu Mutter Maria beteten und sangen. Ich wusste nicht, dass so viele Menschen ihre Bitten, das Beten und ihren Glauben ihr zu Ehren darbringen. Das durfte ich erst in Lourdes erfahren. An diesem Abend schliefen wir beide erfüllt ein. Am dritten und letzten Tag sollten wir morgens ums 08:00 Uhr in der Grotte sein. Ich wachte wieder früh auf und rezitierte mein Mantra. Nicole schlief in dieser Zeit wie ein Murmeltier. Nachdem wir uns fertiggemacht hatten, sagte ich ihr, dass wir eine Decke mitnehmen müssten, da es sonst zu kalt werde. Ich wusste nicht, warum, und hörte nur darauf, was die Engel mir als Impuls gaben. Es war dunkel und die Grotte war leer. Wir liefen erst durch die Grotte und setzten uns direkt in die erste Reihe auf eine der Bänke. Um kurz vor 08:00 Uhr füllte sich die Grotte und alle Sitzplätze waren belegt. Eine US-amerikanische Reisegruppe hatte sie für einen Gottesdienst gebucht. Die Predigt wurde in Englisch abgehalten. Jetzt wusste ich, warum wir die Decke mitnehmen sollten. Der Gottesdienst war 45 Minuten lang. So wickelten wir uns eng in die Decke ein, da es am Morgen schon unter 10 Grad war und ich nur eine Sommerregenjacke dabeihatte. Obwohl ich vierlagig angezogen war, reichte es nicht, um mich zu wärmen. Nicole erging es nicht anders, sie schlotterte am ganzen Körper. Während wir da saßen, kam mitten in der Predigt ein Energiestrudel durch mein Kronen-Chakra und wirbelte durch meinen Körper. Ich wusste, dass es Heilenergien von Mutter Maria waren. Die Energie war so stark, dass der ganze Körper sich in kreisenden Bewegungen zu drehen begann. Nicole bekam ebenfalls heilende Energie, die sie nicht in dieser Form wahrnahm. Da wir nach der Messe so durchgefroren waren, liefen wir in das kleine Städtchen und setzten uns in ein Restaurant, um etwas zu frühstücken und um uns aufzuwärmen. Nachdem wir gestärkt waren und uns warm genug war, liefen wir ohne Plan durch die Stadt. Hier geschah Führung von oben, denn wir standen auf einmal vor dem Haus von Bernadette. Ich sagte zu Nicole, dass wir unbedingt da rein müssten. In dem Haus war die Familienausstellung der Familie von Bernadette, die ich sehr interessant fand. Das Haus war im Urzustand belassen worden, mit all den alten

Möbeln, dem Kamin und den Betten, so wie sie früher standen. Im unteren Raum schliefen die Eltern in der Wohnstube, die auch als Küche diente, weil dort der offene Kamin war. Im oberen Bereich gab es ein Schlafgemach mit drei Betten. Zwei der Betten standen sich gegenüber und das dritte stand abseits. Zielstrebig lief ich auf das Bett zu, welches abseits direkt unter einem Fenster stand, und musste fürchterlich anfangen, zu husten. Ich sagte zu Nicole, dass ich gerade das Gefühl haben würde, keine Luft mehr zu bekommen, und hier raus müsse. Nicole schaute mich verblüfft an und sagte mit einer Schnelligkeit, so, als sei es selbstverständlich, dass Bernadette damals an Asthma gelitten und sie deshalb abseits der anderen direkt am Fenster geschlafen habe. Ich weiß nicht, woher Nicole das so schnell wusste. Mich stimmte das Ganze nachdenklich und so kam ich am Abend auf die Idee, zu googeln, wie Bernadette gelebt hatte und was nach Lourdes geschehen war. Bernadette musste in jungen Jahren ihrer Tante im Gasthaus helfen, um Geld dazuzuverdienen. Meine Eltern hatten in diesem Leben seit meinem vierzehnten Lebensjahr ein Gastronomie Geschäft, wo ich jeden Tag helfen musste. In diesem Leben schlief ich in meiner Jugend in einem Einzelzimmer und meine beiden anderen Schwestern schliefen zusammen in einem Zimmer. Die Aussage meiner Eltern, damit ich die anderen nicht störe. Ich litt seit meiner Jugend an Schimmel Asthma, auch wenn es moderig oder feucht in einem Raum war, musste ich husten und meine Nase fing an zu laufen. Bernadette ging, nachdem ihr Mutter Maria in der Grotte erschienen war, in ein Kloster, in dem sie ihr Leben bis zum Tod verbrachte. Ich wurde in dem kleinen Örtchen Seligenstadt geboren, was ja schon schön ist, doch auch da ließ es mich nicht los, zu schauen, warum der Ort Seligenstadt hieß. In der Nähe des Krankhauses, in dem ich geboren wurde, befand sich ein Kloster, was ich erst nach dem Tod meines Vaters herausgefunden hatte. Ich hatte bis ca. Anfang 30 das Bedürfnis, Nonne zu werden, was ich jedoch verwarf, da immer Impulse kamen, dass ich mich nicht weiterentwickeln würde. Und das war dringend notwendig, erstens um die Liebe und Heilung in unsere Familie zu bringen, um Karma aufzulösen und um die Liebe zu den Menschen zu bringen. Das hätte ich niemals geschafft, wenn ich Nonne geworden wäre. Das erklärte mir auch, warum ich so eine tiefe

Liebe zu Mutter Maria, Jesus und Gott Vater hatte, diese Liebe war rein und vorurteilsfrei. Es war wichtig, dass die Menschen zu dieser Liebe zurückfinden. Ich bekam den Impuls, dass Nicole zu der Zeit in Lourdes damals meine beste Freundin gewesen war und wir immer gemeinsam zur Grotte gegangen waren. Auch in diesem Leben war Nicole eine beste Freundin, und auf Nachfrage beim Göttlichen kam, dass wir seelenverwandt seien. In diesem Leben wollte ich immer die spanische und französische Sprache lernen, nach dem Aufenthalt in Perpignan (was ja mal Spanisch war) und Lourdes in Frankreich, wurde mir bewusst, warum. Mir wurde auch bewusst, woher das Armutsgelübde kam. Beim Lösen der Eide, Schwüre und Gelübde bekam ich den Impuls, mal als Nonne gelebt zu haben, wo ich unter anderem auch das Keuschheitsgelübde und Armutsgelübde ablegt hatte. Alles ergab einen Sinn, der wie ein Kinofilm an meinem Auge vorbeiratterte. Durch die Energie vom Morgen war ich am Nachmittag sehr müde und brauchte eine längere Pause. Da es stark regnete, beschlossen wir, uns am Nachmittag zu erholen. Am Abend gab mir Nicole eine Wirbelsäulenlesung und erstaunlicherweise kam noch ein Thema mit meiner Mutter hoch. Wir gingen früh zu Bett, da wir am nächsten Morgen die Fahrt über die Pyrenäen nach Barcelona antreten mussten.

Lourdes war eine Erfahrung, für die ich unsagbar dankbar war. Von dort durfte ich die mütterliche Liebe und den tiefen Sanftmut mitnehmen, was mir auf meinem bisherigen Lebensweg gefehlt hatte. Da ich es fühlen konnte, war es mir möglich, diese Gefühle zum höchsten Wohle aller weiterzugeben. Die Energie war eine andere als bei Jesus, auch wenn sie beide die allgöttliche Liebe zu uns Menschen brachten, hatte doch jeder seine Eigenart und Güte. So spürte ich bei Jesus immer die tiefe Barmherzigkeit und bei seiner Mutter diese Sanftmut, so, als wenn eine Mutter ihr Baby im Arm hielt und es sanft wiegte. Und doch führten beide Wege zum Herzen Gottes und zu deinem eigenen Herz. Ich war froh, all diese Wege gegangen zu sein, mir wurde vieles bewusst in diesen Wochen.

Zu Hause merkte ich, dass ich unbedingt Ruhe und Erholung von den letzten Monaten brauchte, und beschloss, für den Rest des Jahres zu Hause zu bleiben. Es wollte alles verarbeitet werden, da ich die Eindrücke des ganzen Jahres schnell hintereinander bekommen hatte. Als ich zur Ruhe kam, spürte ich Schmerzen im Rücken und im linken Bein. Das, was ich vor dem Urlaub schon gespürt hatte, kam wieder zurück. Der Arzt ließ neue Bilder machen und es stellte sich heraus, dass ein neuer Bandscheibenvorfall vorlag, dieser auf den Spinalkanal drückte und die Ostechondrose Modic I + II fortgeschritten war. Das Göttliche hatte mir die nötige Energie für die Reisen gegeben, wofür ich sehr dankbar war. Eine OP kam nicht infrage, die Alternative war wie immer die Schmerztherapie mit Spritze unterm CT oder Röntgenapparat in den Nerv. Ich beschloss, erst einmal zur Ruhe zu kommen und den Energien, die in Lourdes durch mich geflossen waren, und der Behandlung von Nicole Raum und Zeit zu geben. Ich wusste, dass solche Energien bis zu drei Monate nachwirken konnten. Mit meiner Freundin Jola beschloss ich, einmal pro Woche schwimmen zu gehen. Durch das Fitnessstudio traten immer wieder stärkere Entzündungen auf, deshalb war Schwimmen für mich die sanfte Alternative, die sich als positiv herausstellte.

Ich kam langsam zur Ruhe und mein Körper erholte sich von den langen Reisen. Ich nahm wieder zu und fühlte mich im Ganzen besser. In den Meditationen schaffte ich es wieder, mein Mantra zu rezitieren, ohne großartig abzuschweifen.

Im Dezember kamen zehn Portaltage hintereinander. Viel Energie floss von oben, besonders in den Nächten. Ich fühlte mich auf einer Woge der Liebe getragen und in meinem Körper wohl. Durch meine Schwester wurde mir nochmals um ein Vielfaches bewusster, dass Vergebung das A und O war, um sich überhaupt in allen anderen Bereichen weiterentwickeln zu können. Sie gab auch den Impuls von oben, dass für sie die Vergebung, das Lösen von Eiden, Schwüren und Gelübden, der Elementale und die Karma-Auflösung das Wichtigste vor ihrem Tod gewesen war, sodass sie in Frieden sterben konnte. Der Tod meiner Schwester und die vielen Ausbildungen dürfen zu etwas nutze sein. Sie hatte mir auf der Palliativstation gesagt, dass sie noch mal inkarnieren werde. Ich bin gespannt. Für ihr Dasein auf Erden, ihr Leben und für die Kommunikation danach bin ich ihr aus tiefstem Herzen dankbar. Das Göttliche führte mich im Strom des Lebens, denn einer meiner Wünsche war immer noch, ein Bewusstseinszentrum für spirituelle Kinder und deren Eltern zu eröffnen.

Am 10. Dezember ging ich wie jeden Abend zu Bett und bedankte mich wie immer für all die Wunder vom Tag. Ich bedankte mich auch, wenn es am Tag für mich eine Herausforderung gegeben hatte. Als ich fertig war und die Augen schloss, spürte ich eine fremde Energie in meinem Bewusstsein ankommen. Ich sah ein Gesicht nahe an meinem und spürte, wie die Energie in mir immer stärker wurde. Ich sah einen Außerirdischen und dachte im ersten Moment, dass ich es träumte, doch dem war nicht so, denn ich konnte meinen Körper wahrnehmen und dass ich im Bett lag und einschlafen wollte. Ich sagte zu mir: „Bleib ganz ruhig und frag ihn, was er von dir möchte." Ich fragte ihn über meine Gedanken/per Telepathie. Er schaute mich mit seinen übergroßen runden dunklen Augen, sie glichen der einer Fliege, nur eben übergroß, an. Er empfing es, zeigte auf seine Brust und dann auf meine. Ich wusste sofort, dass er die bedingungslose Liebe und das Licht spüren möchte. Ich schickte ihm Licht und Liebe aus meinem Herzen. Er sog es auf wie ein Schwamm. Irgendwann spürte ich, dass es genug war. Er trennte sich von mir und ich fühlte, wie er sich aus meinem Bewusstsein zurückzog. Mir wurde leichter im Körper. Er war ruhig und in Harmonie, bedankte sich und verschwand, so wie er erschienen war. Sein Kopf war groß und ovalförmig, sein Körper klein mit Armen und Beinen. Seine Haut sah gummiförmig aus und hatte eine Farbe, die zwischen Braun und Olivgrün lag. Ich schlief danach direkt ein und wurde erst später in der Nacht wieder wach und dachte über das unglaubliche Erlebnis nach. Ja, ich sagte jeden Tag, dass ich Licht und Liebe zum höchsten Wohle aller aussende. Die Plejaden hatten sich bereits getraut, wieso also nicht auch die anderen Außerirdischen, die um unsere Erde herum auf all den Planeten lebten? Am Morgen musste ich Patrick von dem Erlebnis erzählen und bat ihn, nachzufragen, woher der Außerirdische stammte. Patrick fragte nach und bekam innerhalb von Sekunden die Antwort: Pluto. Ich forschte nach, ob es da Liebe gebe. Nein, nicht so, wie wir sie kannten und fühlten, deshalb sei er hier gewesen, weil er es spüren wollte, das Licht und die Liebe. Er, ich nenne ihn Plutorianer, sagte, dass es Zeit für Veränderung auf der Erde sei. Die Menschheit MUSS etwas gegen den Klimawandel tun und bewusster werden. Wenn wir so weiter machen, wird die Erde explodieren und dabei werden Erdteile in die Sonne fliegen, die wiederum explodieren wird und viele Teile der beiden Planeten fliegen in den Weltraum gegen andere Planeten, vor allem die, die um die Erde herum existieren, wo Leben existiert. Diese Planeten werden durch die Kettenreaktion beschädigt, das heißt, dass wir Menschen dafür verantwortlich sind, dass wir andere Lebewesen und Planeten vernichten. Nicht nur uns selbst, sondern auch andere Spezies. Das Gespräch war beendet.

Wow, das hatte gesessen, das musste ich erst einmal wirken lassen. Da ich mich mit den Planeten und dem Weltraum nie auseinandergesetzt hatte, googelte ich nach Pluto. Dort ist es dunkel, dass erklärte mir sofort, warum er so große fliegenartige Augen hatte, ich bekam den Impuls, dass seine Augen wie ein Röntgenapparat funktionierten und warum er eine gummiartige Haut hatte. Wenn es dunkel ist, kommt kein Licht zum Atmen durch die Haut, deshalb eine Art Gummihaut. Es wurde mir bildlich vor dem dritten Auge gezeigt. In den darauffolgenden Tagen musste ich immer wieder an ihn denken, und wenn ich das tat, spürte ich sofort eine/seine Verbundenheit. So, als wenn du an einen geliebten Menschen denkst und seine Liebe fühlst, so war es mit ihm, dem Plutorianer.

Die Portaltage waren weiterhin energievoll und ich hatte das Gefühl, dass ein Update in meinem Energiesystem erfolgt war. Ich brauchte auf einmal mehr Energiezufuhr durch Nahrung als vorher und aß mehr Süßes. Ich versuchte, dunkle Schokolade und Honig zu essen. Doch irgendwie hatte es mir auf einmal Kuchen angetan. Ich holte mir öfter ein Stück Kuchen, am liebsten aß ich gedeckten Apfelkuchen und Nussecken mit dunkler Schokolade. Die gab es beim Bäcker um die Ecke schon als selbst gemachte Bio-Nussecke. Es war kein Wunder, das ich mehr Nahrung für den Körper brauchte, es war schon über drei Wochen nur grau draußen und es regnete. Ich konnte keine Energie über die Sonne (Solaris) aufnehmen, was ich in der Regel morgens beim Spaziergang mit Manju machte. Beim Erden sog ich die Sonnenenergie durch das dritte Auge auf und ließ sie durch den gesamten Körper bis in Mutter Erde fließen.

Seit geraumer Zeit hörte ich jeden Morgen positive Affirmationen, sie trugen Früchte. Ich fühlte mich danach so leicht und unbeschwert wie noch nie in meinem Leben hier auf der Erde. Mir wurde bewusst, dass ich mit mir selbst eine harmonische Partnerschaft führen solle. Mein Fokus lag immer darauf, eine Partnerschaft mit einem Mann zu führen. Meine Selbstliebe war da, doch die Selbstachtung war nicht ausgeprägt. Ich durfte lernen, es nicht nur zu denken, das half bei mir nicht mehr, ich musste es fühlen. Ich stellte mir vor, mit wie viel Achtung ich mich mit Jesus, Mutter Maria und Gott Vater verbinde, dieses wandelte ich in Selbstachtung um und schickte es direkt zu meinem Solarplexus, dem Sitz des inneren Kindes. Dadurch entstand ein enorm schönes Gefühl der Leichtigkeit und Lebensfreude. Ja, das hatte sich bei mir verändert, ich konnte nicht mehr auf die Ereignisse in Gedanken zurückgreifen, sondern ich konnte nur auf das Durchlebte, die Emotionen, die durch das Belebte entstanden waren, zurückgreifen, ich fühlte diese in meinem Energiesystem. Wenn ich wirklich ein Bild brauche, dann frage ich den karmischen Rat, ob ich in die Akasha-Chronik schauen darf, so wie hier beim Buch schreiben.

Im Dezember begegnete ich Menschen, denen die Lebensfreude fehlte, ich fing an, den Menschen in den Gesprächen die Lebensfreude zu spiegeln, das war schön, denn ihre Mimik und ihr ganzes Verhalten hellte auf und sie gingen mit einem Lächeln im Gesicht weiter.

Den Rest des Jahres blieb ich in der Stille zu Hause, so wie viele andere, und ließ das Jahr Revue passieren. Ich nahm nur die Termine für die Sterbebegleitung wahr und ging schwimmen. Ich war 2019 in acht Ländern unterwegs: in Dänemark, in der Schweiz, in Deutschland, zweimal in Schweden, in Peru, Lappland (Nordpolarkreis), Finnland, Spanien und Frankreich. In allen Ländern wurde ich zu bestimmten Orten geführt, um Erdheilung zu vollziehen oder als Kanal für die Sonne und des Mondes zu dienen, um diese Energie ins Herzinnere von Mutter Erde zu leiten, um die Erdenergie anzuheben. Die Erde befindet sich mit uns Menschen zusammen in einem Dimensionswechsel. Ich wurde in den verschiedenen Ländern zu Friedhöfen geschickt, um die erdgebundenen Seelen ins Licht zu schicken, habe ein großes Vergebungsritual für die Inka, stellvertretend für die Europäer (Spanier), vollzogen, wodurch viele Seelen ins Licht gehen konnten. In 2019 durfte ich mit dem Bewusstsein der Heiligen Odilia und von Mutter Maria eins werden.

Vom 22. Dezember bis zum 3. Januar schickte ich in den Meditationen am Morgen automatisch Energie für alle Monate in 2020. Es war die Zeit der Raunächte. Während dieser kann man für das kommende Jahr für jeden Monat etwas manifestieren, z. B. Licht, Liebe, Harmonie, Mut, Kraft, Gelassenheit, Gesundheit und Heilenergien. Durch einige Monate floss es schnell, durch andere langsam. Im März wird etwas Großes passieren, da stockte es. Immer wieder wurde mir gesagt, dass im März etwas Großes passieren werde. Am 23. und 24. Dezember kam beim Manifestieren der Engel der Präsenz dazu und er floss ab April 2020 durch das ganze Jahr mit durch. Für Mai schickte ich immerwährende Erleuchtung, was ich sofort wieder vergaß. (Es fällt mir erst beim Schreiben dieser Zeilen auf, als ich nachlese, was in meinem Tagebuch steht, das ich in 2019 anlegen musste.) Diese Monate werden zu einer Herausforderung in 2020. Ich wusste zu dem Zeitpunkt noch nicht, was das bedeuten würde. Ich kam auf den Gedanken in der Meditation am Morgen, weil mir bewusst wurde, dass wir alle nach Paradigmen handelten, die seit unserer Kindheit anerzogen wurden. Und weil wir daraus resultierend durch unsere Gedanken die Handlungen ausführten. Ich fragte mich, wie es wäre, wenn ich genau wie der Daila Lama oder Amma von Kind auf meditiert hätte und bewusst von der Außenwelt abgeschirmt und von Gelehrten aufgezogen worden wäre. Mir kam auch der Gedanke in den Sinn, weil ich ein Buch der „Essener Schriften" gelesen hatte. Obwohl ich schon bewusst war, kam immer wieder das Ego, mal laut und mal leise, zum Vorschein. Das hieß, ich musste immer genau darauf achten, was ich dachte und sprach. Das wollte ich erweitern und schickte immerwährendes Bewusstsein/immerwährende Erleuchtung durch den Mai, ohne zu wissen, ob es funktionierte. Für

Juni und Juli flossen nur die Liebe und das Licht. Im August wird etwas sehr Kraftvolles geschehen, und zwar in der Zeit vom 22. bis 31. August 2020. Hier musste ich einige Male mit meiner Energie durch den Monat fließen, damit ich durchkam. Es fühlte sich an, als wäre ich durch ein energetisches Tor gebrochen. Der September war etwas schwerer und der Oktober neutral. Ende 2020 werden der November und Dezember die lichtvollsten Monate des ganzen Jahres sein, sie waren in der Meditation so lichtvoll, dass ich regelrecht vom Licht geblendet wurde.

Am 27. Dezember machte ich zwei Lichtmeditationen à 30 Minuten. Viel Licht ist geflossen. Vom 28. auf den 29. Dezember bekam ich in der Nacht Besuch von einem Lichtwesen. Es sah golden/leicht rötlich aus und hatte eine unbeschreibliche Erscheinung. Es erschien zu meiner rechten Seite und schwebte an meinen Füßen. Ich wurde davon wach. Durch die Farbe und dieser starken Präsenz blieb ich ruhig und nahm nur die Energie der Liebe, Harmonie und tiefen Seligkeit wahr. Wir schauten uns lange an und tauschten die Liebe, ohne etwas zu sagen, aus. Mein Schlafzimmer war erfüllt von dem Licht und der wärmenden Liebe. Mir fehlten die Worte, um überhaupt etwas fragen zu können. Das Lichtwesen flog nach einer Weile weiter. Am nächsten Morgen fragte ich in der Meditation, woher es gekommen sei. Die Antwort lautete: „Von der Venus." Die Venus ist der Planet der Liebe.

Für das Jahr 2020 ergaben sich in diesen Tagen zwischen Weihnachten und Silvester für den Februar eine Reise nach Schweden, für den März eine in die Niederlanden, für den Juli eine nach Island, für den August eine nach Avalon in Glastonbury/England. Vielleicht erinnert ihr euch, ich war 2018 schon einmal da. Mir wurden für Avalon zwei Visionen gezeigt, diesmal eine mit mehreren Personen im Kreis stehend und eine mit mir allein. Das exakte Datum für die Reise wurde mir sofort angegeben. Vom 29. auf den 30. Dezember schlief ich schlecht. Ich fühlte mich am Morgen gerädert und hatte zusätzlich Kopf- und Nackenschmerzen. Manchmal hatte ich das an Portaltagen, wenn viel Energie für die Anhebungen auf die Erde kam. Ich fragte Patrick, ob er wisse, was das in der Nacht gewesen sei. Er schickte mir eine Nachricht, dass die Schuhmann-Frequenz für 13

Stunden auf 40 MHz erhöht wurde. Das war momentan das Höchste, was sie aussenden konnte. Als Schumann-Frequenz bezeichnet man, dass elektromagnetische Wellen bestimmter Frequenzen entlang des Umfangs der Erde stehende Wellen bilden. In der Regel liegt oder lag die Frequenz bei 7,83 Hertz, bei dieser Frequenz wird die Zirbeldrüse aktiviert. Die Frequenzen ermöglichen es dem Menschen, mit seinem Bewusstsein in direkten Kontakt mit der Erde zu treten und Informationen außerhalb seiner fünf Sinne aufzunehmen. Altes muss transformiert werden. Die Anhebung wird in 2020 häufiger vorkommen, sodass die Menschen und die Erde den Bewusstseinswandel vollziehen können. Ende des Jahres bekam ich den Impuls, die Heilgebete und die Mantras der Karma-Auflösung, des reinen Herzens und der Freude, die für Lebende, Sterbende und bereits Verstorbene gesprochen werden konnten, aufzunehmen und auf YouTube zu stellen. Am 31. Dezember, passend zum Jahresende, wurde ich zu einer Möglichkeit geführt, wie ich Paradigmen löse. Das kam schneller als gedacht. Ich löste sie in diesem Leben, in allen voran gegangenen Leben und schickte es auch durch alle Ahnen mütterlicher- und väterlicherseits. Ich sah, wie es durch die Ahnen floss und wie einige danach ins Licht gingen. Silvester verbrachte ich in aller Ruhe allein zu Hause.

Das Jahr 2019 war ein außergewöhnliches Jahr mit vielen verschiedenen Orten und Eindrücken. Ich danke dem Göttlichen jeden Abend für das, was der Tag mir gebracht hat, und danke für jede Lektion, die mir weiterhin gegeben wird, sodass mein Wachstum zur vollen Entfaltung kommen darf. Überaus dankbar war ich für die übersinnlichen bzw. außerirdischen Erfahrungen und dass sie den Mut hatten, sich mir zu zeigen und Kontakt mit uns Menschen aufzunehmen. Für viele ist es ein Wunder, dass sie mit Jesus oder Mutter Maria in Kontakt treten können. Für mich war es ein Wunder, mit so vielen fremden Wesen Kontakt haben zu dürfen. Das passierte, weil ich jeden Morgen sage, dass ich das Licht und die Liebe zum höchsten Wohle aller Wesen aussende, irdisch und himmlisch.

Eine Fortsetzung folgt mit Teil II, der erst geschrieben werden kann, wenn ich es erlebt habe. Ich bin selbst gespannt, wohin mich die göttlichen Wege führen werden. So viel kann ich schon verraten, 2020 begann genauso interessant, wie 2019 aufhörte. Und meine Vorhersehungen für die Welt kamen schneller, als ich es erwartet hatte. Ich rezitiere mein Mantra im siebten Jahr. Das Göttliche hat noch das ein oder andere mit mir vor. Da wir alle im Hier und Jetzt leben sollen und keiner weiß, was morgen sein wird, möchte ich an dieser Stelle ein Dankeschön an verschiedene Personen aussprechen.

Meinen allerliebsten Dank spreche ich meinem Sohn Patrick aus, er war eine der größten Herausforderungen für mich im Leben. Durch ihn durfte ich Vergebung, Verzeihen und Geduld lernen. An den Tagen, an denen er bei mir war, wies er mich darauf hin, wann mein Ego ins Spiel kam, er war in dieser Hinsicht mein Lehrmeister. Durch ihn durfte ich lernen, das Leben in Liebe zu leben, denn das Einzige, das er von mir als Mutter brauchte und ich lernen durfte, es ihm zu geben, egal, welchen Weg er ging, war die Mutterliebe. Ich wünsche dir, dass du einen segenbringenden Weg für dich gehst, um deinen Wunsch oder deine Aufgabe, Heilung und Frieden in die Welt fließen zu lassen, geschehen lassen zu können. Möge deine innere Weisheit dich zu Reichtum und Fülle auf allen Ebenen bringen. Du hast die Kraft, das Potenzial und die immerwährende Liebe in dir.

Meinen zweiten allerliebsten Dank spreche ich meinem Bruder Michael aus. Er ist ein großer Bruder mit Leib und Seele. Er lehrte mich, wie ich ein Auto fahre, Fußball spiele, ein Bonanzarad fahre, ein Zelt aufbaue und Scheiße ausfresse, dass Geschwister Spaß haben können, wie ich gutes Essen und einen passenden Wein dazu genieße, und dass der Familienzusammenhalt wichtig und ein großer Segen ist. Er half mir über die Ferne, obwohl er so weit entfernt wohnte, mit seiner Kraft, seinem Mut, seiner Gelassenheit und immensen Liebe. Danke, Miki, du bist der beste Bruder, den ich haben kann.

Den Dank an dich, liebstes Schwesterherz Cornelia, hatte ich bereits im Buch ausgesprochen. Dir wünsche ich, dass du deinen Seelenweg in deiner Liebe gehen kannst und du deine Kinder mit auf diesen Weg nehmen kannst. Sie sind deine Familie, die du geschaffen hast. Ich wünsche dir die

Liebe, Gesundheit und das, was du dir wünschst zum Leben. Ich danke dir, dass auch du den Weg des Bewusstwerdeprozesses gewählt hast und dein Seelendasein hier auf Erden entfalten kannst.

Ein ganz großer Dank geht an unsere Mutter. Sie hat mit ihrer unermesslichen Kraft, Liebe und Hingabe immer die ganze Familie versorgt, in guten wie in schlechten Tagen. Sie war offen dafür, ihre negative Vergangenheit aus der Kindheit zu bereinigen. Danke, Mama, schön dass es dich gibt, ich hab dich lieb.

Ich danke dir, liebste Martina, denn du warst als Freundin in den Zeiten für mich da, als ich nicht mehr wusste, wie ich von A nach B kommen sollte. Du warst bereit, dich für meine ersten Übungen im Reiki und in der Meditation zur Verfügung zu stellen. Du konntest mir bestätigen, dass auch du danach mit der Geistigen Welt kommunizieren konntest.

Einen ganz großen Dank spreche ich meinen beiden Nachbarinnen Bianca und Sandra aus. Sie waren immer da, wenn ich Hilfe brauchte. Durch euch beide durfte ich das erste Mal lernen, Hilfe anzunehmen. Ihr wart die Stütze in den Zeiten, ihr habt mich versorgt und brachtet mir immer eure unermessliche Nächstenliebe entgegen. Obwohl ihr wenig hattet, habt ihr oft das Wenige noch mit mir geteilt. Danke für die netten Überraschungen und die Waffeln, die immer wieder vor meiner Tür stehen.

Einen lieben Dank spreche ich meiner längsten und besten Freundin Steffi aus. Wir pflegen unserer Freundschaft seit fast 40 Jahren, über die Ferne brach der Kontakt nie ab. Mit ihr habe ich geweint und gelacht. Wir gingen gemeinsam Wege durch dick und dünn. Wenn eine von uns beiden nicht mehr konnte, rief sie die andere an, die sie dann wieder aufbaute. Diese Freundschaft ist einmalig.

Einen besonderen Dank sende ich an Markus Sharanius Etter, der ebenfalls ein Vergebungsritual ausführt, das Ho'oponopono, an Roland Masin mit seiner energetischen Atlaskorrektur und Wirbelsäulenlesung, an Nicole

Masin für ihre Liebe, Hingabe, Zeit und Geduld, Christiane (mit ihren Pferden Luna und Luis), an Holger Brune, Anja Aikatherina Scheler und an alle, denen ich in meinem Wandlungsprozess begegnet bin und die mir ihr Vertrauen und ihre Liebe entgegengebracht haben. Dankeschön dafür, dass es euch gibt und ihr auch den Weg der Liebe geht. Ich bitte um Segen für alle.

Mein letzter und größter Dank geht an euch Erzengel, an Jesus, Mutter Maria, Amma, Mutter Erde und Gott Vater im Himmel. Ich durfte hier auf Erden eins mit euch werden. Das bestätigt, dass die allgöttliche Liebe immer vorhanden ist und es mehr gibt, als das, was ich mit dem Auge sehen konnte. Es kam zum Vorschein, als ich begann, mit dem Herzen zu sehen. Ihr seid immer an meiner Seite und gebt mir das unermessliche Vertrauen, den Mut und die Kraft, diesen Weg der Meisterschaft bis zur Vollendung zu gehen. Ihr habt mich behütet, geführt und beschützt und tut es noch. Dankeschön!

Zum Abschluss noch ein Spruch, den ich im Channelkurs inklusive Symbol empfangen habe:

„Der unendliche Fluss im Göttlichen Sein
gibt dir die Kraft im Inneren."
(Gavri-EL)

Folge dem Ruf der Liebe!

In Licht und Liebe
Gavri-EL